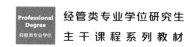

经管类专业学位研究生
主干课程系列教材

丛书编写委员会

主　　任　张金清

编　　委（按姓名笔画排序）

　　　　　陈　钊　程大中　陈冬梅　陈学彬　杜　莉
　　　　　封　进　黄亚钧　李心丹　刘红忠　刘莉亚
　　　　　束金龙　沈国兵　杨　青　张晖明

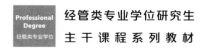

经管类专业学位研究生
主干课程系列教材

Financial Risk Management

金融风险管理实务

张金清 编著

复旦大学出版社

内容提要

本书借助于现实中的相关案例，首先对理论和实务中常用的七大类金融风险管理策略作了深入浅出的界定和分析；然后，本书以最大篇幅，通过案例分析的方式，应用各类金融工具特别是衍生品工具，对当前金融风险管理中最常用、最前沿、最复杂也是创新性最丰富的分散化策略、套期保值策略、搭配策略等进行了全面、系统、深入且贴近于现实的详细阐释和模拟演示；最后，仍以案例分析的方法对金融风险管理策略的选择、设计与实施以及绩效评估等相关内容进行了系统介绍。

本书可作为经济、金融、管理类专业的教师、研究人员、高年级本科生、研究生，尤其是专业学位研究生以及实务领域的工作人员的教材或参考书。

总　序

　　社会经济的发展对应用型专业人才的需求呈现出大批量、多层次、高规格的特点。为了适应这种变化，积极调整人才培养目标和培养模式，大力提高人才培养的适应性和竞争力，教育部于2009年推出系列专业学位硕士项目，实现硕士研究生教育从以培养学术型人才为主向以培养应用型人才为主的历史性转型和战略性调整。复旦大学经济学院于2010年首批获得金融硕士专业学位培养资格，经济学院专业学位项目依托强大的学科支持，设置了系统性模块化实务型课程，采用理论与实践结合的双导师制度（校内和校外导师），为学生提供从理论指导、专业实践到未来职业生涯设计的全面指导。目前，已经形成了金融硕士、国际商务硕士、保险硕士、税务硕士、资产评估硕士五大专业学位硕士体系，招生数量与规模也逐年增长。

　　专业学位（Professional Degree）相对于学术型学位（Academic Degree）而言，更强调理论联系实际，广泛采用案例教学等教学模式。因此，迫切需要编写一套具有案例特色的专业学位核心课程系列教材。本套教材根据专业学位培养目标的要求，注重理论和实践的结合。在教材特色上，先讲述前沿的理论框架，再介绍理论在实务中的运用，最后进行案例讨论。我们相信，这样的教材能够使理论和实务不断融合，提高专业学位的教学与培养质量。

　　复旦大学经济学院非常重视专业学位教材的编写，2012年就组织出版了金融硕士专业学位核心课程系列教材。经过五年的探索和发展，一方面是学院的专业学位硕士由金融硕士扩展到了五大专业硕士学位体系；另一方面，对如何进行学位培养和教材建设的想法也进一步成熟，因此有必要重新对教材的框架、内容和特色进行修订。2015年4月，我院组织专家审议并通过了专业学位研究生课程教材建设方案。2015年12月,完成了专业学位核心课程的分类,初步设定建设《程序化交易中级教程》《投资学》《公司金融》《财务分析与估值》《金融风险管理实务》等核心课程教材。2016年10月,组织校内外专家制定了《复旦大学经济学院专业学位核心课程教材编写体例与指南》,2016年11月,组织教师申报教材建设并召开我院专业学位研究生教指委会议,针对书稿大纲进行讨论和修订,删除了目前教材之间的知识点重复现象,提高了教材理论的前沿性,修改和增加了教材中每章的案例,突出教材知识点的实务性。教材初稿完成以后,邀请校外专家进行匿名评审,提出修改意见和建议;再要求作者根据校外专家的匿名评审意见进行修改;最后,提交给我院专业学位研究生教指委进行评议并投票通过后,才予以正式出版。

最后,感谢复旦大学研究生院、经济学院以及学院专业学位研究生教指委提供的全方位支持和指导,感谢上海市高峰学科建设项目的资助,感谢校外专家对书稿的评审和宝贵意见,感谢复旦大学出版社的大力支持。本套教材是复旦大学经济学院专业学位教材建设的创新工程,我们将根据新形势的发展和教学效果定期修正。

经管类专业学位硕士核心课程系列教材编委会

2017年6月

序　言

曾在20世纪90年代风靡全国的电视剧《北京人在纽约》有一句经典台词：如果你喜欢他，就把他送到纽约，因为那里是天堂；如果你恨他，就把他送到纽约，因为那里是地狱。其实，用这种爱恨交加的复杂情感或者情绪形容金融风险，恐怕是再贴切不过了，因为金融风险时常兼具着"天使"和"魔鬼"的双重角色：它可能会像"天使"一样带来无比繁荣的美好未来，也可能会像"魔鬼"一样带来巨大危机的悲催梦魇。华尔街的繁荣与衰退的轮替，已对此做出了最好的现实版的诠释：曾几何时，不断创造财富神话的华尔街是那样地为无数全球最杰出的青年才俊所神往。可惜好景不常在，曾经无限辉煌，但在2008年金融危机洗劫后至今仍没有恢复元气的华尔街，不正是金融风险那"天使"和"魔鬼"双重面孔的真实写照吗？

人类的天性通常会喜欢"天使"而憎恶"魔鬼"，甚至对"魔鬼"充满着恐惧。那么，金融风险的"天使"和"魔鬼"角色可否被操控？谁能操控？又如何操控呢？为此，我们首先需要依次弄清楚以下三个基本问题：什么是金融风险管理？金融风险管理是必需的吗？金融风险管理成功与否的决定因素什么？

问题1：什么是金融风险管理？

其实，这并没有标准答案，但这里仍可以给出一个描述性定义：根据金融风险的辨识、度量、分析、确定所面临的金融风险状况，再结合预先设定的金融风险管理规划与目标，选择、确定金融风险管理策略；然后，依据选定的风险管理策略，应用金融创新和金融工程技术，选择或设计相应的金融工具，同时有针对性地制定和实施一系列金融风险管理政策和措施，用以合理配置金融资源、有效调控金融风险及其影响,从而最大限度地创造价值[①]、实现金融风险管理目标。上述这种循环往复、连续动态的行为或过程,就是所谓的金融风险管理。可见,金融风险管理是一个动态的、复杂的过程,也是一个系统性的工程。

概括起来,上述过程由七个相互关联的环节构成,也可以看成是金融风险管理的七个基本程序:风险管理目标的设定,风险辨识与度量,风险管理目标的修正,风险管理策略的选择、设计与实施,风险管理的监控与预警,风险管理的绩效评估,反馈与调整。显然,其中的风险辨识与度量和风险管理策略的选择、设计与实施两个环节,是金融风险管理最核心、最重要、最复杂的部分。而且,风险辨识与度量属于金融资产定价的范畴,因而一直是金融学研究的永恒主题;风险管理策略的选择、设计与实施所涉及的问题,恰是目前居于金融研究与实践前沿阵地的金融创新、金融工程的主要用武之地[②]。

需要说明的是,在实务操作中,金融风险管理并不一定会严格按照上述次序运转,其中的各个环节也未必会单单影响紧随其后的环节。相反,几乎每个环节都可能对其他环节产生影响,因此金融风险管理是一个多方向、多角度、有反馈、有调整、循环往复的动态过程。另外,七个环节在实际运行中也并非千篇一律、必须全部同时存在,而是可以根据各个主体的实际情况进行增减或调整。当然,完全、准确地按照上述程序进行正常运转时,金融风险管理的有效性是毋庸置疑的。

问题 2:金融风险管理是必需的吗?

大家对这个问题似乎已有共识,但并非没有争议[③]。我们从以下方面考察:

第一,从金融学的定义来看,金融风险管理是金融学的核心内容。根据 Bodie、Merton(2001)的定义,金融学是研究人们在不确定环境下如何进行资源的时间配置的学科。所以,运用风险的定义和思想,可以把该定义理解为:以"风险的定价或度量"为依据,对处于"风险环境"下的资源进行风险管理,实现跨期最优配置的学科。另外,Bodie、Merton(2001)认为,货币的时间价值、价值评估以及风险管理是金融学的三个基本分析支柱。显然,前面两大分析支柱,是正确进行风险管理的前提和基础,所以金融学的核心为金融风险管理。

第二,从金融体系的功能考察。Bodie、Merton(2001)指出,金融体系有两大主要功

---

① 从本质上来说,金融风险管理,也可以看作是金融风险经营,旨在规避、减弱、甚至消除那些只能带来损失或无利可图的风险,选择、创造并承担那些有价值、有获利机会、可操控的风险,借此创造价值,以实现金融风险管理目标。

② 因此,这两个环节所涉及的内容将构成本书的主要篇章。

③ 在 2015 年 AFA 年会(美国金融学年会)上,大会主席芝加哥大学的 Luigi Zingales 对"金融能否造福社会"进行了深入探讨:大多数经济学家对此持肯定态度,但大多数美国民众却持相反的否定态度。对金融风险管理作用的评价,也大致如此。因篇幅所限,这里不做详细展开,详请见陆蓉,王策(2016)。

能：提供有流动性和风险转移功能的金融资产，以及创造一种风险转移机制。进一步概括起来，核心功能即为通过组合或创新金融产品，配置、分散、转移风险。这显然意味着金融体系的主要功能就是金融风险管理。

第三，世界变化的万物皆有风险基因，所以风险管理不可或缺。人们在风险管理方面的不作为，无非有两种情况：一是没有认识到风险的存在；二是没有能力或抱有侥幸心理不进行风险管理。对于第一种情况，洛克菲勒有一句名言：人们不可能通过储蓄而致富[①]。很多时候，人们不进行风险活动的境遇往往比有风险时更糟糕。例如，近十年上海的每平方米房价从四五千元逐步涨到现在的七八万元，很多人在房价为四五千元/平方米时就担心有风险而没有果断入市，结果错失了大量购房良机，类似教训不胜枚举。所以，充分认识到风险存在的客观性和普遍性，主动运用风险管理理论与方法，避开无利可图或只能带来损失的风险，寻觅并承担有更多获利机会的风险，人们的境遇才可能更好。对于第二种情况，没有能力或抱有侥幸心理不进行风险管理的结果也是令人震颤的。对此举例说明：假设中粮公司向日本出口蔬菜，6个月后会收到一笔15亿日元的款项，此刻人民币对日元汇率为0.066 7人民币元/日元。假设在6个月后实际支付时1日元只能兑换0.062 5人民币元。如果不做外汇风险管理，中粮公司将错失630万元人民币的资金。如果中粮公司运用风险管理中的套期保值策略，购买相应份额、期限为6个月、执行价格为0.066 7人民币元/日元的日元看跌期权，那么在6个月后获得支付时，如果人民币兑日元低于0.066 7，就可以仍然按照0.066 7人民币元/日元的价格兑付人民币，而且人民币兑日元低于0.066 7的幅度越大，中粮公司接受到的人民币资金盈余就越多。否则，如果中粮公司不做套期保值，不仅会导致人民币资金短缺，而且还可能招致公司价值降低，进而引起股价下跌，给公司和股东带来损失[②]。上述两个例子，已足以说明金融风险管理的不可或缺性及其魅力所在。

第四，金融创新的过程，往往也是金融风险发生变异、不断积聚的过程，此时金融风险管理就显得越发重要。回顾2008年全球金融危机，尽管引发危机的因素很多，但究其根本是围绕着各类衍生品的金融创新异常活跃但又极为复杂，致使金融风险管理、金融监管缺失。直至今天，这种惨痛影响并未完全消失，但由科技进步驱动的金融创新不仅没有止步，反而进入了一个快速发展的全新阶段。随着移动互联网技术、计算机运算能力、大数据处理技术、人工智能、知识图谱技术的快速发展，互联网金融、大数据金融、智能金融、科

---

① 这样做的人认为没有风险。
② 当然还有一种可能：如果6个月后获得支付时人民币兑日元高于0.066 7，这份看跌期权合同将不被执行，中粮公司会损失期权费。也就是说，中粮公司套保了但预计的可能损失没有发生，因此购买的看跌期权合同不仅不会产生用于弥补损失的收益，相反却发生了期权费用损失。其实，这就像房屋是否发生了火灾并不有助于人们判定是否应该购买火灾保险一样。人们购买保险的原因，是大家明白事先规避风险总比事后遭受更大的损失要好得多。

技金融等金融新概念、新领域层出不穷①,金融创新的技术和方法也越来越丰富、越来越复杂。伴随而来的是金融风险不仅没有减少或者消失,而是大幅上升并更加复杂化。例如,在互联网时代,人们可能无法看到甚至接触到金融交易对手,于是中介道德风险、逆向选择风险将更加突出;因技术创新而导致的操作风险、模型风险等将更难以控制。上述风险又可能会与市场风险、信用风险、流动性风险等进一步交叉作用,使得问题愈加复杂。所以,加强金融风险管理,是金融创新的必然要求。

第五,金融风险管理对我国的重要性更是不言而喻的,主要体现在以下几方面:一,我国的金融体系是以间接融资的银行业为主体,而我国银行业对经济增长的依赖性又过大,在当前经济结构调整、鼓励社会创新的大背景下,银行业的运行压力会不断加大,近2年不良贷款率的急剧上升就是很好的例证,这无疑会对银行风险管理提出更新、更高的要求。二,相比于成熟市场,中国用以风险管理的金融工具,尤其是基于衍生品的对冲型金融工具尚不够丰富,即使是相对于期权而言比较简单的期货市场,也因中国现货市场不发达而使得现有期货产品的种类相当有限,所以我国金融风险管理的技术和能力需要大幅提升。三,目前正在兴起的互联网金融、大数据金融,对全世界都还是崭新课题,这恰巧也是我国金融可以实现"弯道超车"最有可能的领域,而建立与之匹配的金融风险管理理论、技术和工具,无疑是实现这一目标所必需的最有利保障。另外,外汇和货币管理体制缺乏灵活性所导致的可能异常波动的外汇风险和可能发生突变的利率风险②,经济不稳和市场效率低下导致的难以预测的股市风险,草根金融不发达导致的大量中小企业融资难,以及企业负债率过高,地方政府融资平台的债务风险,金融市场与要素市场体系不完善,金融监管不足或过头等,都需要我们把金融风险管理放在更重要的战略位置。

问题3:金融风险管理成功与否的决定因素什么?

如何通过金融风险管理避开金融风险"魔鬼"的一面而不断展现"天使"角色,或者说,金融风险管理成功与否的决定因素究竟是什么呢?概括起来,主要取决于金融主体、金融客体和金融市场微观结构三个方面。金融主体是金融实践活动和认识活动的承担者,主要包括金融服务的提供者和金融活动参与者③;金融客体是指金融主体实践活动和认识

---

① 人工智能领域的明星公司 Kensho、Alphasense,就是科技金融或智能金融的先驱和典型代表。据2014年11月25日的金融时报道,高盛已出资与 Kensho 合作研发大规模数据处理分析平台。该平台将取代投行分析师的工作,能快速、大批量地进行各种数据处理分析工作,可在2分钟之内甚至实时地回答投资者提出的各类复杂的金融问题。

② 就在2017年春节刚过的2月3日,我国央行上调了公开市场操作利率,这可能意味着央行对宽松货币政策的转向,背后的原因可能主要与央行对通胀风险的担忧和美国经济新政的外部压力有关,从而初步印证了利率风险突变的可能性。

③ 金融服务的提供者主要为金融机构,金融活动参与者主要有政府、央行、商业银行和非银行性金融机构、企业和居民个人5类。

活动的对象——金融工具；金融市场微观结构主要包括交易制度与规则、金融主体、信息结构在内的通过金融市场由金融主体实现对金融客体交易的结构与机制等。可见，金融客体和金融市场微观结构两个决定因素首先受制于金融主体。所以，归根到底，三个决定因素的根本在于金融主体及其行为。而金融主体采取怎样的金融风险管理行为又主要取决于其态度、动机与能力。

首先，从态度上看，金融主体是否进行以及如何进行风险管理，决定于他的风险态度。不管何种原因，如果对金融风险管理不作为，结果往往会让金融主体后悔莫及。具体说明，请见前文问题2中第三部分的讨论。如果期望在金融风险管理方面有所作为，那还要进一步考察金融主体的动机和能力。

其次，从动机来看，动机是指在某种目标导引下激发和维持个体活动的内在心理过程或内部动力，或者说是在某种目标导引下人们从事某种行为的念头。具体到金融风险管理上，金融主体的动机又受制于金融主体的风险管理目标以及追求目标的动力或念头。目前，教科书上给出的和实务中践行的金融风险管理目标通常为追求股东利益最大化，再将其具体到实务中主要有实现完全风险对冲的风险中性目标、最小方差目标、单位风险的超额收益最大目标（例如Sharpe比率指标最大）等。

但金融风险管理目标究竟如何确定，其实是很值得进一步探讨的问题：股东利益最大化目标可能隐藏着潜在的风险，因为这样的目标意味着以股东价值为依托、存在排他性的股东至上主义，而且到目前为止仍是公司治理领域践行的主流观点。再回头观察当今中国社会，毋庸讳言，还是比较心浮气躁、急功近利的，许多人过度追求投资少、周期短、见效快"一夜暴富式"的即时财富，甚至为此损人利己、不择手段。应该说，这种现状与居于主流的崇尚股东利益至上的股东利益最大化的影响不无关系。其实，只要稍加思考就不难发现，没有技术进步驱动的财富积累、资产规模增加，往往只不过是借助于金融投资、金融风险管理技巧从他人口袋攫取财富罢了，这本质上并没有真正推动社会进步和生产力的发展，而持续的社会进步和生产力的发展归根到底还是取决于科技创新与进步。因此，从整个社会进步的角度来看，这并不是笔者倡导金融风险管理的初衷和期盼的结果。金融主体应提倡"工匠精神"，以推动持续的金融科技创新、社会发展为目标，精心打造百年老店。所以，如果金融主体能从个人和社会共赢的角度出发，将金融风险管理目标做出相应调整，例如可以追求社会福利最大化、利益相关者财富最大化等，那么金融风险管理的"天使"角色将会更加持久，也将更为完美、出彩。

最后，我们再从金融主体能力的角度做进一步考察。前面已提到，面对风险却不作为是很不明智的行为。但是否能开展金融风险管理并确保金融风险能避开"魔鬼"而保持"天使"角色，就取决于金融主体的金融风险管理能力了。在前文提出的中粮公司订立的看跌期权合同的例子里,事实上6个月后获得支付时人民币兑日元的汇率或将低于或将高于0.066 7人民币元/日元。如果高于0.066 7,中粮公司在该合同上就可能遭受期权费用损失,表明中粮公司对6个月后汇率变动的预测失误,据此进行的套期保值策略无效。而如果先前订立的是一份远期合约,此时还可能会遭受重大损失,金融风险就会暴露出"魔鬼"的一面。由此可见,最后到底出现何种结果,也就只能依赖金融主体的金融风险管理能力了。

至此,应该到了回答本文开篇所提问题的时候了,即金融风险的"天使"和"魔鬼"角色可否被操控、谁能操控、又如何操控呢?通过对上面讨论的梳理和概括不难发现:金融风险的"天使"和"魔鬼"角色,的确可以由金融主体操控完成。而是否成功,则取决于金融主体操控或管理风险的意识和能力。那么,又如何提高金融主体管理金融风险的意识和能力呢?这正是笔者写作本书的目的和动力。当然,金融风险管理的内容,如同浩瀚无边的大海,不是一两本书所能穷尽的。所以,笔者思考再三,还是决定从金融创新最集中、应用最广泛、前景最明晰,也是难度最大、最复杂的衍生品领域入手,开始金融风险管理书稿的撰写之旅。理由大体有三:一、确保内容、范围缩小以后本书的完整性、系统性;二、尽管本书大多数内容是围绕各类衍生品展开的,但除了相关知识外,衍生品在本书还起着不可缺少的载体作用,即可借此载体更具体、更详细地阐述金融风险管理的基本思想、基本原理、基本方法和技术,并确保这些思想、原理、技术和方法的完整性和独立性,以有助于读者在阅读时能超越衍生品知识本身、能独立并更好地学习和理解金融风险管理知识,同时也将有助于本书内容在各相关领域的应用;三、由于本书涉及的内容应该是金融风险管理领域最前沿、最复杂,也是最难的部分,所以读者掌握本书知识以后应会有一种"一览众山小"的感觉,此后再学习金融风险管理其他内容时会更加容易、顺畅。另外,前文提到,金融风险管理共有七个环节,但因篇幅所限,本书将主要介绍其中的风险管理策略的选择、设计与实施,以及绩效评估等居于金融风险管理中最核心、最重要、最复杂的部分。

本书共分五章:第一章主要对理论和实务中常用的金融风险管理策略进行分类和逐一剖析;第二章至第四章以案例分析的方式,借助于各类金融工具特别是衍生品工具,对金融风险管理中的分散化策略、套期保值策略、搭配策略等进行贴近于现实的深入解析;第五章通过案例分析的方法介绍金融风险管理策略的实施与绩效评估等相关内容。

针对金融风险管理的学习、研究、应用以及未来在我国的发展前景,本书在撰写过程中力求做到以下几点:

第一,通过本书学习,不仅可以掌握运用各类衍生品进行金融风险管理的技术和方法,而且可以超越衍生品知识本身,全面、系统地掌握金融风险管理的基本思想、基本原理、基本方法和技术。事实上,如果本书能作为笔者在复旦大学出版社于2009年首版、

2011年再版的《金融风险管理》的"下册"更为合适：已出版的"上册"主要集中于各类金融风险度量理论和方法的介绍①，本书则在金融风险度量的基础上重点介绍各类金融风险策略的选择、设计和实施。如果读者能够将两本书结合起来进行阅读，那么他对金融风险管理知识的把握将更加深入、全面。

第二，一般情况下，衍生品的学习往往要求读者具有较深的数学功底，本书对此做出了许多改进和尝试，只要读者拥有财经类专业本科生所要求的基本数学知识（即微积分、线性代数、概率论与数理统计）即可阅读本书。

第三，本科生对金融风险管理的学习，一般集中在金融风险、金融风险管理的概念、特点、作用等方面，至于在金融风险度量和金融风险管理策略及应用等方面能有一个初步的了解和掌握即可。本书则是在上述学习或已有知识的基础上，力求反映当今金融风险管理的最新成果以及实务或实践中的最新进展，并在理论性、专业性、应用性等方面皆有更深刻、更全面、更严谨的要求和拓展。

第四，本书紧紧立足于应用的要求和学习的简便性，对本书介绍的每个金融风险管理策略，一般都采用案例描述、解决方案设计、参与方盈亏分析、策略实施结果分析、策略有效性分析、案例总结等方式进行推演、讲解，旨在最大程度上贴近实战地撰写；同时，对一些重要的概念、理论和方法，又采用专栏等形式给出一些在现实中发生的具体案例进行辅助性解释，以有助于读者的理解。通过上述方式，力求让读者学习时有身临其境、似乎在工作第一线的感觉，以期提高读者的学习兴趣和效率。其实，这也是本书的最大特点或特色。

当然，不是所有问题、所有事情通过"力求"或短期努力可以获得解决的，本书自然也难以做到。例如，目前的主流金融学，大多以金融市场的完全性作为假设条件，本书的许多理论和方法也不例外。但现实市场尤其是中国市场是不具备完全性的，这是不争的事实。而市场的不完全或市场的不完全程度存在差异但难以界定的情况，会导致风险转移博弈的产生并对此难以量化或把握，这会使得各个风险资产之间的相关性随之变异而且无法定量，从而使得不完全市场下的风险或不确定性显著区别于完全市场的情况。这样，已有的、与相关性有关的、完全市场下的风险管理理论（自然也包括风险分散化理论、金融资产定价理论等），在现实应用中的可靠性必然受到质疑。不过笔者认为，主流的经济金融理论，通常都是一定假设条件下进行抽象思维的结果，于是主流理论与现实总会存在距离，在中国如此，在美国等发达国家也是如此。所以，不要期望本书的内容采用"拿来主义"可以直接解决中国问题。笔者认为，盲目崇拜"舶来品"和安于现状不作为，都对解决

---

① 详情请见张金清（2011）。

中国问题于事无补,正确的做法应该是:对中国金融风险管理问题没有系统的、更好的理论和解决办法之前,先引进、学习"西方成熟理论",这可能是当前迫不得已却也并无他择的最好选择。当然,如果在已有的"西方成熟理论"中能发现可解决中国现实问题的某些"有益成分",并随着上述"有益成分"的增多,或许我们可以很自然地在西方成熟的金融风险管理理论和方法中掺进"中国元素",进而拓展西方成熟理论,甚至在中国培育出可以发芽、可以成长的土壤,最终形成可以解决中国基本问题的金融风险管理理论与方法,那将何等美妙啊! 事实上,本书已经对此做出了一些新尝试:例如,我们在进行概念解析、理论与方法介绍时尽力选择中国的实际案例;在剖析中国案例时,又有针对性地对相关理论和方法做出相应调整或改进,以实现"洋为中用"的目的。

在本书结稿之际,作者衷心地感谢国家自然科学基金(项目批准号:71471043)的资助,同时感谢复旦大学出版社、复旦大学经济学院、复旦大学研究生院的帮助和支持。

我的许多博士研究生与硕士研究生都曾参与过本书案例等有关内容的编写、研究和校对工作,主要人员有金泽宇、尹亦闻、石黎卿、陈卉、张健、李旭东、何亮、严瑾、余超、王雷、刘广浩、姚淳钊、郭士利、左润民、邓扬眉、阚细兵、徐阳、谢圣、肖嘉琦、刘静涵、王潜、潘昱璇等,在这里一并致谢。

由于受作者学识所限,书中难免会有错漏之处,恳请广大读者和同行不吝赐教、指正。

张金清

2017 年 7 月于复旦大学

目 录

第一章　金融风险管理策略概述 ··· 1
引言 ·· 1
学习目标 ·· 2
第一节　金融风险管理策略的定义和分类 ··· 2
一、金融风险管理策略的定义和特征 ··· 2
二、金融风险管理策略的类型 ··· 2
第二节　金融风险预防策略 ··· 3
一、金融风险预防策略的定义与特征 ··· 3
二、金融风险预防策略的主要方法 ··· 3
三、金融风险预防策略的评价 ··· 7
第三节　金融风险回避策略 ··· 7
一、金融风险回避策略的定义与特征 ··· 7
二、金融风险回避策略的主要方法 ··· 8
三、金融风险回避策略的评价 ··· 9
第四节　金融风险留存策略 ··· 9
一、金融风险留存策略的定义与特征 ··· 9
二、金融风险留存策略的主要方法 ··· 9
三、金融风险留存策略的评价 ··· 11
第五节　金融风险转移策略 ··· 11
一、金融风险转移策略的定义与特征 ··· 11
二、金融风险转移策略的类型 ··· 12
三、风险转移策略的评价 ··· 16
第六节　金融风险搭配策略 ··· 16
一、金融风险搭配策略的定义与特征 ··· 16

二、搭配策略的作用与方法 …………………………………………………… 17
　　三、金融风险搭配策略的评价 ………………………………………………… 18
第七节　其他金融风险管理策略 ………………………………………………… 18
　　一、不作为策略 ………………………………………………………………… 18
　　二、补救策略 …………………………………………………………………… 19
第八节　金融风险管理策略的比较与分析 ……………………………………… 19
【专栏】第九节　基于三个典型案例对金融风险管理策略的认识 …………… 21
　　案例 1.1："国储铜"事件——预防策略的不完善 ………………………… 21
　　案例 1.2：美国新英格兰银行倒闭事件——分散化策略的缺失 …………… 22
　　案例 1.3：北岩银行挤兑事件——回避策略和补救策略的运用不当 ……… 22
本章小结 …………………………………………………………………………… 22
重要概念 …………………………………………………………………………… 23
思考题 ……………………………………………………………………………… 23

第二章　分散化策略的设计与案例分析 …………………………………………… 24

引言 ………………………………………………………………………………… 24
学习目标 …………………………………………………………………………… 24
第一节　分散化策略的基本原理 ………………………………………………… 25
　　一、分散化策略的理论基础 …………………………………………………… 25
　　二、分散化策略的一般方法 …………………………………………………… 27
第二节　分散化策略的案例分析 ………………………………………………… 30
　　一、分散化策略案例的背景与问题描述 ……………………………………… 30
　　二、分散化策略的方案设计与实施结果分析 ………………………………… 31
　　三、分散化策略案例总结 ……………………………………………………… 37
第三节　对分散化策略的进一步探讨——Black-Litterman 模型 ……………… 37
　　一、Markowitz 资产组合理论在金融实践中面临的问题 …………………… 37
　　二、Black Litterman 模型的一般原理 ………………………………………… 38
第四节　分散化策略的评价 ……………………………………………………… 43
【专栏】第五节　AIG 巨亏案例分析 …………………………………………… 44
本章小结 …………………………………………………………………………… 45
重要概念 …………………………………………………………………………… 45
思考题 ……………………………………………………………………………… 45

第三章　套期保值策略的设计和案例分析 …… 47

引言 …… 47

学习目标 …… 47

第一节　套期保值策略的基本原理 …… 48
一、套期保值策略的一般原则 …… 48
二、套期保值策略的一般步骤与方法 …… 49
三、套期保值策略效果评估的一般方法 …… 52

第二节　基于远期的套期保值策略设计与案例分析 …… 56
一、远期套期保值策略的一般方法 …… 56
二、利用远期利率协议进行套期保值的案例分析 …… 57
三、利用远期外汇产品进行套期保值的案例分析 …… 61
四、基于远期的套期保值策略评述 …… 66

第三节　基于期货的套期保值策略设计与案例分析 …… 67
一、期货套期保值策略的基本原理 …… 67
二、基于国债期货的套期保值策略与案例分析 …… 71
三、基于股指期货的套期保值策略与案例分析 …… 77
四、期货套期保值策略的评述 …… 89

第四节　基于互换的套期保值策略设计与案例分析 …… 90
一、互换套期保值策略的基本原理 …… 90
二、利用利率互换进行套期保值的案例分析 …… 90
三、利用货币互换进行套期保值的案例分析 …… 95
四、利用信用互换进行套期保值的案例分析 …… 98
五、基于互换的套期保值策略评述 …… 105

第五节　基于标准期权的套期保值策略设计与案例分析 …… 106
一、期权的基本概念及主要特征 …… 106
二、以单向风险对冲为目标的期权套期保值策略案例分析 …… 109
三、以双向风险对冲为目标的期权套期保值策略案例分析 …… 118
四、标准期权套期保值策略的评述 …… 133

第六节　基于奇异期权的套期保值策略设计与案例分析 …… 134
一、利用障碍期权进行套期保值的案例分析 …… 135
二、利用亚式期权进行套期保值的案例分析 …… 142
三、利用篮子期权进行套期保值的案例分析 …… 148
四、其他奇异期权在套期保值策略中的应用简介 …… 152
五、基于奇异期权的套期保值策略评述 …… 155

第七节　不同类型套期保值策略的比较 ································· 157

【专栏】第八节　基于两个典型案例的套期保值策略应用分析 ················ 158

　　案例 3.1：股指期货套期保值——光大证券"乌龙指"事件后的对冲行为 ······ 158

　　案例 3.2：奇异期权套期保值——中信泰富澳元套期保值事件 ············ 160

本章小结 ·· 161

重要概念 ·· 162

思考题 ·· 162

第四章　搭配策略的设计与案例分析 ··· 163

引言 ·· 163

学习目标 ·· 163

第一节　搭配策略概述 ·· 164

　　一、搭配策略的主要类型 ·· 164

　　二、搭配策略实施的一般步骤 ·· 164

第二节　模拟基本金融工具损益的搭配策略设计与案例分析 ······················ 165

　　一、合成期货策略与案例分析 ·· 165

　　二、合成期权策略的设计 ·· 170

　　三、组合保险策略的设计与案例分析 ······································ 172

第三节　实现特殊损益目标的搭配策略设计与案例分析 ·························· 176

　　一、领子期权策略的设计与案例分析 ······································ 177

　　二、蝶式期权策略的设计与案例分析 ······································ 182

　　三、跨式期权策略的设计 ·· 187

　　四、其他常见策略的简要介绍 ·· 191

第四节　不同类型搭配策略的比较 ·· 193

【专栏】第五节　深南电期权合约巨亏事件解析 ·································· 194

本章小结 ·· 195

重要概念 ·· 196

思考题 ·· 196

第五章　金融风险管理策略的实施与绩效评估 ··· 197

引言 ·· 197

学习目标 ·· 197

第一节　金融风险管理策略的选择 ·· 198

　　一、金融风险管理策略选择的基本原则 ···································· 198

二、金融风险管理策略选择的一般步骤 ·· 201
　　三、金融风险管理策略选择的案例分析 ·· 203
第二节　金融风险管理策略的方案设计 ·· 211
　　一、金融风险管理策略方案设计的基本原则 ···································· 212
　　二、金融风险管理策略方案设计的一般步骤 ···································· 213
　　三、金融风险管理策略方案设计的案例分析 ···································· 217
第三节　金融风险管理策略的方案执行 ·· 225
　　一、不同层次主体的风险管理职责 ·· 226
　　二、金融风险管理策略方案执行的组织体系有效性 ··························· 228
　　三、信息流动的有效性分析 ··· 228
　　四、企业风险管理文化建设 ··· 230
第四节　金融风险管理策略实施的绩效评估 ·· 231
　　一、风险调整的绝对绩效评估方法 ·· 232
　　二、风险调整的相对绩效评估方法 ·· 237
　　三、各种绩效评估方法的比较 ·· 246
【专栏】第五节　海南发展银行破产事件案例分析 ································ 248
本章小结 ··· 249
重要概念 ··· 249
思考题 ·· 250

附　录　东航期权套期保值巨亏案例分析 ·· 251
　　一、引言 ·· 251
　　二、案例背景 ·· 251
　　三、东航套保策略解读 ·· 252
　　四、套保巨亏成因考察——来自各方的质疑 ·································· 256
　　五、昂贵的教训——企业如何进行有效的套期保值 ························· 259
案例使用说明：东航套期保值巨亏案例分析 ·· 259
　　一、教学目的与用途 ··· 259
　　二、启发思考题 ··· 260
　　三、理论依据 ·· 260
　　四、案例关键要点 ·· 260
　　五、课堂计划 ·· 262
　　案例参考文献 ··· 262

参考文献 ·· 263

第一章

金融风险管理策略概述

引 言

　　1995年巴林银行倒闭事件[①]、2008年东方航空公司航油套期保值巨亏事件[②]以及2012年摩根大通信用衍生品巨亏丑闻[③]等,均表明金融风险的确有可能给市场参与者带来巨大灾难,从而使得一些人对金融风险心生畏惧,甚至避而远之。然而,风险本身并不等同于损失,在充满风险的世界里很多市场参与者不仅不会遭受损失,相反会变风险为获利机会,主动利用风险创造价值并进一步壮大自己。如在2008年原油价格的剧烈震荡中,与东航相比,美国联合航空与达美航空等公司正由于执行了更加科学的套保策略,合理规避了亏损,从而在航空业激烈的竞争中取得优势[④]。为什么面临同样的风险环境,不同的市场参与者会产生如此大的差异?问题的关键在于风险管理者能否运用恰当的风险管理策略经营风险并创造价值,只有科学有效地运用风险管理策略才能够使各个市场参与者在风云诡谲的市场中屹立不倒。

　　按照张金清(2011)[⑤]的定义和划分方法,金融风险管理可分为:风险管理目标的设定,风险辨识与度量,风险管理目标的修正,风险管理策略的选择、设计与实施,风险管理的监控与预警,风险管理的绩效评估,反馈与调整七大环节。其中,风险管理策略的选择、设计与实施处于核心地位:一方面,风险管理目标的确定、风险的辨识与度量以及目标的修正,是有效完成策略选择、设计与实施环节的前提和基础。当然,如果不开展策略的选择、设计与实施,上述三环节也就失去了存在的价值。另一方面,正是由于风险管理策略的选择、设计与实施,才使得后续的风险监控预警、风险管理绩效评价以及反馈调整三个环节得以产生并存在。对风险管理策略的充分了解、掌握乃至熟练运用是策略实施的关键。

　　本章将对主要的金融风险管理策略进行系统梳理和介绍。

[①] 《衍生工具使用失当　英国巴林银行破产》,瞭望新闻周刊报道,1995年11期。
[②] 《航油套保损失激增　政府70亿元注资恐不抵东航巨亏》,证券日报道,2009年1月12日。
[③] 《摩根大通巨亏事件始末》,FT中文网报道,2012年5月24日。
[④] 详细情况参见本书教学案例《东航期权套期保值巨亏案例分析》。
[⑤] 《金融风险管理(第二版)》(张金清,2011)。

学习目标

通过本章学习，您可以了解或掌握：
- ◆ 金融风险管理策略的概念及基本类型；
- ◆ 预防策略、回避策略、留存策略、转移策略、搭配策略等各类风险管理策略的概念及基本特点；
- ◆ 每种风险管理策略下常用的操作方法；
- ◆ 对不同金融风险管理策略适用范围和优缺点的比较分析。

第一节 金融风险管理策略的定义和分类

一、金融风险管理策略的定义和特征

金融风险管理策略，是指在特定的风险环境下，风险管理者为了实现价值创造，根据自身发展战略、风险偏好、风险承受与控制能力在管理金融风险的过程中所采取的手段、方法和技术的总称。

实施风险管理策略的目的是通过管理金融风险创造价值。对于那些只能带来损失，不能带来收益的风险，可以选择相应的风险管理策略降低甚至消除；而对于那些有可能创造价值的风险，简单地规避可能不是最优的选择，此时需要风险管理者根据自身风险管理的目标及能力，选择适合的风险管理策略，确保风险和收益间的最优搭配，进而实现价值创造以及自身效用的最大化。

二、金融风险管理策略的类型

由于实施金融风险管理策略的对象和目的不同，加之策略本身日趋复杂和多样化，人们提出了许多划分风险管理策略的标准和方法，例如按管理的风险类型分类、按策略的实施时机分类、按策略采用的技巧和方法分类等。值得注意的是，不同的分类方式之间并不完全独立，风险管理者可以根据需要将同一种策略划入不同的类别；而不同的分类方式也可以重叠使用，并可以将策略作进一步细分。下文将依次对三种常用的分类方法进行介绍。

（一）按管理的风险类型分类

按照驱动因素，可以将金融风险划分为市场风险、信用风险、操作风险、流动性风险等类型。相应地，风险管理策略也包括市场风险管理策略、信用风险管理策略、操作风险管理策略、流动性风险管理策略等。当然，上述策略在运用过程中并不总是单一或孤立的，在很多情况下可以交叉使用。例如，巴塞尔协议的"最低资本要求"既可以看作市场风险管理策略，又可以视作信用风险管理策略或操作风险管理策略[①]。

[①] 巴塞尔协议明确将市场风险、信用风险以及操作风险纳入资本监管的范畴，共同构成银行资本充足率分母的一部分。

按照能否被分散，金融风险还可以划分为系统性风险和非系统性风险，与之相对应的即是系统性风险的管理策略与非系统性风险的管理策略。例如，分散化策略主要用于非系统性风险的管理，而套期保值策略则主要用于系统性风险的管理。

（二）按策略的实施时机分类

从时间维度上可以将金融活动划分为三个阶段：金融活动开始前、金融活动进行中风险损失发生前、风险损失发生后。相应地，风险管理策略可依据采取的时机不同划分为对应的三类：金融活动开始前的风险管理策略，通过对风险事件本身的风险和收益进行比较，进而决定是否接受该风险暴露；金融活动进行中风险损失发生前的风险管理策略，主要通过成本和收益的权衡，选择合适的策略以最大限度地降低风险发生导致损失的可能性和损失程度；风险损失发生后的风险管理策略，则主要用于控制风险损失的波及范围和危害程度。

（三）按策略采用的技巧和方法分类

按照采用的技巧和方法不同，风险管理策略可以划分为不作为策略、预防策略、回避策略、留存策略、转移策略、搭配策略和补救策略七类。从技巧和方法的角度对策略进行分类，有助于辨析各种风险管理策略的特点，有利于帮助风险主体更容易、也更具有针对性地根据具体需求准确选取和运用最合适的风险管理策略，因而该种分类方法得到了普遍使用。下文将按照该分类方式对各金融风险管理策略一一进行介绍。

另外，转移策略中的分散化策略、套期保值策略以及搭配策略，是目前应用最为广泛、也最具发展前景的三大管理策略，所以从第二章开始，本书还将通过案例对这三种策略的设计方法在实务中的具体应用展开详细讨论。

第二节 金融风险预防策略

一、金融风险预防策略的定义与特征

金融风险预防策略，是指通过风险管理制度的预先安排约束所有金融活动参与者的相关行为，进而降低风险暴露的大小和风险事件发生的可能性，实现有效管理风险的策略。

与其他策略相比，风险预防策略具有两个显著特征：第一，该策略要求所有参与金融活动的行为人都必须遵循相应的风险制度和规则；第二，该策略在金融活动发生之前就投入实施，以便防患于未然。风险预防策略的这两个特征使它能够有效避免大多数风险的发生，因此在风险管理中一直发挥着基础性作用。

二、金融风险预防策略的主要方法

近二十年来，国际金融衍生品市场接连发生多次巨额亏损事件，如 1995 年巴林银行倒闭事件[1]、1996 年日本住友商社的期铜巨亏事件[2]、2012 年摩根大通信用衍生品巨亏丑闻[3]等

---

[1] 《衍生工具使用失当 英国巴林银行破产》，瞭望新闻周刊报道，1995 年 11 期。
[2] 《住友损失惨重 警钟再次鸣响》（王秀玉，方东葵，1996）。
[3] 《摩根大通巨亏事件始末》，FT 中文网报道，2012 年 5 月 24 日。

等;在国内,类似事件也屡见不鲜,如1998年湖南株洲冶炼厂期货风波[①]、2004年中航油事件[②]、2005年国储铜事件[③]及2009年海升大摩案[④]等等。在这些事件中,偶然的外部冲击往往只起着导火索的作用,事件发生的根本原因是长期积累的风险没有得到及时、有效消除,这表明公司内部缺乏有效的风险预防制度。下文将详细介绍如何通过建立有效的风险预防制度,管理操作风险、信用风险、市场风险、流动性风险、财务风险和道德风险。

(一) 预防市场风险的制度约束

根据金融市场变量的不同,市场风险可以细分为汇率风险、利率风险、证券价格风险和商品价格风险等。上述每种风险都有相应的预防策略,下面仅以汇率风险和证券价格风险为例进行介绍。

(1) 汇率风险预防策略。例如,为了防止人民币汇率的剧烈波动,中国人民银行将银行间即期外汇市场人民币兑美元交易价格变动幅度限制在2%以内[⑤]。

(2) 证券价格风险预防策略。例如,股票的涨跌停板制度,即证券价格在日内向某一固定方向变动达到一定程度后,将停止该证券的当日交易;再比如2010年,美国证监会通过新规,要求单只股票跌幅超过10%时将对该只股票的卖空行为进行限制[⑥]。

(二) 预防信用风险的制度约束

信用风险几乎存在于所有金融交易中,目前由银行和交易所建立的信用风险预防制度较为完善,下文分别予以介绍:

1. 银行的信用风险预防制度

(1) 信用限额制度。

信用限额是指在一定时期内,金融机构发放给客户的信用总额度。通过建立和执行信用限额,金融机构可以将信用风险暴露控制在一定范围内。

信用限额可以在不同的层面设定:可针对单个客户,也可针对某类组合,如按区域或行业等形成的组合;可针对某笔具体业务,也可针对具有某类特征的资产池;可针对金融机构内部某个具体的业务员或信贷人员,也可针对某个部门,甚至金融机构整体。不论何种层面,在设定信用限额时,不仅要考虑机构自身的风险偏好、资本实力等因素,还要考虑客户的信用状况及债务承受能力的大小。此外,由于客户可以同时与多家金融机构往来并取得授信,因此在设定信用限额时不能仅考虑客户在本机构的信用业务,还应将客户在其他机构的信用业务一并加以考虑,以核定实际可承受的信用额度。

(2) 贷款审查与评级制度。

贷款审查与评级是商业银行为了确保贷款的安全性,预防信用风险而采取的风险管理策略。常见的贷款审查方法有"6C"原则审查法,常见的贷款信用评级法主要包括外部

---

① 《回首株冶事件:一样的逼空 不一样的预期》,财经时报报道,2005年11月26日。
② 《"中航油事件"敲响监管制度警钟》,证券日报报道,2004年12月11日。
③ 《内部控制与风险管理——来自国储铜的案例分析》(何威风,朱莎莎,2008)。
④ 《外汇掉期合约纠纷海升果汁起诉大摩》,每日经济新闻报道,2009年10月30日。
⑤ 中国人民银行宣布:自2014年3月17日起,银行间即期外汇市场人民币兑美元交易价浮动幅度由1%扩大至2%,即每日银行间即期外汇市场人民币兑美元的交易价可在中国外汇交易中心对外公布的当日人民币兑美元中间价上下2%的幅度内浮动。
⑥ 《美国证监会通过新规限制股票卖空》,上海证券报报道,2010年2月26日。

机构评级和内部评级两种[①]。

2. 交易所的信用风险预防制度

(1) 保证金要求与逐日盯市制度。

保证金要求是指证券交易所为了防止客户违约,要求交易者在进行证券交易之前必须存入一定的初始保证金,用以冲销客户违约所带来的可能损失[②]。逐日盯市制度则指每个交易日结束后,交易所根据当日的收盘价格核算交易者的损益,以此调整投资者的保证金账户;若保证金账户上的贷方金额低于交易所要求,且交易者未在限期内追加保证金以达到初始保证金水平,那么交易者将不能参加下一交易日的交易且交易所有权对其账户进行平仓。保证金要求与逐日盯市制度有效地降低了客户因遭受损失而违约的可能性。

(2) 头寸限制。

头寸限制又称为限仓制度,是指交易所规定会员或投资者所能持有的、按单边计算的某一合约投机头寸的最大数额。头寸限制的要求既可以防止大户操纵,保护中小投资者;也可以分散违约风险,降低信用风险事件发生所带来的可能损失。

(3) 有组织的清算所。

清算所负责对金融合约进行统一交割、对冲和结算,它介入每笔交易之中,在监控每个交易商信用的同时为所有支付提供担保,这将有效消除交易商之间信用风险的交叉蔓延,大大降低信用风险事件发生的可能性。

(三) 预防操作风险的制度约束

根据前文对操作风险的定义,可知该风险只能带来损失而无法带来收益。于是,应当通过一系列制度安排来预防操作风险:

(1) 自我评价制度:每个业务部门对本部门操作风险的来源、预期频率和管理成本进行评价。

(2) 监督检查制度:通过风险监控和预警制度,监控风险发生的可能性和造成的损失程度。监督检查的主要依据是企业的各项财务数据,主要方法为定期审计以找出企业运营中的隐患,审计方法包括内部审计和外部审计。

(3) 操作风险度量制度:由最高风险管理委员会和风险管理部门建立完善的风险度量体系,包括风险指示器、标准化方法和各种复杂的高级度量方法。

(4) 数据库的建立和量化制度:管理人员根据内外部数据测度由操作风险造成损失的客观分布情况,从而为防范和管理操作风险提供量化指标。

(5) 信息与沟通制度:在企业内部各管理级次、责任单位、业务环节之间,以及企业与外部投资者、债权人、客户、供应商、中介机构和监管部门之间实现有效沟通,发现问题后及时报告相关部门并加以解决。

(四) 预防流动性风险的制度约束

流动性风险包括筹资流动性风险和市场流动性风险,为应对这两类风险,风险管理者

---

① 相关内容已在《金融风险管理(第二版)》(张金清,2011)中进行了详细介绍,在此不再赘述。
② 由于保证金制度在交易所市场中十分有效,目前场外市场中的产品与合约也大量推行该制度以预防交易对手方的违约风险。

通常采用以下预防制度：

(1) 银行准备金制度和银行存款保险制度。

银行是我国企业获得中长期贷款的主要渠道，而银行的大多数存款都是短期的，这种"借短贷长"的经营模式通常使银行的资产负债期限不匹配，很容易诱发挤兑等流动性风险事件。为了长期稳定的经营，银行必须建立有效的筹资流动性风险预防制度。

筹资流动性风险预防制度一般由内外两方面组成。内部的预防制度主要为准备金制度。准备金按流动性从高到低可以分为一级准备金、二级准备金和三级准备金。其中，一级准备金为现金，主要包括法定准备金及超额准备金，它是应付意外提存和意外信贷等流动性需求的第一道防线。第二、三级准备金主要包括一些流动性更低的盈利性资产，如短期政府债券、可转让定期存单等。保有适当的第二、第三级准备金，可以在预防流动性风险的同时获取一定的投资收益。

外部的预防制度主要是存款保险制度，即由银行等各存款性金融机构集中建立一个保险公司，作为投保人按一定存款比例向其缴纳保险费的一种金融保障制度。一旦某个机构发生流动性危机或濒临破产时，存款保险公司将向该机构的存款人提供财务救助或直接向其支付部分或全部存款，从而有利于保护存款人利益，改变存款者的预期，维护银行信用和金融秩序的稳定。

(2) 证券交易所的做市商制度。

作为证券交易的主要平台，为了加快交易速度、维持市场价格稳定、增强市场吸引力，证券交易所需要建立相应的市场流动性风险的预防制度。做市商制度就是一种通过交易制度安排可有效预防流动性风险的制度，即由具备一定实力和信誉的法人充当做市商，不断地向投资者提供买卖价格信息，并按提供的价格接受投资者的买卖要求，以自有资金和证券与投资者进行交易。做市商承担做市所需的资金，可以随时应付任何买卖，活跃市场。在做市商制度下，买卖双方不必等到对方出现，只要由做市商出面，承担交易对手方的责任，就可以进行交易。因此，做市商在一定程度上可确保市场进行不间断的交易活动，从而提升市场流动性，预防市场流动性风险的发生。

(五) 预防财务风险的制度约束

预防财务风险的制度约束主要包括各种财务决策的制定机制，具体可以分为以下几个方面：

(1) 融资决策的制定机制：企业在筹措资金时，应结合自身的财务状况，充分考虑经营规模、盈利能力及金融市场状况，综合权衡各种筹资方式的成本与风险，确定最优的融资规模和结构，从而使融资成本降到最低水平，实现企业价值最大化。

(2) 投资决策的制定机制：在投资决策过程中，完善对投资项目的可行性分析，采取科学的方法计算和评价各种投资方案的投资回收期、投资报酬率、净现值以及内含报酬率等指标，在结合其他需考虑因素的基础上选择最佳投资方案，以达到投资风险的预防目的。

(3) 赊销审批和销售决策的制定机制：根据客户的财务和资信状况设置不同的销售结算方式，对赊销活动进行特定限制，从而达到资金回收风险的预防目的。

(4) 收益分配决策的制定机制：根据企业发展的需要，制定合理的收益留存和利润分配政策，采取适当的利润和现金分配方式，保障现金流入与流出的相互配合、协调，以达到收益分配风险的预防目的。

（六）预防道德风险的制度约束

道德风险广泛存在于各种实体企业和金融机构之中。道德风险可以通过制度创新来预防，即通过设计一定的机制，降低信息成本以及信息不对称的程度，把风险因素减少到最低限度。

常见的预防道德风险的制度包括激励机制、约束机制、接管机制。

（1）激励机制：委托人设计一套有效的激励制度，以诱使代理人自觉地采取适当的行为，实现委托人的效用最大化。常见的激励机制有：奖金和递延报酬[①]；股票期权；一些非货币的激励方式，比如荣誉、职业培训、特权等。

（2）约束机制：为规范组织成员行为而制定的规章制度和手段的总称。具体包括国家的法律法规、行业标准、机构内部的规章制度，以及各种形式的监督等，以此约束金融机构内高管和普通员工的相关行为。

（3）接管机制：外部人员通过收集股权或投票代理权的方式取得对企业的控制，进而接管和更换不良管理层的机制。如果高管利用职权为自己谋取私利，造成公司经营业绩不佳，股价下跌，就可能被其他公司收购，导致控制权易手。因此，这一机制对管理层有着巨大的潜在约束力。

三、金融风险预防策略的评价

预防策略是一种传统而又古老的风险管理策略，可以在很大程度上预防流动性风险、操作风险、信用风险等不易通过市场转移的风险。同时，预防策略还是一种主动的风险管理策略，它通过对风险的预先控制，有效降低风险事件发生的可能性和风险暴露的大小，进而可从根本上降低市场参与者面临的风险。

当然，金融风险预防策略也存在一些明显的缺点：

第一，实际操作中，并非所有风险都可以有效预防，例如市场突发风险就难以通过预防策略管理，这使得预防策略的实施受到了限制；

第二，预防策略在降低风险事件发生可能性的同时，也可能降低了价值创造的机会，这使得预防策略的实施具有较大的机会成本。例如，准备金制度使得银行不得不将一部分资金留存作为准备金，从而放弃了这部分资金的贷款利息收入。

第三节 金融风险回避策略

一、金融风险回避策略的定义与特征

金融风险回避策略，是指风险管理者充分考虑金融活动的风险与收益后，主动放弃或

[①] 企业所有者根据企业的业绩，在经营者的基本工资以外，另外支付给经理一笔与企业业绩相挂钩的奖金作为奖励。为了克服经营者的短视行为，完善道德风险的防范措施，有时可以把奖金延期发放，如一些公司规定经理退休以后才能领取奖金；或把奖金递延到经营者创造盈利后的3—5年才支付。

者拒绝实施可能偏离风险管理目标的活动，进而减少甚至避免风险暴露的策略。

金融风险回避策略与预防策略都运用于金融活动发生之前，两者的区别在于：预防策略是一种制度安排，它要求所有参与风险活动的行为人必须按照规定行事，因而具有一般性和客观性；回避策略只针对某项具体风险项目，是风险管理者对该风险项目的风险与收益进行权衡后作出的选择，不同的风险管理目标可能会导致不同的选择，因此回避策略具有一定的特殊性和主观性。

风险回避策略主要适用于以下情形：第一，在达到相同的风险管理目标时，若存在其他风险较小的项目，则风险管理者可以对风险较大的项目采取回避策略；第二，风险管理者无力承担某项风险项目的风险，或者承担该风险无法得到足够的收益补偿，此时往往对该项目采取风险回避策略。

二、金融风险回避策略的主要方法

金融风险回避策略被广泛应用于汇率风险、利率风险、流动性风险等金融风险的管理之中，主要包括以下几种方法。

（一）汇率风险管理

在国际经济活动中，为回避某些特定的汇率风险，风险主体通常需要遵循以下币种选择或配对原则：

（1）选择可自由兑换的货币作为结算货币。通过选择可自由兑换的货币进行交易，可以回避由于无法提供结算货币而导致巨大损失的风险，这不但有利于外汇资金的调拨和运用，还有利于风险管理者根据汇率变化趋势，及时进行外汇兑换。

（2）采用"收硬付软""借软贷硬"的币种选择原则。基于该原则，对将要构成收入或者债权的项目选用汇率稳定趋升的"硬"通货结算，从而回避"软"通货在未来贬值的风险；同理，对将要构成支付或者债务的项目则选用汇率明显趋跌的"软"通货结算，从而回避"硬"通货在未来升值而带来的偿还金额上升的风险。

（3）配对管理。所谓配对，是将外币流入（收入）与流出（支出）在币种、金额和期限上进行匹配。例如，对于有经常性美元收入与支出的某英国公司来说，它应对美元的流入与流出进行配对管理，使得当美元对英镑升值（贬值）时，美元支出上的汇兑损失（收益）能被美元收入上的汇兑收益（损失）所抵消，从而尽可能减少美元汇率波动给公司带来的影响。

（二）利率风险管理

为回避金融活动中的利率风险，风险主体通常可以选择锁定利率和缩小利率风险缺口两种策略。

（1）选择固定利率进行借贷活动。对于不愿意承担利率风险的企业或金融机构来说，选择固定利率进行资金借贷，可以提前锁定利率，确定在未来某一时刻的收入或支出，从而回避利率风险，同时有利于资金的安排。

（2）利率缺口管理。对于银行等借贷活动频繁的金融机构来说，单纯地选用固定利率锁定利率风险显然是不能满足业务需要的，此时利率缺口管理是更优的回避策略。根据利率缺口计算方式的不同，可将该策略进一步划分为利率敏感性缺口管理和利率持续期缺口管理[①]。两种策略均可以通过调整资产和负债的品种、期限和数量,缩小乃至消除利率缺口,从而达到回避利率风险的目的。

(三) 流动性风险管理

为回避流动性风险,风险管理者通常可以从以下两个方面进行流动性管理:

(1) 流动性缺口管理。流动性缺口是流动性资产和流动性负债不匹配产生的缺口。流动性缺口管理即通过对资产结构的调整,如缩短资产的平均期限或提高流动性资产占总资产的比重等,缩小或消除流动性缺口达到回避筹资流动性风险的目的。

(2) 对某些市场流动性较差的产品采取不交易的策略。随着混业经营模式的迅速扩展,金融机构借助金融市场进行各种交易的规模、频率和复杂程度也急剧增加。与之对应地,金融机构在市场上完成资产变现的不确定性,即市场流动性风险也日益凸显。因此,在经营活动中对某些市场流动性差的金融产品采取不交易的策略,能够大大降低金融机构未来可能面临的市场流动性风险。

三、金融风险回避策略的评价

回避策略是一种简单易行、全面有效、经济安全的管理策略。它的实施可以使损失发生的可能性大大减小甚至降为零,从而有效降低市场整体风险。

然而,实际操作中风险不可能完全避免,例如主营业务带来的风险就无法完全回避,这使得回避策略的实施具有相当的局限性。

第四节 金融风险留存策略

一、金融风险留存策略的定义与特征

金融风险留存策略,是指风险管理者为了实现价值创造,在充分权衡项目的风险与收益后主动承担风险,或受客观条件限制被动承担风险,并为可能发生的风险损失做好防护工作的策略。该策略一般运用于金融活动进行中损失发生前。

由定义可知,金融风险留存策略包括风险的主动留存和被动留存两种情形。主动留存风险,是由于风险活动与风险管理目标相一致从而可以创造价值,这本质上是风险管理者为了获取风险溢价而主动承担风险。例如,保险公司通过承担保险人转移的风险而实现盈利,金融市场中的投机者因承担套期保值者转移的风险而获得一定的收益。被动留存风险,通常是由于风险辨识与度量的失误,或者客观条件的限制,使得风险无法得到有效管理,从而风险管理者不得不自行承担风险。需要注意的是,无论是主动还是被动留存下的风险,留存策略旨在为可能发生的风险损失做好相应的防护措施。

二、金融风险留存策略的主要方法

留存策略主要包括以下几种方法。

---

① 利率敏感性缺口指利率敏感性的资产与负债之间的货币差额,而利率持续期缺口则指资产与负债的久期之差,具体请参见《金融风险管理(第二版)》(张金清,2011)。

(一) 坏账准备金

坏账准备金制度是一项会计处理方法。企业在会计处理时依据谨慎性原则，对应收账款可能发生的坏账损失提取坏账准备金，以减少当期利润的虚增。当坏账损失实际发生时，坏账准备金可用于冲抵损失，从而起到平滑企业各期利润的作用。坏账准备金的估计主要有三种方法：

（1）余额百分比法：根据期末贷款或者应收账款余额乘以预期坏账损失率，并据此提取坏账准备金。

（2）销货百分比法：按照当期赊销金额的一定百分比估计坏账损失。该方法的合理性在于坏账损失与赊销业务直接相关：当期赊销业务越多，产生坏账损失的可能性及损失程度就越大。

（3）账龄分析法：根据贷款或者应收账款入账时间的长短估计坏账损失。虽然账款能否回收以及能回收多少，不一定完全取决于时间的长短，但一般来讲，账款拖欠的时间越长，发生坏账的可能性就越大。

(二) 风险资本金

风险管理者可通过提取合理水平的风险资本金缓冲风险事件发生时有可能造成的损失。需要注意的是，坏账准备金应对的是预期损失，即损失的期望值，而风险资本金主要用于管理未预期损失，即实际发生的损失超过预期损失的部分。风险资本金一般有三种计算方法：

（1）等额风险资本金：提取的风险资本金的数额等于企业风险资产数额。等额风险资本金的留存虽然能完全覆盖企业面临的风险，但占用资金过多，将降低资金的周转速度，使得资金使用效率较低，从而会削弱企业的经营能力。

（2）固定比率风险资本金：2010 年通过的《巴塞尔协议Ⅲ》规定，商业银行的核心资本充足率要求[①]由 4% 上调到 6%，同时要计提 2.5% 的防护缓冲资本和不高于 2.5% 的逆周期缓冲资本。加总可知，银行的资本充足率整体要求达到 8.5%—11%。

（3）精确测量法：基于市场因素波动而导致的风险暴露规模，计提企业的风险资本金。常用的方法有 VaR 方法和压力测试方法[②]。

(三) 专属保险公司

专属保险公司，简称自保公司，是由企业内部自行设立，并且综合管理企业整体风险的子公司。专属保险公司与企业各个部门、子公司的关系就像是保险公司与投保人的关系。从企业整体来看，设立专属保险公司可以把各子公司的主营业务风险留存在企业内部，实现企业风险的集中管理；而从子公司层面来看，该策略可以实现对各个子公司风险的转移，从而有利于子公司的业务稳定、持续发展。

专属保险公司于 20 世纪五六十年代在国外逐渐发展起来。截至 2016 年 10 月，全球共有 70 多个国家和地区成为专属保险公司的注册地，而专属保险公司的数量已达近

---

① 资本充足率是指银行资本金相对于风险资产的比例，用以表明银行自身抵御风险的能力。
② VaR 方法和压力测试方法的具体介绍，请参见《金融风险管理（第二版）》（张金清，2011）。

7 300家[①]。全球500强企业中有接近70%的企业设立了专属保险公司,公司总保费规模超过500亿美元;而在美国,全球500强企业中超过90%的企业拥有自己的专属保险公司。与此同时,作为全球第三大保险市场,中国专属保险公司的规模与数量还远远不够:截至2017年2月7日,中国保监会对中远海运财产保险自保有限公司的开业批复后,我国合计共有6家专属保险公司运营[②]。此前5家则包括注册地在中国内地的中石油以及中铁总的专属保险公司,以及注册地在香港地区的中海油、中广核以及中石化的专属保险公司。

三、金融风险留存策略的评价

相比于其他金融风险管理策略,留存策略具有以下优点:

(1) 适用性强。风险的估测和控制不可能完全精确有效,因此,企业运用自身财务优势预先对每项风险可能的损失进行补偿准备,能够有效降低损失发生后带来的不良影响。

(2) 成本低。留存策略要求企业保有一定的现金及流动性好的资产,以便风险损失发生后进行补偿,这意味着该策略除了面临一定的机会成本,不会产生额外的风险管理费用,较之其他风险管理策略可以节省很多成本。

当然,留存策略也存在明显不足:

(1) 损失存在不确定性。相对于其他策略而言,留存策略并没有减少风险发生的可能性或风险暴露的大小。从短期来看,经济主体损失的经验分布具有很大的易变性,因此在采用留存策略时往往还存在着实际风险损失高于预期、损失难以弥补的可能。

(2) 缺乏规模效应。实施留存策略所需的闲置资金并不会因为所留存的风险增加而减缓增速,这使得经济主体在面临更大风险时要承担更高的风险管理成本和费用。相对而言,预防策略、回避策略、转移策略、搭配策略等则具有较强的规模效应,实施规模越大、频率越高则边际成本越低。

第五节 金融风险转移策略

一、金融风险转移策略的定义与特征

金融风险转移策略,是风险管理者将金融活动中产生的、超出自身风险承担能力或不愿承担的风险,通过相应交易活动予以分散或转移给交易另一方的策略。该策略通常运用在金融活动进行中损失发生前市场风险和信用风险的管理。

与其他策略相比,风险转移策略具有两个显著特征:第一,该策略需要通过相应交易活动,运用金融工具转移风险主体面临的风险,因而要求市场上有对应的分散化工具或风险承担者;第二,与预防策略和回避策略不同,该策略并不试图降低风险发生的可能性,而主要通过分散风险或者将风险转移给交易对手,来降低经济主体的风险暴露,进而减少可

---

① 数据来源:《全球500强近七成设自保公司,国内目前仅有5家》,2016年10月26日搜狐财经报道。
② 数据来源:《中远海运成立自保公司,又一金融牌照落地》,2017年02月17日21世纪经济报道。

能的损失。转移策略的上述特征可以使风险主体在金融活动进行中,根据自己的风险管理目标灵活确定风险敞口,进而实现风险与收益的最优配置。

二、金融风险转移策略的类型

根据风险转移方法的不同,风险转移策略可分为分散化策略、套期保值策略、保险策略、资产证券化策略和担保抵押策略五大类。下面给予详细介绍。

(一) 分散化策略

1. 分散化策略的定义

分散化策略,是通过构造一个预期收益一定时风险最小或风险一定时预期收益最大的资产组合,将可分散化的风险(即非系统性风险)部分或全部分散掉的策略。分散化策略是投资者降低非系统性风险的基本手段和常用策略。与未充分分散风险的资产组合相比,在给定的风险水平下,分散化的资产组合具有更高的收益,而在给定的收益水平下,分散化的资产组合具有更低的风险。因此,分散化策略可以说为投资者提供了"免费的午餐"。

2. 实施分散化策略的主要方法

(1) 对象分散法[①]:这是目前使用最为普遍的分散方法,是指风险主体通过将资金分布于不同的投资对象来分散风险。具体策略又可分为行业分散法、地域分散法、客户分散法、资产种类分散法、资产质量分散法、币种分散法等。

(2) 期限分散法:是指风险主体投资不同期限的同一种资产或发行期限不同的同一种负债,以保证充分的流动性,避免因自身或交易对手无法偿付而承担可能的损失。具体包括梯形投资计划法、坡形投资法、杠铃形投资法等。

(3) 时机分散法:是指风险主体的投资对象和投资期限均相同,但可通过不同时间段的投资进行风险分散,以避免择时不准而带来的高资产购入价格或投资时间过度集中而可能造成的高冲击成本。

上述各种分散化策略虽然在具体的操作方法上有所区别,但都遵循风险分散化的一般思想,即实现风险和收益间的最优搭配。因此,本书第二章将以 Markowitz 提出的资产组合理论为基础,详细讨论分散化策略的基本原理和具体应用,并在传统理论的基础上做进一步的延伸探讨。

(二) 套期保值策略

1. 套期保值策略的定义与目标

从狭义上看,套期保值策略,是指套期保值者为规避商品价格风险、证券价格风险、汇率风险、利率风险、信用风险等,选择一种或一种以上的金融工具进行交易,以期在未来某一时刻该工具的公允价值[②]或现金流量变动,可以抵消套期保值对象的公允价值或现金流量变动[③]。早期的传统套期保值者实行该策略的主要目标在于实现风险中性,即使得

---

① 参考王长江等(2002)对分散化策略的分类给出。
② 公允价值,亦称公允价格,是指在公平交易和自愿的情况下,熟悉市场状况的交易双方所确定的买卖价格,或指在公平交易条件下,一项资产或负债在无关联方之间被买卖或被清偿的成交价格。
③ 详见我国财政部于 2017 年 3 月 31 日修订发布的《企业会计准则第 24 号——套期保值》。

套期保值组合的价值不受某类风险因子变动的影响。例如,风险管理者通过签订一份远期合约就可以锁定资产未来的价格,从而规避价格波动的风险。

随着风险管理日趋多元化和复杂化,风险管理者已不再局限于实现风险中性目标。实际风险管理过程中,风险管理者往往会根据自身发展战略、风险偏好、风险承受能力等因素,把创造一定的价值作为套期保值的主要目标之一,并愿意为此承担相应的风险。例如,风险管理者若把 Sharpe 比率最大,或经风险调整的预期收益最大作为套期保值目标,则可能不会完全对冲风险,而是根据最优目标调整风险敞口。于是,套期保值策略的定义和内涵得到了进一步的扩展。从更广义的角度来看,套期保值策略,是指风险管理者借助套期保值工具,按照事先确定的套期保值目标进行风险管理的策略。套期保值者的风险厌恶程度不同,所确定的套期保值目标往往也会有所不同,所以对同一种风险采取的套期保值策略也各有差异。

与分散化策略相比,套期保值策略可以对系统性风险进行管理,例如通过股指期货的运用对冲股票市场整体风险,从而转移资产组合中通过分散化策略无法降低的系统性风险。

2. 套期保值策略的类型

套期保值策略的分类标准众多,通常有以下几种。

(1) 基于风险主体态度的分类。

根据风险主体态度及套期保值目标的不同,可以分为双向套期保值策略和单向套期保值策略。

双向套期保值策略同时转移了风险因子的不利变动和有利变动:当风险因子发生不利变动时,套期保值者可以避免因套期保值对象价值下降而可能遭受的损失;而当风险因子发生有利变动时,套期保值者也将同时失去因套期保值对象价值上升而可能得到的收益。双向套期保值一般利用远期、期货、互换等线性[①]金融衍生工具实现。

相比而言,单向套期保值策略在转移风险因子不利变动的同时,将尽量保留可能的有利变动。当然,这通常需要套期保值者付出一定的初始成本。单向套期保值策略一般利用期权等非线性金融衍生工具实现。

(2) 基于套期保值工具头寸方向的分类。

主要有两类:第一,多头套期保值策略,是指套期保值者通过建立套期保值工具的多头对冲风险的策略。该策略一般适用于套保工具与套保对象之间价格正相关,且套期保值者持有套保对象的空头头寸,或两者价格负相关、而套期保值者持有套保对象的多头头寸。例如,某跨国企业半年后要在外汇市场上购买外币用于货款支付,这相当于该企业持有了外汇现货的空头;为避免未来外汇升值带来的换汇成本上升,该企业需要购入一定额度的外汇远期合约,这即为多头套期保值策略。第二,与多头套期保值策略相反,空头套期保值策略,是指套期保值者通过建立套期保值工具的空头对冲风险的策略。

(3) 基于套期保值结果的分类。

狭义的套期保值策略定义中,套期保值目标是风险中性,因而按照套期保值组合是否

---

① 金融衍生工具与相应的基础资产的价格呈线性关系。

实现风险中性,可以将套期保值策略分为完全套期保值和不完全套期保值。完全套期保值策略,指通过套期保值工具的使用和策略的实施,使套期保值组合[1]保持风险中性,从而完全规避相应的风险。不完全套期保值策略指套期保值组合没能完全实现风险中性,通常是由套期保值工具与套期保值对象间价格变动不完全相关导致的。例如,基差风险的存在使得利用期货很难实现套期保值组合的风险中性[2]。

广义的套期保值策略定义中,套期保值目标变得多样化,此时按照套期保值组合能否实现套期保值目标,可以将套期保值策略分为完全有效的套期保值策略和非完全有效的套期保值策略,前者意味着套期保值组合完全实现了套期保值目标,而后者意味着套期保值目标没有完全实现。

(4)基于套期保值工具类型的分类。

按照套期保值工具类型的不同,可将套期保值策略划分为基于远期、期货、互换、标准期权、奇异期权等的套期保值策略。借助套期保值工具的类型对套期保值策略进行分类最为直接,也最能方便套期保值者在策略实施中选择、运用工具,所以该种分类方法也最为普遍。因此,本书将以该分类方式对套期保值策略展开详细介绍,具体见本书第三章。

(三) 保险策略

1. 保险策略的定义及特点

保险策略,是指风险管理者利用保险合约,将自身不愿承担或无力承担的、具有可保特征的风险转移给保险公司,从而降低风险事件可能给经济主体带来的损失。保险合约中,保险公司承诺对投保人在合同期内遭受的特定损失进行补偿,同时投保人必须支付一定的保险费。可见,保险策略本质上运用了大数定律,使发生在单一投保人身上的损失转移到全体投保人身上,以降低风险事件对单个投保人带来的可能冲击。

然而,用保险策略管理金融风险的方法非常有限:一方面,保险市场的运行效率受道德风险和逆向选择的制约,道德风险提高了损失发生的概率,而逆向选择使保险公司赔付率超过预期水平,这两个约束使得保险公司不愿意提供风险较高的金融保险产品,或者要求购买者付出较高的保费,从而大大提高了利用保险策略进行金融风险管理的门槛。另一方面,并不是所有的风险都具有可保特征,只有具备下列条件标准的风险才可进行投保:(1)风险必须是纯粹的[3];(2)风险发生的概率很小;(3)有导致重大损失的可能性;(4)大量标的均有遭受损失的可能性,但不能使大多数标的同时遭受损失。由于现实中的许多金融风险都有带来正收益的可能,所以按照上述条件标准是不可保的,例如股票价格风险、债券信用风险等。

2. 保险策略的主要类型

市场上最常见的是针对操作风险提供的保险产品,因为操作风险只能带来损失而不能带来正收益,符合前文提到的四点可保特征。具体而言,操作风险保险产品通常包括银行一揽子险、错误与遗漏险、经理与高级职员责任险、商业综合责任险、雇员行为责任险、

---

[1] 套期保值组合由套期保值对象和套期保值工具构成。
[2] 详细内容见本书第三章第三节"基于期货的套期保值策略设计与案例分析"。
[3] 即该风险只能带来损失而无获利的可能。

未授权交易险、计算机犯罪险及因特网责任险等。

除了操作风险,还有一些特殊的金融风险也有相应的保险产品。例如,在经济全球化的大背景下,各国企业"走出去"的步伐加快,抵御对外贸易风险的能力薄弱等问题也随之不断凸显。为确保企业在复杂的国际政治经济环境中获得公平竞争的机会、实现持续快速发展,很多国家都建立了相应的保险制度,主要包括出口信贷保险和海外投资保险等。出口信贷保险,是指一国的出口信用担保机构向银行提供的政策性信用保险,这主要针对与进口商无法实现付款相关的多种风险,如进口商破产或会计状况恶化等。海外投资保险是一种由政府向海外投资企业提供的政策性保证保险,用以鼓励企业对外投资,帮助规避各种由政治风险和信用风险产生的不确定性损失。

(四) 资产证券化策略

1. 资产证券化策略的定义及特征

资产证券化,是指将缺乏流动性的金融资产打包并重组,以未来可预见的现金流作为支持,发行可交易证券并在金融市场上出售和流通的策略。资产证券化的核心在于通过对风险与收益要素的分离与重组,使金融资产的配置更为有效,进而使参与各方均获得收益。

对金融机构而言,资产证券化是转移风险的有效途径之一。它可以将资产成批、快速地转换为流动性强的金融产品,并通过出售这些产品,将独自承担的金融风险转移至证券购买方,从而实现对风险暴露的有效控制。

2. 资产证券化策略的主要类型

按照基础资产类型的不同,可将资产证券化策略分为实体资产证券化、信贷资产证券化和证券资产证券化。

(1) 实体资产证券化:以实体资产作为基础资产的证券化,其中实体资产包括实物资产、无形资产以及由实物资产和无形资产两者组合而成的经营实体。以实体资产做担保发行的证券的收益与风险完全由该实体资产的现金流入或经营状况决定。例如,2015 年 6 月万达集团和万科集团相继推出房地产信托基金(real estate investment trusts, REITs)产品[1],实现了对物业管理及商业地产的资产证券化。实体资产证券化,能够将企业运营中的经营风险完全转移给证券购买方,同时缓解企业经营所面临的资金短缺的流动性风险。

(2) 信贷资产证券化:以信贷资产作为基础资产的证券化,其中信贷资产包括住房抵押贷款、汽车贷款、消费信贷、信用卡账款等。而应用最为广泛的是住房抵押贷款的资产证券化,美国早在 20 世纪 60 年代就率先尝试该项业务[2]。在我国,该业务起步较晚,中国建设银行于 2005 年 12 月在银行间债券市场发行了"建元 2005-1 个人住房抵押贷款证券化信托",这是中国首次尝试个人住房抵押贷款证券化[3]。由于 2007 年金融危机爆发,中国暂停了资产证券化试点,直到 2014 年 7 月,中国邮政储蓄银行的"邮元 2014 年第一期

---

[1] 参见《鹏华前海万科 REITs 封闭式混合型发起式证券投资基金招募说明书》与"稳赚 1 号"万达广场众筹项目的产品说明书。
[2] 《银行资产证券化的直接动因——来自美国银行控股公司的经验证据》(车坦阳等,2008)。
[3] 《个案分析:"MBS 第一单"》(梁静,2006)。

个人住房贷款支持证券化产品"正式发行,意味着住房抵押贷款证券化时隔七年后在中国重启[①]。

(3) 证券资产证券化:将证券或证券组合作为基础资产,以产生的现金流为基础,对基础资产重组、再出售的过程。通过证券资产证券化,风险主体能够将证券资产的市场风险、流动性风险、信用风险等完全转移给证券购买方。例如,债务抵押债券(collateralized debt obligation,CDO),就是将信用债券组合或信用违约互换为基础资产。该证券化产品的过度发展是2008年美国次贷危机潜伏和爆发的导火索,但该方法作为风险转移工具的创新性和有效性不应被完全抹杀:只要合理使用,该方法应该能够在金融机构的风险管理中起到良好的作用。

(五) 担保抵押策略

除了上述几种策略之外,担保抵押策略也是常见的风险转移策略,即债权人通过要求债务人以自身财物或第三方信用作为还款保证,从而将违约风险转移给债务人自身或第三方。考虑到读者对担保抵押策略较为熟悉,此处不再详细介绍。

三、风险转移策略的评价

转移策略是一种灵活方便的风险管理策略,可以部分甚至完全转移风险主体所面临的风险,并广泛应用于市场风险、信用风险等的管理之中。

转移策略也存在一些缺陷:第一,转移风险的同时可能也放弃了潜在的收益,如远期合约的空头方可以通过合约锁定未来的资产出售价格,从而规避资产价格下降带来的损失,但同时也放弃了资产价格上升可能带来的收益;第二,在某些突发情况下,部分风险转移策略可能失效,如场外互换合约可能会因为交易对手方的违约而无法实现风险转移;第三,从全社会的角度来看,转移策略往往仅将风险从一方转移给另一方,可这些风险仍然存在,极端情况下这些风险甚至会出现显著的协同性,从而有可能给整个市场造成严重冲击;第四,部分情况下转移策略的实施成本较高,如银行通过分散化策略将贷款发放给大量不同的客户时,相比于集中授信于某几个大客户,银行的调查和沟通成本将显著上升,风险转移成本较高。

第六节　金融风险搭配策略

一、金融风险搭配策略的定义与特征

金融风险搭配策略,是风险管理者为有效管理一种或多种金融风险,搭配使用两种或两种以上风险管理工具或策略的风险管理活动。

根据搭配策略的定义不难发现,不同于分散化策略、套期保值策略、保险策略等其他风险管理策略,搭配策略具有以下特征:

第一,从风险管理的对象来看,搭配策略的管理对象不再限于单一风险,而是扩展到

---

① 《住房抵押贷款证券化时隔七年重启》,和讯网报道,2014年7月23日。

由多种单一风险相互作用形成的集成风险。在使用搭配策略管理集成风险的过程中,风险主体不仅需要对每一类风险进行辨识、度量,还需要对风险之间的相互作用进行剖析、处置,这是实施搭配策略的难点和关键。

第二,从风险管理的手段来看,搭配策略最大的特点在于针对特定风险主体的风险偏好、风险管理目标及面临的特定问题,借助金融工程的复制、组合、分解等技术,设计和开发特定的管理策略和解决方案。搭配策略没有固定的模式,理论上具有无穷无尽的设计、构造和实现方式,因此,该策略是金融创新最活跃的领域,也是金融工程技术最具发展潜力的方向。

二、搭配策略的作用与方法

(一) 搭配策略的作用

风险管理中,搭配策略主要具有以下两个作用。

1. 管理传统金融工具无法管理的风险

搭配策略不仅可以管理传统金融工具无法管理的单一风险,还可以管理更加复杂的集成风险:

一方面,即使是对某些单一风险,仅依赖现有的金融工具恐怕也难以实现特定的风险管理目标,还需要借助不同类型工具的创新搭配,才可能实现风险管理目标。例如,风险管理者期望在风险因子小幅波动时获利,同时在风险因子大幅波动时控制损失,此时单纯使用传统的风险管理策略无法实现上述目标,这需要使用两种不同的期权构造出蝶式期权组合[①]才可能实现。

另一方面,风险主体往往同时面临多种金融风险的威胁,而且这些风险相互关联、渗透、交织在一起,对风险主体所面临的整体风险产生叠加效应。对于这种集成风险,传统的单一风险管理策略往往不适用,搭配策略成为必然的选择。但集成风险的管理十分灵活且难度较大,因此本书仅重点介绍如何使用搭配策略管理某些特定类型的单一风险。对集成风险的管理问题,有兴趣的读者可以自行参考相关文献和著作,例如张金清和李徐(2008)。

2. 提高风险管理效率

从理论上来说,金融工具的合成可以模拟出绝大多数单一金融工具的损益状态,因此对某个特定金融风险,往往既可以通过单一金融工具管理,也可以通过金融工具的合成即搭配策略实现。此时,若单一金融工具能够以低成本有效实现风险管理目标,则风险主体就没必要使用相对复杂的搭配策略;但受现实市场中流动性和可得性等方面的限制,如果基于单一金融工具的风险管理策略难以实施或是实施成本极为高昂,那么就可以考虑通过金融工具的合成搭配出成本更低、效率更高的风险管理策略。例如,当风险管理策略所需的某一特定执行价格的期权在市场上难以获得,或是因流动性不足而导致交易成本极高时,风险管理者就可以通过搭配策略合成目标期权,以实现风险管理目标。

---

① 具体内容可参见本书第四章第三节。

（二）搭配策略的主要方法

根据搭配策略的组成成分不同，可以分为工具搭配策略和策略搭配策略两类。

1. 工具搭配策略

工具搭配策略，是指利用同一种风险管理策略中的多种风险管理工具进行风险管理的策略。根据搭配策略要实现的目标，还可以将工具搭配策略进一步分为两类：一是模拟基本金融工具损益的工具搭配，即通过不同金融工具的搭配，模拟出基本金融工具损益状态，从而解决现有市场上金融工具不可得、成本高昂等问题。常见的有合成期货、合成期权、组合保险等搭配策略。二是实现特殊损益的工具搭配，即借助金融工具的组合，实现传统风险管理策略无法实现的特殊风险管理目标。常见的有蝶式期权、领子期权、分享式远期、比率式远期等搭配策略。

2. 策略搭配策略

策略搭配策略，是指采用多种不同的风险管理策略进行风险管理的策略。与工具搭配相比，策略搭配的组成成分具有更大的跨度和差异，也能够实现更加复杂的风险管理目标。例如，银行发放贷款会面临信用风险，该风险存在于贷款的各个环节，仅用工具搭配很难全面系统地管理这一风险，使用策略搭配则会起到更好的风险管理效果：（1）银行应采取预防策略，通过贷款审查与评级制度评估贷款的风险，从而尽可能减少风险暴露及损失的可能性；（2）贷款发放后，银行应采取留存策略，对这部分贷款计提贷款损失准备金，缓冲贷款无法收回给银行经营带来的负面影响；（3）预计贷款质量会明显恶化时，银行可以采取资产证券化策略，将贷款未来的现金流转移给愿意承担高信用风险的投资者；（4）一旦贷款变成呆坏账无法足额收回时，银行则需考虑相应的补救策略。在整个过程中，银行针对复杂的信用风险多管齐下，通过策略搭配将信用风险带来的负面影响减少到最低。

三、金融风险搭配策略的评价

相比于单一策略而言，搭配策略更具灵活性和多样性，该策略使得风险管理者完全可以根据自身需要，选取最优的管理策略。搭配策略的设计和实施充分体现了现代金融风险管理的特征，是目前最具生命力的风险管理策略。

搭配策略的实施也有局限性：首先，风险搭配策略需要运用复杂的金融工程技术，因而对风险管理者有着极高的要求。其次，风险搭配策略因自身的复杂性容易被风险管理者滥用或误用，进而可能产生更大的风险。

第七节 其他金融风险管理策略

除前文已介绍的预防策略、回避策略、留存策略、转移策略和搭配策略外，常用的金融风险管理策略还有不作为策略和补救策略。

一、不作为策略

不作为策略，是指风险管理者对风险管理活动的预期成本和收益进行估计，并对预期成本超过预期收益的风险不实施任何管理的策略。例如,金融机构中日常经营管理的操作风险事件几乎每天都会发生,常见的有清算失误、交易错误等,这类操作风险大多具有高频低损、防不胜防的特点,若进行风险管理,成本往往会远大于预期收益,因此多数金融机构对这类风险通常采取不作为策略。

不作为策略一般适用于损失额度较小、发生频率较高的风险,这类风险发生后带来的损失不大,但实施管理策略的成本则很高,因此不作为是最优的选择。但实施该策略的前提是风险管理者具备准确度量风险的能力,如果因低估了风险损失而采取不作为策略,风险事件发生后可能就要面临严重的后果,例如 2013 年的光大证券乌龙指事件就是典型案例[①]。另外,高频低损的风险可能会具有累积效应,例如商业银行日常经营中频繁的清算失误会给银行声誉带来损害,导致客户信心不足甚至诱发挤兑事件。因此,长期使用不作为策略处理这些高频低损的风险时,可能会产生潜在的、难以估计的负面影响。

二、补救策略

补救策略,是指为了防止损失程度扩大甚至引发更大的风险而采取的各种风险管理措施,主要包括各种针对突发事件的应急措施或者紧急预案。

由于风险因子的变化难以准确预计,风险管理者即使实施了风险管理策略,仍可能面临巨大的损失。风险损失发生后,为有效处理损失影响并防止损失的进一步扩大,风险管理者应主动采取积极的补救措施。例如,巴林银行宣布倒闭后,英格兰银行出面为其引入新的战略投资者,使银行客户的资金安全得到保证,将巴林银行倒闭给金融系统带来的不良影响降到较低水平。再如 2008 年次贷危机后,美国第三大投资银行美林证券公司被美国银行收购,由投资银行转变为商业银行,从而保证了银行客户的资金安全,同时也增强了投资者对美国金融系统的信心,通过该策略缓解了金融危机的负面影响。此外,在商业银行风险管理策略的应急预案设计中,往往需要根据假设发生的极端情形设计补救策略,详细内容可参考本书第五章第二节的《房地产开发贷款风险管理策略的方案设计》。

第八节 金融风险管理策略的比较与分析

前几节介绍了各种基本的风险管理策略,每种策略都具有各自的适用范围和优缺点。在实际应用过程中,风险管理者应根据具体情况选择最合适的策略。对各策略的比较主要集中于以下几个方面。

1. 策略的适用对象

预防策略适用于发生频率高且又难以有效转移的风险;回避策略适用于风险损失程度大、承担风险无法得到足够收益补偿的情况;对于与风险管理目标相一致,且损失可承受的风险多采取留存策略;而对于风险管理成本高于收益的情况,宜选择不作为策略;针对损失发生后的风险,则可选择补救策略进行管理。

---

① 参见 2013 年 8 月 18 日《光大证券股份有限公司重大事项的公告》对"乌龙指"一事进行的说明。

2. 策略的实施时机

预防和回避策略适用于金融活动开始前;留存、转移和搭配策略则运用于金融活动进行中、损失发生前;补救策略主要是在损失发生后实施;而不作为策略适用于金融活动的各个阶段。

3. 策略的主要方法

实施预防策略的主要方法是建立贷款审查与评级、对证券交易头寸施加限制、设立存款保险制度和银行准备金制度等制度安排;实施回避策略的主要方法是贸易币种选择、利率或流动性缺口管理等;实施留存策略的方法有提取坏账准备金、提取风险准备金及设立专属保险公司;实施补救策略的方法包括实施各项应急措施或预案等;而转移策略和搭配策略则可以通过分散化资产组合、购买金融衍生产品等方法实现。

4. 策略的使用成本

预防策略与回避策略放弃了获得潜在收益的可能,面临较高的机会成本;不作为策略和补救策略在风险发生前不需要支付成本,但要面临可能的风险损失;留存策略也不需要额外的风险管理成本,但保有的现金会带来机会成本;转移策略与搭配策略支付的成本主要是运用金融工具所发生的成本和费用,但采用不同的金融工具需要的成本有所不同,例如期权多方需要向空方支付期权费,而进入远期和互换合约则不需要额外的费用支付。

5. 策略的实施结果

预防策略预先降低了损失发生的概率或者减少风险损失的程度;回避策略可以大大减少甚至完全消除潜在的风险;留存和不作为策略要求风险主体承担风险发生带来的一切后果;转移策略会将风险基本分散掉或者转移给交易对手;搭配策略可以通过多种风险管理工具和策略的组合运用,最大限度地实现特殊的风险管理目标;补救策略的实施可以防止损失的进一步扩大。

6. 策略的实施要求

预防策略的有效实施,要求风险主体具有科学、严格和系统的风险管理体系,保证各项制度的有效执行。留存策略的实施需要企业保有一定的闲置资金;转移策略的实施要求市场上有对应的分散化工具或风险承担者;搭配策略的实施则要求市场上有相应的金融工具及复杂的金融工程技术,因此该策略对风险管理技术要求较高;不作为策略的实施需要风险管理者能够对风险进行准确度量,否则易出现不利后果;补救策略的实施要求风险主体有能力承担已经发生的风险损失。

为简便起见,将上述六种金融风险管理策略的基本特征总结在表1.1中。

表 1.1 金融风险管理基本策略的比较

策略种类	适用对象	实施时机	主要方法	使用成本	实施结果	实施要求
预防策略	发生频率高、难以转移的风险	金融活动开始前	制度安排	高机会成本	预先降低风险概率或损失程度	严格的风控体系
回避策略	损失大、无足够收益补偿的风险	金融活动开始前	币种选择、缺口管理	高机会成本	大大减少甚至消除风险	无

续表

策略种类	适用对象	实施时机	主要方法	使用成本	实施结果	实施要求
留存策略	与风险管理目标一致、损失可承受的风险	金融活动进行中,损失发生前	准备金、专属保险公司	低机会成本	承担风险	有闲置资金
转移策略	均可	金融活动进行中,损失发生前	组合投资、衍生工具	运用金融工具所发生的成本和费用	转移或分散风险	有分散化工具或风险承担者
搭配策略	均可	金融活动进行中,损失发生前	衍生工具、策略搭配	运用金融工具所发生的成本和费用	降低甚至消除风险	复杂的金融工程技术
不作为策略	风险管理预期成本大于预期收益	均可	无	风险发生前无成本	承担风险	准确度量风险
补救策略	损失发生后的风险	损失发生后	应急措施或预案	风险发生前无成本	降低风险传染与扩散	风险损失可承受

通过上述比较可以发现,与传统风险管理手段相比,基于现代金融学理论发展出来的分散化策略、套期保值策略和搭配策略较多地采用了组合投资、金融衍生工具等现代风险管理工具,具有更高的可靠性、时效性以及更大的灵活性,在实务中也得到了广泛应用。因此,从下一章节开始,本书将分别对这三种策略进行详细讨论。

【专栏】 第九节 基于三个典型案例对金融风险管理策略的认识

案例 1.1:"国储铜"事件——预防策略的不完善[①]

2003—2005 年,国际铜价持续攀升,全球各大金融机构纷纷预测铜价在经历此番上涨后,必会步入下跌阶段。这一背景下,国家物资储备局(简称"国储局")一名交易员在铜期货市场上通过 LME[②] 场内会员,在每吨 3 000 多美元的价位建立空头头寸 15 万—20 万吨。不料,国际铜价依然不断走高,空头重仓最终给国储局带来了巨额损失。

此次事件反映出国储局的制度约束存在严重缺陷:一方面,国储局本身并没有资格从事境外期货交易业务,该交易员是借中粮期货经纪公司的交易渠道进入期货市场的,因而交易行为本身就是非法的,但国储局内部没有及时发现并制止这一行为。另一方面,期货交易中,进行期货交易的下单人和交易资金的调拨人应该分离,但国储局的这名交易员同时充当了这两个角色,违反了期货交易的内部控制原则。总之,国储局内部对期货交易并没有建立完善的约束机制,更没有对不正当的交易行为进行有效地监管,这种操作风险

---

① 参见何威风、朱莎莎(2008)的文章《内部控制与风险管理——来自国储铜的案例分析》。
② 伦敦金属交易所(简称 LME,全称 London Metal Exchange),是世界上最大的有色金属交易所。

预防措施的缺位为此次巨额损失埋下了伏笔。

案例 1.2：美国新英格兰银行倒闭事件——分散化策略的缺失[①]

1991 年 1 月，新英格兰银行宣布倒闭，这是美国有史以来影响最大、损失最惨重的银行倒闭事件之一。这次事件源于英格兰银行的贷款组合存在致命问题：贷款过分集中于单一地区和行业，没有遵循分散化的思想。具体而言，1985—1988 年期间，该银行的房地产贷款年增长率高达 42%，贷款余额达到了总贷款的 28%，比同期同等规模的银行高出近一倍，同时如此大规模的房地产贷款还主要集中在新英格兰地区。因此，1988 年新英格兰地区的房地产市场进入大萧条后，银行的呆坏账高企，到 1989 年 9 月坏账高达 9 亿美元，此时新英格兰银行已不具备债务偿还能力，不得不宣布倒闭。可见，新英格兰银行的倒闭，主要是由于风险过度集中于房地产贷款市场，贷款组合缺乏合理的风险分散策略。

案例 1.3：北岩银行挤兑事件——回避策略和补救策略的运用不当[②]

2007 年 8 月美国次贷危机爆发并迅速蔓延至欧洲，英国的北岩银行于当年 9 月发生大规模挤兑事件。此次重大挤兑事件暴露出北岩银行的流动性缺口管理不当：2006 年末，北岩银行的流动性资产仅占总资产的 14% 左右，其中流动性最高的现金及央行存款占比甚至不到 1%；相反，在负债端，北岩银行的主要融资渠道为同业拆借市场，存款占比仅有 5%。

市场流动性充足的情况下，这种"借短贷长"的经营模式能够为银行带来较高的收益，但一旦市场流动性收紧，则可能会出现流动性危机并导致挤兑事件发生。因此，相比于其他金融机构，北岩银行在次贷危机后第一个受到了显著冲击。另一方面，北岩银行向央行申请援助后，英国财政部、英格兰银行和英国金融服务管理局三方本应在最短时间内以最快的速度落实后续救援方案，但因三方意见不一致，错过了政府宣布对银行存款实施担保的最佳时机，从而使挤兑事件进一步恶化。总之，此次重大挤兑事件，归根到底是因为银行没有恰当运用回避策略缩小流动性缺口，以及监管当局未能及时采取有效补救策略。

本 章 小 结

本章首先从金融风险管理策略的定义出发，揭示了金融风险管理策略的特点和意义。然后，对风险管理策略进行了分类并着重介绍了预防策略、回避策略、留存策略、转移策略和搭配策略的定义、类型、主要方法和优缺点等。最后，本章对各种策略所适用的风险类型、使用条件等展开了系统的比较与分析。本章内容为本书的后续学习奠定了基础。

[①] 参见刘姝威(1999)的文章《美国新英格兰银行倒闭沉思》。

[②] H. S. Shin，1999，Reflections on Modern Bank Runs：A Case Study of Northern Rock. Princeton University Working Paper.

重 要 概 念

金融风险管理策略　预防策略　回避策略　缺口管理　留存策略　转移策略　分散化策略　套期保值策略　资产证券化　搭配策略　策略搭配　工具搭配　不作为策略　补救策略

思 考 题

1. 简述金融风险管理策略的含义、特点和主要类型。
2. 简要阐述预防策略的主要方法。
3. 试比较风险回避策略与预防策略的异同点。
4. 简要概括留存策略的优缺点。
5. 试列举风险转移策略的主要类型,并简要阐述定义。
6. 简述套期保值策略的不同分类标准与主要类型。
7. 相比于分散化策略、套期保值策略、保险策略等其他风险管理策略,搭配策略具有哪些特点?
8. 简述风险搭配策略的主要方法。
9. 试比较本章提到的几种不同的基本金融风险管理策略。
10. 通过本章学习,结合金融市场中的现实事件谈谈你对金融风险管理策略的认识。

第二章

分散化策略的设计与案例分析

引 言

早在公元前,长江航线上的中国商人就懂得将货物分装在不同船只上,以求出现意外时不会全部损失,这种货运安排已经体现了风险分散化策略的朴素思想。20世纪50年代,美国学者Markowitz提出了著名的资产组合理论,由此衍生的分散化策略在实务中的应用越来越广泛和成熟,如今已成为风险管理策略中不可或缺的部分。例如,Bridgewater基金公司在1996年发行的全天候基金(All Weather Fund)便成功利用了分散化策略的思想,通过分散地持有股票、债券、外汇等不同大类资产,并配之以合适的比例,使资产组合在各种环境下、甚至是在1999年亚洲金融危机和2008年次贷危机中均能保持较好的绩效,成为近年来最成功的资产配置策略之一[①]。

在我国,资产配置的标的从最初的现金、债券、沪深股票逐渐扩展到全球股票、房地产,近年又加入对冲基金、私募股权以及大宗商品等另类投资标的,实施分散化策略的工具越来越丰富,随之运用分散化策略开展金融风险管理的空间也越来越大。

本章将对分散化策略的基本原理和应用方法进行详细介绍。

学习目标

通过本章的学习,您可以了解或掌握:
◆ 分散化策略的基本思想;
◆ 分散化策略设计的一般步骤;
◆ 实务操作中分散化策略的应用;
◆ Black-Litterman模型对分散化策略的拓展。

---

① 参见《风险平价策略及其在投资管理中的运用》(高见、尹小兵,2016年12月)。

第一节　分散化策略的基本原理

本节重点阐述分散化策略的理论基础和操作规程，分析分散化策略降低风险的合理性和可行性，并给出应用分散化策略的一般步骤。

一、分散化策略的理论基础

Markowitz(1952)提出的资产组合理论，不仅严格论证了资产组合[①]分散化策略的风险分散效应及机理，还给出了选择最优分散化策略的具体方法。

（一）分散化策略的风险分散效应及机理

Markowitz 的资产组合理论，利用资产收益率的数学期望度量预期收益率，用资产收益率的波动率（即标准差）度量风险，并假定理性投资者仅依据风险资产的预期收益率和波动率进行投资决策。在此基础上，Markowitz 通过严格的数学推导对风险分散效应进行了如下总结：

（1）任意资产组合可由多种风险资产按一定配置比例组合而成；

（2）资产组合的预期收益率等于组合内各风险资产预期收益率按配置比例加权的平均值；

（3）由于组合内各风险资产收益率不是完全正相关的，所以资产组合的总体风险将小于组合内各资产风险的加总[②]。

第（3）条即为分散化策略实现风险分散效应的关键。具体地，假设投资者用 n 种风险资产按一定配置比例组成资产组合 p。其中，第 i 种风险资产的配置比例为 w_i，该资产未来一段时间内收益率的标准差为 σ_i。此外，第 i 种风险资产和第 j 种风险资产的收益率协方差为 $\sigma_{i,j}$，相关系数为 $\rho_{i,j}$，$i,j=1,2,\cdots,n$，那么资产组合收益率的方差 σ_p^2 可表示为

$$\sigma_p^2 = \sum_{i=1}^n \sum_{j=1}^n w_i w_j \sigma_{i,j} = \sum_{i=1}^n w_i^2 \sigma_i^2 + \sum_{i=1}^n \sum_{\substack{j=1 \\ j \neq i}}^n w_i w_j \sigma_{i,j}$$

$$= \sum_{i=1}^n w_i^2 \sigma_i^2 + \sum_{i=1}^n \sum_{\substack{j=1 \\ j \neq i}}^n w_i w_j \rho_{i,j} \sigma_i \sigma_j \leqslant \left(\sum_{i=1}^n w_i \sigma_i\right)^2 \tag{2.1.1}$$

由(2.1.1)可知 $\sigma_p \leqslant \sum_{i=1}^n w_i \sigma_i$；当且仅当 $\rho_{i,j}=1(\forall i,j=1,2,\cdots,n)$ 时等号成立。可见组合内各风险资产收益率不是完全正相关时，组合 p 的风险一定小于组合中各风险资产风险的加权均值。可见，分散化策略的机理，在于利用收益率不完全正相关的特性、

[①] 资产组合与投资组合的含义有所不同。假设投资者投资于第 i 中资产的资金额为 N_i，则称 $(N_1, N_2, \cdots, N_n)$ 为投资组合。令 $w_i = N_i / \sum_{i=1}^n N_i$，则称 $(\omega_1, \omega_2, \cdots, \omega_n)$ 为资产组合，显然，$\sum_{i=1}^n w_i = 1$。

[②] 这里指按资产配置权重加总。

尤其是利用负相关性降低投资总风险,且风险资产收益率之间的负相关性越强,风险分散效应越明显。

那么,借助上述机理,分散化策略能否实现风险的完全消除呢?答案是否定的。为说明这一点,考虑如下特例:假设上述资产组合 p 中每项资产的配置比例均为 $1/n$,并假设每项资产的风险皆为 σ、任意两项资产收益率的相关系数都为 ρ,则资产组合收益率的方差为

$$\sigma_p^2 = \frac{1}{n^2}\sum_{i=1}^{n}\sum_{j=1}^{n}\rho_{i,j}\sigma_i\sigma_j = \frac{\sigma^2}{n} + \frac{\sigma^2}{n^2}\sum_{i\neq j}\rho_{i,j} = \frac{\sigma^2}{n} + \frac{n(n-1)}{n^2}\rho\sigma^2 \qquad (2.1.2)$$

当 $n \to \infty$ 时,则有

$$\lim_{n\to\infty}\sigma_p^2 = \rho\sigma^2 \qquad (2.1.3)$$

上式表明,当投资充分分散化后,资产组合的风险仅由组合中资产收益率的相关性导致的那部分风险即 $\sigma^2\sum_{i\neq j}\rho_{i,j}/n^2$ 所决定,且资产组合的风险分散程度与组合中的证券数量存在如图 2.1 所示的关系。

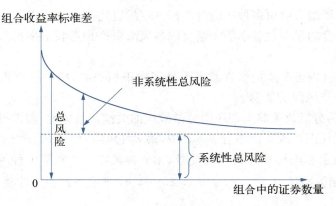

图 2.1　资产组合中证券数量与风险分散效应的关系

从式(2.1.3)与图 2.1 中可见,即使资产组合中证券数量趋近于无穷,充分分散化的资产组合仍有部分风险存在。这是由于市场中存在影响整个市场的共同风险因素,使得所有资产都面临一部分共同的不确定性,这些共同风险因素包括宏观经济周期、国家宏观经济政策变动等。上述引起的风险无法通过分散化策略消除,即为前文所言的系统性风险。与系统性风险对应的是非系统性风险,即可通过分散化策略降低甚至消除的风险,这部分风险一般由特定公司或行业的风险因素引起。可见,分散化策略的本质,是通过不同风险资产之间的不完全相关性,降低资产组合的非系统性风险。

(二)分散化策略的选择原则

分散化策略可以降低投资总风险,但并不是按任意比例构建资产组合都能实现最有效的风险分散。资产组合理论指出,在理性投资行为[①]的假定下,风险分散最有效的资产

---

① 其中最为重要的一点假设,就是投资者是风险厌恶的。

组合应满足:

(1) 同等预期收益率条件下风险最小;

(2) 同等风险条件下预期收益率最高。

以上两个原则被称为均方效率原则。根据均方效率原则,风险管理者可以得到任意风险资产组合的投资有效边界[①],选择有效边界上的资产组合即可实现最有效的风险分散。至于构建资产组合时具体应选择有效边界上的哪个点,还需要考虑投资者的风险偏好、投资约束等具体因素。下面,本书将具体给出基于多种风险资产的分散化策略的一般方法和步骤。

二、分散化策略的一般方法

(一) 问题描述

假设市场上有 n 种可供选择的风险资产[②],收益率向量为 $\boldsymbol{r} = (r_1, \cdots, r_n)^{\mathrm{T}}$,其中 r_i 表示资产 i 未来一段时间内的收益率;n 种风险资产的预期收益率向量记为 $\boldsymbol{\mu} = E(\boldsymbol{r}) = (Er_1, \cdots, Er_n)^{\mathrm{T}}$,且假设各风险资产收益率的协方差矩阵 $\boldsymbol{\Sigma}$ 为正定矩阵[③]。

投资者希望得到一个基于该 n 项风险资产的、能有效分散风险的资产组合配置方案,即确定投资于各项风险资产的资金比例 $\boldsymbol{w} = (w_1, \cdots, w_n)^{\mathrm{T}}$,其中 $\sum_{i=1}^{n} w_i = 1$,使得在同等预期收益率下资产组合风险最小,并且同等风险水平下资产组合预期收益率最高。

(二) 分散化策略的构建

本节首先从均方效率原则中的"同等预期收益率条件下风险最小"这一条件出发,得到给定预期收益率下风险最小的资产组合,进而将另一条件加入,给出投资有效边界,分析投资有效边界的相关特征。

1. 一定预期收益目标下最小方差组合的构建

假设风险资产的期望收益率与风险分别以收益率的均值和标准差度量,则根据问题描述,资产组合期望收益率 $r_p = \boldsymbol{w}^{\mathrm{T}} \boldsymbol{\mu}$,资产组合收益率的方差 $\sigma_p^2 = \boldsymbol{w}^{\mathrm{T}} \boldsymbol{\Sigma} \boldsymbol{w}$,为找到给定收益率水平下风险最小的资产组合,需要求解如下规划问题:

$$\min_{\boldsymbol{w}} \sigma_p^2 = \boldsymbol{w}^{\mathrm{T}} \boldsymbol{\Sigma} \boldsymbol{w}$$
$$s.t. \ \boldsymbol{w}^{\mathrm{T}} \boldsymbol{\mu} = \bar{r}_p, \ \boldsymbol{w}^{\mathrm{T}} \boldsymbol{I} = 1$$

其中,$\bar{r}_p$ 为给定的收益率水平,$\boldsymbol{I} = (1, 1, \cdots, 1)^{\mathrm{T}}$,即 $\boldsymbol{I}$ 是 n 维单位列向量。

为求解该规划问题,定义拉格朗日函数为

$$L(\boldsymbol{w}, \lambda_1, \lambda_2) = \boldsymbol{w}^{\mathrm{T}} \boldsymbol{\Sigma} \boldsymbol{w} + \lambda_1 (\bar{r}_p - \boldsymbol{w}^{\mathrm{T}} \boldsymbol{\mu}) + \lambda_2 (1 - \boldsymbol{w}^{\mathrm{T}} \boldsymbol{I}) \quad (2.1.4)$$

---

① 下文将详细介绍投资有效边界的具体构建方法。

② 存在无风险资产时,求解投资有效边界的方法和原理与下文一致,这里不再单独介绍。

③ 资产收益率的协方差矩阵一般是非负定的,这里假设正定是为了保证协方差矩阵非奇异。实际上,对于一篮子资产,若协方差矩阵非正定,则篮子中至少存在一项资产收益率可由其他资产的组合复制得到,此时可以选择篮子中的极大线性无关组构建资产组合,以保证资产组合中各项资产的协方差矩阵正定。

由于协方差矩阵正定,二阶条件自动满足,故只需令一阶偏导为 0,将一阶偏导等于 0 得到的三个等式合并得到

$$\begin{bmatrix} \bar{r}_p \\ 1 \end{bmatrix} = \frac{1}{2} \begin{bmatrix} \boldsymbol{\mu} & \boldsymbol{I} \end{bmatrix}^{\mathrm{T}} \Sigma^{-1} \begin{bmatrix} \boldsymbol{\mu} & \boldsymbol{I} \end{bmatrix} \begin{bmatrix} \lambda_1 \\ \lambda_2 \end{bmatrix} \tag{2.1.5}$$

令 $a = \boldsymbol{\mu}^{\mathrm{T}} \Sigma^{-1} \boldsymbol{\mu}$, $b = \boldsymbol{\mu}^{\mathrm{T}} \Sigma^{-1} \boldsymbol{I}$, $c = \boldsymbol{I}^{\mathrm{T}} \Sigma^{-1} \boldsymbol{I}$, $d = \begin{bmatrix} \boldsymbol{\mu} & \boldsymbol{I} \end{bmatrix}^{\mathrm{T}} \Sigma^{-1} \begin{bmatrix} \boldsymbol{\mu} & \boldsymbol{I} \end{bmatrix}$,则

$$d = \begin{bmatrix} a & b \\ b & c \end{bmatrix} = \begin{bmatrix} \boldsymbol{\mu}^{\mathrm{T}} \Sigma^{-1} \boldsymbol{\mu} & \boldsymbol{\mu}^{\mathrm{T}} \Sigma^{-1} \boldsymbol{I} \\ \boldsymbol{I}^{\mathrm{T}} \Sigma^{-1} \boldsymbol{\mu} & \boldsymbol{I}^{\mathrm{T}} \Sigma^{-1} \boldsymbol{I} \end{bmatrix}$$

代入(2.1.5),移项可得[1]

$$w = \Sigma^{-1} \begin{bmatrix} \boldsymbol{\mu} & \boldsymbol{I} \end{bmatrix} d^{-1} \begin{bmatrix} \bar{r}_p \\ 1 \end{bmatrix} \tag{2.1.6}$$

w 即为给定预期收益率 $\bar{r}_p$ 下最小方差组合的配置比例。由(2.1.6)不难看出,w 取决于各风险资产预期收益率的大小、收益率协方差矩阵及目标预期收益率水平。

2. 满足均方效率原则的分散化策略集合:投资有效边界

给定不同的预期收益率 $\bar{r}_p$,就可以根据(2.1.6)求出不同的最小风险组合,而这些最小风险组合所构成的集合即为最小方差边界。在该边界上,任意资产组合的收益率方差满足

$$\sigma_p^2 = w^{\mathrm{T}} \Sigma w = \begin{bmatrix} \bar{r}_p & 1 \end{bmatrix} d^{-1} \begin{bmatrix} \boldsymbol{\mu} & \boldsymbol{I} \end{bmatrix}^{\mathrm{T}} \Sigma^{-1} \Sigma \Sigma^{-1} \begin{bmatrix} \boldsymbol{\mu} & \boldsymbol{I} \end{bmatrix} d^{-1} \begin{bmatrix} \bar{r}_p \\ 1 \end{bmatrix} \tag{2.1.7}$$

因为 $d = \begin{bmatrix} \boldsymbol{\mu} & \boldsymbol{I} \end{bmatrix}^{\mathrm{T}} \Sigma^{-1} \begin{bmatrix} \boldsymbol{\mu} & \boldsymbol{I} \end{bmatrix}$,代入(2.1.7)并化简得

$$\sigma_P^2 = \begin{bmatrix} r_p & 1 \end{bmatrix} d^{-1} \begin{bmatrix} r_p \\ 1 \end{bmatrix} \tag{2.1.8}$$

对 d 的定义式求逆得

$$d^{-1} = \frac{1}{ac - b^2} \begin{bmatrix} c & -b \\ -b & a \end{bmatrix}$$

代入(2.1.8),展开成代数形式

$$\sigma_p^2 = \frac{a - 2br_p + cr_p^2}{ac - b^2} = \frac{1}{|d|}(cr_p^2 - 2br_p + a) \tag{2.1.9}$$

化简后,可改写为双曲线方程

$$\frac{\sigma_p^2}{1/c} - \frac{(r_p - b/c)^2}{|d|/c^2} = 1 \tag{2.1.10}$$

---

[1] 易证 d 为正定矩阵,因此 d 为可逆的。

将该双曲线的右半支描绘在标准差—预期收益率坐标系中即可得到图 2.2,图中曲线上每一点均表示,对应预期收益率水平下方差最小的资产组合;而 w_g 则表示全局最小方差组合点,坐标为 $(\sqrt{1/c}, b/c)$,即风险为 $\sqrt{1/\boldsymbol{I}^{\mathrm{T}}\boldsymbol{\Sigma}^{-1}\boldsymbol{I}}$,预期收益率为 $\boldsymbol{\mu}^{\mathrm{T}}\boldsymbol{\Sigma}^{-1}\boldsymbol{I}/\boldsymbol{I}^{\mathrm{T}}\boldsymbol{\Sigma}^{-1}\boldsymbol{I}$。

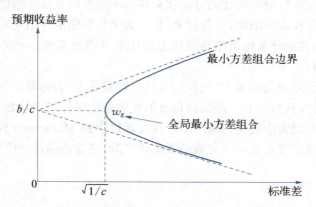

图 2.2 最小方差边界上资产组合预期收益率和风险关系图

由图 2.2 可见,双曲线位于 w_g 以上部分所代表的组合,既满足给定预期收益率下风险最小,也满足给定风险下预期收益率最大,因而称双曲线的这一部分为 n 种风险资产组合的投资有效边界[1],其上任意一点均表示某一满足有效分散化策略要求的资产组合。

通过图 2.2 不难发现,投资有效边界上的点,即为通过分散化策略可以实现的、给定预期收益下的最小风险组合,但它们并非是零风险的——即使是在全局最小方差组合点 w_g 上,风险为 $\sqrt{1/\boldsymbol{I}^{\mathrm{T}}\boldsymbol{\Sigma}^{-1}\boldsymbol{I}}$ 也不等于 0。这本质上是因为这些资产组合均包含了无法被分散的系统性风险。当然,根据非系统性风险的定义可知,在风险资产数量 n 未趋近于无穷大时,资产组合的风险中还包含了一定的非系统性风险。

(三) 影响分散化策略风险分散效果的因素分析

上述得到的投资有效边界是理想假设条件下的结果,实际操作中诸多因素会影响分散化策略的风险分散效果。本节从 Markowitz 模型的一系列严格假设[2]入手加以分析。

(1) 完美资本市场假设。具体含义包括[3]:市场交易者均以竞争性市场价格交易资产;资产是完全可分的;资本市场无交易成本和税收等摩擦;融资决策不影响投资决策。

(2) 投资者采用收益率的均值衡量资产预期收益率,采用收益率的标准差衡量资产风险,且是风险厌恶和永不满足的,他们的目标是在一定的风险水平上收益最大,且在给定的收益水平上风险最低,即满足均方效率原则。

(3) 不考虑背景风险[4]和投资者负债等因素对投资者财富的影响。

以上三条假设中,(1)是对资本市场的假设,(2)和(3)是对投资者行为及影响因素的

---

[1] 存在无风险资产时,投资有效边界变为一条射线,射线的起点为无风险资产在图 2.1.2 中的坐标点,同时,射线与图 2.1.2 中的投资有效边界相切。
[2] 部分参考郑振龙和陈志英(2012)。
[3] 参考 Berk and Demarzo(2007)中第 14 章。
[4] 背景风险,是指投资者在投资过程中承担的除市场风险以外的其他风险,如劳动风险、老龄风险等。

假设，目的都是为了简化该资产组合问题。然而，市场实际情况与上述假设存在诸多差异，而这些差异均不同程度影响了分散化策略的风险分散效应。具体而言：

第一，现实中投资者无法做到及时、准确、全面地获取信息，因此对资产收益率期望和标准差的估计难以准确，进而构建的分散化策略也不能准确分散未来的风险；

第二，现实中存在卖空限制、资金约束、最小买卖份额限制等诸多限制性条件，这些条件使得实际可以构建的分散化策略与理论上最优的分散化策略存在差异，从而减弱了策略的风险分散能力；

第三，投资过程存在交易成本、税收以及信息收集成本，为弥补这些成本，投资者往往会设定更高的投资收益目标 $\bar{r}_p$，进而使得分散化策略的整体风险增加。

基于上述原因，现实中构建的资产组合往往难以达到 Markowitz 模型中的理想效果。可见，风险管理者除了要面临不可分散的系统性风险，还需面临部分没有完全分散的非系统性风险。

第二节 分散化策略的案例分析

本节将借助案例分析，对风险分散化策略的设计及分散效应展开讨论。

一、分散化策略案例的背景与问题描述

20×7 年 12 月，M 公司计划使用闲置资金 1 000 万元进行为期 1 个月的股票投资，并初步选定四只目标股票。利用过去 24 个月的历史数据可以得到股票的收益率均值、标准差以及相关系数，见表 2.1 和表 2.2 所示。由于该笔资金 1 个月后还要用于生产，因此 M 公司希望首先保证资金的安全性，期望尽可能降低股票投资风险。

表 2.1 各股票收益率的均值、标准差

股票名称	股票 A	股票 B	股票 C	股票 D
均 值	0.037	0.020	0.026	0.041
标准差	0.114	0.147	0.104	0.105

注：表中均值和标准差均为月度数据。

表 2.2 各股票收益率的相关系数

	股票 A	股票 B	股票 C	股票 D
股票 A	1	—	—	—
股票 B	0.239	1	—	—
股票 C	0.590	0.262	1	—
股票 D	0.501	0.194	0.458	1

针对上述目标,最简单的投资策略是只购买标准差最小的股票C。不过,除了简单地把资金投放到单一证券上,投资者是否可以通过分散化策略在投资风险不变的情况下增加收益?又是否可以通过分散化策略获得比投资股票C更小的投资风险?如果可以,那么具体应当怎样通过分散化策略构建资产组合?

二、分散化策略的方案设计与实施结果分析

下文从分散化策略的方案设计、实施结果计算、分散化效应分析以及实务应用面临的约束条件分析四个方面入手,详细讨论分散化策略的实施方法与实施结果。

(一) 分散化策略的方案设计

表2.2.2显示,四只股票之间的相关系数均小于1,因此根据Markowitz资产组合理论,M公司可以通过分散化策略在既定收益目标下降低风险。假设M公司用占投资总额w_i比例的资金买入股票i,则w_i的确定方法具体如下:

1. 投资有效边界的确定

根据第一节的内容,用来确定投资有效边界的最优规划问题为

$$\min_{w_i} \sigma_p^2 = \sum_{i=1}^{4} \sum_{j=1}^{4} w_i w_j \sigma_{i,j}$$

$$s.t. \sum_{i=1}^{4} w_i r_i = \bar{r}, \sum_{i=1}^{4} w_i = 1$$

由此可得任意给定$\bar{r}$下使资产组合风险最小的最优配置比例$w_i(i=1,2,3,4)$及相应的方差σ_p^2,投资有效边界如图2.3中实线部分所示。

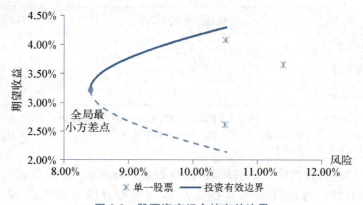

图2.3 股票资产组合的有效边界

2. 最优分散化策略的确定

得到投资有效边界后,投资者可以根据自身风险偏好选择最优资产组合,相应的资产配置策略即为最优的分散化策略。本案例中,若M公司要求资产组合的预期风险与单一资产最小风险相同,则可利用投资有效边界计算得出资产组合中各资产的权重,并相应求得组合的预期收益率、标准差如表2.3所示。此外,若M公司要求投资风险尽可能小,则可选择全局最小方差点作为资产组合,该组合的预期收益率、标准差及各股票的构成权重如表2.4所示。

表 2.3 给定风险目标下分散化策略的预期收益率、标准差及组合构成

股　　票	股票 A	股票 B	股票 C	股票 D
配置比例	0.020 5	0	0	0.979 5
资产组合预期收益	0.042			
资产组合标准差	0.104			

注：表中预期收益率和标准差均为月度数据。

表 2.4 最小方差分散化策略的预期收益率、标准差及组合构成

股　　票	股票 A	股票 B	股票 C	股票 D
配置比例	0.195	0.178	0.280	0.347
资产组合预期收益	0.032			
资产组合标准差	0.084			

注：表中预期收益率和标准差均为月度数据。

（二）分散化策略的实施结果

1. 给定风险目标下分散化策略的实施结果

在理想情况下，未来 1 个月四只股票的累计收益率、日收益率标准差以及日收益率相关系数矩阵，与利用历史数据估计出的表 2.1 和表 2.2 相同[①]。此时，给定风险目标下分散化策略的实施结果[②]如表 2.5 所示。

表 2.5 理想情况下分散化策略与最低风险资产的绩效对比

投　资　策　略	最低风险资产（股票 C）	分散化策略
月累计收益率	0.026	0.042
日收益率标准差	0.023	0.023
Sharpe 比率	0.811	1.343

注：1）日收益率标准差 ＝ 表 2.2.1 与表 2.2.3 中月收益率标准差/$\sqrt{21}$，其中 21 表示 20×7 年 12 月的交易日天数；
　　2）Sharpe 比率 ＝（月累计收益率×12－2%）/（日收益率标准差×$\sqrt{252}$），其中 252 表示全年的交易日天数，用于对日收益率标准差年化。

由表 2.5 可知，将分散化策略的风险（即日收益率标准差）固定在 2.3% 时，策略累计收益率可达到 4.2%，远超过股票 C 的 2.6%，这使得分散化策略的 Sharpe 比率高达 1.343。可见，在理想情况下，分散化策略能够在投资风险与股票 C 保持一致的条件下，获得更高的投资收益。

在实际投资中，根据 20×7 年 12 月 4 只股票的日收益率，可得分散化策略的实施结果如表 2.6 所示。

---

① 此时，未来 1 个月的累计收益率即为表 2.2.1 中的月收益率平均值。使用日收益率标准差，是因为根据未来 1 个月每个交易日的收益率只能计算出日收益率的标准差，而无法直接得到整个月的收益率标准差。
② 本节主要使用 Sharpe 比率衡量投资策略的实施结果，该指标可以同时对投资策略的风险和收益加以考量。另外，本节假设年化的无风险收益率为 2%。

表 2.6　实际投资中分散化策略与最低风险资产的绩效对比

投 资 策 略	股票 A	股票 B	股票 C	股票 D	分散化策略
月累计收益率	0.117	0.156	0.070	0.183	0.181
日收益率标准差	0.033	0.029	0.039	0.047	0.047
Sharpe 比率	2.642	4.023	1.324	2.916	2.884

注：Sharpe 比率的计算同表 2.5。

从表 2.6 的实际投资结果来看，如果仅投资股票 B，资产组合的风险较小，日收益率标准差仅为 2.9%，且月累计收益率达 15.6%，Sharpe 比率更是高达 4.023，远高于其他三只股票以及分散化策略；分散化策略未能较好地分散风险，策略的日收益率波动率为 4.7%，大于股票 A、B 和 C，基本等同于持有股票 D，而 Sharpe 比率甚至低于股票 D。可以看到，按照一定风险目标对资产组合进行最优配置的实际投资结果并不令人满意，主要原因在于对收益率和标准差的估计出现了大幅偏差。

2. 最小方差分散化策略的实施结果

同样，首先分析理想情况下最小方差分散化策略的实施结果，见表 2.7。

表 2.7　理想情况下最小方差分散化策略与单个股票的绩效对比

投 资 策 略	股票 A	股票 B	股票 C	股票 D	分散化策略
月累计收益率	0.037	0.020	0.026	0.041	0.032
日收益率标准差	0.025	0.032	0.023	0.023	0.018
Sharpe 比率	1.074	0.432	0.811	1.298	1.251

注：日收益率标准差与 Sharpe 比率的计算同表 2.5。

表 2.7 显示，相比于投资任意单只股票，最小方差分散化策略风险最低，日收益率标准差仅为 1.8%，这也使得该策略具有较高的 Sharpe 比率，达到 1.251。因而，理想情况下，M 公司可以通过分散化策略获得比投资股票 C 更小的投资风险。

在实际投资中，最小方差分散化策略的实施结果如表 2.8 所示。

表 2.8　实际投资中最小方差分散化策略与单个股票的绩效对比

投 资 策 略	股票 A	股票 B	股票 C	股票 D	分散化策略
月累计收益率	0.117	0.156	0.070	0.183	0.134
日收益率标准差	0.033	0.029	0.039	0.047	0.030
Sharpe 比率	2.642	4.023	1.324	2.916	3.334

注：Sharpe 比率的计算同表 2.5。

由表 2.8 可知，相比于单只股票，最小方差分散化策略确实能够带来较小的风险，然而与持有股票 B 相比，策略的风险和收益都还略逊一筹。另一方面，由于收益率的大幅增长，分散化策略的 Sharpe 比率为 3.334，高于理想情况下的 1.251，即策略投资绩效远好于理想情况。

(三) 分散化策略的风险分散效应分析

通常,若风险管理者可以通过分散化策略将不想承担且可以分散的风险全部分散掉,则称该分散化策略能够完全有效地分散风险。对于本案例,借助表 2.6 和表 2.8 可知,在实际投资中,不管是给定风险目标下的分散化策略,还是最小方差分散化策略,策略分散风险的效果都不尽如人意,关键在于利用过去 24 个月的历史数据无法准确估计未来 1 个月的资产预期收益率和风险。对此,本节给出了资产预期收益率和风险估计完全准确的情况下[①],前述两种分散化策略的组合构成及投资绩效,以展示能够完全有效分散风险的分散化策略的实施结果,详见表 2.9 和表 2.10。

表 2.9 样本内给定风险目标下分散化策略的组合构成及投资绩效

股　　票	股票 A	股票 B	股票 C	股票 D
配置比例	0.350 2	0.288 5	0.243 0	0.118 3
月累计收益率	0.153			
日收益率标准差	0.023			
Sharpe 比率	4.974			

注:Sharpe 比率的计算同表 2.5。

表 2.10 样本内最小方差分散化策略的组合构成及投资绩效

股　　票	股票 A	股票 B	股票 C	股票 D
配置比例	0.282 4	0.626 4	−0.156 6	0.247 8
月累计收益率	0.125			
日收益率标准差	0.019			
Sharpe 比率	4.907			

注:Sharpe 比率的计算同表 2.5。

对于给定风险目标下的分散化策略,样本内策略收益率日标准差固定在 2.3%,月累计收益率为 15.3%,Sharpe 比率为 4.974。将表 2.6 与表 2.9 对比可知,原有分散化策略的日收益率标准差高达 4.7%,是样本内策略的 2 倍,因而 Sharpe 比率只有样本内策略的一半,未能完全有效实现风险分散。

对于最小方差分散化策略,样本内策略的月收益率和日标准差分别为 12.5% 和 1.9%。与表 2.8 对比可知,样本内策略的风险显著低于四只股票,实现了最小方差风险管理目标,且策略的 Sharpe 比率高达 4.907,明显高于原有的分散化策略以及四只股票,即原有分散化策略的风险分散并不完全有效。

(四) 分散化策略在实务应用中的约束条件分析

实务中,除了无法对资产收益率的期望和标准差进行准确估计,风险资产数量有限、

[①] 即利用 20×7 年 12 月的月累计收益率作为资产预期收益率的估计值,同时利用 12 月的日收益率波动率作为资产风险的估计值,这种分析方法也称为样本内估计法。

市场限制卖空等诸多因素均会影响分散化策略的风险分散效果。下面对三个主要的影响因素逐一进行分析[①]。

1. 资产数量带来的约束分析

一般而言,资产组合中的资产数量越多,该组合的风险分散程度越高。因此,当资产组合包含了市场上所有股票时,非系统性风险将最大程度被分散。假设 M 公司在原有选股范围的基础上,补充选择股票 E、F 和 G 用于投资,根据历史数据,三只股票的月收益率均值分别为 6.18%、3.26% 和 3.31%,月收益率的协方差矩阵如表 2.11 所示。

表 2.11　A—G 七只股票的协方差矩阵

	股票 A	股票 B	股票 C	股票 D	股票 E	股票 F	股票 G
股票 A	0.013 0	—					
股票 B	0.004 1	0.021 6	—				
股票 C	0.006 6	0.004 5	0.011 0				
股票 D	0.005 7	0.003 4	0.005 5	0.011 0			
股票 E	0.007 7	0.008 7	0.007 8	0.007 6	0.028 8		
股票 F	0.007 6	0.003 1	0.005 5	0.006 2	0.008 7	0.011 6	
股票 G	0.008 5	0.007 0	0.006 0	0.007 0	0.008 0	0.004 9	0.017 9

表 2.12　不同资产数量下分散化策略的绩效比较

股 票 数 量	4 只股票	5 只股票	6 只股票	7 只股票
月累计收益率	0.035	0.035	0.035	0.035
日收益率标准差	0.018 7	0.018 5	0.018 4	0.018 3
Sharpe 比率	1.347	1.362	1.369	1.377

注:Sharpe 比率的计算同表 2.5。

表 2.12 展示了以月收益率 3.5% 为投资目标的条件下,组合中资产数量对分散化策略投资绩效带来的影响。从表中可以看出,随着组合中资产数量的增加,资产组合的日收益率标准差不断减小,而这部分不断减小的风险,实际就是 M 公司原有资产组合没有完全分散的非系统性风险。可见,若无法获得足够多的资产组成资产组合,就很难完全分散非系统性风险。

2. 交易成本带来的约束分析

增加资产组合中的资产数量固然能带来非系统性风险的下降,但也会增加组合构建的交易成本,进而影响分散化策略的投资绩效。例如,假设买入股票需要按 0.1% 缴纳佣金,另外,每买入 1 000 万元的股票会令股价上升 0.5%,这种情况下,M 公司面临的投资有效边界如图 2.4 所示,相比于原有边界,新的投资有效边界明显下移。可见,当存在交易成本时,若投资者的投资收益目标不变,分散化策略将承担更高的投资风险,投资绩效也会显著下降。

[①] 为简化分析过程,下面只给出了理想情况下的结果,即假定用历史数据估计的资产收益率期望和标准差与实际情况一致。

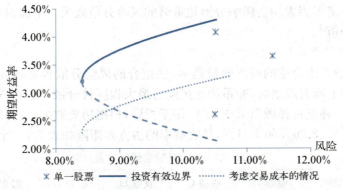

图 2.4 考虑交易成本的条件下投资有效边界的变化

3. 卖空限制等交易制度带来的约束分析

现实中,卖空限制、最小买卖单位限制等交易限制往往使理论上的分散化策略难以实现,进而降低风险分散效果。例如,表 2.13、表 2.14 分别给出了目标投资收益率为 4% 时,限制卖空和不限制卖空下分散化策略的仓位配置及投资绩效。在不限制卖空的情况下,分散化策略卖空了股票 C,即 C 在资产组合中的权重为 -0.097,此时,策略的日收益率标准差为 2%;相比而言,限制卖空时分散化策略在股票 C 上的投资比例为 0,策略的日收益率标准差上升为 2.2%。事实上,限制卖空的情况下,资产组合相当于仅在股票 A、B、D 中间配置,结合前面对资产数量影响风险分散效果的分析可知,此时风险必然增大。

更一般地,图 2.5 展示了限制卖空对投资有效边界的影响。图中,全局最小方差点以上的外侧曲线为不限制卖空时的有效边界,内侧曲线则构成了限制卖空时的有效边界。可见,资产交易的限制明显对分散化策略风险分散效应的发挥产生了阻碍作用。

表 2.13 卖空限制下分散化策略的构成及投资绩效

股 票	股票 A	股票 B	股票 C	股票 D
占组合比例	0.102	0	0	0.898
月累计收益率		0.040		
日收益率标准差		0.022		
Sharpe 比率		1.317		

注:Sharpe 比率的计算同表 2.5。

表 2.14 无卖空限制下分散化策略的构成及投资绩效

股 票	股票 A	股票 B	股票 C	股票 D
占组合比例	0.372	0.010	-0.097	0.714
月累计收益率		0.040		
日收益率标准差		0.020		
Sharpe 比率		1.449		

注:Sharpe 比率的计算同表 2.5。

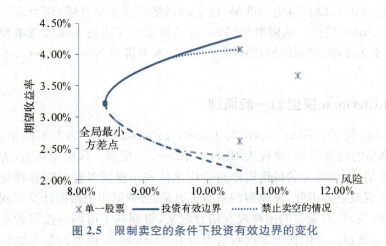

图 2.5　限制卖空的条件下投资有效边界的变化

三、分散化策略案例总结

结合案例分析，本节详细介绍了分散化策略的设计、实施、分散效应以及实务应用中面临的主要约束。总的来说，分散化策略的使用特点可以概括成以下两点：

（1）只要不同资产的收益率不完全正相关，分散化策略就具有分散风险的作用，可以帮助风险管理者在不减少收益的情况下降低风险，或者在保持风险不变的前提下增加投资收益。

（2）分散化策略并不能把资产组合的风险全部分散掉：一方面，分散化策略只能分散非系统性风险，风险管理者仍将面临系统性风险；另一方面，由于对资产收益率估计不准确、风险资产数量有限、市场限制卖空等因素所限，实务操作中充分分散风险的资产组合往往难以构建，风险管理者仍然需要承担部分非系统性风险。

第三节　对分散化策略的进一步探讨
——Black–Litterman 模型

一、Markowitz 资产组合理论在金融实践中面临的问题

Markowitz 资产组合理论从股票投资的收益和风险出发，给出了最优资产组合的构造方法，是现代资产组合理论的开端，也奠定了风险分散策略的理论基础。然而，该理论在实务应用中存在诸多问题，最主要的问题是资产组合的权重配置对资产预期收益率非常敏感，(2.1.6) 中 μ 微小的变动可能引起权重配置 w 巨大的变化，而现实中投资者对资产收益率期望的估计往往是不准确的，需要根据新的信息不断调整估计，这使得 Markowitz 资产组合理论的最优权重配置非常不稳定，甚至会带来高额的交易成本。

针对上述问题，学术界和实务界均进行了大量探讨，主流方法之一是对预期收益率的

估计方法进行修正[①]，以获得更为准确、稳定的预期收益率估计值，该类方法中最典型的是 Black-Litterman 模型。该模型利用 Bayes 方法综合了市场客观收益率和投资者主观观点，形成了更为准确、可靠的资产预期收益率。本节将对 Black-Litterman 模型进行详细介绍。

二、Black Litterman 模型的一般原理

高盛投资银行的 Fisher Black 与 Robert Litterman 于 1992 年提出了一个基于 Markowitz 模型的改进模型，简称为 Black-Litterman 模型。该模型认为，为了获得准确的预期收益率估计，投资者的最优资产组合应该体现出投资者自身对各种资产未来风险收益预期的主观观点。因此，该模型的基本思想是，将依据历史数据计算得到的市场客观收益率（先验收益）与投资者的主观观点结合起来，得到基于市场与投资者主观看法的加权收益率（后验收益），并依据该加权收益率以及 Markowitz 模型的基本思想构建出最优资产组合。其中，若投资者对自己的主观判断很有信心，主观观点就会被赋予较大权重，即资产的期望收益率会向主观观点给出的期望收益率靠拢；反之，资产的期望收益率则会接近市场客观收益率。

（一）问题描述

假设市场上有 N 种资产，这些资产的预期收益率 r 服从期望为 μ、协方差矩阵为 Σ 的正态分布，即

$$r \sim N(\mu, \Sigma)$$

那么如何对 μ 做出准确估计进而利用 Markowitz 模型思想进行风险分散呢？

（二）客观预期收益率与主观预期收益率的估计

对资产预期收益率 μ 进行估计的方法有很多，最常用的是利用历史数据的均值作为估计值。然而，现实情况中大部分成熟金融市场都是弱有效市场[②]，即当前资产价格基本反映了历史上一系列交易价格和交易量中蕴含的信息，或者说历史数据中蕴含的、能反映资产预期收益率的信息较为有限，因而投资者仅利用历史数据做出的收益率估计往往不够准确。对此，Black-Litterman 模型除了利用历史数据，还引进了投资者主观观点，将两者融合起来以便更为准确地估计预期收益率。下面分别介绍 Black-Litterman 模型如何利用历史数据以及投资者主观观点构建预期收益率估计值。

1. 预期收益率的客观估计值：市场隐含的收益率

Black-Litterman 模型对资产预期收益率客观估计值的计算，可看作是 Markowitz 模型的逆过程：假定市场处于出清状态，此时各资产市值占总市值的比例 ω_{mkt} 代表了资产

[①] 针对这一问题，还有两种主要的改进方法：一是 Risk Parity 方法，该方法仅使用资产的波动率构建资产组合，避开了资产预期收益率对资产配置带来的影响；二是 Robust Optimization 方法，该方法在资产预期收益率估计值的一定范围内寻找投资收益最差的情况，进而根据最差的情况构建资产组合，这使得即使未来真实收益率与估计值出现偏差，权重配置也基本不需要做调整。上述两种方法较为复杂，本书不再详细介绍，感兴趣的读者可以自行查阅相关资料。

[②] 相关研究表明，与发达国家的成熟金融市场相比，我国股票市场并不满足弱有效性的特征（潘丽、徐建国，2011）。

组合中各资产的最优配置比例,进而投资者可以利用 ω_{mkt} 为 Markowitz 模型的最优配置比例这一信息,反推出资产的预期收益率,由此得到的预期收益率也称为市场隐含收益率。

假设市场隐含预期收益率为 Π,投资者的效用函数为二次效用函数,因而投资优化问题可以表述为

$$\max_{\omega} U = \omega^T \Pi - \frac{\delta}{2} \omega^T \Sigma \omega$$
$$s.t. \ \omega^T I = 1 \tag{2.3.1}$$

其中,δ 为市场平均风险厌恶程度,$I = (1, 1, \cdots, 1)^T$。根据前文的分析可知,该优化问题在市场均衡条件下的最优投资策略 $\omega^* = \omega_{mkt}$。因此,通过逆优化的思想,可以求得市场隐含收益率

$$\Pi = \delta \Sigma \omega_{mkt} \tag{2.3.2}$$

这里,Π 代表着市场出清时各项资产能达到的收益率水平。

进一步,考虑到当前所得到的历史数据并不能完全反映未来收益率的所有信息,因此 Π 并非是对资产预期收益率的准确估计,只能用于表示资产预期收益率的期望,即

$$\mu = \Pi + \varepsilon^\Pi \tag{2.3.3}$$

其中,$\varepsilon^\Pi \sim N(0, \tau\Sigma)$ 为误差项,τ 代表了估计偏差的程度,市场不完善、用于估计的数据有限等都会使得 τ 增大。

2. 预期收益率的主观估计值:投资者的主观观点矩阵

Black-Litterman 模型将投资者的主观观点分为两类:绝对观点和相对观点。绝对观点,是指投资者对某一资产或资产组合收益率绝对水平给出的判断,例如"沪深 300 指数明天会上涨 2%"就是一个绝对观点;相对观点,是指以其他资产收益率水平衡量某个资产或资产组合收益率的观点,例如"沪深 300 指数明天会比恒生指数多涨 2%"。

依据上述两条观点,假设沪深 300 指数明天的预期收益率为 $r_{沪深}$、恒生指数明天的预期收益率为 $r_{恒生}$,则两个指数的预期收益率满足如下二元线性方程组

$$\begin{cases} r_{沪深} = 2\% \\ r_{沪深} - r_{恒生} = 2\% \end{cases}$$

改写为矩阵形式可得

$$\begin{bmatrix} 1 & 0 \\ 1 & -1 \end{bmatrix} \begin{bmatrix} r_{沪深} \\ r_{恒生} \end{bmatrix} = \begin{bmatrix} 2\% \\ 2\% \end{bmatrix} \tag{2.3.4}$$

根据(2.3.4),很容易得到投资者对沪深 300 指数、恒生指数的预期收益率主观估计值分别为 $r_{沪深} = 2\%$ 和 $r_{恒生} = 0\%$。上述例子用两项资产以及两条主观观点,清楚地展示了 Black-Litterman 模型如何使用投资者的主观观点矩阵构建风险资产预期收益率的主观

估计值。

更一般地，假设投资人对 N 种资产持有 K 个观点，且这 K 个观点互不相关，那么同样可以通过矩阵的形式，将投资者的 K 个观点与 N 维预期收益率主观估计值 E_S 联系起来，即①

$$PE_S = Q + \varepsilon^Q \tag{2.3.5}$$

其中，P 是 $K \times N$ 维矩阵，每一行表示投资者的一个观点中各项资产的权重，且根据相对观点和绝对观点的定义可知，相对观点每一行的权重和均为 0，例如(2.3.4)中系数矩阵的第二行；绝对观点每一行的权重和均为 1，例如(2.3.4)中系数矩阵的第一行；Q 是 $K \times 1$ 维向量，其中第 i 个元素表示投资者第 i 个主观观点中的收益率；$\varepsilon^Q \sim N(0, \Psi)$ 为误差项，因为 K 个观点互不相关，所以有

$$\Psi = \begin{bmatrix} \sigma_1 & 0 & 0 \\ 0 & \ddots & 0 \\ 0 & 0 & \sigma_k \end{bmatrix}$$

其中，σ_1 到 σ_k 代表投资者对每条观点的不确定程度，事实上也反映了投资者对自己主观观点的信心程度。例如，若投资者对自己的第 i 条观点有 100% 的信心则 $\sigma_i = 0$。相反，若投资者对该条观点的信心程度越低则 σ_i 越大。另外，由(2.3.5)可知，Black-Litterman 模型假定 Q 只是对 PE_S 的估计值，并不能直接用来表示主观预期收益率。

（三）最优投资策略

1. 主观与客观相融合的资产预期收益率估计

将客观的市场隐含收益率与投资者的主观观点相融合便得到了资产预期收益率 R_{BL}，为计算 R_{BL} 具体的分布情况，Black-Litterman 模型采用了基于概率密度函数 pdf(·) 的 Bayes 公式，具体为

$$\begin{aligned} \text{pdf}(R_{BL}) &= \text{pdf}(\mu \mid PE_S = Q) = \left. \frac{\text{pdf}(PE_S \mu)}{\text{pdf}(PE_S)} \right|_{PE_S = Q} \\ &= \left. \frac{\text{pdf}(\mu) \cdot \text{pdf}(PE_S \mid \mu)}{\int \text{pdf}(\mu) \cdot \text{pdf}(PE_S \mid \mu) d\mu} \right|_{PE_S = Q} \end{aligned} \tag{2.3.6}$$

其中，$R_{BL} = (\mu \mid PE_S = Q)$ 表示在已知投资者主观预期收益率满足 $PE_S = Q$ 的条件下市场客观的预期收益率，即融合了客观预期收益率和主观预期收益率的后验预期收益率。$PE_S \mid \mu$ 表示利用历史数据得到的投资者主观观点。根据前文的分析，有 $PE_S \mid \mu \sim N(P\mu, \Psi)$，这可以理解为：当纯粹利用历史数据形成主观观点时，主观观点蕴含的主观预期收益率应与基于历史数据的客观预期收益率一致。此外，先验概率分布 $\mu \sim N(\Pi, \tau\Sigma)$。

---

① 类比于(2.3.4)，P 表示(2.3.4)中的 $\begin{bmatrix} 1 & 0 \\ 1 & -1 \end{bmatrix}$，$E_S$ 表示 $\begin{bmatrix} r_{沪深} \\ r_{恒生} \end{bmatrix}$，$Q$ 表示 $\begin{bmatrix} 2\% \\ 2\% \end{bmatrix}$。此外，(2.3.5)比(2.3.4)多了一项随机误差项 ε^Q，对该项的说明详见后文。

对于上述 Bayes 公式中的 pdf(μ)·pdf($PE_S \mid \mu$)，结合多元正态分布的概率密度函数，可得到如下结果

$$\text{pdf}(\mu) \cdot \text{pdf}(PE_S \mid \mu)$$

$$= \frac{\mid (\tau\Sigma) \mid^{-\frac{1}{2}}}{(2\pi)^{\frac{N}{2}}} \exp\left(-\frac{1}{2}(\mu - \Pi)^{\mathrm{T}}(\tau\Sigma)^{-1}(\mu - \Pi)\right)$$

$$\cdot \frac{\mid \Psi \mid^{-\frac{1}{2}}}{(2\pi)^{\frac{K}{2}}} \exp\left(-\frac{1}{2}(PE_S - P\mu)^{\mathrm{T}} \Psi^{-1}(PE_S - P\mu)\right)$$

$$= \frac{\mid (\tau\Sigma) \mid^{-\frac{1}{2}} \mid \Psi \mid^{-\frac{1}{2}}}{(2\pi)^{\frac{N+K}{2}}} \exp\left(-\frac{1}{2}\mu^{\mathrm{T}}((\tau\Sigma)^{-1} + P^{\mathrm{T}}\Psi^{-1}P)\mu + \mu^{\mathrm{T}}((\tau\Sigma)^{-1}\Pi + P^{\mathrm{T}}\Psi^{-1}PE_S)\right)$$

$$\cdot \exp\left(-\frac{1}{2}(\Pi^{\mathrm{T}}(\tau\Sigma)^{-1}\Pi + E_S^{\mathrm{T}}P^{\mathrm{T}}\Psi^{-1}PE_S)\right)$$

$$= Y \times \mid (\tau\Sigma)^{-1} + P^{\mathrm{T}}\Psi^{-1}P \mid^{\frac{1}{2}} \exp\left(-\frac{1}{2}(\mu - X)^{\mathrm{T}}((\tau\Sigma)^{-1} + P^{\mathrm{T}}\Psi^{-1}P)(\mu - X)\right)$$

$$\cdot \mid \Psi + P(\tau\Sigma)P^{\mathrm{T}} \mid^{-\frac{1}{2}} \exp\left(-\frac{1}{2}(PE_S - Z)^{\mathrm{T}}(\Psi + P(\tau\Sigma)P^{\mathrm{T}})^{-1}(PE_S - Z)\right) \quad ①$$

其中，$X = ((\tau\Sigma)^{-1} + P^{\mathrm{T}}\Psi^{-1}P)^{-1} \times ((\tau\Sigma)^{-1}\Pi + P^{\mathrm{T}}\Psi^{-1}PE_S)$。将上述结果代入 (2.3.6)，化简后可知②

$$pdf(R_{BL}) = const \cdot \mid (\tau\Sigma)^{-1} + P^{\mathrm{T}}\Psi^{-1}P \mid^{\frac{1}{2}} \exp\left(-\frac{1}{2}(R_{BL} - E(R_{BL}))^{\mathrm{T}}((\tau\Sigma)^{-1}\right.$$
$$\left. + P^{\mathrm{T}}\Psi^{-1}P)(R_{BL} - E(R_{BL}))\right)$$

即投资者主观观点和客观历史数据相融合得到的资产预期收益率 R_{BL} 满足

$$R_{BL} \sim N\{E(R_{BL}), [(\tau\Sigma)^{-1} + P^{\mathrm{T}}\Psi^{-1}P]^{-1}\}$$

其中，预期收益率的期望为

$$E(R_{BL}) = [(\tau\Sigma)^{-1} + P^{\mathrm{T}}\Psi^{-1}P]^{-1} \times [(\tau\Sigma)^{-1}\Pi + P^{\mathrm{T}}\Psi^{-1}Q] \quad (2.3.7)$$

(2.3.7)可以视为客观的市场隐含收益率与投资者主观观点的加权。其中，客观的市场隐含收益率 Π 的权重受到 τ 的影响，即 τ 越大，Π 在 $E(R_{BL})$ 中占比越小。这是因为 τ 越大，市场越不完善，依据逆优化估计出的市场隐含收益率也越无法准确描述资产的真实收益率，此时应尽量降低这种不准确的因素给资产预期收益率估计带来的影响。同理，(2.3.7)中主观观点收益率 Q 的权重 $[(\tau\Sigma)^{-1} + P^{\mathrm{T}}\Psi^{-1}P]^{-1}P^{\mathrm{T}}\Psi^{-1}$ 受到 Ψ 的影响，这意味着投资者对自己的某个观点 i 越有信心，Ψ 中对角线上对应的 σ_i 越小，此时该项观点

---

① 推导过程中，要用到公式 $(A - BD^{-1}C)^{-1} = A^{-1} - A^{-1}B(CA^{-1}B - D)^{-1}CA^{-1}$，其中 A，B，C，D 均为矩阵，该公式通过简单的矩阵运算即可得到。另外，Y、Z 均是常数，为简便起见，这里不再给出具体形式。

② 其中 $const$ 表示常数系数。

在 $E(R_{BL})$ 中的权重就越大。

2. 最优投资策略的确定

利用资产预期收益率的期望 $E(R_{BL})$ 以及 Markowitz 资产组合理论,可得最优的投资策略为

$$\omega_{BL} = (\delta\Sigma)^{-1}E(r) = (\delta\Sigma)^{-1}E(\mu) = (\delta\Sigma)^{-1}E(R_{BL}) \tag{2.3.8}$$

需要说明的是,Black-Litterman 模型主要是对(2.1.6)中的 μ 进行更准确的估计,并不涉及对资产收益率协方差的修正,即 R_{BL} 是用于估计资产预期收益率 μ 的,$[(\tau\Sigma)^{-1}+P^T\Psi^{-1}P]^{-1}$ 是估计值的估计误差,与资产收益率 r 的协方差 Σ 并不相同[①]。

进一步,将(2.3.7)代入(2.3.8),可得 Black-Litterman 模型最优投资策略与市场组合资产配置比例 ω_{mkt} 之间的关系

$$\omega_{BL} = \omega_{mkt} + P^T[\Psi+P(\tau\Sigma)P^T]^{-1} \times [\delta^{-1}\tau Q - P(\tau\Sigma)\omega_{mkt}] \tag{2.3.9}$$

整个模型的原理如图 2.6。

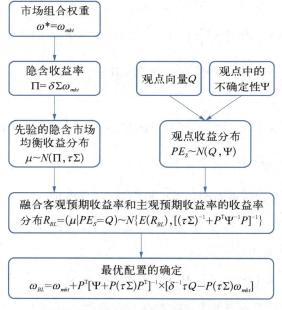

图 2.6 Black-Litterman 模型原理

(四) Black-Litterman 模型评述

根据前文所述,Black-Litterman 模型具有如下两个显著特征。

(1) 引入投资者的主观预期。Black-Litterman 模型将由市场数据得到的预期收益率和投资者的看法结合在一起,通过 Bayes 方法形成一个新的资产预期收益率,使预测结

---

① 实际上,Black-Litterman 模型的这一假定并不准确,根据统计相关知识可知,利用 R_{BL} 的期望 $E(R_{BL})$ 替代资产预期收益率 μ 时,资产收益率的协方差也应该相应调整为 $\Sigma+[(\tau\Sigma)^{-1}+P^T\Omega^{-1}P]^{-1}$。详细内容请参见 Meucci(2010)。

果更为稳健、准确。

（2）利用逆优化得到资产的隐含收益率。相比于利用历史数据的简单平均计算资产的预期收益率，隐含收益率的计算包含了资产收益率的波动率以及资产在市场组合中的权重两种信息，这使得估计出的收益率更为稳定，信息利用也更为充分。

Black-Litterman 模型虽然对预期收益率进行了修正，但模型本身存在着一些不容忽视的缺陷，并给模型的应用带来了局限性。

（1）投资者观点的协方差矩阵 Ψ 与标量 τ 等参数的设定还有很大争议，如何设定参数更加合理，目前还没有明确的标准答案；

（2）Black-Litterman 模型为单期模型，如果需要进行滚动投资，可能需要对参数进行频繁调整，从而降低了模型的使用效率；

（3）Black-Litterman 模型的成功与否很大程度上取决于观点是否正确，但给出一个正确的观点并非易事，需要投资者综合运用宏观经济数据和市场微观数据分析得到。

第四节 分散化策略的评价

通过前面三节对分散化策略的介绍与讨论，可以看到分散化策略具有其他策略无法比拟的优点。

第一，分散化策略的风险管理成本低。该策略的操作手段主要是对不同资产配置权重加以选择，除了必要的交易成本外，不需要为运用其他工具付出额外成本，也不需要为降低风险放弃收益，因此是一种"免费午餐"式的风险管理策略。

第二，分散化策略的风险管理效果较好。投资者在保持预期收益水平不变的情况下，可有效降低资产组合的风险，理论上可消除所有非系统性风险。同时，分散化策略的应用范围广泛，在股票、债券、外汇等各种单一类型资产投资或大类资产配置中，均可运用该策略进行风险管理。

第三，分散化策略的程序相对简便易行。该策略的思想容易理解和掌握，应用方法也比较简单，无论是个人投资者还是机构投资者，都可以运用分散化策略降低风险总水平。

当然，分散化策略并非十全十美，也有如下不足。

一是无法完全分散风险。分散化策略仅能分散非系统性风险，无法分散系统性风险。

二是即使对非系统性风险，也很难完全分散：一方面，若要建立一个风险充分分散的资产组合，需要风险资产达到一定数量，这对资金有限、面临交易限制的风险管理者来说难以实现，且会增加交易成本，实际投资效果欠佳。另一方面，分散化策略设计的成功与否，取决于投资者对不同资产未来收益率分布的估计和判断，即使投资者能够获得资产未来收益率的所有相关信息，仍不一定具备对收益率进行准确估计的能力，在这种情况下，分散化策略的使用会因为相关参数估计不准确而效果欠佳。

三是分散化策略需要进行动态调整。通常计算最优资产组合所需的数据较多，而且随着市场状况的改变，最优资产组合也会发生变化，若不及时调整组合，则资产组合很快会暴露在新的风险之下。这在具体实务操作层面难以实现。

【专栏】 第五节 AIG 巨亏案例分析

美国国际集团（AIG）成立于 1919 年，曾是全球首屈一指的保险服务机构，提供人寿保险、财产保险、金融服务以及资产管理等多项服务，在美国次贷危机发生前，曾位居《财富》世界 500 强企业第 35 位。如此巨大的保险帝国在次贷危机发生后却陷入绝境，2008 年全年 AIG 亏损共计 993 亿美元，濒临破产。

作为世界保险服务的领导者，AIG 曾是保险业多元化经营、保险金融一体化经营的典范，对风险的经营与管理能力毋庸置疑，但这次危机中 AIG 为何会与贝尔斯登、雷曼兄弟一样深陷泥潭？本案例从风险分散的角度，对 AIG 金融服务业务和资产组合配置存在的问题进行简要探讨。

AIG 此番陷入危机主要源于资产管理业务的巨额亏损，而亏损很大程度上是由于旗下金融服务板块子公司 AIGFP（AIG financial product）出售过多 CDS 产品所致[①]。与在保险业务中精于分散风险正相反，AIG 在资产管理业务中违背了风险分散原则，大量投资于房地产金融领域，涉及美国住房按揭市场的各个环节，如图 2.7。

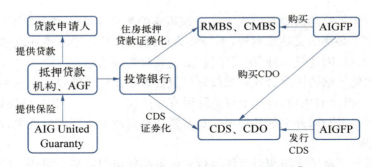

图 2.7 AIG 业务涉及住房按揭市场结构图[②]

从图 2.7 可知，在房地产金融业务中，AIG 积累了巨大的风险暴露：一方面，AIG 投资于次级贷款（AGF）并提供次级抵押贷款保险（AIG united guaranty）；另一方面，子公司 AIGFP 大量出售 CDS 并为以抵押贷款为基础资产的 CDO 提供信用担保。不仅如此，AIG 还通过融券再投资扩大在房地产金融领域的投资额度。截至 2007 年 12 月 31 日，AIG 的资产组合见表 2.15。

---

① 主要是住房抵押贷款类 CDS。另外，CDS 全称为信用违约互换（credit default swap），对该产品的详细介绍请参见本书第三章第四节。

② 其中，RMBS 是住宅抵押贷款支持债券，即 Residential Mortgage-Backed Securities；CMBS 是商业抵押贷款支持债券，即 commercial mortgage-backed securities；CDO 是担保债务凭证，即 collateralized debt obligation。

表 2.15　2007 年 12 月 AIG 资产组合　　　　　　　　（单位：百万美元）

	企业债	MBS、CDO 及 CDS	现金和短期投资
金　额	14 140	49 510	12 012
权　重	18.7%	65.4%	15.9%

注：根据 AIG 的 2008 年年报整理得到。

综上可知，次贷危机发生之前，AIG 在金融服务板块的业务过度集中于房地产金融市场，资产组合中也大量配置相关性较高的房地产金融市场产品，已经背离了风险分散的基本原理，与稳健经营的理念背道而驰。最终，次级抵押贷款信用风险集中爆发，CDS、CDO 等信用衍生品的大量违约事件随之而来，房地产金融业务引致的巨额亏损彻底击垮了 AIG 集团。

本 章 小 结

本章第一节阐述了分散化策略的基本原理，介绍了分散化策略的理论基础——Markowitz 资产组合理论，并在该理论的框架下讨论了构造风险分散化策略的一般方法，进而分析了用分散化策略进行金融风险管理的合理性和局限性。第二节运用一个具体案例，详细说明了分散化策略的应用步骤和作用，并且讨论了分散化策略的有效性。第三节针对 Markowitz 资产组合理论在金融实践中存在的问题，介绍了应用较为广泛的改进模型——Black-Litterman 模型。第四节对分散化策略的优缺点进行了总结。尽管分散化策略还存在一些不足，但思想和方法已经在金融风险管理实务中得到了广泛应用。希望读者能够通过本章的学习，掌握风险分散化策略的基本原理和一般运用方法。

重 要 概 念

Markowitz 资产组合理论　风险分散效应　均方效率原则　投资有效边界　最小方差点　系统性风险　非系统性风险　Black-Litterman 模型　市场隐含收益率　主观预期收益率

思 考 题

1. 简述风险分散效应。
2. 请准确描述均方效率原则，并根据此原则对比处于投资有效边界和最小方差点上的资产组合的异同。

3. 简述分散化策略的一般实施方法。
4. 简要介绍系统性风险和非系统性风险,并列举现实中的一些系统性风险和非系统性风险。
5. 请选取任意多只股票构造资产组合:运用股票过去一年的历史数据,给出组合的投资有效边界,并自己设定收益目标,根据有效边界给出每只股票的配置比例。
6. 评价第 5 题中构造的资产组合实际的风险分散效果,若存在无法有效分散风险的情况,请给出合理解释。
7. 解释 Black-Litterman 模型中的市场隐含收益率、投资者主观预期收益率,并简述两者在最终结果中权重的经济金融含义。
8. 尝试选取多个股票行业,利用 Black-Litterman 模型构建投资策略展开行业配置,并对投资绩效进行分析。

第三章

套期保值策略的设计和案例分析

引 言

相比于只能分散非系统性风险的分散化策略,套期保值策略主要利用各种金融产品,特别是金融衍生工具对系统性风险加以管理,但套期保值策略在现实中的运用并不一帆风顺:东方航空公司燃油套期保值亏损事件[①]、深南电原油套期保值亏损事件[②]、中信泰富澳元套期保值亏损事件[③]……一桩桩巨亏事件触目惊心,使得人们不断将"套保"与"亏损"两个概念联系在一起。诚然,套期保值策略产生巨额亏损确实值得反思,但据此对套期保值谈虎色变、避而远之,也未免矫枉过正。所以应客观评价和看待上述亏损事件,确保在日后的风险管理过程中能合理、准确地运用套期保值策略,以避免出现巨额损失,展现套期保值策略的正面力量和不可缺少性。

鉴于理论与实践相分离会让读者产生更多误解,本章在深入解析运用远期、期货、互换、标准期权、奇异期权进行套期保值的基本原理的同时,进一步结合具体案例对各种套期保值策略的构建方法、执行步骤、实施效果等进行详细介绍、阐释和演示。

学习目标

通过本章的学习,您可以了解或掌握:
◆ 套期保值策略的一般原则和执行步骤;
◆ 套期保值策略有效性和效率的评估方法;
◆ 基于不同衍生品的套期保值策略的基本原理、使用特点;
◆ 运用不同衍生品对市场风险、信用风险等常见风险套期保值的操作方法、注意事项;
◆ 基于不同衍生品的套期保值策略的差别和联系。

---

① 《航油套保损失激增 政府70亿元注资恐不抵东航巨亏》,证券日报报道,2009年1月12日。
② 《深南电身陷高盛石油赌局》,华夏时报报道,2008年10月25日。
③ 《中信泰富巨亏背后》,华夏时报报道,2008年10月25日。

第一节 套期保值策略的基本原理

套期保值,又称为避险、风险对冲等。传统的套期保值策略主要借助期货工具对现货风险进行对冲,即买进或卖出与现货市场交易数量相当、品种相同或相似、交易方向相反的商品期货合约,以期在未来某一时间通过卖出或买进相同的期货合约,结清期货交易带来的盈利或亏损,以此补偿或抵消现货市场价格变动所带来的实际亏损或盈利,使交易者的盈亏保持在某一水平上。其中,卖出期货的策略被称为空头套期保值策略,主要用于弥补未来现货价格下跌可能带来的损失;买进期货的策略被称为多头套期保值策略,主要用于防范未来购买现货时面临的价格风险。

上述传统套期保值的内涵在应用中得到了不断的丰富和扩充。从狭义上可将套期保值理解为,套期保值者为规避商品价格风险、证券价格风险、汇率风险、利率风险、信用风险等,选择一种或一种以上的金融工具进行交易,以期未来某一时刻该工具的公允价值或现金流量变动,可以抵消套期保值对象的公允价值或现金流量变动。从更广义的角度来看,套期保值策略,是指套期保值者买入或卖出一种或一种以上的套期保值工具,以期在未来某一时刻通过相应的交易对冲自己所面临的全部或者部分风险[①],进而实现套保目标的行为。

实务中,用于套期保值的金融衍生工具纷繁多样,适用的风险情景及可实现的套期保值效果也各不相同。然而,利用各种衍生工具进行套期保值时,所应遵循的基本原则、操作步骤、效果评估方法等基本原理是相通和类似的,下面逐一介绍。

一、套期保值策略的一般原则

利用金融衍生工具对套保对象进行套期保值时,一般需要遵循以下三个原则。

1. 交易品种相同或相近

金融衍生工具标的资产与套保对象的种类、属性等要尽量一致。这实际上是要求两者价格尽量受相同风险因子影响,以保证某个风险因子发生变动时,衍生工具与套保对象的价格变化趋势基本一致。

在实际套期保值过程中,衍生工具标的资产与套保对象品种不同的情况时常发生,如何在尽量不引入新的风险因子的情况下,尽可能地实现套期保值目标,是套期保值策略设计过程中的一个重要问题。例如,想规避股票市场整体风险的套期保值者可以选择股指期货作为套保工具,但面对沪深300、中证500以及上证50三种股指期货,究竟选择哪一种才能对冲目标风险,更好地实现套期保值目标?这需要深入地研判。另外,基于不同标的资产的衍生工具在交易成本、市场流动性等方面也存在差异,这很可能使得可行的套期保值策略与交易品种相似原则发生冲突,此时需要套期保值者根据套期保值目标进行权

[①] 这里的对冲风险,并不是单纯地降低风险,而是通过套期保值活动将套期保值组合的风险和收益相匹配,匹配的标准便是套期保值目标。

衡和取舍。

2. 交易日期相同或相近

金融衍生工具的到期日与套保对象的处置日[①]要相同或相近。违反了这一原则,套期保值的效果会明显降低,甚至可能给套期保值者带来更大的风险。例如,使用期货进行套期保值时,若期货的交割日早于套保对象的处置日,则套保对象在期货交割至实际处置这段时间内仍会暴露在风险之中;反之,套期保值者则可能需要在交割日之前对期货头寸进行平仓,不得不面临期货的基差风险[②]。因此,为更好地实现套期保值目标,套期保值策略应遵循交易日期相同或相近原则。

在实际操作中,还可能要面临和处置以下两方面的问题:(1)临近到期日时,衍生工具价格波动一般较大,若套期保值者选择提前平仓而非到期交割,套期保值效果可能会大受影响。对此,套期保值者可以选择到期日在套保对象处置日之后1—2个星期的衍生品作为套期保值工具。(2)套保对象处置日很远时,考虑到市场中衍生品的到期日均较近,且到期日较远的衍生工具市场流动性不足,可采取滚动购买一系列期限较短、流动性较好、交易时间可相连的衍生工具进行套期保值,使该系列衍生工具的最晚到期日与套保对象的处置日期相匹配。

3. 交易方向和头寸最优

这一原则要求基于套期保值目标和风险度量方法,结合相关风险因子对衍生工具价格和套保对象价格的影响特征,确定衍生工具的最优交易方向和交易头寸。需要指出的是,风险最小化、Sharpe比率最大化等不同套期保值目标下最优交易方向和头寸一般不同;而即使是同一个套期保值目标,选择波动率、VaR等不同风险度量指标时,得到的最优交易方向和头寸也可能不同。

最优交易方向和头寸的确定,是套期保值策略的定量决策,也是套期保值的核心问题,直接关系到套期保值目标能否有效实现。下面将基于风险中性套期保值目标和灵敏度风险度量方法,对套期保值策略最优交易方向和头寸的确定方法进行详细介绍。

二、套期保值策略的一般步骤与方法

假设某风险管理者持有头寸数为 N^S 的风险资产(正数表示多头,负数表示空头),价格为 P^S。该风险资产的价格受 n 种风险因子 $r_i(i=1,2,\cdots,n)$ 的影响,记为 $\mathbf{r}=(r_1,r_2,\cdots,r_n)^T$。那么,该风险管理者应如何对该风险资产进行套期保值呢?

(一) 确定套期保值目标和风险度量方法

套期保值活动开始前,风险管理者应根据自身的风险偏好、面临的实际情况确定套期保值目标和风险度量方法。不同套期保值目标和风险度量方法下,套期保值的方法、步骤与效果不尽相同,但鉴于文章篇幅所限,本节仅以最常见的情况——风险中性目标和灵敏度方法为例,对套期保值的一般步骤和方法作介绍。

[①] 处置日指的是套期保值者交易套期保值对象的日期,处置套保对象后套保需求消失,因而套保对象的处置日可看作是套期保值活动的结束日。

[②] 对基差风险的详细介绍参见本章第三小节。

(二) 识别风险因子,确定套期保值工具

首先,识别出影响风险资产价格变化的风险因子变量 $r_i(i=1, 2, \cdots, n)$。然后,根据套期保值的一般原则,选择合适的套期保值工具,选择标准包括套期保值工具的期限、种类、协议价格等。假设风险管理者最终选择了 m 种套期保值工具,对应每份合约的价格依次为 $P_j^h(j=1, 2, \cdots, m)$,记为 $\mathbf{P}=(P_1^h, P_2^h, \cdots, P_m^h)^\mathrm{T}$。

(三) 基于风险度量方法确定风险资产与套期保值工具的风险水平

根据相应理论和回归分析等,得到由 n 个风险因子变量 r_i 决定的风险资产定价公式为 $P^S = f_S(r_1, r_2, \cdots, r_n)$,再根据 Taylor 展式,获得风险资产价格变化的一阶近似值为

$$\mathrm{d}P^S \approx \sum_{i=1}^n \frac{\partial f_S}{\partial r_i} \cdot \mathrm{d}r_i = (\mathbf{R}^S)^\mathrm{T} \mathbf{dr} \tag{3.1.1}$$

其中,$\mathbf{dr} = (\mathrm{d}r_1, \mathrm{d}r_2, \cdots, \mathrm{d}r_n)^\mathrm{T}$ 表示风险因子的变化。$R_i^S = \partial P^S / \partial r_i$ 表示风险资产价格对风险因子 r_i 的敏感性,构成的向量为 $\mathbf{R}^S = (R_1^S, R_2^S, \cdots, R_n^S)^\mathrm{T}$。

类似地,第 j 种套期保值工具的价格也可表示为 $P_j^h = f_{h,j}(r_1, r_2, \cdots, r_n)(j=1, 2, \cdots, m)$。假设受第 i 种风险因子影响的敏感性为 R_{ji}^h,则敏感性向量为 $\mathbf{R}_j^h = (R_{j1}^h, R_{j2}^h, \cdots, R_{jn}^h)^\mathrm{T}$。同时,第 j 种套期保值工具价格变化的一阶近似为

$$\mathrm{d}P_j^h \approx \sum_{i=1}^n \frac{\partial f_{h,j}}{\partial r_i} \cdot \mathrm{d}r_i = (\mathbf{R}_j^h)^\mathrm{T} \mathbf{dr} \tag{3.1.2}$$

进一步,令 $\mathbf{dP} = (\mathrm{d}P_1^h, \mathrm{d}P_2^h, \cdots, \mathrm{d}P_m^h)^\mathrm{T}$ 为各套期保值工具价格变化构成的向量,则

$$\mathbf{dP} = \begin{pmatrix} \mathrm{d}P_1^h \\ \mathrm{d}P_2^h \\ \cdots \\ \mathrm{d}P_m^h \end{pmatrix} = \begin{pmatrix} R_{11}^h & R_{12}^h & \cdots & R_{1n}^h \\ R_{21}^h & R_{22}^h & \cdots & R_{2n}^h \\ \cdots & \cdots & \cdots & \cdots \\ R_{m1}^h & R_{m2}^h & \cdots & R_{mn}^h \end{pmatrix} \begin{pmatrix} \mathrm{d}r_1 \\ \mathrm{d}r_2 \\ \cdots \\ \mathrm{d}r_n \end{pmatrix} \tag{3.1.3}$$

(四) 基于套期保值目标构建套期保值组合

1. 套期保值组合价格变化的确定

根据(3.1.1)至(3.1.3),套期保值组合的价格变化 $\mathrm{d}V$ 为

$$\mathrm{d}V = \mathbf{dP}^\mathrm{T} \times \mathbf{N}^h + \mathrm{d}P^S \times N^S \tag{3.1.4}$$

其中,$\mathbf{N}^h = (N_1^h, N_2^h, \cdots, N_m^h)^\mathrm{T}$,且 $N_j^h(j=1, 2, \cdots, m)$ 为套期保值组合中各套期保值工具的头寸。因此,只需要调整 $\mathbf{N}^h$ 使 $\mathrm{d}V = 0$,便可实现风险中性目标。

这里有两点问题值得注意:

第一,要实现 $\mathrm{d}V = 0$,则影响风险资产价格的风险因子要至少对一个套期保值工具的价格产生影响,即若 $R_i^S \neq 0$ 则至少存在套期保值工具 j 使得 $R_{ji}^h \neq 0$。现实中,这一要求往往难以满足,从而导致风险资产的风险无法被完全对冲。此时,风险管理者需要变更套期保值目标,以便构建有效套期保值组合,对这一问题的详细说明见本章第三节。

第二，(3.1.4)是由 Taylor 一阶展开式得到的，因而基于该式实施的套期保值策略是对风险资产价格一阶变化的对冲。在具体实务中，风险管理者还可以通过计算风险资产与套期保值工具价格的二阶、甚至更高阶的变化值，对风险资产价格变化进行高阶对冲，例如 Gamma 套期保值策略等，相关论述见本章第五节。

2. 套期保值工具交易方向与数量的确定

由于要实现风险中性目标就要求不论风险因子如何变动都有 $dV=0$，所以可以令 $\mathbf{dr}=(dr_1, dr_2, \cdots, dr_n)^T \neq \mathbf{0}$，并根据(3.1.4)可得

$$\begin{bmatrix} R_{11}^h & R_{21}^h & \cdots & R_{m1}^h \\ R_{12}^h & R_{22}^h & \cdots & R_{m2}^h \\ \cdots & \cdots & \cdots & \cdots \\ R_{1n}^h & R_{2n}^h & \cdots & R_{mn}^h \end{bmatrix} \begin{bmatrix} N_1^h \\ N_2^h \\ \cdots \\ N_m^h \end{bmatrix} = -N^S \begin{bmatrix} R_1^S \\ R_2^S \\ \cdots \\ R_n^S \end{bmatrix} \quad (3.1.5)$$

对线性方程组(3.1.5)而言，若有解，则所选择的 m 种套期保值工具能完全对冲风险因子变动给风险资产价格带来的影响；若无解，则这 m 种套期保值工具至多只能对冲部分风险，无法使套期保值组合实现风险中性。具体而言：

(1) 当因子敏感性矩阵的秩 $Rank(R_1^h, \cdots, R_m^h \vdots R^S) = Rank(R_1^h, \cdots, R_m^h) = m$ 时[①]，(3.1.5)有唯一非零解。此时，n 种风险因子变化对风险资产价格的影响，恰能被 m 种套期保值工具的风险因子敏感性表示，即风险管理者可以通过对套期保值工具进行线性组合，实现风险中性目标，且套期保值组合中每种套期保值工具的头寸是唯一的。

(2) 当 $Rank(R_1^h, \cdots, R_m^h \vdots R^S) = Rank(R_1^h, \cdots, R_m^h) < m$ 时，(3.1.5)有无穷多组解。此时，存在冗余的套期保值工具，风险管理者可以选择利用 $Rank(R_1^h, \cdots, R_m^h)$ 种套期保值工具对冲风险，而其余套期保值工具的风险因子敏感性向量可以被这些工具线性表示，不用再配置到套期保值组合之中。例如，防范利率风险时，套期保值者希望当利率超过某一区间时风险资产价格不再受利率影响，这种套期保值目标通常可以通过利率上限期权和利率下限期权组合实现，但如果市场上还存在利率区间协议，那么制定合适的利率区间协议可以直接帮助套期保值者实现目标，利率上限、利率下限两个套期保值工具也就成为冗余的套期保值工具。

(3) 当 $Rank(R_1^h, \cdots, R_m^h \vdots R^S) \neq Rank(R_1^h, \cdots, R_m^h)$ 时，线性方程组无解，即运用这 m 种套期保值工具无法实现风险中性目标。现实中出现这一情况，一般是因为风险管理者受到了市场不完备[②]的限制，例如市场上没有能对冲某种特定风险的衍生产品；或是风险管理者受到监管等其他因素的制约，例如风险管理者被监管机构禁止交易某种衍生品。

(五) 套期保值过程的监控及效果评估

套期保值策略实施过程中，应时刻保持对套期保值组合的监控，以保证在发生任何偏差时可以及时纠正和调整。另外，完成套期保值活动之后，需要对套期保值策略的效果进

---

① 这里，$(R_1^h, \cdots, R_m^h \vdots R^S)$ 表示线性方程组(3.1.5)的增广矩阵。

② 市场不完备是指市场上存在某种类型的风险不能由市场现存的金融工具进行完全复制。

行评估,下面将详细讨论评估所使用的一般方法。

三、套期保值策略效果评估的一般方法

根据套期保值的一般步骤,套期保值策略执行完毕后,还需要对套期保值的效果展开评估:一是考察套期保值策略的有效性,即目标的实现情况;二是考察套期保值策略的效率,即套期保值的成本和有效性的综合情况。

(一) 套期保值策略的有效性评估

套期保值策略的有效性主要是对套期保值目标实现程度的考察,相应的计算方法会随着套期保值目标的变化而变化。据此,本节将套期保值有效性的评估分为:以风险控制为目标的有效性评估和以权衡风险、收益为目标的有效性评估。

1. 以风险控制为目标的套期保值策略有效性评估

传统的套期保值目标主要是实现套期保值组合的风险最小、甚至风险中性,这些目标本质上都属于风险控制类的,而要对以风险控制为目标的套期保值策略有效性进行评估,核心就是要衡量套期保值工具与套期保值对象,或者实行套期保值和不实行套期保值的风险水平差异程度。这类方法具体分为以下三个方面。

(1) 以价值变动匹配程度衡量套期保值策略有效性。

该方法通过分析套期保值对象与套期保值工具之间的价值变动匹配程度衡量套期保值策略的有效性,包括比率分析法和回归分析法等。

比率分析法,通过对比风险因子引起的套保工具和套保对象公允价值或现金流量变动,确定套期保值策略是否有效。比率分析法常用的指标为德尔塔比率,计算公式如下

$$德尔塔比率 = \frac{套期保值工具公允价值或现金流量变动额}{套期保值对象公允价值或现金流量变动额} \tag{3.1.6}$$

上式默认套保工具和套保对象的交易头寸相反,因而只衡量两者的公允价值或现金流量变动。德尔塔比率等于 1 时,套期保值组合能够实现风险中性。实务中,德尔塔比率一般不会正好等于 1,我国的《企业会计准则第 24 号》[①]规定,德尔塔比率在 80%—125% 范围内,均可认定套期保值是高度有效的。

回归分析法,借助实证方法分析套保工具与套保对象的公允价值变动是否具有高度相关性,判断套期保值策略是否有效。常用实证方法包括最小二乘法(OLS)、向量自回归法(VAR)等。实务中,实证模型的选择需要考虑价值变动的时间序列特征,这里仅以 OLS 为例进行说明。设实证方程满足

$$y_t = c + k x_t + \varepsilon_t \tag{3.1.7}$$

其中,y_t 为 t 时刻套保工具的公允价值变动,x_t 为套保对象的公允价值变动;k 为回归直线的斜率,反映套保工具相对套保对象价值变动的比率,$\varepsilon_t \sim N(0, \sigma_t^2)$。此时,若 k 的绝对值在 1 附近,则可认为套期保值有效。

[①] 参见《企业会计准则第 24 号——套期保值》,中华人民共和国财政部会计司,2014 年发布。

(2) 以风险水平差异程度衡量套期保值策略有效性。

该方法通过直接计算套期保值策略执行与否的风险水平差异,分析套期保值的有效性。该方法的一般形式为

$$HE = 1 - \frac{\alpha(R_H)}{\alpha(R_U)} \tag{3.1.8}$$

其中,$\alpha(\cdot)$ 表示不同的风险度量方法,R_H 为套期保值组合的收益率,R_U 为未进行套期保值时套保对象的收益率。该指标的数值越大,表明套期保值策略降低风险水平的效果越好。

(3) 以与目标的一致程度衡量套期保值策略有效性。

前两类指标,主要是对以风险最小或风险中性为目标的套期保值策略进行有效性评估,然而风险控制中还有一类常见的目标,即令套期保值组合达到一定风险水平。例如,在大类资产配置过程中,风险管理者根据投资目标,希望未来一段时间内资产组合对股票市场整体风险的敏感性降低到一定水平,以减少股票收益对资产组合的收益贡献。这种情况下,前文所述的两种方法并不能很好地判断套期保值策略的有效性,常用的有效性评估指标为

$$HE = \alpha(R_H)/Target \tag{3.1.9}$$

其中,R_H 和函数 $\alpha(\cdot)$ 的含义同(3.1.8)一致,$Target$ 表示相应的目标风险水平。该比值越接近1,说明套期保值策略效果越好,显著大于1或小于1,都说明套期保值策略没有很好地实现既定目标。

进一步,风险管理者可能不仅要求套期保值组合达到一定风险水平,还会要求风险低于一个可以接受的最高值,此时,有效性指标可改写为

$$HE = \frac{Target_{\max} - \alpha(R_H)}{Target_{\max} - Target} \tag{3.1.10}$$

其中,$Target_{\max}$ 为可接受的最高风险水平,其他符号与前面相同。

2. 以权衡风险与收益为目标的套期保值策略有效性评估

除了以风险控制为目标,套期保值者还可以根据自身需求,综合考虑资产组合的收益和风险,制定全面权衡风险与收益的套期保值目标。此时,套期保值策略有效性可以借助套期保值的目标函数构建,但构建方法并不唯一,只要能充分反映套期保值策略执行与否给目标函数取值带来的差异即可。本书以形如(3.1.8)和(3.1.9)的比率型指标为例,对这类有效性评估指标进行介绍,一般形式如下

$$HE = \frac{\eta(R_H)}{\eta(R_U)} \tag{3.1.11}$$

其中,R_H 与 R_U 的含义与(3.1.8)相同,函数 $\eta(\cdot)$ 即为套期保值的目标函数,常见的目标函数如表 3.1 所示。

表 3.1　用以权衡风险与收益的套期保值目标函数

函数名称	函数形式	变量含义
Sharpe 比率[①]	$\eta(R) = (E(R) - R_f)/\sigma(R)$	R_f 为无风险利率
Jensen 指数[②]	$\eta(R) = E(R) - (R_f + \beta(R_m - R_f))$	R_m 为市场指数收益率，β 是 CAPM 理论中的 Beta
均值-方差函数[③]	$\eta(R) = E(R) - \dfrac{1}{2}\gamma(\sigma(R))^2$	γ 是投资者的风险厌恶系数

注：其中 $E(\cdot)$ 表示期望函数，$\sigma(\cdot)$ 表示标准差函数。

对于该类方法，若套期保值目标是使得目标函数最大，则有效性指标 HE 越大，意味着套期保值策略越有效。表 3.1 中三种目标函数对应的有效性指标均满足这一性质。相反，对一些特殊的目标函数而言，套期保值目标是使目标函数最小，此时 HE 越小，说明套期保值策略越有效。

（二）套期保值策略的效率评估

利用不同类型的金融衍生工具进行套期保值时，虽然每个套期保值策略都有对应的有效性，但不同策略使用的衍生工具不一致，致使策略实施成本存在较大差异，直接比较不同策略的有效性未免有失偏颇。此时，需要基于成本综合考察不同策略的有效性，本文称为对套期保值策略进行的效率分析。

1. 套期保值策略的成本

套期保值的成本主要包括以下三类。

（1）交易成本。由于现实市场并非完全无摩擦，套期保值工具交易中普遍存在不可忽略的各种成本。例如，对于期货合约，交易者需要向经纪人支付佣金、向交易所支付手续费或承担做市商给定的买卖价差，对于远期或互换合约等场外交易产品，交易者需要付出一定的搜寻成本、信息收集成本等。

（2）机会成本。为防止交易对手方的违约风险，多数套期保值工具交易时需要交纳保证金，即使是场外交易产品，一般也需要一定数额的资金作为抵押，这部分用于担保的资金不能用于投资，会给套期保值组合带来一定的机会成本。Sharpe 比率、Jensen 指数某种意义上都可以衡量机会成本。

（3）风险补偿成本。凯恩斯（1939）指出，市场中套期保值的空头超过多头，或多头超过空头时，就会对交易对手方产生需求。而只有预期能获得正收益时理性的对手才会参与交易，因为其必须承担套期保值者转移过来的风险。相应地，套期保值者也就需要承担一定的风险补偿成本。例如，在存在做市商的市场中，若投资者普遍预期资产的价格上涨，做市商为保证自身的利润将调高卖出价且比预期更高，这更高的部分就需要由套期保值者承担，作为进行多头套期保值的风险补偿成本。诸多实证研究也证明了风险补偿成

---

① Sharpe W F. The Sharpe Ratio[J]. *The Journal of Portfolio Management*，1994，21(1)：49-58.
② Jensen，M C.，The Performance of Mutual Funds in The Period 1945-1964 [J]. *The Journal of Finance*，1967，23(2)：389-416.
③ Markowitz H. Portfolio Selection[J]. *The Journal of Finance*，1952，7(1)：77-91.

本的存在。

2. 套期保值策略的效率分析

结合套期保值策略的有效性和成本,可以对不同套期保值策略的效率进行比较[①],见图 3.1。图中 A、B、C、D 四个点分别代表四个套期保值交易策略。点 D 不是有效率的策略,因为它与 A 点相比成本相同,但有效性较小;点 C 也不是有效率的策略,因为它与点 B 相比,有效性相同,但成本较大。因此,有效率的套期保值为图中的 A、B 策略。

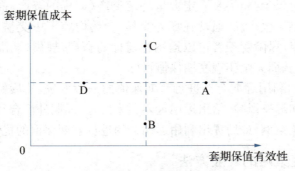

图 3.1 套期保值效率比较图

对于 A、B 两个策略而言,套期保值者从策略的有效性中得到正的效用,而成本支出带来了负的效用。由于各套期保值者的效用函数不尽相同,每个人的策略选择也就大相径庭,最终都是以自身效用的最大化选择最优的策略。

如前所述,套期保值者的有效性指标通常由风险与收益构成,又由于套期保值的效率是在有效性和成本中进行权衡,因而相应的指标往往是风险、收益和成本按某种形式建立起来的函数。本书第五章第四节将专门讨论如何对风险管理策略实施进行绩效评估,更多效率指标请参见该节内容。

(三)套期保值效果的影响因素分析

影响套期保值策略有效性和效率的因素主要集中于两个方面。

第一,对套期保值对象的风险进行识别和度量的准确性。风险识别和度量是风险管理的基础,只有对套期保值对象所面临风险的类型、风险源、严重程度等进行准确判断后才能设计出有效的套期保值策略。另外,前文对套期保值策略一般步骤的分析也表明,套期保值工具的确定需要建立在对风险资产的风险敏感性进行充分考察的基础上,若考察出现失误,套期保值策略很有可能是无效的。

第二,套期保值工具的匹配程度。根据套期保值的基本原则,套期保值要求套期保值工具与套期保值对象的交易品种相似、交易时间相近,而匹配程度则决定了套期保值的效果,完全有效的套期保值只有在两者完全相同时才可能实现。然而,现实中存在众多的制约因素,要实现这种完全匹配非常困难;另外,即使可以完全匹配,套期保值工具价格的合理性、交易的流动性等因素也会影响套期保值的效果,阻碍完全有效套期保值的实现。

---

① 风险中性目标下不采用风险和收益衡量有效性,效率指标也失去其意义。因此效率指标仅在权衡风险与收益的套期保值目标下使用。

第二节 基于远期的套期保值策略设计与案例分析

远期合约,是合约双方订立的、在将来某个时点(即合约到期日)按照某个确定的价格(即交割价格,又称协议价格)买卖一定数量特定资产(即标的资产)的协议。远期合约是一种较为简单的金融衍生产品,通常在场外交易,合约内容可由交易双方自行协商签订。基于远期的上述特点,风险管理者可以运用特定标的资产、规模、期限等条款的远期合约构造套期保值组合,从而完全实现套期保值目标。

本节将首先介绍利用远期合约进行套期保值的一般方法,然后针对两种常见的市场风险——利率风险和汇率风险,给出运用远期利率协议、远期外汇合约和单边终止型外汇远期套期保值的具体案例,最后提出利用远期合约进行套期保值的优势和不足。

一、远期套期保值策略的一般方法

1. 问题描述

套期保值者在 $t=0$ 时刻以价格 S_0 购入一单位某风险资产,并计划在 $t=T$ 时刻出售。如果到期时风险资产价格上升,套期保值者会获得收益;但若风险资产价格下降,套期保值者将可能遭受损失。该套期保值者不想承担任何损失,因而将风险管理目标设定为提前锁定未来出售该资产的损益。

2. 解决方案设计

套期保值者以当地某银行为中介,找到了交易的对手方,并与之订立了一份以该风险资产为标的资产、执行价格为 K、到期时间为 T 的远期合约。远期合约头寸与套期保值者的现货头寸数量相等、方向相反,规定套期保值者在合约到期时以价格 K 向对手方出售该风险资产。

3. 实施结果分析

假设 $t=T$ 时刻风险资产的实际价格变为 S_T,套期保值者的到期收益分析如下。

(1) 远期合约中双方约定到期进行实物交割。

套期保值者以执行价格 K 将所持有的风险资产出售给远期合约对手方,获得 $K-S_0 e^{rT}$ 的收益①。可见,通过订立远期合约,套期保值者可以将投资收益锁定在事先确定的水平,避免了风险资产到期价格不确定所带来的风险。但当市场价格向有利方向变动时,即风险资产市场价格 S_T 大于执行价格 K 时,套期保值者也等于放弃了获得额外收益的机会。

(2) 远期合约中双方约定到期进行现金交割。

若远期合约约定到期不进行实物资产交割,而根据风险资产价格与合约执行价格之

---

① 这里指 $t=T$ 时刻的收益,若从 $t=0$ 时刻来看,套期保值者的收益为 $Ke^{-rT}-S_0$。其中,r 为连续的无风险利率。

间的差额 $S_T - K$ 进行现金结算,则套期保值者的收益由远期合约的收益与风险资产的收益两部分构成,其中远期合约的收益情况如下:若 $S_T < K$,套期保值者在远期合约上获得 $K - S_T$ 的现金;若 $S_T > K$,远期合约要求套期保值者付出 $S_T - K$ 的现金;若 $S_T = K$,套期保值者在远期合约上的损益为 0。另一方面,套期保值者需要在市场上以 S_T 的价格出售风险资产,因而远期合约同样将套期保值者 T 时刻出售资产的收入锁定为 K,实现了套期保值目标。

以上是远期套期保值策略的基本原理,在实际金融风险管理中,远期合约常用来对利率风险、汇率风险等市场风险进行套期保值,常见的远期合约类型包括远期利率协议、远期外汇合约和单边终止型外汇远期合约,本节将用几个具体的案例来详细介绍。

二、利用远期利率协议进行套期保值的案例分析

远期利率协议(forward rate agreement,FRA),是协议双方同意从未来某一商定的日期(即 FRA 的结算日①)开始,在某一特定时期内(即名义借贷期限),按照协议利率借贷一笔数额确定的、以具体货币表示的名义本金的协议。2007 年,中国人民银行正式批准我国商业银行在境内推出远期利率协议业务。目前,我国的远期利率协议多以 3 个月的上海同业拆借利率(Shibor)为参考利率,品种和成交量呈现快速发展趋势。下文将主要介绍远期利率协议的主要特点,并给出具体的套期保值案例分析。

(一) 远期利率协议的主要特点

远期利率协议的多头方是名义借款人,目的是规避利率上升的风险;远期利率协议的空头方是名义贷款人,目的是规避利率下降的风险。之所以称为"名义"借/贷款人,是因为在远期利率协议的结算日,协议双方并不进行本金的交割,而仅根据名义本金进行协议利率和参考利率的差额支付。

典型的远期利率协议交易流程如图 3.2 所示:交易双方于交易日签订远期利率协议,规定了合约的协议利率 i_s 以及其他条款;从起算日开始远期利率协议正式生效,直到协议的确定日,交易双方根据当前市场价格确定参考利率 i_b(利率期限与借贷期相同),并于结算日完成协议利率与参考利率的差额支付。

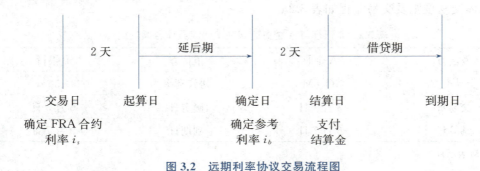

图 3.2 远期利率协议交易流程图

---

① 注意区分 FRA 的结算日和到期日,前者指协议双方实际进行结算金额交割的日期,也是名义借贷开始日期,后者指名义借贷期限的结束日。

利率远期协议结算金额的具体计算公式如下

$$\text{FRA 结算金额} = \frac{|i_b - i_s| \times \dfrac{D}{B} \times A}{1 + i_b \times \dfrac{D}{B}} \tag{3.2.1}$$

其中，A 是名义本金额，D 是结算日到到期日之间的协议借贷期限，B 是参考利率对一年中计息天数的计算惯例①。

由此可见，FRA 的结算金额，实际上就是名义本金在协议借贷期限内、按参考利率计算的利息和按协议利率计算的利息之间差额的贴现值。当前者大于后者时，FRA 卖方需向 FRA 买方支付结算金额，FRA 买方虽然会因市场利率上升、借款成本增加而遭受损失，但获得了远期利率协议带来的补偿；反之亦然。

(二) 案例分析

1. 案例描述

A 企业 3 个月后需要偿还一笔 100 万元人民币的到期原材料采购款，但该企业最快也只能在 6 个月之后通过出售产品获得充足的资金用以偿还这 100 万元。因此，A 企业计划 3 个月后从当地一家银行借入一笔为期 3 个月的 100 万元贷款，用借入的资金偿还 3 个月后到期的采购款，并用 6 个月之后的销售收入偿还这笔贷款的本息和。

A 企业的信用状况良好，能以相应期限的 Shibor+1.5% 的利率水平②获得 100 万元额度的银行贷款。由于当前整体经济前景不明朗，A 企业无法准确预计 3 个月之后的 3 个月 Shibor 水平。为有效控制成本，规避利率突然上涨给企业带来的借款成本上升风险，A 企业期望能立即确定 3 个月后向银行借款的利率水平。

2. 解决方案设计

为解决 A 企业面临的上述利率风险问题，企业的财务顾问推荐使用远期利率协议进行套期保值，并为 A 企业选择了 B 银行提供的、以 Shibor 为参考利率、名义本金为 100 万元的 3×6(指 3 个月后开始借贷、借贷期为 3 个月)FRA，协议利率的报价为年利率 6.50%(3 个月计息一次)。

具体交易规则及交易流程如表 3.2。

表 3.2 B 银行与 A 企业远期利率协议具体合同规则

发起方	A 企业	报价方	B 银行
交易类型	3×6M	协议利率	6.50%
交易日	3 月 7 日	确定日	6 月 5 日
结算日	6 月 7 日	到期日	9 月 7 日

注：M 表示月。

---

① 例如，根据 Shibor 的计算惯例，计算不同期限的 Shibor 人民币利率时，一年按 365 天计；而根据 Libor 的计算惯例，计算美元利率时一年按 360 天计。

② 企业 A 的信用价差为 1.5%。

3. 参与方盈亏分析

(1) A 企业在远期利率合约上的盈亏情况。

A 企业购入该份 FRA 后,最终盈亏取决于合约确定日的实际 Shibor 水平。用 $Shibor$ 表示确定日的实际 Shibor 水平,则结算日当天该 FRA 对 A 企业的价值 V_{FRA}^{A} 为

$$V_{FRA}^{A} = \frac{(Shibor - 6.5\%) \times \frac{92}{365} \times 1\,000\,000}{1 + Shibor \times \frac{92}{365}} \tag{3.2.2}$$

其中,92 表示结算日至到期日的天数。可见,若确定日实际 Shibor 水平高于 6.5%,V_{FRA}^{A} 为正值,即企业可向金融机构收取一笔结算金;若确定日实际 Shibor 水平低于 6.5%,V_{FRA}^{A} 为负值,此时企业需要向金融机构支付一笔结算金。

(2) 金融机构在远期利率合约上的盈亏情况。

在 FRA 的交易中,B 银行和 A 企业互为对手方,这项交易实际是一种零和博弈,所以 B 银行的盈亏水平与 A 企业完全相反。然而,金融机构作为远期交易的中介,一般不会将自身暴露在利率风险中,因此 B 银行可以作为多头方签订一份规模相近、期限相似的远期利率协议进行对冲,或通过卖出剩余到期日相近的国债期货对冲,当然还可以与其他期限的未对冲头寸一起利用利率互换对冲。另外,金融机构可以利用买卖合约间的利差获利,以补偿中介费用和承担的信用风险。

(3) A 企业套期保值活动总盈亏的情景模拟。

由于远期利率协议交易双方在结算日并不进行借贷本金的实际交割,A 企业 3 个月后仍需向银行借入所需要的资金,借款利率为 3 个月后的实际 3 个月期 Shibor + 1.5%,即不考虑套期保值时,A 企业在到期日的借款成本为

$$R_U = 1\,000\,000 \times (Shibor + 1.5\%) \times \frac{92}{365} \tag{3.2.3}$$

为了计算简便,这里将结算日与确定日的 3 个月期实际 Shibor 等同,但实际上,由于结算日与确定日之间相差 2 天,两个日期的 Shibor 利率水平并不完全相同,两者之间的差异会影响套期保值策略的有效性。

另一方面,FRA 在结算日给 A 企业带来的盈亏为 V_{FRA}^{A},因而借助 FRA 进行套期保值后,A 企业在结算日的实际借款额变为 $1\,000\,000 - V_{FRA}^{A}$,即到期日 1 百万本金的实际借款成本为

$$R_H = (1\,000\,000 - V_{FRA}^{A}) \times \left(1 + (Shibor + 1.5\%) \times \frac{92}{365}\right) - 1\,000\,000 \tag{3.2.4}$$

借助上述公式,表 3.3 列举了结算日可能出现的几种 3 个月 Shibor 水平,并列示了不同情况下 A 企业借款成本的变化及套期保值活动带来的盈亏。

表 3.3　A 企业实际借款成本及套保策略盈亏的情景分析　　（单位：元人民币）

确定日 3 个月 Shibor	FRA 收益 V_{FRA}^A	实际借款成本 R_H	不套保时借款成本 R_U	套保策略盈亏	套保策略有效性
6.80%	743	20 162	20 921	759	1.003
6.70%	496	20 163	20 668	506	1.004
6.60%	248	20 163	20 416	253	1.004
6.50%	0	20 164	20 164	0	—
6.40%	−248	20 165	19 912	−253	1.004
6.30%	−496	20 166	19 660	−506	1.004
6.20%	−745	20 167	19 408	−759	1.004

注：1) 套保策略盈亏＝不套保时的借款成本 R_U −实际借款成本 R_H；
　　2) 套保策略有效性计算方法详见(3.2.5)。

由表 3.3 可以清楚地看到，当实际利率高于 6.50% 时，企业在套期保值中获得收益，从而降低了实际借款成本；当实际利率低于 6.50% 时，企业在套期保值中发生亏损，实际借款成本相比未套保时增加。因此，无论未来的实际利率如何变化，企业通过远期利率协议成功地将实际借款成本锁定在了 20 164 元人民币附近，将实际借款利率锁定在了 8%（＝6.5%＋1.5%）附近，基本实现了套期保值的目标。

4. 套期保值策略的有效性及影响因素分析

(1) 基于远期利率协议的套保策略有效性分析。

A 企业的套期保值目标为在初始时刻确定 3 个月后向银行借款的利率水平。由于远期利率协议的协定利率为 6.5%，按照这一利率 A 企业的借款成本固定在 20 164 元，即目标成本，用 R_{Target} 表示。因而套期保值策略的有效性可如下计算得到

$$套保策略有效性 = \frac{R_U - R_H}{R_U - R_{Target}} \qquad (3.2.5)$$

其中，R_U 和 R_H 的计算方法见(3.2.3)和(3.2.4)。该有效性指标衡量了套期保值策略的盈亏能否弥补未套保时借款成本 R_U 与目标成本 R_{Target} 之间的差距，指标越接近 1 意味着套期保值策略的有效性越高。

根据表 3.3 展示的结果可知，任何情况下运用远期利率协议进行套期保值，策略的有效性均接近 1，这说明利用远期利率协议可以锁定未来的利率水平，套期保值组合的价值将基本不受利率变动影响。

(2) 影响远期利率协议套保策略有效性的因素分析。

远期利率协议是无本金交割的远期协议，因而上述案例中，作为未来的债务人，A 企业 3 个月后的资金需求仍需要自行通过向银行提出借款申请或在资本市场上发行债券等手段才能满足；同样地，若企业为未来的债权人，所提供的资金供给也必须在现实市场中自行寻找投资渠道。这一过程中便可能产生如下风险，影响套期保值效果的实现。

第一，作为未来的债务人，若套期保值者自身信用等级下降，市场对其要求的信用价

差将加大,会使实际融资成本上升。此时,套期保值者在 FRA 中获得的收益通常不足以弥补融资成本上升所带来的损失,使实际套期保值效果偏离套期保值目标。

第二,作为未来的债权人,套期保值者的资金供给收益取决于供给资金的对象未来对资金的需求状况。若供给资金的对象对资金的需求不足,则套期保值者只能将这部分资金以低于预期利率的价格贷出,同样会偏离套期保值目标。

第三,不管是未来的债务人或债权人,进行远期利率协议套期保值的风险主体都必须面临交易对手违约的风险,一旦亏损方违约,另一方就会因为无法在远期利率协议中获得收益补偿而难以实现套期保值目标。

5. 案例总结

远期利率协议因简单易懂、灵活性强等特点在企业的套期保值中得到了广泛运用。当企业希望规避未来的利率风险时,可以通过签订远期利率协议锁定未来的实际利率,从而可提前确定利息支出或收入。当然,风险管理者需要意识到,在锁定利率的同时,也一定会丧失未来利率有利变动时的收益。实际操作中,运用远期利率协议进行套期保值还需要考虑到信用风险和流动性风险等因素。

三、利用远期外汇产品进行套期保值的案例分析

如今国际贸易蓬勃发展,企业对外交往愈加频繁,面临的汇率风险也随之产生,那么如何应对这部分风险呢?远期除了管理利率风险之外,还可用于对汇率风险进行套期保值。其中,远期外汇合约是最常用的单期套期保值工具,而当企业面临多期外汇现金流时,远期外汇合约往往难以满足套期保值目标,单边终止型外汇远期便应运而生。

本节将介绍运用远期外汇合约和单边终止型外汇远期进行套期保值的一般步骤,并对两者的套期保值效果进行对比分析。

(一) 远期外汇合约的定义和特点

远期外汇合约,是指合约双方约定在将来某一时间(即合约交割日)按约定的汇率(即协议汇率)买卖一定金额的某种外汇的合约①。与外汇期货、期权产品相比,远期外汇合约具有灵活性强、初期投入成本低等特点。

根据远期外汇合约的规定,在交割日当日,合约双方需按照协议汇率对约定的货币数量进行交割。因而,远期外汇合约多头方最终的购汇成本为

$$C = e^f \times D \tag{3.2.6}$$

其中,e^f 为目标货币兑换合约多头方持有货币的协议汇率,D 为合约多头方期望购得的目标货币数量。假设交割日的实际汇率为 e,则远期外汇合约多头方不进行套期保值时,购汇成本为

$$C' = e \times D \tag{3.2.7}$$

可见,当交割日的实际汇率高于协议汇率时,即 $e > e^f$ 时,远期外汇合约将给多头方

---

① 即远期外汇合约的合约交割日和协议利率均在合约成交日当天确定。

带来 $(e-e^f) \times D$ 的盈利;相反,$e < e^f$ 时,远期外汇合约会给多头方造成 $(e^f-e) \times D$ 的损失。

(二) 单边终止型外汇远期的定义和特点

单边终止型外汇远期,又称可敲出外汇远期,是指合约双方约定未来进行一笔或多笔外汇买卖,并事先约定每笔外汇买卖的交割日期、币种、交易方向、协议汇率和交易金额,同时双方设定一个交易自动终止条款①,一旦交易自动终止条款得到满足,则合约指定的交易自动终止。

与远期外汇合约相比,单边终止型外汇远期具有如下特点:

(1) 单边终止型外汇远期能够用来锁定未来多期的汇率;

(2) 单边终止型外汇远期的协议汇率优于普通远期的汇率,可降低企业的购汇成本,相应的企业要承担合约终止带来的风险。

从单边终止型外汇远期的定义可以看出,不同的交易自动终止条款对应着远期合约不同的执行方式。为简便起见,本节以单点观察且仅终止当期外汇交割的自动终止条款为例,对单边终止型外汇远期的执行方式进行介绍。假设单边终止型外汇远期的协议汇率为 e^f、汇率终止水平为 $\bar{e}$,第 t 期的即期汇率为 e_t、合约约定的外汇交割本金为 D_t,则根据单边终止型外汇远期的合约规定,合约购买方在第 t 期交割日应付出的换汇成本为

$$C_t = \begin{cases} e^f \times D_t, & e_t \leqslant \bar{e} \\ e_t \times D_t, & e_t > \bar{e} \end{cases} \tag{3.2.8}$$

因而整个套期保值期间,合约购买方的累计换汇成本为②

$$C_{Total} = \sum_t C_t = \sum_{t: e_t > \bar{e}} e_t \times D_t + \sum_{t: e_t \leqslant \bar{e}} e^f \times D_t \tag{3.2.9}$$

相比于不购买合约,单边终止型外汇远期给购买者带来的损益为

$$\text{合约多头损益} = \sum_t e_t \times D_t - C_{Total} = \sum_{t: e_t \leqslant \bar{e}} (e_t - e^f) D_t \leqslant \sum_{t: e_t \leqslant \bar{e}} (\bar{e} - e^f) D_t \tag{3.2.10}$$

可见,单边终止型外汇远期给购买者带来的收益是有限的,但损失却可以很大,这本质上是为按固定汇率多期换汇、协议汇率优于普通远期合约等有利条款支付的成本。

(三) 案例分析

1. 案例描述

20×8 年 8 月 1 日,A 企业计划在澳大利亚投资一个开采铁矿石的项目,整个项目共需投资 3 亿澳元,分别在 3 个月后、6 个月后和 9 个月后各投资 1 亿澳元。A 企业收入主要为美元,因而每一期都需要将美元兑换成澳元后进行投资,为规避澳元兑美元汇率波动

---

① 交易自动终止条款,包括终止水平汇率、观察汇率时间和交易终止范围三要素;终止水平汇率通常由合约规定,一旦即期汇率达到终止水平汇率,则交易自动终止;观察汇率时间可分为连续观察和单点观察,连续观察指需要观察一段时间内任意时刻的汇率水平是否达到终止水平汇率,而单点观察中只需要观察某一特定时间点的汇率水平;交易终止范围指自动终止条款生效时,仅终止当期的外汇交割或是终止当期及以后所有合约规定的外汇交割。

② 本小节均假设不考虑时间价值。

给每一期美元兑换额带来的不确定性，A 企业期望对未来 3 期的美元支出进行套期保值，以实现未来 3 期的换汇成本不受汇率风险影响。

2. 解决方案设计

为规避汇率风险，某财务顾问决定向 A 企业推荐远期外汇合约或单边终止型外汇远期作为套期保值工具，并给出了 2 种不同的套期保值方案。

（1）利用远期外汇合约进行套期保值。

A 企业需要在未来 9 个月内对 3 亿澳元需求进行套期保值，因此需要期初、3 个月后、6 个月后分别签订 3 份期限均为 3 个月的远期外汇合约[①]，每份合约价值 1 亿澳元。由于这些合约具有同质性，本案例仅列出其中一份合约，见表 3.4。另外两份合约的成交日分别为 20×8 年 11 月 1 日和 20×9 年 2 月 1 日，协议汇率分别为 0.939 0 和 0.942 0。

表 3.4　A 企业与 B 银行 20×8 年 8 月签订的远期外汇合约

发起方	A 企业	报价方	B 银行
成交日	20×8 年 8 月 1 日	协议汇率	0.935 0
期　限	3 个月	到期日	20×8 年 11 月 1 日
交易方向和金额	A 企业卖出 0.935 亿美元，买入 1 亿澳元 B 银行买入 0.935 亿美元，卖出 1 亿澳元		
清算模式	双边全额清算		

（2）利用单边终止型外汇远期进行套期保值。

借助单边终止型外汇远期，A 企业只需在 20×8 年 8 月 1 日签订 1 份合约，就可以对 20×8 年 11 月 1 日、20×9 年 2 月 1 日及 20×9 年 5 月 1 日三个交割日的澳元需求进行套期保值，而不需要陆续签订 3 份合约。单边终止型外汇远期合约的详细内容见表 3.5。合约规定，在每个交割日，若自动终止条款未触发，A 企业应以澳元兑美元 0.93 的汇率用美元向 B 银行购买 1 亿澳元。

表 3.5　A 企业与 B 银行签订的单边终止型外汇远期合约

发起方	A 企业	报价方	B 银行
成交日	20×8 年 8 月 1 日	协议汇率	0.930 0
期　限	9 个月	终止汇率	0.950 0
交割日期	20×8.11.1、20×9.2.1、20×9.5.1 进行交割，总共交割 3 期		
自动终止条款	每个交割日，若当天实际汇率水平高于终止汇率，则当期交割终止		
每次交割方向和金额	A 企业卖出 0.93 亿美元，买入 1 亿澳元 B 银行买入 0.93 亿美元，卖出 1 亿澳元		
清算模式	双边全额清算		

---

① 市场上 3 个月的远期外汇合约较为常见，因此本案例选择连续签订 3 份 3 个月期的远期外汇合约进行套期保值。

3. 参与方盈亏分析

为了对比远期外汇合约与单边终止型外汇远期给套期保值结果带来的差异,下文对两者的套期保值盈亏情况分别进行分析。

(1) 利用远期外汇合约进行套期保值的盈亏分析。

作为远期外汇合约的购买方,A 企业每购买一份合约,只能确定 3 个月后的换汇成本,因而直到 20×9 年 2 月 1 日最后一份合约签订完成,A 企业才能确定 3 次用美元兑换澳元的总成本。

进一步,假设 e_t 为交割日 t 的即期汇率,则与不购买远期外汇合约的情况相比,A 企业在套期保值持续期内的整体盈亏如下:

$$套期保值盈亏 = (e_1 - 0.935) + (e_2 - 0.939) + (e_3 - 0.942) 亿美元 \quad (3.2.11)$$

(2) 利用单边终止型外汇远期进行套期保值的盈亏分析。

作为单边终止型外汇远期的购买方,A 企业购入该份合约后,只要每次交割日的即期汇率未满足终止条件,那么 A 在当次的换汇成本便是确定的,即按照澳元兑美元 0.93 的汇率用美元购买澳元。

与不购买合约的情况相比,A 企业在套期保值持续期内的整体盈亏如下:

$$套期保值盈亏 = \sum_{t: e_t \leqslant 0.95} (e_t - 0.93) 亿美元 \quad (3.2.12)$$

该式意味着,若 $e_t > 0.95$,交割日 t 的交易终止,当期 A 企业需在现货市场上以即期汇率 e_t 用美元购买澳元,套期保值的收益为 0;若 $0.93 < e_t \leqslant 0.95$,A 企业在交割日 t 可以 0.93 的汇率购买澳元,相比于不购买单边终止型外汇远期的情况,A 企业在当期的套期保值获利为 $e_t - 0.93$ 亿美元;若 $e_t \leqslant 0.93$,A 企业仍需以 0.93 的汇率在交割日 t 购买澳元,即当期套期保值带来的亏损为 $0.93 - e_t$ 亿美元。

(3) 套期保值活动总盈亏的情景模拟。

为了更清楚地了解远期外汇合约及单边终止型外汇远期的套期保值效果,本节将分别讨论自动终止条款未生效和生效两种情况下套期保值策略的实施结果。

情形一:合约期限内自动终止条款未生效。

当 3 个交割日的实际汇率均未超过终止汇率时,单边终止型外汇远期的自动终止条款未生效,远期外汇合约和单边终止型外汇远期均可完成 3 次交易。

由表 3.6 可以看出,此时,单边终止型外汇远期将 A 企业未来 3 期的购汇成本锁定在了 0.930 0,实现了换汇成本不受汇率风险影响的套期保值目标。而三份远期外汇合约由于签订时间不同,合约协议汇率存在一定差异,所以没能将 A 企业三期的换汇成本完全固定在某个水平上。

情形二:合约期限内自动终止条款生效。

假设 20×9 年 5 月 1 日,即期汇率超过单边终止型外汇远期的终止汇率,则自动终止条款生效,当期的单边终止型外汇远期交易取消,A 企业须按即期汇率从市场中购入澳元。当然,此时远期外汇合约不受影响。

表 3.6　20×8 年 11 月—20×9 年 5 月 A 企业套期保值盈亏情景分析　（单位：亿美元）

	交割日期	交割日实际汇率	远期外汇合约换汇成本	单边终止远期换汇成本	远期外汇合约套保盈亏	单边终止远期套保盈亏	远期外汇合约套保有效性	单边终止远期套保有效性
情形一	20×8 年 11 月	0.931 2	0.935 0	0.930 0	−0.003 8	0.001 2	0.585	1.000
	20×9 年 2 月	0.936 4	0.939 0	0.930 0	−0.002 6	0.006 4		
	20×9 年 5 月	0.942 1	0.942 0	0.930 0	0.000 1	0.012 1		
情形二	20×8 年 11 月	0.931 2	0.935 0	0.930 0	−0.003 8	0.001 2	0.955	−0.255
	20×9 年 2 月	0.936 4	0.939 0	0.930 0	−0.002 6	0.006 4		
	20×9 年 5 月	0.962 1	0.942 0	0.962 1	0.020 1	0		

注：套期保值策略有效性的计算方法详见(3.2.13)。

4. 套期保值策略有效性分析

(1) 单期套期保值的有效性分析。

由于 A 企业的套期保值目标是确保换汇成本不受汇率风险影响，即令套期保值组合实现汇率风险中性，因而若 A 企业只有 1 期的套期保值需求，根据前文的分析可知，外汇远期合约完全可以帮助 A 企业实现套期保值目标；相比而言，单边终止型外汇远期存在自动终止条款生效的风险，并不会在任何情况下都可以实现套期保值组合的风险中性。因此，在单期套期保值的情况下，基于外汇远期合约的套期保值策略完全有效，基于单边终止型外汇远期的套期保值策略在即期汇率高于终止汇率时失效[①]。

(2) 多期套期保值的有效性分析。

同样，根据 A 企业的套期保值目标，在有多期套期保值需求的情况下，由本章第一节的(3.1.8)可知，套保策略的有效性指标可以计算如下：

$$套期保值策略有效性 = 1 - \frac{Var(C_t^H)}{Var(C_t^U)} \quad (3.2.13)$$

其中，$Var(C_t^H)$ 表示进行套期保值时每个交割日换汇成本 C_t^H 的方差，$Var(C_t^U)$ 为未进行套期保值时每个交割日换汇成本 C_t^U 的方差。该有效性指标越大，套期保值策略的有效性越高。

情形一：自动终止条款未生效。

当自动终止条款未生效时，根据表 3.6，基于远期外汇合约的套期保值策略有效性为 0.585，而基于单边终止型外汇远期的套保策略将多期换汇成本锁定在固定水平，有效性为 1，完全实现了套期保值目标。

情形二：自动终止条款生效。

若最后一期换汇时自动终止条款生效，根据表 3.6，基于远期外汇合约的套期保值策

---

① 需注意的是，这一结论是基于风险中性套期保值目标得到的。若套期保值者的套保目标是"降低换汇成本受汇率风险的影响，同时以最小的成本换汇"，那么基于单边终止型外汇远期的套期保值策略可能会更为有效，因为单边终止型外汇远期虽有终止的风险，但其协议汇率一般会更有利于合约购买方，可以降低套期保值者的换汇成本。

略有效性为 0.955,而基于单边终止型外汇远期的套保策略最后一期未交割,有效性仅为−0.255。与自动终止条款未生效的结果相比,本情形下最后一个交割日的实际汇率大幅增加,但远期外汇合约的协议汇率依然维持不变,因而对应的套期保值策略有效性增加。基于单边终止型外汇远期的套保策略在前两期维持了较低的换汇成本,而最后一期合约终止,换汇成本大幅跃升,因此总体来看套保策略的换汇成本反而表现出较大的波动性,致使有效性为负数。

不过,本情形下套保策略有效性为负并不意味着单边终止型外汇远期套保策略无效,原因有两点:第一,基于单边终止型外汇远期的套保策略在前两个交割日能以更为优惠的汇率维持换汇成本稳定,因而套期保值效果依然值得肯定;第二,本案例中套期保值期数较少,因而某一期换汇成本大幅波动会导致整体换汇成本的方差显著升高,随着套保期数的增多,单次终止条款生效给策略有效性带来的冲击会逐渐下降。

(3) 影响套期保值有效性的因素分析。

与远期利率协议类似,利用远期外汇合约或单边终止型外汇远期进行套期保值,也会面临信用风险和流动性风险,此处不再赘述。对于单边终止型外汇远期,套期保值策略的有效性还受到自动终止条款的影响:一旦套期保值者的单期套期保值收益达到预定目标(即实际汇率超过终止汇率),当次交割甚至以后各期交割会自动终止,套期保值者的外汇头寸又重新暴露在风险之中。

5. 案例总结

上述案例表明,当企业面临单期汇率风险时,利用远期外汇合约可以完全实现套期保值目标;当企业的汇率风险敞口为多期时,相比于远期外汇合约,单边终止型外汇远期协议价格更加优惠,且只需签订一份合约,但需注意,自动终止条款可能会被触发,从而降低套期保值策略的有效性。实际套期保值时,企业需要权衡使用单边终止型外汇远期和多期远期外汇合约套期保值的利弊,根据实际情况做出选择。

四、基于远期的套期保值策略评述

总的来说,运用远期利率协议、远期外汇合约等远期合约进行套期保值具有以下优点:

第一,远期合约一般在场外签订,可以对标的资产品种、交割时间、交割金额、交割价格、交割方式等具体条款进行协商,灵活性大,能够尽可能地满足套期保值者对特定条款的特殊要求。

第二,远期合约交易一般不需要初始资金的投入,可降低套期保值成本。

同时,运用远期合约进行套期保值也存在一些不足:

第一,远期合约属于场外交易的金融产品,存在一定的信用风险。当标的资产价格变化对一方有利而给另一方造成损失时,损失一方可能无力或不愿履约,一旦这种情况出现,获利一方就失去了远期合约的损失补偿,从而无法实现套期保值目标。

第二,远期合约是非标准化的合约,它的每一笔交易都是相对独立的,不能对冲平仓,当套期保值者的套期保值计划发生变化,需要对所持有的远期合约进行处置时,只能通过另一笔远期交易对冲,但由于是非标准的,所以往往难以完全对冲。

第三,用远期合约进行套期保值,在规避风险不利变动造成的损失时,也会失去有利变动带来的获利机会。

第三节 基于期货的套期保值策略设计与案例分析

理论上,期货与远期一样,可以通过构建套期保值组合实现套期保值目标。但在实际中,远期可以根据套期保值对象的种类、数量、交割时间等"量身定制",而期货只能按交易所提供的标准化条款和统一交易规则进行交易:这一方面令期货合约标的资产与套期保值对象在种类、交割时间等特征上存在差异;另一方面使得期货价格受到市场中各方面因素的影响,价格走势可能与标的资产出现偏离,给套期保值者带来风险。这两方面因素的共同作用,往往使得基于期货的套期保值策略很难完全实现套期保值目标。

本节将结合上述期货套期保值的局限性,对期货套期保值策略的基本原理和具体方法进行详细介绍,并借助案例具体说明如何运用国债期货、股指期货等工具对利率风险和股票市场风险进行套期保值,最后分析运用期货合约进行套期保值的优势和局限性。

一、期货套期保值策略的基本原理

与远期相同,基于期货的套期保值,本质上也是利用风险资产和期货价格变化的相关性,确定套期保值组合中风险资产与期货头寸[①]的比例,即套期保值比率,以对冲风险资产的某种特定风险,实现套期保值目标。在这一过程中,期货价格与标的资产价格走势可能存在差异,标的资产与套期保值对象又因为种类等因素的不同而可能导致价格上的差异,上述差异带来的套期保值不确定性(即为下文定义的基差风险)将会增加期货套期保值的难度。为应对这些困难,风险管理者一方面要明确基差风险的来源以及化解方法,另一方面要制定合理的套期保值比率,最大程度降低期货标的资产与套保对象差异带来的影响。

(一) 基差风险

在套期保值意义下,基差(basis)是指套期保值对象与期货的价格之差,即 t 时刻的基差为 $b_{t,T}=S_t-F_{t,T}$,其中 S_t 为套期保值对象的价格,$F_{t,T}$ 为 T 时刻到期的期货合约在 t 时刻的价格。对于以金融资产为标的的期货,基差有时也被定义为期货与套期保值对象的价格之差。

进一步,若套期保值对象与期货合约标的资产相同,则期货到期时基差为 0,而在到期日之前,基差可正可负。基差的这种不确定性,通常称为基差风险(basis risk)。

下面分析基差风险的来源和大小:设 S_i 为 t_i 时刻套期保值对象的价格,F_i 为 t_i 时刻期货的价格,S_i^* 为 t_i 时刻期货标的资产的价格,若套期保值者从 t_1 时刻开始持有期货空

---

① 本节对期货头寸数与期货合约数进行区别定义,前者指期货合约到期交割的标的资产头寸数,后者指期货合约的份数。

头进行套期保值,在 t_2 时刻卖出套期保值对象同时平仓期货头寸,则 t_2 时刻套期保值组合的损益为

$$S_2 - S_1 + F_1 - F_2 = F_1 - S_1 + (S_2^* - F_2) + (S_2 - S_2^*) \tag{3.3.1}$$

可见,t_2 时刻的基差由两部分组成:一部分是 $S_2^* - F_2$,表示期货与标的资产的价格差异;另一部分是 $S_2 - S_2^*$,表示套期保值对象与期货标的资产的价格差异。

由(3.3.1)可知,基差风险的存在既可以使套期保值者获得额外收益,也可能使其遭受额外损失。具体来说,基差扩大,即套期保值对象价格相对期货价格上升时,多头套期保值者将遭受额外损失,而空头套期保值者将获得额外收益;反之则反是。显然,基差风险的大小主要受以下因素影响:

(1) 期货合约标的资产与套期保值对象存在差异。这种差异可能体现在资产的种类、规格、交割时间等因素上,这将导致套期保值结束时期货标的资产价格与套期保值对象价格不一致。

(2) 市场摩擦和投资者非理性等因素的存在,使得期货价格并不等于由标的资产价格计算出来的理论值,即到期日之前,期货与标的资产的价格之差也存在不确定性。

(二) 基于期货的套期保值比率确定及策略有效性分析

本章第一节已详细给出了套期保值组合的一般构建方法,期货套期保值组合的构建,尤其是最优套期保值比率的确定也可类似操作,差异在于基于期货进行套期保值时往往还要考虑基差风险。下面对期货套期保值比率的确定,以及对应的套期保值策略有效性展开详细讨论。

1. 问题描述

假定风险管理者持有 X_s 单位的风险资产,为降低目标风险因子对投资收益的影响,风险管理者选择了该风险因子对应的期货进行套期保值。例如,风险管理者为了降低市场利率对投资收益的影响,可以选择主要受市场利率影响的国债期货作为套期保值工具。

进一步,假设风险管理者的套期保值目标是实现套保组合受目标风险因子影响最小,且风险度量方法采用波动性方法。下文将详细介绍如何确定最优的套期保值比率、如何分析有效性以及如何对套期保值比率动态调整。

2. 最优套期保值比率的一般计算步骤

首先,构建套期保值组合。假设组合由 X_s 单位风险资产和包含 X_f 单位标的资产头寸的期货合约组成①,则下面工作的目的就是要确定套期保值比率 $h = X_f/X_s$ 的最优值。

其次,计算套期保值组合在目标风险因子上的风险大小。设套期保值期间,风险资产的收益率为 r_s,目标风险因子的变化率为 r,且 r_s 中受目标风险因子影响的部分为 βr,其中 β 可以依据定价理论计算得到,也可以通过 r_s 与 r 的历史数据回归分析得到②。以方

---

① 例如,若 1 份期货合约规定到期交割 100 份标的资产,则 1 份期货合约的 $X_f = 100$。
② β 的详细计算方法参见本节中基于国债期货、股指期货进行套期保值的案例分析。另外,如无特别说明,本节中的收益率均是随机数,而非确定的值。

差度量风险时,风险资产的总风险中受目标风险因子影响的部分[①]为 $Var(\beta r)=\beta^2\sigma_r^2$,其中 σ_r^2 表示套期保值期间风险因子的方差。因此,套期保值组合在套期保值期间的收益率为

$$r_p = \frac{X_s P_s \beta r + X_f P_f r_f}{X_s P_s}$$

其中,P_s、P_f 分别表示套期保值起始日单位风险资产的价格和单位标的资产对应的期货价格;r_f 表示套期保值期间单位标的资产对应的期货收益率。上式的分母为 $X_s P_s$,而非 $X_s P_s + X_f P_f$,是因为期货交易初始时刻并不需要成本,仅需缴纳保证金,而保证金的问题较为复杂,本书暂不考虑,因而套期保值组合的初始价值为 $X_s P_s$。于是,套保组合的收益率方差为

$$\sigma_p^2 = Var(r_p) = \frac{X_s^2 P_s^2 \beta^2 \sigma_r^2 + X_f^2 P_f^2 \sigma_f^2 + 2X_s X_f P_s P_f \beta \sigma_{rf}}{X_s^2 P_s^2}$$

$$= \beta^2 \sigma_r^2 + 2h \frac{P_f \beta \sigma_{rf}}{P_s} + h^2 \frac{P_f^2 \sigma_f^2}{P_s^2} \tag{3.3.2}$$

其中,σ_f^2 表示套期保值期间期货收益率的方差,σ_{rf} 表示风险因子与期货收益率的协方差。

最后,求解最优套期保值比率。由于套期保值目标是要求套保组合受目标风险因子影响最小,于是,最优套期保值比率求解,本质上就是计算下述优化问题的最优解 h^* 为

$$\min_h \sigma_p^2 = \beta^2 \sigma_r^2 + 2h \frac{P_f \beta \sigma_{rf}}{P_s} + h^2 \frac{P_f^2 \sigma_f^2}{P_s^2} \tag{3.3.3}$$

由一阶条件易得,最优的套期保值比率为

$$h^* = -\beta \frac{P_s \sigma_{rf}}{P_f \sigma_f^2} = -\beta \frac{P_s \rho \sigma_r}{P_f \sigma_f} \tag{3.3.4}$$

其中,ρ 表示套期保值期间目标风险因子和期货收益率的相关系数。

从(3.3.4)可以看出,风险因子对风险资产收益率的边际贡献 β 为正且风险因子与期货收益率正相关时,$h^* < 0$,即套期保值组合中期货头寸与风险资产头寸方向相反。此外,边际贡献 β 越大,风险资产收益率受风险因子的影响越大,套保组合中期货头寸就越大;相关性 ρ 越强,期货合约越能够有效对冲风险因子,套保组合中期货头寸也越大。

3. 最优套期保值比率下套期保值策略的有效性分析

(1) 套期保值策略的事前有效性分析。

从事前来看,套期保值目标,是使套期保值组合收益率中受风险因子影响的部分方差最小,根据本章第一节的相关内容,可以将此处的套期保值策略有效性评估指标设定为

[①] 为了更简便地分析问题,这里假定风险因子 r 与其他影响风险资产的风险因子不相关。实际上,风险资产总风险中受目标风险因子影响的部分,还应包括目标因子与其他因子共同影响的部分,即协方差。

$$HE = 1 - \frac{Var(R_H)}{Var(R_U)} \tag{3.3.5}$$

其中，R_U 表示不进行套期保值时，风险资产收益率中受目标风险因子影响的部分；R_H 表示套期保值后，套期保值组合收益率中受目标风险因子影响的部分。因此，$Var(R_H)/Var(R_U)$ 可以衡量套期保值组合相比于风险资产的风险大小，该比率越小则套期保值的有效性越高。当套保组合完全不受目标风险因子的影响时，$Var(R_H)=0$，此时套期保值策略完全有效，满足 $HE=1$。

结合(3.3.4)给出的最优套期保值比率，套期保值组合受目标风险因子影响的风险大小为 $Var(R_H)=(1-\rho^2)\beta^2\sigma_r^2$，而未进行套期保值时，风险资产的风险大小为 $Var(R_U)=\beta^2\sigma_r^2$，因而套期保值策略的有效性为

$$HE = \rho^2 \tag{3.3.6}$$

可见，期货套期保值策略的有效性，仅取决于风险因子变化率 r 和期货收益率 r_f 的相关性，若 r 与 r_f 完全相关，则期货套期保值策略有效性为 1，即完全有效。

类比于对(3.3.1)中基差风险的来源分析，r 和 r_f 不完全相关主要源于两方面因素：一是风险因子变化率 r 和期货标的资产收益率 r_i 存在差异，即期货市场上不存在以目标风险因子为标的的期货合约。例如，套保者想要对冲债券组合面临的利率风险，平均久期为 3 年[①]，而市场上仅存在以 5 年期国债为标的的期货，3 年期和 5 年期的市场利率运动趋势存在差异，因而风险因子变化率 r（3 年期市场利率）与标的资产收益率 r_i（5 年期国债收益率）的相关系数并不为 1。二是期货收益率 r_f 与标的资产收益率 r_i 不完全相同。这主要是因为交易制度、市场环境等因素的影响，使得期货的真实价格并不等于理论价格，因而期货收益率[②] r_f 与标的资产收益率 r_i 也不完全相同。上述两个方面带来的基差风险使得 r 和 r_f 的相关系数不为 1，因而期货套期保值策略即使可以实现套期保值目标，即套保组合受目标风险因子影响最小，但也很难实现套保组合的风险中性。

（2）套期保值策略的事后有效性。

从事后来看，套期保值者可以根据实际的套期保值结果评估策略的有效性，例如，使用本章第一节介绍过的德尔塔比率，确定套期保值策略是否有效，即

$$德尔塔比率 = \frac{期货公允价值或现金流量变动额}{现货公允价值或现金流量变动额} \tag{3.3.7}$$

当德尔塔比率等于 1 时，套保者在期货市场的盈亏恰好与现货市场的盈亏相抵消，从而能完全实现风险中性套保目标。反之，德尔塔比率不为 1，说明套保者仍面临了部分盈亏，风险中性套保目标没有实现。同时，德尔塔比率与 1 偏离得越远，说明套期保值策略的效果越差。后文对基于国债期货、股指期货的套期保值策略有效性分析将采用德尔塔比率进行事后有效性评估。

[①] 久期的定义与用法参见本节国债期货案例。
[②] 期货价格等于现货价格加上时间价值，因而期货的理论收益率等于现货收益率与时间价值变化率之和，对于日收益率而言，时间价值变化率很小，可以忽略不计，因而从理论上来说，期货收益率应约等于其标的资产收益率。

4. 最优套期保值比率的动态调整

(3.3.4)的最优套期保值比率,要求对 ρ、σ_r 以及 σ_f 等参数进行估计,而现实中,风险因子变化率 r 和期货收益率 r_f 的波动率常会随时间的推移发生变化,两者的相关性 ρ 也会因为基差风险的存在而不断改变。因此,若套期保值期间设定 ρ、σ_r 以及 σ_f 恒定,则套保比率可能会逐渐偏离最优值,进而影响套期保值策略的有效性。

针对上述问题,套期保值者可以借助 GARCH 模型、BEKK 模型等波动率、相关系数估计模型[①],根据 ρ、σ_r 以及 σ_f 在套期保值期间的最新动态变化情况以及相关历史数据,对三个变量的预测值、进而最优套期保值比率进行动态调整,这一策略也称为动态套期保值。例如,上述以方差最小为目标的套期保值过程中,t 时刻的最优套期保值比率应满足:

$$h_t^* = \beta \frac{P_{s,t-1}}{P_{f,t-1}} \times \frac{E(\sigma_{rf,t} \mid \mathcal{F}_{t-1})}{E(\sigma_{f,t}^2 \mid \mathcal{F}_{t-1})} \tag{3.3.8}$$

其中,$\mathcal{F}_{t-1}$ 指 $t-1$ 时刻结束时可获取的信息,基于该信息可以对 t 时刻的 σ_{rf} 以及 σ_f 做出预测,并由此计算出 t 时刻的最优套期保值比率。

由于每一期都根据最新的信息对最优套期保值比率做出调整,所以理论上动态套期保值策略应该比静态策略具备更高的有效性,但实际上动态策略的效果往往受到限制:一方面,由于波动率存在集聚效应,短期内不会发生巨大变化,因而短期内的动态套期保值策略优势并不明显,高频率的调整期货仓位,反而会使得动态策略承担较高的交易成本。另一方面,长期动态套期保值过程中,风险管理者需要对交割日期不同的期货合约进行滚动交易,但不同合约收益率服从的分布可能不同,这会影响波动率估计的准确性,从而进一步影响动态套期保值策略的效果。

二、基于国债期货的套期保值策略与案例分析

国债期货是指以国债为标的物的期货合约,是利率期货的一种,常用于对冲债券类资产面临的利率风险。目前,我国有 5 年期国债期货和 10 年期国债期货两个品种,均在中国金融期货交易所交易。下文主要介绍利用国债期货进行套期保值的基本原理,同时给出了具体的案例分析。

(一) 国债期货套期保值策略的基本原理

1. 国债期货的相关概念

(1) 最便宜可交割债券。

国债期货一般采用实物交割,为了扩大可交割债券的范围,国债期货具备一篮子可交割债券制度,即国债期货到期时,剩余年限在一定范围内的国债都可以参与交割。例如,对我国的 5 年期国债期货而言,凡是在 5 年期国债期货合约到期月份首日,剩余期限在 4—7 年间的记账式附息国债均可作为该合约的交割标的。进一步,为了使不同的可交割国债具有价格上的可比性,需要综合考虑债券剩余期限等因素,把各个可交割国债按照一定比例折算成标准券,用于到期交割,折算比率即称为转换因子(conversion factor,CF)。

[①] 参见作者编著《金融风险管理(第二版)》附录对 GARCH 类模型的梳理总结。

由于收益率和剩余期限不同,即使经过转换因子折算,各种可交割国债之间的价格仍然存在差别。一般情况下,国债期货的卖方具有交割债券的选择权,为了以最低成本进行交割,卖方通常会选择总价值最小的可交割债券进行交割,该债券便是最便宜可交割国债(cheapest to deliver,简称为"CTD 券")。

(2) 国债期货的理论价格。

假设最便宜可交割国债和国债期货交割日期已知,国债期货转换成 CTD 券的理论价格可如下计算得到[1]:

$$\text{国债期货价格} = (\text{CTD 全价} + \text{融资成本} - \text{持有收益} - \text{累积收益})/\text{转换因子}$$

(3.3.9)

其中,CTD 全价指当前最便宜可交割国债的现货净价与当日该债券的应计利息之和;融资成本指期货头寸的持有成本,即期货交割当日,用于购买交割券的资金的时间价值;持有收益是从当前到交割期间,CTD 券带来的利息收益;累积收益则是交割当日 CTD 券还包含的应计利息。

2. 基于国债期货的最优套期保值比率计算方法

假设以风险资产受利率风险影响最小为套期保值目标,则(3.3.4)已经给出了该目标下最优的套期保值比率;进一步,风险管理者需要根据债券类资产和国债期货的特征,计算出套期保值比率的具体值。下面对常见的国债期货套期保值策略最优套保比率计算方法进行介绍。

令期货标的资产对应的市场利率为 r_{CTD},由于期限、种类等因素的影响,该利率可能与影响风险资产价格的市场利率 r 有所不同。同时,令风险资产价格对市场利率 r 的敏感性为 $\partial P_s/\partial r$,期货价格对 r_{CTD} 的敏感性为 $\partial P_f/\partial r_{CTD}$,则由风险资产收益率 $r_s = \Delta P_s/P_s$、期货收益率 $r_f = \Delta P_f/P_f$ 以及 Taylor 一阶展开式可得

$$r_s = \frac{\partial P_s}{\partial r}(r - r_0)\Big/P_s + R_s, \quad r_f = \frac{\partial P_f}{\partial r_{CTD}}(r_{CTD} - r_{CTD,0})\Big/P_f + R_f \quad (3.3.10)$$

其中,r_0、$r_{CTD,0}$ 分别表示初始时刻的 r 与 r_{CTD};风险资产收益率中受市场利率影响的部分为 $(\partial P_s/\partial r)/P_s \times r$,而 R_s 包含了除此以外的其他风险因子对风险资产收益率带来的影响;同理,R_f 包含了除 r_{CTD} 以外的其他风险因子对期货收益率的影响[2]。

当利率 r_{CTD} 与 r 相等时,结合(3.3.10),(3.3.4)所给出的最优套期保值比率可进一步化简为

$$h^* = -\beta \frac{P_s Cov(r, r_f)}{P_f Var(r_f)} = -\frac{\partial P_s/\partial r}{\partial P_f/\partial r_{CTD}} \quad (3.3.11)$$

此时,最优套期保值比率可以保证套期保值组合对市场利率的敏感性为 0,即 $\partial P_s/\partial r + h^* \cdot \partial P_f/\partial r_{CTD} = 0$。换句话说,由一阶近似可以得到 r_f 与 r_{CTD} 呈线性关系,当不存在基

---

[1] 参见中国期货业协会编写的《金融衍生品系列丛书——国债期货》对国债期货定价方法的介绍。

[2] 下文假定 R_s 中的风险因子与 r_{CTD} 无关,且 R_f 中的风险因子与 r 无关。

差风险时，r_{CTD} 与 r 的相关系数 $\rho=1$，套期保值可以实现对利率风险因子的风险中性目标。按照(3.3.6)，此时的套期保值策略实现了完全有效。

当利率 r_{CTD} 与 r 不相等时，套期保值过程面临基差风险。此时，(3.3.4)所给出的最优套期保值比率变为

$$h^* = -\beta \frac{P_s Cov(r, r_f)}{P_f Var(r_f)} = -\frac{\partial P_s/\partial r}{\partial P_f/\partial r_{CTD}} \cdot \frac{Cov(r, r_{CTD})}{Var(r_{CTD})} = -\frac{\partial P_s/\partial r}{\partial P_f/\partial r_{CTD}} \cdot \delta \tag{3.3.12}$$

相比于(3.3.11)，上述最优套期保值比率多了 $Cov(r, r_{CTD})/Var(r_{CTD})$ 一项，该项可看作以 r 为被解释变量、以 r_{CTD} 为解释变量的回归方程中 r_{CTD} 前的系数，即 $r = \alpha + \delta r_{CTD} + \varepsilon$，其中 ε 为随机误差项。(3.3.12)可以理解为，由于 r_{CTD} 与 r 存在差异，因而要用 r_{CTD} 的所有信息中能解释 r 的比例（即 δ）对套期保值比率进行调整，以尽可能减少套期保值活动引入的新风险，同时最大程度实现套期保值目标。在实务中，以(3.3.12)计算国债期货的最优套期保值比率，称为收益率调整法。

在实际操作中，对(3.3.11)和(3.3.12)中的敏感性系数 $\partial P_s/\partial r$ 与 $\partial P_f/\partial r_{CTD}$ 有两种常用的计算方法[①]：第一种方法称为久期法，该方法借助修正久期的定义得到

$$\frac{\partial P_s}{\partial r} = -D_s P_s, \quad \frac{\partial P_f}{\partial r_{CTD}} = -D_f P_f \tag{3.3.13}$$

其中，D_s 为风险资产的修正久期，可以直接计算得到；D_f 为国债期货的修正久期，实务中一般使用 CTD 券的修正久期代替。第二种方法是基点价值法，具体计算公式如下

$$\frac{\partial P_s}{\partial r} = \frac{1}{2}(P_s^{+1} + P_s^{-1}), \quad \frac{\partial P_f}{\partial r_{CTD}} = \frac{1}{2}(P_f^{+1} + P_f^{-1}) \tag{3.3.14}$$

其中，P_s^{+1} 与 P_s^{-1} 分别表示利率 r 变动 ± 1 个基点时风险资产价格的变化；P_f^{+1} 与 P_f^{-1} 分别表示利率 r_{CTD} 变动 ± 1 个基点时期货价格的变化。为简便计算，国债期货基点价值 P_f^{+1} 和 P_f^{-1} 常用"CTD 券的基点价值/CTD 券转换因子"代替，这些变量均可通过历史数据计算得到。

综上可知，常见的国债期货套期保值策略最优套保比率计算方法共有四种，分别是不考虑基差风险时的久期法和基点价值法，以及考虑基差风险时的久期法和基点价值法。下文的案例分析中将详细对比这四种套保比率计算方法。

（二）利用国债期货进行套期保值的案例分析

1. 案例描述

20×4 年 7 月 20 日，A 公司董事会决议：9 月 2 日公司将收到一笔大额货款，由于公司短期内没有资金需求，计划将该笔货款投资于面值为 1 000 万元人民币的中期国债[②]以获取稳定的现金流回报。

[①] 参见中国期货业协会编写的《金融衍生品系列丛书——国债期货》第六章对套期保值比例计算方法的介绍。

[②] 一般而言，一张中期国债的面值为 100 元，因而 A 公司需要购买 10 万张中期国债。

公司财务部门分析后认为,目前最适合投资的中期国债标的为票面利率3.65%、20×9年11月15日到期、剩余期限5年的10年期国债(以下简称中期国债①),7月20日该国债结算价格(债券净价)为101.23元。不过,财务部担心未来两个月内利率会大幅下降,导致该国债的价格上升,进而推高投资成本,因此计划通过套期保值尽量锁定未来投资成本。

2. 解决方案设计

(1) 套期保值目标的确定。

根据案例描述可知,A公司的套期保值目标是,9月2日购买中期国债付出的成本与当前101.23元的差距受市场利率的影响最小。

(2) 套期保值工具的选择。

为了对冲利率风险,A公司可以选择国债期货进行套期保值。具体国债期货合约的选择面临两个问题:一是国债期货品种的选择,二是国债期货交割月份的选择。

对于国债期货品种,目前市场上有5年期国债期货(代码:TF)、10年期国债期货(代码:T)两种可交易的期货,均由中国金融期货交易所发行。根据"市场利率应该为同一种类,或相关性较大"这一套期保值原则,A公司选择5年期国债期货用于套期保值。

国债期货交割月份的选择,主要遵循"交易月份相同或相近"原则。5年期国债期货交割月份为最近的3个季月(3月、6月、9月、12月中的最近3个月循环),且每个交割月份的第二个星期五(遇法定节假日顺延)为合约最后交易日。经查询,20×4年9月份交割的5年期国债期货合约(TFX409),最后交易日为9月11日,与套期保值的目标期限9月2日非常接近且在9月2日之后,因而A公司最终选择TFX409合约作为套期保值工具,并计划在整个套期保值期间不再变更期货合约。

TFX409合约标的为面值100万元人民币的中期国债②,在7月20日的报价为97.05元,CTD券为剩余期限7年的7年期国债X40007③,该国债在7月20日的结算价(债券净价)为100.22元。

(3) 各种策略下套期保值工具头寸的确定。

根据前文的分析,A公司可以依据方差最小目标下的最优套期保值比率(3.3.11)或(3.3.12)确定套期保值工具的头寸。考虑到A公司计划购买的是剩余期限5年左右的中期国债,而套期保值工具的标的资产为剩余期限7年的国债,套期保值活动可能会面临基差风险,因而本案例构建了四种套期保值策略:基于(3.3.11)最优套保比率且用久期法计算敏感性的策略(下文简称策略1)、基于(3.3.11)最优套保比率且用基点价值法计算敏感性的策略(下文简称策略2)、基于(3.3.12)与久期法的策略(下文简称策略3)以及基于(3.3.12)与基点价值法的策略(下文简称策略4)。下面对这四种策略的套期保值工具头寸确定逐一进行介绍。

a) 策略1套期保值工具头寸的确定。

先分别计算期货合约与被套保债券的修正久期。其中,期货的修正久期用7月20日

---

① 之所以称其为中期国债,是因为其剩余期限还有5年。
② 即TFX409合约的标的资产为1万张中期国债,而后文的期货合约报价对应的是1张中期国债。
③ 代码中,"X4"表示国债发行的年份,"07"表示国债的期限。该债券在7年后的4月16日到期。

期货合约 CTD 券的修正久期替代，为 5.862 年；目标中期国债的修正久期为 4.705 年。

经查询，中期国债在 7 月 20 日的全价为 101.9 元（即结算价格加上应计利息），则根据(3.3.11)和(3.3.13)，久期法下最优套期保值比率为

$$h_D^* = -\frac{D_s \times P_s}{D_f \times P_f} = -\frac{4.705 \times 101.9}{5.862 \times 97.05} \approx -0.843 \tag{3.3.15}$$

由于 A 公司计划购买面值为 1 000 万元的国债，而 1 份国债期货合约对应的债券面值为 100 万元。因此，A 公司为了实现套期保值目标，应买入 $1\,000/100 \times h_D^*$，即 8 份 9 月到期 5 年国债期货合约为企业债券空头进行套期保值。

b) 策略 2 套期保值工具头寸的确定。

7 月 20 日，中期国债净价为 101.23 元，经计算可知到期收益率为 3.395%[①]；TFX409 合约 CTD 券净价为 100.22 元，经计算可知到期收益率为 3.501%。因而，到期收益率变动 ±1 个基点后，中期国债和 CTD 券价格的平均变化分别为 0.049 元和 0.059 元。

另一方面，根据期货的理论价格，$\partial P_f/\partial r_{CTD} \approx \partial(P_{CTD}/CF)/\partial r_{CTD}$，其中 P_{CTD} 为 CTD 券全价，CF 为转换因子。经查询，7 月 20 日期货合约 CTD 券的转换因子为 1.054，则根据(3.3.11)和(3.3.14)，基点价值法下最优套期保值比率为

$$h_B^* = -\frac{(P_S^{+1} + P_S^{-1})}{(P_{CTD}^{+1} + P_{CTD}^{-1})/CF} = -\frac{0.049}{0.059/1.054} \approx -0.875 \tag{3.3.16}$$

于是，A 公司要为面值 1 000 万元的中期国债套期保值，需要买入 9 份国债期货合约进行套期保值。

c) 策略 3 套期保值工具头寸的确定。

为尽可能消除基差风险对套期保值的影响，A 企业可以采用(3.3.12)计算套期保值比率，其中 δ 值可以用五年期国债到期收益率与七年期国债到期收益率过去一年的数据回归估计得到，为 0.95。

根据(3.3.12)，久期法下的最优套期保值比率为

$$h_D^* = -\frac{D_s \times P_s}{D_f \times P_f} \cdot \frac{Cov(r, r_{CTD})}{Var(r_{CTD})} = -\frac{4.705 \times 101.9}{5.862 \times 97.05} \times 0.95 \approx -0.801$$
$$\tag{3.3.17}$$

即实施策略 3 时，A 公司需买入 8 份 9 月到期 5 年国债期货合约为企业债券空头进行套期保值。

d) 策略 4 套期保值工具头寸的确定。

与久期法相同，使用基点价值法时，基于收益率调整法的最优套期保值比率应为

[①] 债券的到期收益率（yield to maturity）可以利用现金流贴现模型得到，即到期收益率为持有债券获得的债券未来现金流量（利息与本金）的现值等于债券当前净价的贴现率。本案例中，中期国债和 CTD 券的面值均为 100 元，中期国债 1 年付息 2 次，CTD 券 1 年付息 1 次，此外 CTD 券的票面利率为 3.54%，基于这些信息以及案例分析中给出的信息，可以计算出中期国债和 CTD 券的到期收益率，简便起见，具体计算步骤不再展示。

$$h_B^* = -\frac{(P_S^{+1} + P_S^{-1})}{(P_{CTD}^{+1} + P_{CTD}^{-1})/CF} \cdot \frac{Cov(r, r_{CTD})}{Var(r_{CTD})} = -\frac{0.049}{0.059/1.054} \times 0.95 \approx -0.832 \tag{3.3.18}$$

即 A 公司同样需要买入 8 份国债期货进行套期保值。

3. 套期保值策略的结果分析

下文分别给出四种套期保值策略在 9 月 2 日套期保值结束日的总盈亏。

(1) 策略 1、策略 3 和策略 4 的结果分析。

7 月 20 日目标中期国债的收盘价为 101.23 元，9 月 2 日中期国债的收盘价为 102.02 元，由于套期保值期间中期国债价格上涨，套期保值者推迟 1 个半月购买中期国债承担的损失为 1 000/100×(102.02−101.23)=7.9 万元。

另一方面，TFX409 合约在 7 月 20 日的结算价为 97.05 元，在 9 月 2 日的结算价为 98.01 元，公司以上述结算价①开仓、平仓，做多 8 份国债期货合约，则套期保值期间这部分国债期货头寸带来的盈利为 (98.01−97.05)×8=7.68 万元。

将上述两方面的价值变动加总可得，策略 1、策略 3 和从策略 4 的套期保值组合总盈亏均为 −2 200 元。

(2) 策略 2 的结果分析。

与其他三个策略相比，策略 2 中套期保值者应持有 9 份国债期货多头合约，套期保值期间这 9 份合约带来的盈亏为 (98.01−97.05)×9=8.64 万元。因此，策略 2 的套期保值组合总盈亏为 7 400 元。

4. 套期保值策略的有效性分析

(1) 国债期货套期保值策略的有效性分析。

根据 A 公司的套期保值目标，本案例采用下述德尔塔比率衡量套期保值策略的有效性，即

$$\text{德尔塔比率} = \frac{\text{期货公允价值或现金流量变动额}}{\text{现货公允价值或现金流量变动额}} \tag{3.3.19}$$

其中，"期货公允价值或现金流量变动额"指的是套保策略中的国债期货头寸价值变化绝对值，"现货公允价值或现金流量变动额"指的是中期国债价值变化绝对值。可见，上述指标衡量了国债期货合约在多大程度上抵消了中期国债的价值变动。

根据 (3.3.19)，前述 4 种套保策略的有效性如表 3.7 所示。

表 3.7 4 种国债期货套期保值策略的有效性水平

	策略 1、策略 3 和策略 4	策略 2
有效性	0.972	1.094

由表 3.7 可知，4 种套期保值策略的有效性均接近于 1，即 4 种策略均在很大程度上实现了套期保值目标。进一步，策略 3 和策略 4 考虑了基差风险可能带来的影响、调整了

---

① 考虑到需要交易的股指期货合约头寸巨大，此处开仓、平仓的点数均采用交易当天的结算点数表示，即交易当天所有成交的点数按照成交量的加权平均点数。

最优套期保值比率,策略的有效性达到 0.972,相比于策略 2 的 1.094 更接近于 1,即策略 3 和策略 4 更为有效。

另外,需要注意的是,方案二在方案一的基础上,仅仅考虑了 CTD 券到期收益率和中期国债到期收益率不同的风险,只能部分解决基差风险的问题,而国债期货到期收益率与 CTD 券到期收益率在实际中也有所差异,因此实际的套期保值效果与上面的分析可能会有明显差异。

(2) 影响国债期货套期保值策略有效性的因素分析。

第一,基差风险。基差风险是影响期货套期保值策略有效性的主要因素之一,本案例中基差风险的构成因素具体如下。

a) 品种不同。首先,5 年期国债期货 9 月交割合约在 7 月 20 日对应的 CTD 券,与 A 公司计划购买的剩余期限为 5 年的中期国债并不相同。其次,本案例假设套期保值期间期货 CTD 券保持不变,但实际上,期货合约每日的 CTD 券都可能发生变化。

b) 收益率曲线的非平行变化。本案例中,套期保值工具的 CTD 券剩余期限为 7 年,A 公司计划购买的中期国债剩余期限为 5 年,因而国债收益率曲线的非平行变化,使得两种债券收益率相关系数不为 1。

c) 期货和标的资产收益率的差异。实际投资中,国债期货的收益率与 CTD 券的收益率相关系数并不为 1,而案例分析中假设两者相等,忽略了这部分因素带来的基差风险。

d) 到期日不同。这里的到期日不同,指的是期货合约交割日(9 月 11 日)和套期保值结束日(9 月 2 日)不同,这使得套保结束当天,国债期货与 CTD 券价格并不收敛,套期保值组合面临基差风险。

第二,债券价格与利率之间的非线性关系。本案例仅使用一阶 Taylor 展开近似表示债券价格与利率之间的敏感性,而没有考虑价格与利率之间的非线性关系,例如凸性。这意味着当利率出现较大变动时,基于久期法和基点价值法的套期保值有效性将显著下降。

第三,市场交易的限制。例如国债期货合约只能按照整数份额买卖,因而套保组合中期货与现货的头寸比率和最优的套期保值比率有所偏离,套保组合仍然会承担一部分利率风险。

5. 案例总结

利用国债期货进行套期保值可以对冲债券类资产面临的利率风险,本质在于利用国债期货构建一个套期保值组合,使组合价值最大程度免受利率风险的影响。值得注意的是,实际中国债期货套期保值策略的有效性还将受到基差风险、CTD 券变动的期权价值、债券价格与利率之间的非线性关系、市场交易限制等因素的影响,因此风险管理者在运用此方案之前需要对这些因素进行综合分析与评估。

三、基于股指期货的套期保值策略与案例分析

股指期货合约是以某一种股票指数为标的的标准化期货合约,常用于对冲股票市场系统性风险。自 2010 年起,我国金融期货交易所陆续推出了以沪深 300 指数、上证 50 指数以及中证 500 指数为标的的股指期货,使得套期保值工具越来越丰富。下文主要介绍

基于股指期货的套期保值策略基本原理,并给出具体的股指期货套期保值案例分析。

(一) 股指期货套期保值策略的基本原理

基于股指期货的套期保值策略,与期货套期保值策略的实施步骤基本相同,主要差异体现在最优套期保值比率的确定以及套期保值策略有效性的影响因素,下面将给予详细讨论。

设股票资产组合的收益率为 r_s,股票市场组合收益率为 r_m,根据资本资产定价模型(CAPM),两者存在如下关系

$$r_s = r_{free} + \beta_s(r_m - r_{free}) + \varepsilon_s \tag{3.3.20}$$

其中,r_{free} 是无风险利率;ε_s 是随机误差项;系数 β_s 表示股票资产组合收益率受股票市场组合收益率的影响程度,称为股票资产组合的系统性风险,因此 r_s 中受系统性风险影响的部分为 $\beta_s r_m$。

以对冲上述股票资产组合中的系统性风险为套期保值目标,实际上就是令套期保值组合收益率中受系统性风险影响的部分方差最小。对此,借鉴本节第一部分给出的具体优化问题以及最优套期保值比率计算公式(3.3.4),可以得到股指期货套期保值策略的优化问题及最优套期保值份数公式[①],具体为

$$\min_H \sigma_p^2 = \beta_s^2 \sigma_m^2 + 2H \frac{P_f \beta_s \rho \sigma_m \sigma_f}{P_s} + H^2 \frac{P_f^2 \sigma_f^2}{P_s^2} \tag{3.3.21}$$

$$H^* = -\beta_s \cdot \frac{P_s}{P_f} \cdot \frac{\rho \sigma_m}{\sigma_f} \tag{3.3.22}$$

其中,P_s 表示股票资产组合的初始价值,P_f 表示 1 份股指期货合约的初始价值,σ_f 是股指期货收益率 r_f 的标准差,σ_m 是股票市场组合收益率 r_m 的标准差,ρ 是 r_m 与 r_f 的相关系数,H^* 即为最优套期保值份数。

将最优套期保值份数代入(3.3.21)可得,套期保值组合收益率中受系统性风险影响部分的方差为 $(1-\rho^2)\beta_s^2 \sigma_m^2$,可见,当 r_m 与 r_f 完全相关时,$\rho=1$,套期保值组合不再受系统性风险影响,利用股指期货可以完全实现套期保值目标。而现实中,由于基差风险的存在,r_m 与 r_f 不可能完全相关,这具体体现为两个方面。

第一,股票市场组合收益率 r_m 与股指期货标的指数收益率 r_i 可能不同,而股指期货收益率 r_f 主要受 r_i 的影响,所以 r_f 与 r_m 可能不完全相关。例如,若资产组合中的股票几乎均是中证 1 000 指数[②]的成分股,那么该组合主要受中证 1 000 指数对应的系统性风险的影响,对该资产组合套期保值时,由于市场上的期货品种有限,套期保值者只能近似选用中证 500 股指期货作为套保工具,此时,中证 500 股指期货收益率与中证 1 000 指数收益率必然不会完全相关。

---

① 与公式(3.3.4)不同,(3.3.22)里的 P_s 表示股票资产组合的初始价值,而 P_f 表示股指期货合约的初始价值,所以(3.3.22)给出的 H^* 是套期保值的最优份数,故(3.3.22)称为最优套期保值份数公式。当 P_s 为单位套保对象初始价格时,H^* 就变为最优套期保值比率。

② 中证 1 000 指数由中证指数有限公司编制,成分股由中证 800 指数样本股之外规模偏小且流动性好的 1 000 只股票组成。比中证 500 指数相比,中证 1 000 指数成分股的平均市值及市值中位数更小,更能综合反映沪深证券市场内小市值公司的整体状况。

第二，股指期货收益率 r_f 与期货标的指数收益率 r_i 间也可能存在差异，使得即使 r_i 与 r_m 相同，r_f 与 r_m 也可能不完全相关。理论上，股指期货收益率应该与标的指数收益率基本相同[①]。但实际中，市场的不完善（例如股票市场不存在卖空机制、期货买卖需承担交易成本）、市场出现极端情况等都会导致股指期货收益率与标的指数收益率产生较大偏离，不过这种偏离会随着期货交割日的临近而不断缩小。

正是源于上述两个方面，股指期货套期保值总面临着基差风险，从而使得完全套期保值很难实现。为尽可能降低基差风险给套期保值结果带来的影响，根据本节第一部分所言，套期保值者应尽量选择标的指数与需要对冲的系统性风险最为相关的股指期货品种，并选择到期日与套期保值结束日最为接近且略长于结束日的股指期货合约[②]。

进一步，相比(3.3.22)，下式是实务中应用更广泛的最优套期保值份数计算方法，即

$$H^* = -\beta_s P_s / P_f \tag{3.3.23}$$

可以看出，该公式最大特点是计算简便，H^* 会免受波动率估计不准确的影响；但将该公式代入(3.3.20)可知，此时的套期保值策略仅能将系统性风险对套期保值组合的影响降至 $\beta_s^2(\sigma_m^2 - 2\rho\sigma_m\sigma_f + \sigma_f^2)$，与 $(1-\rho^2)\beta_s^2\sigma_m^2$ 的差额为 $\beta_s^2(\rho\sigma_m - \sigma_f)^2$，只有基差风险很小或 $\rho\sigma_m$ 与 σ_f 比较接近时，即 $\rho \approx 1$、$\sigma_f \approx \sigma_m$ 时，基于(3.3.23)和(3.3.22)的两个套保策略的有效性才趋于一致。否则，(3.3.23)对应的套保策略的有效性会更差。下文的案例将详细讨论(3.3.22)和(3.3.23)两种最优套期保值份数所导致的套期保值结果的差异。

此外，正是由于在实务操作中，基于历史数据对(3.3.22)中的 β_s、ρ、σ_m 及 σ_f 的估计容易产生偏误，因而套期保值者可以在套期保值过程中根据最新信息，持续对这些参数进行动态估计，进而动态调整最优套期保值份数。下文的案例分析也将详细展示上述动态套期保值策略与静态套期保值策略的结果差异。

（二）利用股指期货进行套期保值的案例分析

1. 案例描述

某基金经理在 20×4 年 1 月 17 日持有如表 3.8 所示的股票资产组合。该基金经理预测股票市场会在未来 1 个月内出现下跌，于是期望通过套期保值活动将未来 1 个月内股票市场系统性风险对股票组合的影响降到最低[③]。

表 3.8　基金经理持有股票资产组合的具体构成

	股票 A	股票 B	股票 C	股票 D	股票 E
持仓量(万股)	800.0	287.9	477.3	310.0	297.5
1 月 17 日收盘价(元)	37.4	75.0	28.1	48.7	37.1
持仓金额(万元)	29 920.0	21 593.1	13 398.3	15 080.7	11 050.8

注：持仓金额=持仓量×1 月 17 日收盘价。

[①] 理论上，两者之间仍然有很小的差异，主要源于时间价值的影响。由于这种差异讨论起来较为复杂，且影响微弱，下面的分析忽略了这种差异。

[②] 当然，若套期保值期限较长，就需要对期货合约进行展期，后文对此专门做了案例分析。

[③] 假设一个月内基金经理不会对股票组合进行调仓。

2. 解决方案设计

(1) 套期保值目标的确定。

根据案例描述,套期保值策略的目标是从1月20日—2月19日[①],套期保值组合受股票市场系统性风险影响最小。

(2) 套期保值工具的选择与确定。

目前,我国金融市场还未推出股指期权类衍生品,该基金经理决定利用股指期货实现套期保值目标。此时,套期保值工具的选择具体包括两个方面:一是根据标的指数选择具体的股指期货品种,二是根据交割日期选择具体的股指期货合约。

首先,当前我国市场上有上证50股指期货、沪深300股指期货和中证500股指期货三种产品。根据前文的分析,应选择标的指数与需要对冲的系统性风险最为相关的股指期货。通过考察上述股票资产组合的5只股票可知,其中4只(除股票B外)是沪深300指数的成分股,且4只股票的持仓金额占股票资产组合总价值的77%,因而基金经理决定使用沪深300股指期货作为套期保值工具进行套期保值。

其次,在任意交易日,沪深300股指期货有当月到期合约、次月到期合约以及下两个季月到期合约四种交割日期[②]不同的产品可供交易。例如,在20×4年1月20日,可以交易的沪深300股指期货合约包括2月到期的IFX402[③]、3月到期的IFX403、6月到期的IFX406以及9月到期的IFX409。根据前文的分析,套期保值者应选择交割日期与套期保值结束日尽量接近、并在结束日后交割的股指期货合约。考虑到IFX402的交割日为2月21日,而套期保值结束日为2月19日,基金经理最终选择了20×4年2月份到期的股指期货合约IFX402作为套期保值工具,且在整个套保期间不再更换期货合约。

(3) 各种策略下套期保值工具头寸的确定。

为对比不同套期保值策略的效果,详细分析基差风险及参数动态调整给套期保值结果带来的影响,本案例构建了四种套期保值策略:基于(3.3.23)最优套保份数的静态套保策略(下文简称策略1)、基于(3.3.22)最优套保份数的静态套保策略(下文简称策略2)、基于(3.3.23)最优套保份数的动态套保策略(下文简称策略3)、基于(3.3.22)最优套保份数的动态套保策略(下文简称策略4)。下面依次对这四种策略的套期保值工具头寸确定进行介绍。

a) 策略1套期保值工具头寸的确定。

首先,(3.3.23)中的β_s可以利用实证模型(3.3.20)以及最小二乘法估计得到。本案例中,估计样本选用过去一个月,即20×3年12月17日—20×4年1月17日的股票资产组合日收益率、沪深300指数日收益率[④],估计得到$\hat{\beta}_s = 0.9120$。

其次,(3.3.23)中的P_s和P_f按照1月17日相应资产的收盘价计算得到。经查询,

---

① 20×4年1月17日为星期五,因而套期保值策略的起始日为随后的星期一,即1月20日。

② 股指期货合约具体的交割日期,为到期月份的第三个星期五,交割日为国家法定假日或因异常情况等原因未实现交割的,顺延到下一个交易日进行交割。

③ 这里,IFX402表示具体的期货合约代码,其中"IF"为沪深300股指期货的代码,"X4"表示20×4年的后两位数字,"02"表示到期月份为2月份。

④ 由于这里仅使用了一个月的样本期,而无风险利率在短期内基本不发生变化,所以参数估计时假定r_{free}为常数。另外,这里选用一个月作为样本期,主要是考虑到套期保值的期限也为一个月。

1月17日五只股票的收盘价如表3.3.2所示，IFX402股指期货的收盘点数为2182.8，因而股票资产组合的价值为 $P_s = 91\,042.88$ 万元，单份股指期货合约的价值为 $P_f = 65.48$ 万元[①]。

根据上述计算值以及(3.3.23)，风险主体在1月20日构建套期保值组合时应选择的最优套期保值份数为

$$H^* = -\hat{\beta}_s P_s / P_f = -\frac{0.912\,0 \times 91\,042.88}{65.48} = -1\,267.99 \quad (3.3.24)$$

由于市场上只能开仓整数份的期货合约，因此策略1中基金经理应做空1 268份IFX402股指期货合约为股票资产组合多头进行套期保值。

b) 策略2套期保值工具头寸的确定。

首先，(3.3.22)中 β_s、P_s 和 P_f 的估计方法与策略1相同，即 $\hat{\beta}_s = 0.912\,0$、$P_s = 91\,042.88$ 万元、$P_f = 65.48$ 万元。

其次，(3.3.22)中 ρ、σ_m 和 σ_f 的估计依然使用过去一个月的数据，即用过去一个月沪深300指数日收益率的标准差作为 σ_m 的估计值，用过去一个月沪深300股指期货日收益率的标准差作为 σ_f 的估计值，用过去一个月沪深300指数日收益率和沪深300股指期货日收益率的相关系数作为 ρ 的估计值。最终得到 $\hat{\sigma}_m = 0.044\,3$，$\hat{\sigma}_f = 0.040\,5$，$\hat{\rho} = 0.966\,9$。

根据上述计算值以及(3.3.22)，风险主体在1月20日构建套期保值组合时应选择的最优套期保值份数为

$$H^* = -0.912\,0 \times \frac{91\,042.88}{65.48} \times \frac{0.966\,9 \times 0.044\,3}{0.040\,5} \approx -1\,339 \quad (3.3.25)$$

因此策略2中基金经理应做空1 339份IFX402股指期货合约为股票资产组合多头进行套期保值。

c) 策略3套期保值工具头寸的确定。

不同于策略1的静态套期保值，这里需要对(3.3.23)中的 β_s 进行动态估计，具体采用滚动时间窗口法，即每个交易日收盘时，利用包含当天的过去一个月的样本数据，按照策略1的估计方法重新对 β_s 进行估计，例如1月21日收盘时，利用20×3年12月19日—20×4年1月21日[②]的数据估计 β_s，并利用该估计值计算1月22日的最优套期保值份数。

尽管每个交易日收盘时，都可以按照上述方法计算出一个新的 β_s 与 H^*，但考虑到若每天按照 H^* 高频率地调整期货仓位，套期保值策略将承担很高的交易成本，实务中一般不能如此操作。因而，本案例设定动态调整期货仓位的阈值为当前持仓量的20%，即只有当基于最新信息计算出的最优套保份数相比于当前策略选用的套保份数

---

① 股指期货的合约价值为报价点数乘以合约乘数。合约乘数指的是每个指数点对应的人民币金额，沪深300股指期货的合约乘数为300。

② 滚动时间窗口法需要固定样本长度，20×3年12月19日(含)—20×4年1月21日(含)，共23个交易日，与策略1中使用的一个月(23个交易日)长度一致。

变动率超过 20%①,套期保值策略才会按照最新的套保份数调整期货仓位。

按照上述方法,基金经理在整个套期保值过程中要进行 1 次调仓,即 20×4 年 2 月 11 日多做空 300 份期货合约,将最初的 1 268 份空头 IFX402 期货合约调整为 1 568 份空头 IFX402 期货合约。

d) 策略 4 套期保值工具头寸的确定。

策略 4 需要对(3.3.22)中的 β_s、ρ、σ_m 和 σ_f 同时进行动态估计。其中,β_s 的动态估计方法与策略 3 一致;ρ 的动态估计需要用到 BEKK 模型等较为复杂的估计模型②,且估计结果不一定准确,另外考虑到 ρ 在未来一个月内变化不大,因而这里直接选取策略 2 中的估计结果作为 ρ 的估计值,即 $\hat{\rho}=0.9669$。

对于 σ_m 和 σ_f 的动态估计,本案例选用 GARCH 模型。具体而言,经过对沪深 300 指数日收益率 r_m 和沪深 300 股指期货日收益率 r_f 的特征分析可知,使用 GARCH(1, 1) 模型能较好地预测两个收益率的波动率变化情况,因而选用如下模型③并采用滚动时间窗口法对两个收益率在套期保值期间的波动率进行预测:

$$r_t = \mu + \varepsilon_t, \ \varepsilon_t \sim N(0, \sigma_t^2)$$
$$\sigma_t^2 = w + \alpha \sigma_{t-1}^2 + \beta \varepsilon_{t-1}^2 \tag{3.3.26}$$

下面以 1 月 21 日收盘时预测 r_f 在 1 月 22 日—2 月 19 日的波动率 σ_f 为例,详细说明预测方法。套期保值结束日之前,每个交易日收盘时,σ_m 和 σ_f 的预测均与下述方法一致。

1 月 21 日收盘时,选择 20×3 年 12 月 19 日—20×4 年 1 月 21 日的沪深 300 股指期货日收益率估计模型(3.3.26),得到

$$r_{f,t} = -0.0019 + \varepsilon_t, \ \varepsilon_t \sim N(0, \sigma_t^2)$$
$$\sigma_t^2 = 6 \times 10^{-6} + 0.9 \sigma_{t-1}^2 + 0.05 \varepsilon_{t-1}^2 \tag{3.3.27}$$

进而,利用上述模型预测 1 月 22 日—2 月 19 日每日的收益率方差,将所有的预测值加总便得到了套期保值期间股指期货收益率 r_f 的方差预测值,对该预测值开根号,即为 1 月 22 日—2 月 19 日期间股指期货波动率的预测值 $\hat{\sigma}_f$。

得到了(3.3.22)中每个参数的预测值后,便可计算出每个交易日的最优套期保值份数,进而根据策略 3 的股指期货调仓方法可知,基金经理在整个套期保值过程中要进行 1 次调仓,调仓日期同样是 20×4 年 2 月 11 日,仓位应从 1 287 份空头合约④调整为 1 622 份空头合约。

3. 套期保值策略的结果分析

下文分别给出四种套期保值策略在 2 月 19 日套期保值结束日的总盈亏。因为基金

---

① 调仓阈值的设定要权衡实际的交易成本以及套期保值的需求,若交易成本较高则要调高阈值以降低交易频率,若追求较高的套期保值策略有效性,则应调低阈值以增加调仓频率。
② 参见本书作者所著《金融风险管理(第二版)》附录(张金清,2011)。
③ 对该模型具体估计方法以及每个参数具体含义的介绍较复杂,这里不再详细展开,有兴趣的读者可以参考时间序列分析相关书籍。
④ 需要注意,初始仓位为 1 287 份空头合约,与策略 2 的 1 339 份空头合约并不相同,这是因为策略 4 初始时刻便使用 GARCH 模型对套期保值期间沪深 300 指数及沪深 300 股指期货的波动率 σ_m 和 σ_f 进行估计。

经理的套期保值目标是对冲股票资产组合中的系统性风险,因而套期保值策略的总盈亏为股票资产组合受系统性风险影响的价值变化与策略中期货头寸价值变化之和,前者可以利用 $P_s\beta_s r_m$ 计算,其中 P_s 为股票资产组合的初始价值 91 042.88 万元, r_m 为套期保值期间沪深 300 指数的收益率, β_s 为套期保值期间股票资产组合的实际系统性风险,可以利用套期保值期间资产组合的收益率与沪深 300 指数收益率估计得到 $\beta_s = 1.070\,1$。

(1) 策略 1 的结果分析。

20×4 年 1 月 17 日沪深 300 指数的收盘点数为 2 178.5,2 月 19 日沪深 300 指数的收盘点数为 2 308.7,因而套期保值期间沪深 300 指数的收益率 $r_m = 5.89\%$,资产组合中由系统性风险影响的价值变动为 91 042.88×1.070 1×5.98% = 5 826.01 万元。

另一方面,IFX402 合约在 1 月 20 日的结算点数为 2 184.2,在 2 月 19 日的结算点数为 2 300.6,基金经理以上述结算点数^①开仓、平仓,做空 1 268 份股指期货合约,则套期保值期间这部分股指期货头寸带来的价值变动为(2 300.6−2 184.2)×(−1 268)×300/10 000 = −4 427.86 万元。

将上述两方面的价值变动加总可得,策略 1 的总盈亏为 1 398.15 万元。

(2) 策略 2 的结果分析。

根据上述计算方法可得,套期保值期间策略 2 中股指期货头寸带来的价值变动为 −4 675.79 万元,策略的总盈亏为 1 150.22 万元。

(3) 策略 3 的结果分析。

根据前文给出的策略 3 中股指期货合约头寸变化情况,可以得到表 3.9。

表 3.9　策略 3 中股指期货合约头寸变化情况及盈亏结果

	期货合约头寸数	套保操作	结算点数	期货盈亏(万元)
20×4-01-20	−1 268	开仓	2 184.2	—
20×4-02-11	−1 568	调仓	2 277.6	−3 552.94
20×4-02-19	—	平仓	2 300.6	−1 081.92
期货头寸价值变化(万元)				−4 634.86

由于策略 3 包含动态调仓,策略中期货头寸的价值变化不能再用策略 1 中的方法计算,因而这里给出新的计算方法:为计算套期保值期间期货头寸的总价值变动,可以将每次仓位调整都视为一次"平掉之前仓位并开新仓位"的操作,即 2 月 11 日当天,先以结算点数 2 277.6 平掉 1 268 份空头合约,再以 2 277.6 点空头开仓 1 568 份合约。此时,平掉之前的仓位会带来投资损益,开新仓位没有损益,因而 2 月 11 日当天套期保值策略在期货上的盈亏为 −3 552.94 万元。同理,2 月 19 日平仓时期货带来的盈亏为 −1 081.92 万元。

将上述两个盈亏值加总,便得到了套期保值期间期货头寸的价值变化,即 −4 634.86

---

① 考虑到需要交易的股指期货合约头寸巨大,此处开仓、平仓的点数均采用交易当天的结算点数表示,即交易当天所有成交的点数按照成交量的加权平均点数进行。

万元。因此套期保值策略 3 的总盈亏为 1 191.15 万元。

（4）策略 4 的结果分析。

根据前文给出的策略 4 中股指期货合约头寸变化情况，以及策略 3 中给出的期货头寸价值变化计算方法，可以得到表 3.10。

表 3.10　策略 4 中股指期货合约头寸变化情况及盈亏结果

	期货合约头寸数	套保操作	结算点数	期货盈亏（万元）
20×4-01-20	−1 287	开仓	2 184.2	—
20×4-02-11	−1 622	调仓	2 277.6	−3 606.17
20×4-02-19	—	平仓	2 300.6	−1 119.18
期货头寸总价值变化（万元）				−4 725.35

根据上表可知，套期保值期间期货头寸总的价值变化为 −4 725.35 万元，因而 2 月 19 日套期保值策略 4 的总盈亏为 1 100.66 万元。

（5）四种策略的结果汇总。

表 3.11　四种股指期货套期保值策略的结果及有效性　　　　　　（单位：万元）

	未套保组合	策略 1	策略 2	策略 3	策略 4
资产组合受系统性风险影响的价值变化	5 826.01	5 826.01	5 826.01	5 826.01	5 826.01
期货头寸价值变化	—	−4 427.86	−4 675.79	−4 634.86	−4 725.35
策略总盈亏	5 826.01	1 398.15	1 150.22	1 191.15	1 100.66

注：策略总盈亏 = 资产组合受系统性风险影响的价值变化 + 期货头寸价值变化。

从表 3.11 可以看出，不进行套期保值时，系统性风险给股票资产组合带来的价值变化为 5 826.01 万元，套期保值策略 1 通过 1 268 份期货合约空头，将系统性风险的影响降至 1 398.15 万元，策略 2、策略 3 和策略 4 也都不同程度地减小了系统性风险带来的影响。可见，基于股指期货的套期保值策略能够实现对股票资产组合系统性风险的对冲。

4. 套期保值策略的有效性及影响因素分析

（1）股指期货套期保值策略的有效性分析。

为了更清楚地说明利用股指期货进行套期保值的效果，需要具体计算套期保值策略的有效性水平。根据基金经理的套期保值目标，本案例采用德尔塔比率度量套期保值策略的有效性，即

$$\text{德尔塔比率} = \frac{\text{期货公允价值或现金流量变动额}}{\text{现货公允价值或现金流量变动额}} \tag{3.3.28}$$

其中，"期货公允价值或现金流量变动额"指的是套保策略中的期货头寸价值变化绝对值，"现货公允价值或现金流量变动额"指的是股票资产组合受系统性风险影响的价值变化。可见，上述指标本质上是衡量期货合约在多大程度上抵消了该股票资产组合中因系统性

风险引起的价值变动。

根据上述指标计算方法,4 种套期保值策略的有效性结果如表 3.12 所示。

表 3.12　四种股指期货套期保值策略的有效性水平

	策略 1	策略 2	策略 3	策略 4
有效性	0.760	0.803	0.796	0.811

通过上表数据可以看到,四种套期保值策略的有效性均在 0.75 以上,即四种策略均在很大程度上实现了套期保值目标。具体一点,策略 2 相比于策略 1、策略 4 相比于策略 3 均考虑了基差风险可能带来的影响、并对应地调整了最优套期保值份数,所以策略 2 的有效性高于策略 1,策略 4 的有效性高于策略 3;同时,策略 3 相比于策略 1、策略 4 相比于策略 2,由于均考虑参数估计存在偏误的问题,并对最优套期保值份数公式中的参数进行了动态调整,所以,这种调整也明显提高了套期保值策略的有效性。

(2) 影响股指期货套期保值策略有效性的因素分析。

深入考察上述四种套期保值策略有效性水平的差异,可以发现影响股指期货套期保值策略有效性的因素主要包括:

第一,CAPM 理论在股票市场中的有效性。无论运用上述哪种策略进行套保活动,都是基于 β_s 的套期保值策略,均以 CAPM 理论在股票市场中成立为前提,而在现实中常常难以满足,因而使该策略的实际效果不尽如人意。

第二,参数估计的准确性。该局限性同样存在于上述四种套期保值策略中,例如本案例在 β_s 的估计中采用了静态估计与滚动窗口动态估计两种方法,而且结果表明采用滚动窗口的动态估计方法具有更好的套期保值效果。然而,在实际操作中这一结论并非总是成立。β 值在不同市场中、在同一市场的不同阶段,均可能表现出不同的变化特征。另外,设定不同的参数估计样本长度也会带来具有明显差异的结果。类似地,在动态套期保值中除了 β_s 的估计外,还有相关系数 ρ、市场组合方差 σ_m 及期货合约方差 σ_f 的估计,而这些参数是否估计准确会大大影响模型的有效性,不同的估计方法也可能带来差异显著的套保结果。

第三,基差风险的存在性。如前文所述,基差风险主要来源于两个方面:一是需要对冲的市场组合的收益率 r_m 与期货合约标的指数收益率 r_i 不一致,二是期货标的指数收益率 r_i 与期货合约收益率 r_f 变动不一致。其中,策略 1、3 均忽视了基差风险的存在,而策略 2、4 对此进行了一定的修正。但无论是哪种策略,都无法完全消除基差风险,只要期货合约收益率 r_f 与市场组合收益率 r_m 间的相关系数不为 1,那么基差风险就始终存在,完全套保目标也将无法完全实现。因此基差风险仍然是影响套期保值有效性的重要因素。

第四,期货合约的流动性。在动态套期保值策略中,套保者需要根据最新信息计算出每日最优套期保值份数,并判断是否要重新调整仓位。进行期货合约的平仓和开仓操作将存在合约流动性风险,即合约的流动性不足和交易成本等因素将给套期保值结果带来较大影响,从而导致期货套保策略的失效。

5. 案例总结

利用股指期货进行套期保值可以对冲股票市场的系统性风险,核心在于利用股指期货构建一个套期保值组合,使组合价值免受股票市场系统性风险的影响。值得注意的是,实际中股指期货套期保值策略的有效性还将受到模型的有效性、参数估计的准确性、基差风险的存在性、市场流动性等因素的影响,因此风险管理者在运用此方案之前需要对这些因素进行综合分析与评估。

(三) 股指期货套期保值展期策略分析

股票和债券不同,并没有明确的到期日,因而股票投资一般持续期较长,需要的往往也并非上述案例分析中1个月的短期套期保值,而是持续时间远远超过股指期货合约存续期的长期套期保值。为满足这类套期保值需求,本章第一节已经进行了简单说明,即风险管理者可以在当月股指期货合约临近到期时,平仓当月合约、构建下月合约头寸,借助这种不断"平旧续新"的展期操作实现套期保值目标。

相比于单期套期保值而言,展期套期保值在每一个展期时点都要分别对新旧合约进行开仓和平仓操作,因此展期套期保值除了要面临套期保值期间期货价格变动和现货价格变动的不确定性即基差风险外,还要面对每个展期时点新旧合约相对价差的不确定性,以及每个时点开仓、平仓带来的交易成本。

对于期货套保者来说,目的在于使期货合约在套期保值期间的价值变动能尽量抵消现货价值在此期间的变动值,从而实现套保目标。而展期策略在每个展期时点交易期货产生的盈亏,并不是套保目标的一部分,只是为了实现长期套保目标而不得不承担的损益。因此,套保者在实施展期套期保值策略时,一方面应尽量使得套期保值期间期货价值和现货价值的变动相抵消以实现套保目标,另一方面也应尽量增加每次展期操作的收益,从而降低套期保值总成本,实现更高效的套期保值策略。

1. 案例描述

假设前文的案例中,基金经理套期保值的目标不是1个月,而是6个月,即基金经理预期未来半年内股票市场很可能出现震荡下跌行情,希望尽量降低未来6个月股票市场系统性风险给投资收益带来的冲击。

根据上述情况,套期保值策略的新目标是从1月20日—7月18日[①],套期保值组合受股票市场系统性风险影响最小。

2. 解决方案设计

(1) 套期保值策略选择。

如前文所述,基金经理仍选择沪深300股指期货合约进行套期保值。目前,市场上可交易的股指期货产品总共有四个,分别是2月交割的IFX402、3月交割的IFX403、6月交割的IFX406以及9月交割的IFX409。其中,IFX406无法完全覆盖套期保值期限,IFX409虽能覆盖套期保值期限,但交割日期离套期保值结束日太远,容易给套期保值组合带来很高的基差风险;此外,由表3.13可知,IFX406和IFX409目前的合约总持仓量都比较小,即市场交易活跃度很小,交易时可能会面临更高的流动性冲击。

---

① 7月19日为星期六,因而选择7月18日作为套期保值结束日。

表 3.13　1 月 20 日四种股指期货合约的合约总持仓量

	IFX402	IFX403	IFX406	IFX409
合约开仓量（份）	73 155	34 233	11 195	354

这种情况下，基金经理计划利用套期保值展期策略以实现套期保值目标。套期保值展期策略的设计，关键是新合约的选择以及展期操作具体时点的选择，选择的标准是使得展期操作给套期保值组合带来的收益尽量最大，同时将展期风险控制在一定范围内。下面分别对此进行详细设计与分析。

（2）展期策略的合约选择。

一般而言，流动性不足的合约，交易中往往会出现难以寻找交易对手、流动性冲击过高等问题。为了防止展期操作失败、降低展期操作交易成本，套保者应尽量选择流动性最好的合约实现展期操作。图 3.3 展示了 20×3 年 7 月 1 日—20×4 年 1 月 17 日，交割日不同的各沪深 300 股指期货合约总持仓量占比。可以清晰地看到，当月合约与下月合约具有较强的流动性，两个季月合约的总持仓量则显著不足，存在流动性过低的问题，故基金经理在展期时平仓当月合约后，应开仓下月合约实现滚动套期保值。

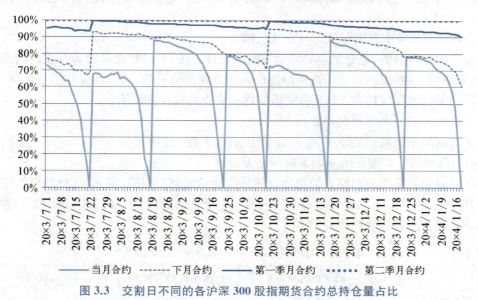

图 3.3　交割日不同的各沪深 300 股指期货合约总持仓量占比

（3）不同展期策略的展期时点选择。

a）固定日展期策略。

交割当天期货合约的价格一般会大幅波动，因而套保者通常会在交割日前 1—5 天进行平仓操作。本案例中，基金经理选择在当月合约的倒数第 3 个交易日进行平仓操作，并同时对下月合约进行开仓。这种固定展期时点的策略也称为"固定日展期策略"，该策略操作简单，但可能面临较大的价差风险。

b）流动性展期策略。

该策略中展期时点的选择与市场中不同合约的流动性直接相关。一般而言，流动性高的合约,交易成本相对较低且风险较小,因此当下月合约的流动性高于当月合约时,可以考虑进行"平旧续新"操作。如图3.3,合约的流动性通常用该合约的总持仓量占比衡量。相比于固定日展期策略,该策略能够有效减少展期操作带来的交割风险。

c) 价差展期策略。

当月合约与下月合约一般存在着价格上的差异(下文简称为"价差"),该价差具有均值回复特征,因而风险管理者可以借此设计价差展期策略,在展期过程中利用价差变化规律获利。具体而言,本案例中,基金经理持有股票组合多头并做空股指货合约,在当月合约的价格高于下月合约时(亦称为正向市场),展期时点选择应尽量减少展期的亏损;而在当月合约的价格低于下月合约时(亦称为负向市场),展期时点选择应尽量增加展期操作的收益。

据此,基金经理选择如下方案确定展期操作的时点:对当月合约存续期内的任意交易日 t,首先计算 t 时刻前 1 个月内当月合约与下月合约的价差,并计算价差的均值 μ_t 与标准差 σ_t;其次,若 t 时刻处于负向市场且交易日 t 的价差小于 $\mu_t - 1.5\sigma_t$,或 t 时刻处于正向市场且交易日 t 的价差大于 $\mu_t + 0.5\sigma_t$[①],则在 t 时刻展期;再次,若当月合约存续期内,价差一直没有达到上述阈值,则以下月合约的持仓量超过当月合约之时作为展期时点。

(4) 展期策略中套期保值工具头寸的确定。

本节的主要目的,是介绍不同展期策略的设计方法、策略收益及影响收益的因素。因此,为简便起见,各展期策略均选用静态的最优套期保值份数,具体计算方法与前文一致。最终得到基金经理应持有 1 268 份股指期货空头合约构建套保组合。

3. 套期保值展期策略的结果及影响因素分析

下面给出不同展期策略下,套期保值组合的展期收益情况。

(1) 股指期货套期保值展期策略的结果分析。

不同展期策略期初和期末的期货合约价值变动额完全相同,因此,三种展期策略的套保有效性完全一样,不同的只是各个展期时点上展期的总收益。表 3.14 展示了三种展期策略下套期保值者的展期收益情况。

表 3.14 套期保值期间不同展期策略的收益情况

	固定日展期策略	流动性展期策略	价差展期策略
展期总收益(万元)	−333.3	159.2	335.7

在本案例所考虑的套期保值期限中,期货在较长时期内处于负向市场,因而表 3.14 所示的结果中,固定日展期策略作为被动展期,将套保组合完全暴露于价差不确定的风险

[①] 之所以正向市场选择 $0.5\sigma_t$ 作为偏离标准,而负向市场选择 $-1.5\sigma_t$ 作为偏离标准,是因为:正向市场中,展期需要承担损失,因而越小的偏离标准越能够及时制止损失的扩大,0.5 倍的标准差意味着展期策略避免了 30% 左右的可能损失(这里假设价差服从正态分布,则 $\mu_t + 0.5\sigma_t$ 的概率约为 70%);负向市场中,展期可以获利,因而选择较大的偏离标准可以尽可能获得更多收益,-1.5 倍的标准差意味着展期策略只会错过约 7% 的可能收益。可见,偏离标准的选择,与风险管理者期望承担的损失或期望获得的收益的比例有关,实际操作中,风险管理者可以根据自身风险厌恶特征等自行决定展期策略的偏离标准。

之中,所以收益最低、效果最差;流动性展期策略出于降低交易成本和风险的目的,选择下月合约流动性超越当月合约时进行展期,相比于固定日展期而言,可以有效降低交易成本,但不一定能获得展期收益;价差展期策略则是在流动性展期策略的基础上,进一步考虑了价差的变动规律,从而利用价差的波动主动获取更高的收益。结果显示,该策略也确实是收益最高的。

(2) 套期保值展期策略收益的影响因素分析。

采用股指期货展期策略时,影响收益的因素主要包括以下三个方面。

第一,套期保值时的市场状态。上述案例中,期货长期处于负向市场,因而价差展期策略的收益较高,若套期保值时期货长期处于正向市场,则三种策略的收益可能会发生变化;此外,当期货合约价差出现极端变化时,价差展期策略更容易捕捉收益并将损失控制在一定范围内,因而价差展期策略可能更为有效。

第二,期货合约的流动性。本案例没有考虑展期操作给期货价格带来的流动性冲击,而实际操作中,若目标期货合约的流动性不足,展期策略将面临较高的交易成本,因而考虑流动性冲击时,流动性展期策略可能更为有效。

第三,展期时点的选择。价差展期策略虽然可以相机择时,但用于判断展期时点的阈值设定具有较强的主观性,且随着市场环境的变化能带来最大收益的阈值也会发生变化,因而想用该方法获得较好的展期收益并不容易。相比而言,固定日展期策略和流动性展期策略更容易掌握,展期收益受主观因素影响也更小。

4. 案例总结

利用股指期货展期策略,不仅可以实现期货头寸与现货头寸在期限上的匹配,从而延长套期保值期限,还可以在展期过程中获得额外收益。然而,由于我国市场上不同期限股指期货合约间价差波动较大,规律难以把握,且市场还处于成长期,使得交易过程中可能存在流动性不足、流动性冲击较大等问题。风险管理者在进行股指期货展期时,应综合考虑以上因素,依据自身要求制定合适的股指期货展期策略。

四、期货套期保值策略的评述

总的来说,基于期货的套期保值策略具有如下优点:

(1) 期货合约一般都是标准化的场内交易工具,具有较强的流动性和灵活性,并且信用风险很小;

(2) 期货合约是线性的衍生工具[①],便于量化分析,比其他策略具有更高的可操作性;

(3) 期货合约的履约成本比场外交易市场的等值交易要小得多,因此基于期货的套期保值策略还具有成本优势。

当然,基于期货的套期保值策略也难以避免如下缺陷:

(1) 需要对冲的风险因子往往与套期保值工具收益率不一致,基于期货的套期保值具有基差风险;

---

① 线性衍生工具,是指工具的价格变动和标的资产的变动之间存在线性关系。相对而言,非线性衍生工具是指期权等产品。

(2) 同远期合约一样,利用期货进行套期保值时,规避风险因子不利变动影响的同时,也将一些有利变动"拒之门外";

(3) 由于受到流动性的制约,期货合约一般期限较短,难以满足长期风险管理要求,而滚动套期保值不仅将带来较高的交易成本,还可能面临更多的基差风险。

第四节　基于互换的套期保值策略设计与案例分析

金融互换(下文简称"互换"),是指两个或两个以上的当事人按照约定的条件,在约定的时间内交换一系列现金流的金融交易。根据标的物的不同,互换可以分为利率互换、货币互换、股票互换、信用互换等,分别可以对冲利率风险、汇率风险、股票价格风险、信用风险等。

前几节所介绍的远期、期货合约基本都是单期合约,往往用于管理某一期现金流的风险。当风险管理者面临多期风险时,本节要介绍的基于互换的套期保值策略将发挥更大的作用。

一、互换套期保值策略的基本原理

互换可以看作一系列不同期限远期合约的加总,因此,使互换合约中每一期交换的现金流与套期保值者实际的现金流数量相等、方向相反,即可对多期现金流进行套期保值。

根据互换合约的定义和功能不难发现,基于互换的套期保值具有以下特点:

第一,灵活性强。互换合约是一种场外合约,只要双方愿意,互换的内容和形式都可以完全按照需要进行设计。

第二,套期保值双方实现"双赢"。在远期和期货交易中,一方的收益就意味着另一方的损失。而对于互换交易,由于比较优势的存在,合约双方各自从具有比较优势的市场融资,并进行现金流的交换,往往都可以获得额外收益,从而在整体上实现"双赢"。

第三,可一次性实现多期套期保值。与远期、期货相比,利用互换进行多期套期保值只需要签署一份合约,大大降低了风险管理的成本和难度,提高了套期保值的效果。

在明确了互换套期保值策略的基本原理后,下面将通过三个具体案例,对利率互换、货币互换和信用互换在套期保值中的应用予以说明。

二、利用利率互换进行套期保值的案例分析

(一) 利率互换概述

利率互换,即指合约双方交换固定利息和浮动利息的互换交易,在具体操作过程中通常只需支付利息差额,且名义本金并不参与交换。该互换实际上改变了合约双方现金流的风险收益特征。

2006年2月,中国人民银行发布《关于开展人民币利率互换交易试点有关事宜的通知》,开始试点人民币利率互换业务,随后国开行和光大银行完成了我国首笔利率互换交易。经过10年的发展,参与利率互换交易的备案机构从最初的39家增加到2016年7月

底的 182 家,互换本金的规模从 2006 年月平均不足 30 亿元增长到 2016 年 12 月的 1.1 万亿元[①]。

虽然自 2006 年以来我国的利率互换业务经历了十分迅速的发展,但由于起步较晚、基数较小,无论是从交易规模、交易品种还是市场参与者来看,我国的利率互换业务与国外相比还处于起步阶段。据国际清算银行数据[②]显示,截至 2016 年 12 月,全球场外衍生合约名义存量约为 483 万亿美元,其中利率衍生品名义本金总额就占到 368 万亿美元。可见,利率互换在我国仍具有广阔的发展空间。

下面通过光大银行和国开行的案例,说明如何利用利率互换对利率风险进行套期保值。

(二) 案例分析

1. 案例描述

2005 年年底,为了开拓房地产贷款市场,吸引客户,光大银行推出了长期固定利率住房抵押贷款。该抵押贷款政策预计最终将会给光大银行增加规模约为 50 亿元、期限为 10 年的人民币固定利率贷款现金流入。

光大银行风险管理部门对该政策进行风险评估后认为,由于光大银行的负债以短期浮动利率存款为主,长期固定利率住房抵押贷款的出现将导致资产负债的期限和计息方式不匹配,光大银行面临利率风险。对此,光大银行的风险管理部门决定,采取一定的风险管理策略规避资产和负债间的利率缺口带来的风险。

2. 解决方案设计

根据套期保值基本原理,为了对利率风险进行套期保值,光大银行应选择能带来浮动利率收益、收益的本金规模及期限与房地产抵押贷款规模和期限一致的套保工具。由于利率互换可以让交易者付出固定利息并收到浮动利息,且能一次管理多期现金流风险,光大银行计划利用利率互换合约作为套期保值工具。

为签订满足套期保值要求的利率互换协议,光大银行联系了国家开发银行(以下简称国开行)。国开行是我国一家国有政策性银行,为了配合国家宏观经济政策,支持经济发展和结构调整,国开行主要为公共基础设施、电力、公路、铁路等部门提供低息贷款,且贷款利率多为浮动利率贷款,但是该行的负债结构却以中长期债券为主,利率比较固定,而短期债券仅占 10% 左右。由于资产和负债在利率结构上不匹配,国开行也面临较高的利率风险,有套期保值需求,因而同意与光大银行签订利率互换协议,具体内容见表 3.15。

表 3.15 光大银行与国开行签订的利率互换协议

合约开始日	2006 年 3 月 1 日[③]
合约结束日	2016 年 1 月 1 日
利息支付频率	每年一次

---

① 数据来源于中国货币网,http://www.chinamoney.com.cn/index.html。
② 数据来源:http://www.bis.org/statistics/d5_1.pdf。
③ 实际上,该协议 2005 年年底便已签订好,并约定 2006 年央行同意开始人民币利率互换试点之后,协议生效,因而协议的开始日期是 2006 年 3 月。另外,为了案例展示方便,这里假定每年年初为协议约定的结算日。

续 表

利息支付时间	每年年初支付当年利息,即2006年3月1日、2007—2015年每年1月1日为利息支付日
名义本金	50亿元人民币
光大银行收取利率	一年期存款利率
光大银行支付利率	年利率2.95%
国开行收取利率	年利率2.95%
国开行支付利率	一年期存款利率
日期计算	实际天数/360

该利率互换过程中,现金流的支付情况如图3.4所示[①]。

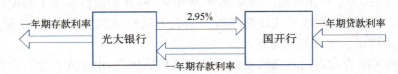

图3.4 光大银行与国开行签订的利率互换协议现金流动示意图

3. 套期保值者盈亏分析

(1) 固定利率支付方(光大银行)的盈亏分析。

假设第 t 个结算日到第 $t+1$ 个结算日间的实际天数为 D_t,则在第 t 个结算日,固定利率的支付方光大银行收取浮动利息 $CF^G_{r,t}=i_t \times D_t/360 \times 50$ 亿元人民币,支付固定利息 $CF^G_{p,t}=2.95\% \times D_t/360 \times 50$ 亿元人民币,净利息收入为

$$CF^G_{n,t}=CF^G_{r,t}-CF^G_{p,t}=(i_t-2.95\%) \times \frac{D_t}{360} \times 50 \text{亿元人民币} \qquad (3.4.1)$$

其中, i_t 是第 t 个结算日的一年期存款利率,50是名义本金额。

由上式可知,利率互换在每一结算日给光大银行带来的盈亏,取决于一年期存款利率的高低:若一年期存款利率>2.95%,光大银行的利息收入大于利息支出,在利率互换中盈利;若一年期存款利率<2.95%,光大银行的利息支出大于利息收入,在利率互换中亏损。

进一步,考虑光大银行有50亿元的短期存款需要定期支付浮动利息。通过利率互换进行套期保值后,光大银行在结算日 t 实际的利息支出为

$$CF^G_{H,t}=CF^G_{U,t}-CF^G_{n,t}$$
$$=i_t \times \frac{D_t}{360} \times 50 - (i_t-2.95\%) \times \frac{D_t}{360} \times 50$$
$$=2.95\% \times \frac{D_t}{360} \times 50 \text{亿元人民币} \qquad (3.4.2)$$

---

① 由于住房抵押贷款给光大银行带来固定的利息收入,国债给国开行带来固定的利息支出,两者均不影响光大银行与国开行的利率风险暴露,因而图3.4.1以及后文的分析不再考虑两者带来的影响。

其中，$CF_{U,t}^G$是不进行套期保值时，第t个结算日到第$t+1$个结算日之间光大银行支付的利息额。由(3.4.2)可知，通过利率互换协议，光大银行最终将自己每一期的浮动利息支出$CF_{U,t}^G$变为了固定利息支出，实现了风险管理目标。

（2）固定利率收入方（国开行）盈亏分析。

类似地，第t个结算日，固定利率收入方国开行通过利率互换协议收到利息$CF_{r,t}^D=2.95\%\times D_t/360\times 50$亿元人民币，支出利息$CF_{p,t}^D=i_t\times D_t/360\times 50$亿元人民币，净利息收入为

$$CF_{n,t}^D=CF_{r,t}^D-CF_{p,t}^D=(2.95\%-i_t)\times\frac{D_t}{360}\times 50\text{ 亿元人民币} \tag{3.4.3}$$

进一步，国开行每年会收到浮动利率贷款利息，利用利率互换进行套期保值后，国开行的实际利息收入为

$$\begin{aligned}CF_{H,t}^D&=CF_{U,t}^D+CF_{n,t}^D\\&=i_t^L\times\frac{D_t}{360}\times 50+(2.95\%-i_t)\times\frac{D_t}{360}\times 50\\&=(2.95\%+i_t^L-i_t)\times\frac{D_t}{360}\times 50\text{ 亿元人民币}\end{aligned} \tag{3.4.4}$$

其中，$CF_{U,t}^D$是国开行不进行套期保值时，第t个结算日到第$t+1$个结算日之间应收到的利息额；i_t^L是一年期贷款利率。由(3.4.4)可知，通过利率互换，国开行将自己每一期的浮动利息收入$CF_{U,t}^D$基本变为了固定利息收入，仅承担一年期存贷款利率差额$i_t^L-i_t$带来的利率风险。当一年期存贷款利率差额保持不变时，国开行也实现了风险中性的套期保值目标。

4. 套期保值策略结果分析

光大银行利用利率互换协议进行套期保值的结果如表3.16所示。同时，为了便于比较，表中也给出了互换对手方国开行的套期保值结果。

表3.16　利用利率互换协议进行套期保值的结果分析　　（单位：亿元人民币）

年/月	一年期存/贷款利率（%）	光大银行套保结果					国开行套保结果	
		$CF_{r,t}^G$	$CF_{p,t}^G$	$CF_{n,t}^G$	$CF_{U,t}^G$	$CF_{H,t}^G$	$CF_{U,t}^D$	$CF_{H,t}^D$
2006/03	2.25/5.76	0.956	1.254	−0.298	0.956	1.254	2.448	2.746
2007/01	2.52/6.30	1.278	1.495	−0.218	1.278	1.495	3.194	3.412
2008/01	4.14/7.56	2.105	1.500	0.605	2.105	1.500	3.843	3.238
2009/01	2.25/5.31	1.141	1.495	−0.355	1.141	1.495	2.692	3.047
2010/01	2.25/5.40	1.141	1.495	−0.355	1.141	1.495	2.738	3.092
2011/01	2.75/5.85	1.394	1.495	−0.101	1.394	1.495	2.966	3.067
2012/01	3.50/6.65	1.779	1.500	0.280	1.779	1.500	3.380	3.101

续 表

年/月	一年期存/贷款利率（%）	光大银行套保结果					国开行套保结果	
		$CF_{r,t}^G$	$CF_{p,t}^G$	$CF_{n,t}^G$	$CF_{U,t}^G$	$CF_{H,t}^G$	$CF_{U,t}^D$	$CF_{H,t}^D$
2013/01	3.00/6.15	1.521	1.495	0.025	1.521	1.495	3.118	3.092
2014/01	3.00/6.15	1.521	1.495	0.025	1.521	1.495	3.118	3.092
2015/01	2.75/6.00	1.394	1.495	−0.101	1.394	1.495	3.042	3.143

根据表 3.16 可知，从现金流变动角度来看，通过利率互换的套期保值，光大银行实际支出的利率水平均为 2.95%；对于国开行，由于所支付的存款利率与经营中收到的贷款利率变动不完全一致，套期保值后国开行的净现金流表现出一定的波动，但都保持在 2.74 亿—3.42 亿元区间内，即利率水平维持在 6.01%—6.74% 之间。

5. 套期保值策略有效性及影响因素分析

（1）套期保值策略的有效性分析。

根据光大银行和国开行的套期保值目标，借鉴本章第一节的（3.1.8），可以将套期保值策略的有效性设定为

$$HE = 1 - \frac{Var(CF_{H,t})}{Var(CF_{U,t})} \qquad (3.4.5)$$

其中，$Var(CF_{H,t})$ 和 $Var(CF_{U,t})$ 分别表示各期套保组合现金流 $CF_{H,t}$ 和各期末套保组合现金流 $CF_{U,t}$ 的方差；另外，为了保证数据的可比性，将第一期（2006 年 3 月）的现金流 $CF_{H,1}$ 和 $CF_{U,1}$ 转化为年化数据后再用于计算方差，转换方法即用表 3.16 中的原始数据乘以 365/306，其中 365 为 2006 年 1 月 1 日—2007 年 1 月 1 日的实际天数，306 为 2006 年 3 月 1 日—2007 年 1 月 1 日的实际天数。

根据表 3.16 可知，上述套期保值策略给光大银行带来的有效性约等于 1，给国开行带来的有效性为 0.877，这意味着两家银行均基本实现了各自的套期保值目标。其中，光大银行完全对冲掉自身的利率风险，国开行对冲掉大部分的利率风险，现金流仅受一年期存款利率和一年期贷款利率差额的影响。

（2）影响套期保值策略有效性的因素分析。

对利率互换双方来说，需要考虑套期保值对象和工具的现金流变化不完全相关引发的风险。利用利率互换进行套期保值的效果取决于利率互换的参考利率与套期保值对象所面临的浮动利率两者的相关性。当两种利率完全一致时，只要互换双方不违约，就能够实现风险中性的套期保值目标，如上例中的光大银行就成功地实现了完全套期保值；而当两种利率不一致时，只要两者具有较高的相关性，如上例国开行利用存贷款利率波动的高度相关性，也能实现较为理想的套期保值效果；但如果两者的相关性不强，当套期保值对象亏损时，可能会出现套期保值工具不能产生相应的现金流补偿的现象，从而会削弱套期保值策略的有效性。

此外，交易对手的信用风险也会影响基于利率互换的套期保值策略有效性，因在前文

已经介绍过,在此不做赘述。

6. 案例总结

本案例阐述了利用利率互换进行套期保值的具体方法,说明了合约参与方在这一交易中的盈亏情况,并对套期保值的结果及有效性进行了深入分析。实际操作中,均可按照这一系列步骤进行套期保值,同时可以根据具体情况进行调整。

三、利用货币互换进行套期保值的案例分析

(一) 货币互换概述

货币互换,是以不同货币计量的现金流的互换,主要用于对汇率风险的管理。当然,若交易过程不仅包含对本金的互换,还包含对本金所产生利息的交换,则货币互换还可以用于管理利率风险。

中国的货币互换业务经历了一个由监管机构推动到相应管制逐渐放松的过程。2005 年 8 月,中国人民银行允许商业银行对客户开办不涉及利息交换的"人民币与外币掉期业务"(下文简称为"外汇掉期")[①],但不涉及利息交换就无法完全对冲客户面临的汇率风险和利率风险,因此该业务的热度不高。2007 年,中国人民银行允许在银行间市场开办"人民币外汇货币掉期业务",即在约定期限内交换约定数量人民币与外币本金,同时定期交换两种货币利息的交易。2016 年,人民币外汇市场累计成交 20.3 万亿美元,其中,货币互换市场累计成交 10.1 万亿美元[②],货币互换业务得到了越来越广泛的应用。

与利率互换相比,货币互换具有如下特征:

(1) 货币互换通常涉及期末本金的交割,进行货币互换时做市商面临更高的信用风险;

(2) 货币互换的参与方通常来自不同的国家,彼此之间没有业务往来,在没有做市商的情况下,互换双方的信息不对称程度可能很高,而与做市商交易则有助于减少货币互换交易中的信息不对称成本。

(二) 案例分析

1. 案例描述

离岸人民币业务,是指中国境外的人民币存贷款业务。由于投资渠道匮乏,离岸人民币严重供大于求,造成点心债券[③]的融资成本很低,诸多在中国没有业务的企业也纷纷来到香港发行点心债券,继而将筹集到的人民币兑换为各自需要的货币,以减少融资成本。

20×1 年 6 月,A 公司在香港发行总额为 3 亿元人民币、票面利率 3%、每年付息两次、到期时间为 20×4 年 6 月的点心债券,并计划将募集到的人民币全部兑换为美元。然而,A 公司预期人民币未来升值可能较大,担心未来支付人民币利息与本金时可能遭受汇率损失,因而希望采取一定的套期保值策略对冲上述汇率风险。

[①] "人民币与外币掉期业务"或简称"外汇掉期"实际上是只交换本金而不涉及利息的货币互换业务,下文提到的"人民币外汇货币掉期业务"实际上是既交换本金也交换利息的货币互换业务。
[②] 数据来源:国家外汇管理局《2016 年中国国际收支报告》。
[③] 点心债券,指在香港发行、以人民币计价的债券,因发行规模小、供不应求而得名。

2. 解决方案设计

(1) 风险敏感性因子分析与套期保值工具的确定。

A 公司的多期利息支付均面临着人民币兑美元汇率波动的风险，即人民币升值时，A 公司需要支付更多美元以偿付点心债券的利息。结合风险管理目标，A 公司可以选择的套期保值工具有：外汇远期、外汇期货和货币互换。但是，一方面，前两种工具都不能满足 A 公司将人民币马上兑换成美元的需求，A 公司需要额外操作才能实现，而这又需要支付一笔不菲的手续费；另一方面，外汇远期和外汇期货都只能对冲一期的汇率风险，如果选择这两种工具，则 A 公司需要签订 6 份相应合约，这大大增加了 A 公司管理的难度。而货币互换正好满足了 A 公司即刻将人民币兑换成美元，同时对冲多期现金流汇率风险的需求。经过上述比较，A 公司决定使用货币互换对冲自身面临的汇率风险。

(2) 套期保值具体方案的确定。

A 公司找到银行 B 签订了一份货币互换协议，协议内容如表 3.17。

表 3.17 A 公司与 B 银行签订的货币互换协议

合约开始日	20×1 年 6 月 30 日
合约结束日	20×4 年 6 月 30 日
利息支付频率	每半年付息一次
利息支付时间	每年 6 月 30 日与 12 月 30 日，从 20×1 年 6 月—20×4 年 6 月（含）
名义本金	3 亿元人民币
协定汇率	6.50 元人民币/美元
初始、期末本金交换	有
A 公司支付美元利息	年利率 3.1%
A 公司收取人民币利息	年利率 3%
日期计算	180/360

上述货币互换在每一结算日的利息支付情况如图 3.5 所示。

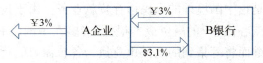

图 3.5 A 公司与 B 银行进行货币互换的现金流流动方向示意图

3. 套期保值者盈亏分析

(1) A 公司在货币互换协议上的盈亏分析。

期初，A 公司以 6.50 元人民币/美元的协定汇率与 B 银行进行本金互换，即 A 公司支付 3 亿元人民币并收取 4 615.38 万美元。期末，A 公司再以 6.50 元人民币/美元的汇率从 B 银行换回本金，即 A 公司支付 4 615.38 万美元并收回 3 亿元人民币。设期初的实际汇率为 e_0 元人民币/美元，期末的实际汇率为 e_T 元人民币/美元，则通过本金互换，A 公司

期初的盈亏为 $CF_0 = 4\,615.38 - 3 \times 10^4/e_0$ 万美元,期末的盈亏为 $CF_T = 3 \times 10^4/e_T - 4\,615.38$ 万美元。

每一个结算日,A 公司需要向 B 银行支付美元利息,同时收取 B 银行给出的人民币利息,用以偿还点心债券利息。因此,第 $t(t>0)$ 个结算日,货币互换给 A 公司带来的盈亏为

$$CF_t = CF_{r,t} - CF_{p,t}$$
$$= \frac{3\%}{e_t} \times \frac{180}{360} \times 3 \times 10^4 - 3.1\% \times \frac{180}{360} \times 4\,615.38$$
$$= \left(\frac{3\%}{e_t} - \frac{3.1\%}{6.5}\right) \times \frac{180}{360} \times 3 \times 10^4 \text{ 万美元} \quad (3.4.6)$$

其中,e_t 为结算日 t 人民币兑美元的实际汇率;$CF_{r,t}$ 为 A 公司收取的以美元计价的人民币利息;$CF_{p,t}$ 为 A 公司支付的美元利息。

(2) A 公司在套期保值活动中的盈亏分析及情景模拟。

不进行套期保值时,A 公司期初将人民币换为美元、期末将美元换为人民币,面临的盈亏为 $CF_U = (1/e_0 - 1/e_T) \times 3 \times 10^4$ 万美元(不考虑时间成本),且每个结算日需支付的利息为 $CF_{U,t} = CF_{r,t}$ 万美元,此时本金兑换、利息支出均受人民币兑美元汇率的影响。

借助货币互换进行套期保值后,A 公司在期初期末本金互换过程中损益为 0 $(= CF_U + CF_0 + CF_T)$,每个结算日实际的利息支出为 $CF_{H,t} = CF_{U,t} - CF_t = CF_{p,t}$ 万美元,根据(3.4.6)可知,实际利息支出不再受人民币兑美元汇率影响。

表 3.18 列示了某一情景下,A 公司利用货币互换进行套期保值的盈亏结果。此外,为了对比,表中还给出了 B 银行的盈亏情况。

表 3.18 A 公司利用货币互换进行套期保值的结果 (单位:万元)

年/月	汇率	A 公司的套期保值结果					B 银行盈亏 ($)
		货币互换现金流		利息与本金支出			
		$CF_{r,t}$	$CF_{p,t}$	$CF_{U,t}$ (¥)	$CF_{U,t}$ ($)	$CF_{H,t}$ ($)	
20×1/06	6.47	$4 615.38	¥3×10⁴	−3×10⁴	−4 636.79	−4 615.38	21.40
20×1/12	6.31	¥450	$71.54	450	71.32	71.54	0.22
20×2/06	6.32	¥450	$71.54	450	71.20	71.54	0.34
20×2/12	6.29	¥450	$71.54	450	71.54	71.54	0.00
20×3/06	6.18	¥450	$71.54	450	72.82	71.54	−1.28
20×3/12	6.10	¥450	$71.54	450	73.77	71.54	−2.23
20×4/06	6.83	¥450	$71.54	450	65.89	71.54	5.65
		¥3×10⁴	$4 615.38	3×10⁴	4 392.39	4 615.38	2 23.00

注:B 银行收益 $= CF_{H,t}(\$) - CF_{U,t}(\$)$。

表 3.18 显示:第一,运用基于货币互换的套期保值策略,A 公司成功地将人民币利息支出 450 万人民币/半年转化为固定的美元利息支出 71.54 万美元/半年,并将期初期末

的本金兑换固定在 6.5 人民币/美元的汇率上，可见通过货币互换，A 公司实现了自己的套期保值目标。

第二，B 银行期初在货币互换上获得了 21.4 万美元的收益；协议执行过程中，B 银行承担了 A 公司转移过来的汇率风险，因而每一结算日收益有正有负；期末，由于人民币大幅贬值，B 银行还得到了 223 万美元的本金兑换收益。

4. 套期保值策略的有效性分析

(1) 利用货币互换进行套期保值的有效性分析。

A 公司的套期保值目标是令套期保值组合保持汇率风险中性，由表 3.18 可以看出，利用货币互换进行套期保值后，$CF_{H,t}$ 一列中利息为恒定的 71.54 万美元，且期初收到的本金额等于期末支出的本金额，因而整个套期保值期间套保组合不受汇率风险影响，A 公司能够完全实现套期保值目标，套期保值策略有效。

(2) 影响货币互换套期保值策略有效性的因素分析。

影响货币互换套期保值有效性的因素与利率互换十分类似，相关分析参见利率互换部分。此外，由于货币互换一般涉及本金的交换，所以货币互换面临较大的交易对手信用风险，这会降低基于货币互换进行套期保值的有效性。不仅如此，在利用货币互换进行套期保值时，互换的参与者还将面临国家风险，即由于外国政府行为的不确定变化而导致经济主体未来收益的不确定性，如主权国家的外汇管制等。我国就曾长时间对货币互换中的互换利率有所约束，这在一定程度上影响了货币互换业务的有效运行。因此，在利用货币互换进行套期保值时，还需要对复杂的国际环境进行预测。

5. 案例总结

根据上述案例可知，利用货币互换合约进行套期保值时，合约双方通过期初本金交换、期间利息交换、期末本金换回三个步骤，使自身面临的汇率风险得以锁定。利用货币互换进行套期保值的有效性受诸多因素的影响，如互换对手的违约风险、主权国家的货币管制风险等，因此在利用货币互换进行套期保值时需要对这些因素进行全面考量。

另外，还有一点值得注意：本案例考察的是期限较长的货币互换，因而涉及不同货币之间的利息交换。但现实中，期限较短的外汇掉期也是企业用来对冲汇率风险的常用工具。在交易时，外汇掉期合约事先规定了期初的买入汇率和期末的卖出汇率，银行通过赚取汇率的价差获利，企业则实现了对短期汇率风险的完全规避。

四、利用信用互换进行套期保值的案例分析

(一) 信用互换概述

信用互换，可以将标的资产的信用风险从该资产所包含的其他风险中剥离出来，且互换过程中现金流的支付、互换合约的终止都与违约事件相关联。信用互换的基本工具主要有信用违约互换和总收益互换两种形式，下面分别予以介绍。

1. 信用违约互换

在信用违约互换(credit default swap，CDS)过程中，CDS 的买方向 CDS 的卖方定期支付一定的费用，以换取卖方对参考资产(reference assets)或参考实体(reference entity)

的信用保护；当参考资产或参考实体发生双方约定的信用事件（credit event）[①]时，卖方须向买方支付一定金额的补偿[②]，而买方需支付上一个费用支付日到信用事件发生日之间的费用，信用违约互换合约也随之结束。信用违约互换的过程可以用图3.6表示。

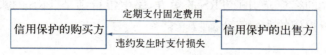

图3.6 信用违约互换的过程示意图

信用违约互换在中国起步较晚。2010年10月，信用风险缓释合约（CRMA）和信用风险缓释凭证（CRMW）两种信用风险缓释工具在我国开始试点。2016年9月23日，中国银行间市场交易商协会发布了《银行间市场信用风险缓释工具试点业务规则》，在原有的CRMA和CRMW的基础上，推出了信用违约互换、信用联结票据两项新产品。其中，信用违约互换，是盯住参考实体相关债务的信用风险、由卖方为买方提供风险损失保护的双边合约；信用联结票据是附有现金担保的信用违约互换产品。这也标志着中国版CDS终于落地。

2.总收益互换

总收益互换（total revenue swap，TRS）中，信用保护的购买方向卖出方支付标的资产的总收益，包括利息和资本利得[③]，信用保护的卖出方则支付一笔以约定利率计算的利息给互换的买方，如在Shibor的基础上增加一定价差；此外，同信用违约互换一样，当标的资产发生双方约定的信用事件时，总收益互换合约终止。图3.7表示了一个总收益互换的过程。

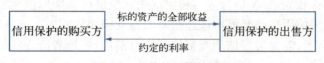

图3.7 总收益互换的过程

总收益互换和信用违约互换的区别在于：第一，从合约卖方的现金流特征上看，总收益互换的卖方每一期都要支出和收取现金流，而信用违约互换的卖方平时只收取现金流，只有信用事件发生时才需支出现金流；第二，总收益互换交换了包含信用风险在内的资产的全部风险，而信用违约互换仅交换了标的资产的信用风险。

我国市场上，总收益互换多以理财产品的形式出现，具有代表性的是民生银行于2013年8月份首次推出的"中国民生银行信用挂钩总收益互换产品"，主要的运作方式如

[①] 常见的信用事件包括：金融资产的债务方破产清偿、债务方无法按期支付利息或本金、债务方违规招致的债权方要求召回债务本金和要求提前还款、债务重组等。

[②] 违约偿付方式主要包括"实物交割"与"现金交割"两种。"实物交割"是指信用事件发生时，信用保护的买方获得了以面值全额向信用保护的卖方出售参照债券的权利；而"现金交割"是指信用事件发生时，信用保护的卖方以现金补齐信用保护买方的资产损失。

[③] 这里的资本利得，主要是指信用事件发生时，债券给信用保护购买方带来的损失。信用保护的购买方将损失转移给信用保护的出售方，实际上就是信用保护出售方向信用保护购买方给予损失补偿。该资本利得一般是在信用事件发生时一次性支付。

图 3.8 所示。银行从客户处募集理财资金,将资金投资于定期存款产品,进而利用该笔存款构造 TRS 协议:一方面为银行投资的非标准化债权资产(简称"非标资产")提供质押担保;另一方面将利息较低的定期存款收益互换为非标资产的高利息收益。本质上,购买民生银行理财产品的客户充当了 TRS 的卖方,民生银行则是 TRS 的买方,而 TRS 的标的资产是民生银行投资的非标资产。

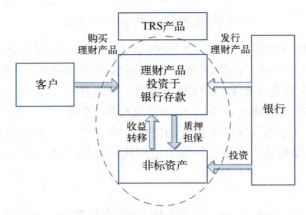

图 3.8　民生银行总收益互换理财产品结构图

(二) 信用互换参与方的成本收益分析

投资者 A 持有一份本金为 M、期限为 N 年、票面利率为 R、每年付息两次的债券。为简便起见,假设该债券只会在付息日违约,且第 t 个付息日该债券的违约概率为 p_t,市场价格为 P_t。那么投资者 A 是否应当利用信用互换进行套期保值呢?为规避债券信用风险,究竟是应购买信用违约互换协议还是总收益互换协议呢?

为回答上述问题,需要考察信用互换协议签订前后,投资者所面临的现金流及风险状况变动,具体分析如下:

1. 参与信用违约互换的成本收益分析

投资者 A 参与信用违约互换的成本,即为合约约定的投资者每一付息日应支付的保费 c。对第 t 个付息日而言,不管当期是否发生信用事件,按照合约规定,投资者 A 都应支付当期保费,因而第 t 个付息日的预期成本为

$$Cost_t = \prod_{i=1}^{t-1}(1-p_i) \times c \tag{3.4.7}$$

其中,$\prod_{i=1}^{t-1}(1-p_i)$ 是第 t 个付息日之前债券未发生违约的概率。因此,投资者 A 参与信用违约互换的预期总成本,可由上述每一期成本的现值之和计算得到

$$Cost_{CDS} = \sum_{t=1}^{2N} \frac{Cost_t}{(1+r/2)^t} = \sum_{t=1}^{2N}\left[\frac{c}{(1+r/2)^t}\prod_{i=1}^{t-1}(1-p_i)\right] \tag{3.4.8}$$

其中,r 为年化贴现率。

投资者 A 付出成本购买了信用违约互换协议,则信用事件发生后,A 可以获得信用

违约互换卖出方给予的补偿,而这可以看作信用违约互换给投资者带来的收益,具体为①

$$Revenue_{CDS} = \sum_{t=1}^{2N} \left[\frac{(M-P_t) \times p_t}{(1+r/2)^t} \prod_{i=1}^{t-1} (1-p_i) \right] \quad (3.4.9)$$

可见,若信用违约互换的收益 $Revenue_{CDS}$ 大于成本 $Cost_{CDS}$,投资者 A 可以考虑利用信用违约互换进行套期保值。需要说明的是,这种情况下,投资者 A 的交易对手方看似是亏损的,实则不然:投资者 A 与交易对手获取的信息不同,对信用事件发生概率 p_t 的判断也就不尽相同,因而在 A 看来信用违约互换的收益大于成本,但在交易对手看来,可能是成本大于收益,因而仍可能参与该笔交易。

2. 参与总收益互换的成本收益分析

投资者 A 参与总收益互换,相当于换出了债券的全部盈亏,并在每个付息日获得了上一个付息日确定的利率 $Shibor+i$ 对应的利息。因此,A 参与总收益互换的预期成本,为合约到期或信用事件发生前(包括信用事件发生当期)债券的利息,类比于信用违约互换的成本可得

$$Cost_{TRS} = \sum_{t=1}^{2N} \left[\frac{M \times R/2}{(1+r/2)^t} \prod_{i=1}^{t-1} (1-p_i) \right] \quad (3.4.10)$$

相应地,A 参与总收益互换的预期收益,为合约到期或信用事件发生前(包括信用事件发生当期),A 每一期获得的合约约定浮动利息,以及信用事件发生日 A 得到的债券资本利得补偿,即

$$Revenue_{TRS} = \sum_{t=1}^{2N} \left[\frac{M \times (Shibor_{t-1}+i)/2 + (M-P_t) \times p_t}{(1+r/2)^t} \prod_{i=1}^{t-1} (1-p_i) \right]$$

$$(3.4.11)$$

其中,$Shibor_{t-1}$ 表示第 $t-1$ 期的 6 个月 Shibor 利率,i 为合约约定的信用利差;$M-P_t$ 表示债券违约后,债券市场价格下跌给投资者 A 带来的资本利得损失额②,由总收益互换的卖方在标的资产违约当期补偿给投资者。

与信用违约互换相同,若总收益互换的收益 $Revenue_{TRS}$ 大于成本 $Cost_{TRS}$,投资者 A 可以考虑利用总收益互换进行套期保值。

3. 信用违约互换与总收益互换的选择

投资者 A 应使用信用违约互换还是总收益互换进行信用风险管理,最终主要取决于两种信用互换工具的净收益(即收益减成本)大小。若信用违约互换的净收益 $Revenue_{CDS} - Cost_{CDS}$ 大于总收益互换的净收益 $Revenue_{TRS} - Cost_{TRS}$,则投资者 A 应选择信用违约互换构建套期保值组合;反之,投资者 A 应选择总收益互换进行风险管理。

实务中,若想通过上述成本收益分析确定具体的信用风险管理工具,投资者 A 应具

---

① 简便起见,本书均假定信用违约互换中,交易对手方应偿付的金额,为违约事件发生后债券面额与债券市场价格的差额,即前文介绍信用违约互换时提到的"实物交割"条款。不过实务中,信用违约互换偿付金额的确定更为复杂。

② 与信用违约互换相同,这里简单地假设信用事件给投资者 A 带来的损失,为债券面额与债券市场价格的差额。实务中,可以利用债券未来各期现金流贴现得到的价值与债券的市场价格之差,来计算投资者 A 的损失额。

备准确的信息,包括债券每一时刻的违约概率 p_t 以及市场价格 P_t,但这往往并不现实。更简便的选择方法是:若相比于承担一定的利率风险,投资者 A 更愿意定期支付一笔费用,则应选择信用违约互换;反之则应选择总收益互换。为充分比较两种信用互换工具的风险管理能力,下文的案例分析中对利用信用违约互换套期保值和利用总收益互换套期保值两种方案均进行了分析。

(三)案例分析

1. 案例描述

20×6 年,A 银行通过对 B 公司的信贷及还款情况进行分析后发现,从 20×7 年开始,B 公司将进入一个还款高峰期,A 银行认为这将给贷款业务带来信用风险。目前,B 公司在 A 银行的贷款余额为 1 亿元人民币,贷款剩余期限 3 年,贷款利率为 10%,每年 2 月 17 日为 B 公司的利息支付日。

若 A 银行仅希望规避该贷款的信用风险,而不愿意放弃对该笔贷款的所有权,那么 A 银行该采取何种措施实现风险管理目标呢?

2. 解决方案设计

与利率互换、货币互换的分析方式一致,经过对风险因子的分析可知,A 银行应使用以 B 公司为参照实体的信用互换进行风险管理。互换市场中,C 银行认为 B 公司具有政府背景因而信用等级较高,违约的可能性不大,因此非常愿意承担 B 公司贷款的信用风险。A 银行可以通过与 C 银行达成以下信用互换协议实现套期保值目标。

方案一:利用信用违约互换对信贷风险进行套期保值

A 银行买入 1 亿元人民币 3 年期 B 公司的信用违约互换协议,向 C 银行支付固定费用以换取 B 公司违约时 C 银行给予的补偿。该信用违约互换协议的具体内容如表 3.19 所示。

表 3.19 信用违约互换协议的具体内容

合约开始日	20×6 年 2 月
合约结束日	20×9 年 2 月或信用事件发生日
参照实体	B 公司
参照债券面额	1 亿元人民币
固定费用支付频率	一年一次
固定费用支付时间	每年 2 月 17 日,从 20×7 年 2 月 17 日(包括)至合约结束
固定利率	1.20%
偿付方式	现金交割
信用事件	金融资产的债务方破产清偿、债务方无法按期支付利息、债务方违规招致的债权方要求召回债务本金和要求提前还款、债务重组

方案二:利用总收益互换对信贷风险进行套期保值

A 银行与 C 银行签订 3 年期总收益互换协议,用持有的 B 公司贷款的所有损益与 C 银行交换 Shibor+4.5% 的收益,从而将有信用风险的 B 公司贷款收益转化为无信用风险的浮动利率收益。该总收益互换协议的具体内容如表 3.20 所示。

表 3.20　总收益互换协议的具体内容

合约开始日	20×6 年 2 月 17 日
合约结束日	20×9 年 2 月 17 日或信用事件发生日
参照实体	B 公司
交换频率	一年一次
交换时间	每年 2 月 17 日，从 20×7 年 2 月 17 日（包括）至合约结束
A 银行每期支付	B 公司 1 亿人民币贷款的利息收入
A 银行每期收入	本金 1 亿元人民币、以一年期 Shibor＋4.5％计息的利息＋信用事件发生日贷款市场价值变动
信用事件	金融资产的债务方破产清偿、债务方无法按期支付利息、债务方违规招致的债权方要求召回债务本金和要求提前还款、债务重组

3. 套期保值者盈亏分析

（1）A 银行利用两种信用互换进行套期保值的盈亏分析。

根据(3.4.7)至(3.4.9)以及表 3.19 可知，A 银行利用信用违约互换进行套期保值的盈亏见表 3.21。

表 3.21　A 银行利用信用违约互换进行套期保值的盈亏分析

时　间	A 银行的盈亏情况
利息支付日	支出 $CF_p^{CDS} = 1.2\% \times 1$ 亿元人民币
信用事件发生日 t	收入 $CF_{r,t}^{CDS} = 1 - P_t$ 亿元人民币 支出 $CF_{p,t}^{CDS} = 1.2\% \times (D_t/365) \times 1$ 亿元人民币

注：P_t 是信用事件发生后，B 公司 1 亿元贷款的市场价格；D_t 是信用事件发生日 t 到上一个付息日之间的时间差。

利用总收益互换进行套期保值时，由(3.4.10)、(3.4.11)及表 3.20 知，A 银行的盈亏情况见表 3.22。

表 3.22　A 银行利用总收益互换进行套期保值的盈亏分析

时　间	A 银行的盈亏情况
利息支付日	收入 $CF_r^{TRS} = (Shibor + 4.5\%) \times 1$ 亿元人民币 支出 $CF_p^{TRS} = i^B \times 1$ 亿元人民币
信用事件发生日 t	收入 $CF_{r,t}^{TRS} = (Shibor + 4.5\%) \times (D_t/365) \times 1 + (1 - P_t)$ 亿元人民币 支出 $CF_{p,t}^{TRS} = i^B \times (D_t/365) \times 1$ 亿元人民币

注：$Shibor$ 为上一个利息支付日的一年期利率；i^B 为 B 公司在 A 银行的年化贷款利率；P_t 是信用事件发生后，B 公司 1 亿元贷款的市场价格；D_t 是信用事件发生日 t 到上一个付息日之间的时间差。

（2）套期保值活动总盈亏的情景模拟。

为了更清楚地了解信用违约互换及总收益互换的套期保值效果，下面分别讨论 B 公司在合约期内不发生信用事件、发生信用事件两种情况下，套期保值策略的实施结果。

情形一：合约期限内 B 公司未发生信用事件

若合约期限内 B 公司未发生信用事件，两种套期保值方案给银行 A 带来的结果如表 3.23 所示。

表 3.23　A 银行对 B 公司贷款进行信用风险套期保值的结果分析

（单位：万元人民币）

年度	上一期 Shibor	利用信用违约互换进行套期保值				利用总收益互换进行套期保值			
		贷款本息偿还	CF_p^{CDS}	CF_r^{CDS}	套保总盈亏	贷款本息偿还	CF_p^{TRS}	CF_r^{TRS}	套保总盈亏
20×7	5.5%	1 000	120	0	880	1 000	1 000	1 000	1 000
20×8	6.2%	1 000	120	0	880	1 000	1 000	1 070	1 070
20×9	4.3%	11 000	120	0	10 880	11 000	1 000	880	10 880

注：套保总盈亏 = 贷款本息偿还 + $CF_r^{CDS/TRS}$ − $CF_p^{CDS/TRS}$。

根据表 3.23 不难发现，在 B 公司没有违约的情况下，利用信用违约互换进行套期保值，要求 A 银行每年支出 120 万元人民币的固定费用，而利用总收益互换时，A 银行的利息收入由 10% 的固定收入转换成 Shibor+4.5% 的浮动利率收入，且该浮动利率收入的大小并不受 B 公司是否违约的影响。

情形二：合约期限内 B 公司发生信用事件

假设 20×8 年 B 公司陷入债务危机，当年 10 月 1 日，B 公司宣布实行债务重组，并预计 20×9 年贷款到期时只能向 A 银行偿付包含利息的 2 800 万元贷款。此时，该笔贷款的市场价值仅为 2 500 万元人民币，信用违约互换和总收益互换的合约终止条款被触发。

根据表 3.21 和表 3.22 可知，A 银行在信用违约互换协议上的盈亏为

$$CF_{r,t}^{CDS} = 10\,000 - P_t = 7\,500 \text{ 万元}, \quad CF_{p,t}^{CDS} = 1.2\% \times D_t/365 \times 10\,000 = 74.3 \text{ 万元}$$

其中，$D_t = 226$ 天。A 银行在总收益互换协议上的盈亏为

$$CF_{r,t}^{TRS} = (Shibor + 4.5\%) \times D_t/365 \times 10\,000 + (10\,000 - P_t) = 8\,044.88 \text{ 万元},$$

$$CF_{p,t}^{TRS} = i^B \times D_t/365 \times 10\,000 = 619.18 \text{ 万元}$$

根据上述盈亏情况，两种方案的套期保值结果详见表 3.24。

表 3.24　A 银行对 B 公司贷款进行信用风险套期保值的结果分析

（单位：万元人民币）

时期 年/月/日	上一期 Shibor	利用信用违约互换进行套期保值				利用总收益互换进行套期保值			
		贷款本息偿还	CF_p^{CDS}	CF_r^{CDS}	套保总盈亏	贷款本息偿还	CF_p^{TRS}	CF_r^{TRS}	套保总盈亏
20×7/2/17	5.5%	1 000	120	0	880	1 000	1 000	1 000	1 000
20×8/2/17	6.2%	1 000	120	0	880	1 000	1 000	1 070	1 070
20×8/10/1	4.3%	0	74.3	7 500	7 425.7	0	619.18	8 044.88	7 425.7
20×9/2/17	—	2 800	0	0	2 800	2 800	0	0	2 800

注：套保总盈亏 = 贷款本息偿还 + $CF_r^{CDS/TRS}$ − $CF_p^{CDS/TRS}$。

表 3.24 表明,信用事件发生前,信用违约互换与总收益互换给 A 银行带来的盈亏与情形一相同。信用事件发生后,如果 A 银行利用信用违约互换进行套期保值,则需支付上一个付息日至信用事件发生日的应计费用 74.3 万元,同时获得 C 银行偿付的该信用事件的损失值 7 500 万元;而如果 A 银行利用总收益互换进行套期保值,除了得到 C 银行的偿付额 7 500 万元,A 银行还需与 C 银行交换上一个付息日至信用事件发生日的利息,即用 619.18 万元换回 544.88 万元。

4. 套期保值策略的有效性分析

(1) 利用信用互换进行套期保值的有效性分析。

本案例中,A 银行通过信用违约互换或总收益互换均可规避 B 公司贷款的信用风险,完全实现套期保值目标。具体而言,B 公司违约事件发生后,A 银行因违约事件损失的收益为贷款本金与贷款市场价值的差值,而这部分差值恰好可以被信用违约互换或总收益互换的赔偿抵消,因此两种信用互换均能有效对 A 银行面临的信用风险加以管理。

不同的是,利用信用违约互换进行风险管理时,每个付息日 A 银行需要向 C 银行支付固定的互换成本,这降低了 A 银行在 B 公司贷款上的总收益;利用总收益互换进行风险管理时,每个付息日 A 银行虽然不需要付出成本,但收到的利息按浮动利率计算,若 B 公司的贷款支付的是固定利息,则 A 银行将面临新增的利率风险。

(2) 影响信用互换套期保值有效性的因素。

与其他非标准化合约一样,交易对手方违约将导致套期保值失效,因此,在利用信用违约互换进行套期保值时,风险管理者应保证参照实体的违约风险与信用违约互换出售方的违约风险具有较低的相关性。如若不然,合约参照实体的违约可能与信用违约互换出售方的违约同时发生,套期保值者将承担双重信用风险。另外,由于信用违约互换合约条款较为复杂,合约条款设置错误和不完善也将影响套期保值的有效性。

5. 案例总结

本案例详细阐述了利用信用违约互换或总收益互换进行套期保值的具体方法,对套期保值双方的盈亏状况做出了详尽分析,并对比了两种套期保值方案的结果和有效性。在实际操作中,风险主体需根据实际情况选择不同方案进行套期保值。

五、基于互换的套期保值策略评述

总的来说,基于互换合约的套期保值策略具有以下优点:

第一,可以在不出售原始资产或负债的前提下暂时改变风险—收益结构[①],这对于流动性相对较差的资产负债来说尤为重要;

第二,互换合约使风险管理者能够进入自己具有比较优势的市场,从而同时达到套期保值和增加收益(或降低成本)的双重目的;

第三,互换合约在场外交易,按非标准形式进行,具有较高的灵活性;

第四,互换合约可以用于长期风险管理,对多期现金流进行套期保值,这是一般远期、期货、期权等套期保值工具无法做到的。

---

① 如运用利率互换可以将浮动利率负债转换为固定利率负债,从而改变了负债的风险-收益性质。

但是，基于互换合约的套期保值也存在着一些缺陷和不足：

第一，使用互换合约虽然可以规避利率、汇率等风险资产价格或资产信用状况的不利变动造成的损失，但也会失去有利变动带来的收益；

第二，互换合约是非标准化的场外合约，这会带来流动性风险和交易对手违约风险。

第五节　基于标准期权的套期保值策略设计与案例分析

风险管理者常常有非线性的套期保值需求，对应于上述需求的套期保值目标也是非线性的，通常有两种：一是在保留风险带来的收益的同时，最大限度地降低风险带来的可能损失，称为单向风险对冲；二是最大限度地对冲风险因子对风险资产价值可能产生的非线性损失，但也可能会失去因风险资产价格的有利变动所带来的可能收益，称为双向风险对冲。而前述的远期、期货和互换都难以有效实现上述非线性的套期保值目标，这恰恰是期权的用武之地：因为期权价格与标的资产价格呈现的是一种非线性关系，即期权的买方拥有行权的权利、期权的卖方具有交割的义务，交易双方的权利义务并不对等。

在具体实务中，以单向风险对冲为目标的套期保值，一般根据套保对象数额1比1地配置标准期权[①]头寸。以双向风险对冲为目标的套期保值中，风险管理者可以借鉴本章第一节的分析，从敏感性因子的角度构建套期保值策略；也可以利用期权定价的思想，通过构建无套利组合确定最优的套期保值份数。本节将对上述两类基于标准期权的套期保值策略展开详细讨论和案例分析。

一、期权的基本概念及主要特征

（一）期权的定义及定价公式

1. 期权的定义

期权具体分为两种类型：看涨期权（call option），是指约定持有者有权在将来某一特定时间以某一特定价格买入某种产品的合约；看跌期权（put option）则相反，指约定持有者有权在将来某一特定时间以某一特定价格卖出某种产品的合约。这里的"特定价格"通常称为执行价格（strike price），"特定时间"通常称为到期日（expiration date）。

2. 期权的种类

按照标的资产当前价格与执行价格的关系，可将期权分为实值期权（in-the-money option）、平值期权（at-the-money option）以及虚值期权（out-of-the-money option）。以执行价格为 K 的看涨期权为例，若当前标的资产价格 $S>K$，则期权处于实值，若 $S=K$ 则为平值，若 $S<K$ 则为虚值。显然，期权为实值期权时才可能被执行。

按照行权时间的设定方式，可将期权分为美式期权（American option）和欧式期权

[①] 本节主要介绍基于标准期权的套期保值策略，标准期权的定义详见后文。利用奇异期权也可以实现单向风险对冲目标。

(European option)。美式期权规定期权持有人在到期日之前任何时间都可以选择行使期权,欧式期权则规定期权持有人只能在到期日选择是否行使期权。

按照产品的交易环境,可将期权分为交易所交易期权和场外市场交易期权。交易所交易期权包括股票指数期权、债券指数期权、股票期权等,在市场上,指数期权大多是欧式期权,股票期权多数是美式期权。由于这些期权均有标准化的合约,因而通常又被称为标准期权。本节即主要针对标准期权的套期保值策略进行分析和讨论。场外市场交易期权包括外汇期权、利率期权等,多是金融机构为满足客户特定需求而设计的产品,期权的到期日、执行价格以及合约规模等并没有标准化,有时期权的到期支付结构甚至都与普通的看涨、看跌期权存在较大差异。这种到期支付结构与普通期权不同的产品,常被称为奇异期权(exotic option),下一节将详细分析基于奇异期权的套期保值策略。

3. 欧式期权的定价

对于标准的欧式期权,设标的资产的价格为 S_t、对数收益率(下文简称收益率)的波动率为 σ,期权的执行价格为 K、交割日期为 T,此外无风险利率为 r,则欧式看涨期权的当前价格为[①]

$$F_t^c = S_t N(\mathrm{d}_1) - K e^{-r(T-t)} N(\mathrm{d}_2) \tag{3.5.1}$$

其中 $N(\cdot)$ 表示标准正态分布的累积概率分布函数,

$$\mathrm{d}_1 = \frac{\ln(S_t/K) + (r + \sigma^2/2)(T-t)}{\sigma\sqrt{T-t}},\ \mathrm{d}_2 = \mathrm{d}_1 - \sigma\sqrt{T-t}$$

而欧式看跌期权的当前价格为

$$F_t^p = K e^{-r(T-t)} N(-\mathrm{d}_2) - S_t N(-\mathrm{d}_1) \tag{3.5.2}$$

上述公式给出的期权当前价格,是由期权的内在价值(intrinsic value)和时间价值共同构成。其中,期权的内在价值指期权立即被执行时具有的价值,因此,看涨期权的内在价值为 $\max(S_t - K, 0)$,看跌期权的内在价值为 $\max(K - S_t, 0)$。相比于现在行权,期权的时间价值则蕴含了该期权未来被执行时可能多获得的收益。

另外,根据(3.5.1)和(3.5.2)可以看出,期权的价值主要受标的资产价格 S_t、标的资产收益率的波动率 σ、到期时间 $T-t$ 等因素的影响。清楚地了解这些因素可能给期权价格带来的影响,可以帮助风险管理者在套期保值过程中选出收益更大、期权费更低、风险更小的期权合约,进而能够更有效地实现套期保值目标[②]。下面将对此作进一步分析。

(二) 期权主要希腊字母的定义和特性

1. Delta 值定义及其特性

期权 Delta 值定义为 $Delta_t = \partial F_t / \partial S_t$,反映了期权价格对标的资产价格变动的敏感程度。根据式(3.5.1)和(3.5.2),欧式看涨、看跌期权的 Delta 值分别为

---

① 采用 Black-Scholes 公式计算欧式看涨期权价格,参见 Black F, Scholes M. The Pricing of Options and Corporate Liabilities [J]. Journal of Political Economy, 1973, 81(3): 637-654.

② 由(3.5.1)和(3.5.2)可知,无风险利率 r 也对期权价格产生影响,但由于影响较弱,基于期权的套期保值策略中一般忽略对无风险利率 r 的讨论,下文也不再对这一影响因素进行分析。

$$Delta_t^c = N(d_1), \quad Delta_t^p = -N(-d_1) \tag{3.5.3}$$

据此可以得到[①]以下特性。

特性 1：随着标的资产价格 S 的变化，在实值、虚值等不同状态下，期权 Delta 变化情况不一致。以看涨期权为例，期权深度虚值时，Delta 始终近似等于 0，S 的变化对 Delta 几乎无影响，即资产价格上升基本不会带来期权价值增加；当期权深度实值时，Delta 几乎为 1，即资产价格的上涨或者下跌都会带来期权价格等量的变化。

特性 2：随着交割日的临近，不同状态下 Delta 变化情况不一致。仍以看涨期权为例，期权虚值时，随着交割日的临近 Delta 将逐渐趋向于零；而对实值状态的期权，Delta 值则不断增大并趋向于 1。这意味着期权实值时，S 的变化对期权价格的影响越来越大；而期权虚值时，S 的变化对期权价格的影响越来越小。

2. Gamma 值定义及其特性

期权 Gamma 值定义为 $Gamma_t = \partial^2 F_t / \partial S_t^2$。可以看出，Gamma 是 Delta 相对标的资产价格 S_t 的导数，也是 S_t 变化时期权价格变化的曲度，反映了 S_t 大幅变化时，Delta 无法捕捉的那部分影响。根据式(3.5.1)和(3.5.2)，欧式看涨和看跌期权的 Gamma 值相同，均为

$$Gamma_t^c = Gamma_t^p = \frac{\partial Delta_t}{\partial S_t} = \frac{N'(d_1)}{S_t \sigma \sqrt{T-t}} \tag{3.5.4}$$

由此可得到以下特性。

特性 1：期权在平值附近时，Delta 值对标的资产价格的变化比较敏感，相应 Gamma 值也就比较大；期权处于深度实值或深度虚值时，Delta 值对标的资产价格的变动的敏感性将大大下降，相应 Gamma 值较小。

特性 2：Gamma 值的大小受交割日期远近的影响。对于平值期权，Gamma 随着到期期限的缩短而不断增大；而临近到期日的实值期权和虚值期权，Gamma 值将趋于 0，因为随着到期日的临近，实值期权和虚值期权改变当前状态的可能性越来越小。

3. Vega 值定义及其特性

期权 Vega 定义为 $Vega_t = \partial F_t / \partial \sigma$，表示期权价格对标的资产收益率的波动率变化的敏感程度。欧式看涨期权和欧式看跌期权的 Vega 值亦相同，根据式(3.5.1)和(3.5.2)可得

$$Vega_t^c = Vega_t^p = \frac{\partial F_t}{\partial \sigma} = S_t \sqrt{T-t} N'(d_1) \tag{3.5.5}$$

应该注意，这里的 Vega 只是近似值，因为 B-S 公式假设标的资产收益率的波动率为常数。基于上述公式，可以总结得到以下特性。

特性 1：期权 Vega 总是正的，说明标的资产收益率的波动率对看涨期权和看跌期权

[①] 需要注意的是，下面的希腊字母特性分析是依据欧式期权定价公式得到的，是利用 Black-Scholes 公式对期权希腊字母特性的具体解读。

的影响都是正向的,且波动率越大,期权价格越高,因而买卖期权也被看作买卖波动率。

特性2:Vega值大小与期权所处的状态有关系。对处于平值的期权,标的资产波动率的变化很容易改变期权的状态,使期权变为实值或虚值,因而此时的Vega最大;而对于处于深度实值或深度虚值的期权,波动率的增大基本不可能再改变期权的状态,此时的Vega趋近于0。

4. Theta值定义及其特性

期权Theta定义为 $Theta_t = \partial F_t / \partial t$,表示期权价格变化对时间变化的敏感程度,又称为期权的时间价值衰减率。根据(3.5.1)和(3.5.2),欧式看涨和欧式看跌期权的Theta分别表示为

$$Theta_t^c = -\frac{S_t N'(d_1)\sigma}{2\sqrt{T-t}} - rKe^{-r(T-t)}N(d_2) \quad (3.5.6)$$

$$Theta_t^p = -\frac{S_t N'(d_1)\sigma}{2\sqrt{T-t}} + rKe^{-r(T-t)}N(-d_2) \quad (3.5.7)$$

由此可得以下特性。

特性1:Theta值反映了到期期限对期权价值的两方面影响:一是距到期日越近,价格波动的空间和可能性越小,因而期权价格中的时间价值越小;二是距到期日越近,期末收入的折现值越高,期权的内在价值越高。Theta值通常为负,说明价格的波动性对期权价格的影响更大。

特性2:Theta值的大小与期权所处的状态有很大关系。以看涨期权为例,对实值和虚值期权而言,随着到期日临近,标的资产价格变化幅度缩窄,期权基本失去了时间价值,尤其是深度虚值看涨期权的Theta值几乎为零;对平值期权,由于内在价值为零,期权价值全部由时间价值构成,因而时间减少对价值影响巨大。

二、以单向风险对冲为目标的期权套期保值策略案例分析

为了实现单向风险对冲目标,风险管理者可以借助标的资产与目标套保对象相同或相近的期权,构建保护性看跌期权策略(protective put)或备兑看涨期权策略(covered call)。本小节将详细阐述两种策略的基本原理及案例应用。为方便表述,下文假设需要对冲的套保对象即为期权的标的资产。对于更复杂的情况,套期保值策略的基本原理和执行步骤与下文基本一致,读者可以自行分析。

(一)保护性看跌期权策略的基本原理

1. 策略概述

保护性看跌期权策略,是指风险管理者持有套期保值对象的同时,买入与之数量相当[①]的看跌期权头寸的套期保值策略。

该策略能够满足单向风险对冲目标,关键在于:期权到期前且标的资产价格 S_t 低于

---

① 数量相当,指的是期权合约包含的标的资产数量与风险管理者持有的套保对象数量相等。

行权价 K 时,若 S_t 进一步下跌,则看跌期权的内在价值提升,一定程度上弥补 S_t 下跌带来的损失;期权到期前且 $S_t > K$ 时,若 S_t 持续上涨,则看跌期权内在价值持续为 0,套期保值组合保留了 S_t 上涨带来的收益;期权到期且 $S_t < K$ 时,套期保值者可以通过行权获利对冲标的资产上的损失;期权到期且 $S_t > K$ 时,套期保值者可选择不行权,此时虽然损失了期权费,但期权合约本身不会再带来任何损失,且套期保值者仍享有标的资产的上涨收益。

保护性看跌期权策略与现实生活中的保险类似。套期保值者在保护性看跌期权策略中所付出的期权费,就类似于保险中的"保费";看跌期权的到期时间,则类似于保险中的"保险期限";而持有的标的资产价值就相当于保险中的"保额"。投资者通过购买看跌期权,可以放心地持有标的资产,不必再担心价格下跌导致可能损失,因此,保护性看跌期权策略又称为期权保险策略。

此外,需要注意保护性看跌期权策略与止损订单的区别。止损订单是被动的止损方式,虽然该策略没有止损成本,但若资产价格触及止损价位后开始回升,投资者将因为在止损价位出售了手中的资产而失去了回升反弹的收益。相比而言,保护性看跌期权策略是一种主动的"止损方式"。套期保值者可以主动决定策略的截止日期,既可以在期权到期前平仓,也可以在期权到期时决定是否行权。当然,套期保值者要为此付出一定的成本。

2. 保护性看跌期权策略的期权合约选择

保护性看跌期权策略的期权合约选择,应首先满足套期保值的基本原则,即标准期权的标的资产应与套保对象相同或相近,且期权的交割日应与套期保值结束日相同或相近。实际上,由于可以利用多个不同到期日的期权进行滚动套期保值,因而只要一系列标准期权中最后一个期权的交割日与套期保值结束日相同或相近即可。

在满足上述基本原则后,期权合约的选择应着重考虑套期保值策略的盈亏情况。为简便分析,首先假设期权的交割日与套期保值结束日相同,则在套期保值结束日[①],保护性看跌期权策略的盈亏情况如图 3.9 所示。

图 3.9 中,虚线 A 表示看跌期权的到期收益,由期权的到期支付扣除期权费 F_0^p 得到,即虚线 A 的表达式为 $\max(K - S_T, 0) - F_0^p$;虚线 B 表示套期保值对象的到期收益,即风险资产期末价格相对于期初价格的变化 $S_T - S_0$[②]。虚线 A 和虚线 B 共同构成了保护性看跌期权策略的到期盈亏,即图

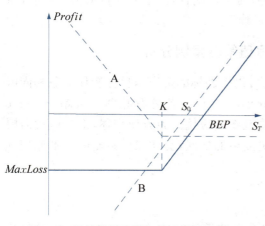

图 3.9 保护性看跌期权策略的盈亏情况

---

① 设套期保值起始日为 0 时刻,套期保值结束日为 T 时刻。
② 需注意的是,图中套期保值对象初始价格 S_0 大于标准期权执行价格 K,这只是保护性看跌期权策略的一种情况。构建套保策略时,也可以选择 $K > S_0$ 的期权,此时,套保策略的盈亏情况与图 3.9 类似,这里不再赘述。

中的实线部分。该实线与 X 轴的交点为盈亏平衡点 BEP(break even point)，与 Y 轴的交点为策略最大损失 MaxLoss，两个指标的定义公式为

$$BEP = S_0 + F_0^p, \quad MaxLoss = K - (S_0 + F_0^p) \tag{3.5.8}$$

根据图 3.9 可知，保护性看跌期权策略中期权合约的选择，应使得盈亏平衡点 BEP 尽量小，以便到期时 S_T 有更大的概率大于 BEP，即套保策略有更高的概率获得收益；另一方面，合约选择应使得 MaxLoss 的绝对值尽量小，以确保到期 S_T 小于 K 时，策略的最大损失在可控范围内。总之，期权合约应具有较小的期权费 F_0^p，同时具备较高的执行价格 K。

进一步，根据(3.5.2)可知，影响看跌期权价格的因素主要有 S_0、r_f、σ、T 以及 K，由于此时期权交割日期与套期保值结束日相同，是给定的，因而套期保值者仅能通过选择不同的 K 决定期权费用，且 K 越大看跌期权的期权费越大。因此，期权合约的 K 越大，保护性看跌期权策略的最大损失就越小；而 K 越小，保护性看跌期权策略到期获利的概率就越大。风险管理者在选择期权合约时，需要综合考虑自身套期保值目标以及风险厌恶特征，权衡上述两方面因素，选择一个最合适的 K 用于套期保值。实务中，套期保值者一般选取平值或轻度虚值，即 K 等于或略小于 S_0 的看跌期权进行套期保值。

另一方面，若期权交割日与套期保值结束日不同，则首先应保证期权交割日长于套期保值结束日。进一步，交割日之前，看跌期权的价值由两部分组成：一部分是内在价值，可以使得保护性看跌期权策略实现有效的套期保值；另一部分是时间价值，这部分价值会随着期权到期日的临近而不断消失。作为看跌期权的买方，套期保值者无法从期权的时间价值上获利；因此，选择期权合约时，套期保值者应尽量降低期权包含的时间价值，即选择近期交割的期权，而对于套期保值期限较长的情况，可以连续选择当月交割的看跌期权滚动套期保值。

下面以股票期权为例，对保护性看跌期权策略的操作方法进行详细分析。

(二) 保护性看跌期权策略的案例分析

截至 2016 年年底，我国仅上海证券交易所推出了股票期权合约，即上证 50ETF 欧式期权，该期权的标的资产为华夏上证 50ETF。由于华夏上证 50ETF 跟踪的是上证 50 指数，两者之间存在高度的相关性[①]，因此挂钩上证 50 指数标的的各种金融合约或产品均可利用上证 50ETF 期权合约进行套期保值。

1. 案例描述

20×5 年 11 月 26 日，基金经理 A 以 2.396 元/份的价格买入了 100 万份上证 50ETF，为保证基金的流动性，A 将这 100 万份上证 50ETF 作为可充抵保证金证券以融资购买其他股票。若 12 月底前上证 50ETF 的价格出现大幅下跌，那么因为该笔 50ETF 资产仍被质押无法卖出，基金将不得不承受巨大的损失。

为防止上述风险的发生，基金经理 A 希望 12 月底前，通过套期保值策略保留上证

[①] 并非完全相同，原因在于中信证券是上证 50 指数的权重股之一，但华夏基金不能主动买入股东中信证券的股票，仅可以在投资者进行实物申赎时被动持有。

50ETF 上涨带来的收益,同时规避上证 50ETF 价格下跌导致的损失。

2. 解决方案设计

基金经理希望实现单向风险对冲目标,但前文介绍的远期、期货和互换都只能实施双向风险对冲,因而基金经理只能选择以上证 50ETF 为标的的标准看涨或看跌期权进行套期保值。进一步,基金经理的目标是防范上证 50ETF 价格大幅下跌带来的损失,保护性看跌期权策略可以实现套保目标,因而 A 最终选择看跌期权构建套保组合。

具体而言,基金经理综合权衡了市场上已有看跌期权的期权费及对应套保策略可能承担的最大损失,计划选择 12 月到期(具体为 12 月的第四个星期三到期)的轻度虚值看跌期权构建套期保值组合,即 A 买入了 100 张"上证 50ETF 沽 12 月 2.35"看跌期权合约[①],每张合约的价值为 642 元。另外,为了尽可能减少上证 50ETF 风险暴露持续时间,A 打算将期权持有到期。

3. 套期保值者盈亏分析

考虑到套期保值者打算将期权持有到期,因而保护性看跌期权策略的盈亏情况与图 3.9 基本一致。具体而言,策略的盈亏平衡点为

$$BEP = S_0 + F_0^p = 2.396 + 642/10\,000 = 2.460\,2 \text{ 元} \tag{3.5.9}$$

其中,F_0^p 表示标的资产为 1 份上证 50ETF 的看跌期权价格,1 张看跌期权合约包含了 10 000 份 50ETF,因而这里用 642 除以 10 000。因此,当期权到期日 50ETF 价格 $S_T >$ 2.460 2 时,上证 50ETF 价格的上涨不仅能够抵消购买看跌期权的支出,还能给套期保值者带来每份 50ETF 为 $S_T - 2.460\,2$ 元的收益;当 $2.35 < S_T < 2.460\,2$ 时,看跌期权并不会被执行,此时套保策略带来的亏损仅为期权费以及上证 50ETF 的价格变化,即基金经理损失额为 $2.460\,2 - S_T$;当 $S_T < 2.35$ 时,期权合约被执行,此时基金经理通过执行看跌期权可以获得一部分收益,以此弥补在现货头寸上的损失,将每份 50ETF 的盈亏最终锁定为

$$MaxLoss = K - (S_0 + F_0^p) = -0.110\,2 \text{ 元} \tag{3.5.10}$$

根据上述分析,表 3.25 列举了期权交割日当天,上证 50ETF 的价格处于不同水平时,该基金经理套期保值盈亏的结果。实际操作中,期权合约于 12 月 23 日交割,当天上证 50ETF 的收盘价为 2.445 元,该情况对应的套期保值结果也列示于表 3.25 中。

表 3.25　保护性看跌期权策略在期权交割日的盈亏分析　(单位:万元人民币)

50ETF 价格(元)	1 张看跌期权合约到期支付	不套保时资产价值变动	套保组合盈亏额	套保策略有效性
2.600	0	20.4	13.98	0.975
2.460	0	6.4	−0.02	0.974
2.445	0	4.9	−1.52	0.974

---

① 上证 50ETF 期权每张合约对应的标的资产数量为 10 000 份,因而此处买入 100 张看跌期权合约。另外,引号中的合约名称为上海证券交易所指定的名称,其中"沽"代表看跌期权、"12 月"为交割月份、"2.35"表示执行价格。

续 表

50ETF 价格（元）	1张看跌期权 合约到期支付	不套保时 资产价值变动	套保组合 盈亏额	套保策略 有效性
2.420	0	2.4	−4.02	0.973
2.396	0	0	−6.42	0.973
2.370	0	−2.6	−9.02	0.962
2.350	0	−4.6	−11.02	0.954
2.200	0.15	−19.6	−11.02	0.954

注：1) 1张看跌期权合约到期支付＝max(2.35−50ETF价格,0)×10 000；
2) 套保组合盈亏额＝1张看跌期权合约到期支付×100＋不套保时资产价值变动−看跌期权费用(6.42万元)；
3) 套保策略有效性的计算方法详见下一小节的分析。

从表 3.25 中的结果可以清楚地看到，当上证 50ETF 价格高于 2.396 元时，套期保值组合盈亏额虽然低于不进行套期保值的盈亏，但依然获得了价格上升带来的好处，而且将套保和不套保的盈亏差距锁定在了期权费 6.42 万元上。而当上证 50ETF 价格低于 2.396 元时，特别是跌破 2.35 元后，套期保值的优势就显现出来了，即套期保值组合的盈亏额被锁定在 11.02 万元上，且不论价格下跌多少，该价值都不会再下降。从表中可以看到，上证 50ETF 价格跌到 2.2 元时，套保组合的盈亏额已经优于不套保时的情况。

4. 套期保值策略的有效性及影响因素分析

（1）套期保值策略的有效性分析。

考虑到保护性看跌期权策略是非对称的套期保值，参考本章(3.1.9)的有效性指标构建方法，本案例采用如下指标对套保策略有效性进行分析，即

$$HE = \frac{\max(S_T, K) - F_0^p}{\max(S_T, S_0)} \qquad (3.5.11)$$

其中，分子为套期保值后的组合价值，分母为套期保值所要达到的目标价值。套期保值结束时，若套保组合价值高于目标价值，则 $HE > 1$，此时称套保策略获利性有效，即套保组合在完成目标收益的基础上，让套期保值者多获得一部分利益；若套保组合价值等于目标价值，则 $HE = 1$，此时套保策略完全有效；若套保组合价值低于目标价值，则 $HE < 1$，套保策略不完全有效，且 HE 越小套保策略有效性越低。

在本案例中，K 为 2.35，S_0 为 2.396，$K < S_0$，则有效性指标可以分段写为

$$HE = \begin{cases} 1 - F_0^p/S_T & S_T > S_0 \\ S_T/S_0 - F_0^p/S_0 & K < S_T \leqslant S_0 \\ K/S_0 - F_0^p/S_0 & S_T \leqslant K \end{cases} \qquad (3.5.12)$$

根据上述公式，表 3.25 给出了期权交割日当天，上证 50ETF 的价格处于不同水平时，保护性看跌期权策略的有效性。从表中可以看出：当 $S_T \geqslant 2.396$ 时，套期保值策略有效性较高，达到了 0.97 以上；当 $S_T \leqslant 2.396$ 时，套保策略有效性随着上证 50ETF 价格的下降

而下降,并在 $S_T \leqslant 2.35$ 之后稳定在 0.954,这意味着套期保值对象的初始价值中至少 95.4% 的份额受到了保护。

(2) 影响套期保值策略有效性的因素分析。

通过前文的分析可知,影响保护性看跌期权策略有效性的因素主要是期权合约的价格以及套保对象的期末价格,具体而言:

第一,看跌期权的购买时间。期权的时间价值会随着到期日的临近而逐渐减少,即 Theta 值为负。所以,购买当月的期权可以将期权时间价值降到最小,进而给保护性看跌期权策略带来的损失最小。

第二,期权的执行价格。若执行价格过高,付出的期权费就会很高,此时套保策略盈利的概率会显著降低;若执行价格过低,套保对象价格下跌时,看跌期权的收益无法覆盖套保对象的亏损,套保策略的最大亏损额增加。

第三,套保对象的期末价格。套保对象期末价格高于盈亏平衡点时,保护性看跌期权策略盈利,且期末价格越高,套保策略有效性越高;套保对象期末价格低于期权执行价格时,看跌期权生效,能有效抵补套保对象的损失,将套保策略有效性稳定下来。可见,保护性看跌期权策略更适用于套保对象未来价格大幅波动的情形。

第四,流动性冲击。中国的期权市场发展还很不完善,交易品种和数量可能远远达不到套期保值者需要的水平,如果套期保值者的交易量很大,就会产生流动性冲击,期权价格会随着购买量上涨,提高套期保值的成本,影响套期保值的有效性。

5. 案例总结

保护性看跌期权策略是一种损失有限、潜在收益无限的套期保值策略。该策略一方面防范了后市的下行风险,另一方面保留了标的资产的上端收益,以一定的期权费支出在一定期限内起到了止损作用,因而该策略适合于希望或不得不持有股票、但对股票价格下跌较为厌恶的风险管理者。实际投资中,风险管理者可以根据对标的资产价格的判断、自信程度和风险偏好,选择合适的看跌期权合约执行价格和到期时间。

(三) 备兑看涨期权策略的基本原理

1. 策略概述

备兑看涨期权策略(亦称为备兑开仓策略),是指风险管理者持有套期保值对象的同时,卖出与之数量相同的看涨期权头寸的套期保值策略。该策略亦可以理解为卖出看涨期权的同时有相应的等份额现货资产作担保,因而有"备兑"之称。

正是由于备兑看涨期权策略使用百分之百的现货资产担保,不需要额外缴纳现金保证金[1],且易于理解掌握,因此该策略是标准期权投资的入门策略。从境外成熟市场经验来看,备兑看涨期权策略是机构投资者应用最为广泛的期权套期保值策略之一。2002年4月,标准普尔公司(Standard & Poor's)和芝加哥期货交易所(CBOE)还联合推出了基于 S&P 500 指数的备兑看涨期权策略指数 CBOE S&P 500 BuyWrite Index(BXM),用于长期跟踪备兑看涨期权策略的收益与风险。

---

[1] 一般来说,卖出期权只有义务没有权利,因而为了防止期权卖出者违约,交易所要求期权卖出者缴纳一定的保证金,这里保证金既可以是现金保证金,也可以是实物保证金。

2. 基于套期保值盈亏的期权合约选择

备兑看涨期权策略的期权合约选择，应首先满足套期保值的基本原则，即期权标的资产应与套期保值对象相同或相近，且期权交割日应与套期保值结束日相同或相近。

满足上述基本原则后，与保护性看跌期权策略类似，备兑看涨期权策略的期权合约选择也需要着重考虑套保策略的盈亏情况。首先假设期权交割日与套期保值结束日相同，则套期保值结束日[①]，备兑看涨期权策略的盈亏情况如图 3.10 所示。

与图 3.9 类似，图 3.10 中套期保值对象初始价格 S_0 小于期权执行价格 K，仅是备兑看涨期权策略的一种情况；图中虚线 A 表示看涨期权空头的到期收益，由期权空头的到期支付加上期权费 F_0^c 得到，虚线 B 表示套期保值对象的到期收益，与虚线 A 共同构成了备兑看涨期权策略的到期盈亏，即图中的实线部分。由图可知，备兑看涨期权策略具有盈亏平衡点 BEP 以及最大收益点 MaxReturn，两个指标的定义公式为

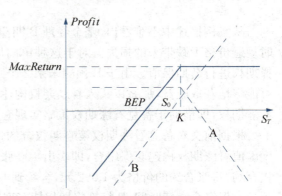

图 3.10　备兑看涨期权策略的盈亏情况

$$BEP = S_0 - F_0^c, \quad MaxReturn = K - (S_0 - F_0^c) \tag{3.5.13}$$

由图 3.10 可知，备兑看涨期权策略中期权合约的选择，一方面要使得盈亏平衡点 BEP 尽量小，以保证套保组合在期末有更大的概率获利，另一方面要使得 MaxReturn 尽量大，以提高套保策略的获利空间。进一步，结合看涨期权的价格影响因素可知，套期保值者可以通过选择期权的执行价格影响套保策略的 BEP 和 MaxReturn：执行价格越高，套保策略的 MaxReturn 越高，而执行价格越低，看涨期权期权费 F_0^c 越低，即套保策略有更大的概率获利。因而，备兑看涨期权策略的期权合约选择，关键是根据套期保值目标以及套保者的风险厌恶特征，选择最合适的执行价格 K。实务中，套期保值者一般选取平值或轻度虚值，即 K 等于或略大于 S_0 的看涨期权进行套期保值。

最后，若期权交割日与套期保值结束日不同，由于备兑看涨期权策略持有了看涨期权空头头寸，即期权价值中的时间价值越大，套保策略的收益也越大，因而套保者应选择期初包含时间价值更多、套保结束之前时间价值衰减更快的期权进行套期保值。通过对看涨期权时间价值及 Theta 值的分析可知，套保者的最优选择是次月到期的期权，且若套期保值期限较长，套期保值者应利用一系列次月到期的期权进行滚动套期保值。

下面以股票期权为例，对备兑看涨期权策略的操作方法进行详细分析。

(四) 备兑看涨期权策略案例分析

1. 案例描述

20×5 年 11 月 26 日，基金经理 B 以 2.396 元/份的价格买入了 100 万份上证 50ETF。

---

①　设套期保值起始日为 0 时刻，套期保值结束日为 T 时刻。

与前文案例分析中的基金经理 A 不同,B 预测未来 2 个月上证 50ETF 的价格会窄幅波动;为了在这种市场环境下增加投资收益,B 也希望通过套期保值策略保留上证 50ETF 价格上涨带来的收益,同时避免价格下跌时带来的损失。

2. 解决方案设计

从案例描述中不难看出,基金经理 B 期望获得上证 50ETF 价格上升带来的收益,同时规避价格下跌带来的损失。对于这种单向风险对冲的套期保值目标,基金经理只能选择期权进行套期保值。由于 B 预测未来 2 个月上证 50ETF 的价格会小幅波动,并期望尽可能多地获取收益,那么以买入看跌期权构建套期保值策略并不合适[①],因而 B 选择卖出看涨期权,即借助于备兑看涨期权策略实现套期保值目标。

根据前文对备兑看涨期权策略期权合约选择的分析,B 经理决定使用次月交割的轻度虚值看涨期权构建套保组合,即卖出 100 张 "上证 50ETF 购 2016 年 1 月 2.40" 看涨期权合约,每张合约的价格为 1 092 元,合约到期日为 20×6 年 1 月 27 日。另外,为尽可能延长套保组合存续时间,B 打算将期权持有到期。

3. 套期保值者盈亏分析

本案例中,备兑看涨期权策略的盈亏情况与图 3.10 基本一致,即策略的盈亏平衡点和最大收益点分别为

$$BEP = S_0 - F_0^c = 2.286\ 8\ 元, MaxReturn = K - (S_0 - F_0^c) = 0.113\ 2\ 元$$

(3.5.14)

其中,F_0^c 表示标的资产为 1 份 50ETF 的看涨期权价格。依据上述结果,当期权到期日 50ETF 价格 $S_T > 2.286\ 8$ 时,上证 50ETF 价格上涨能给套保组合带来收益,且 $S_T < 2.40$ 时盈亏额每份 50ETF 为 $S_T - 2.286\ 8$ 元,$S_T \geq 2.40$ 时盈亏额为每份 50ETF 0.113 2 元,达到最大水平;当 $S_T < 2.286\ 8$ 时,上证 50ETF 的价格下跌会给套保组合带来损失,大小为每份 50ETF 损失 $2.286\ 8 - S_T$ 元,即 S_T 越低损失额度越大。

表 3.26 列举了期权交割日当天,上证 50ETF 的价格处于不同水平时,备兑看涨期权策略套期保值盈亏的结果。实际操作中,期权合约于 20×6 年 1 月 27 日交割,当天上证 50ETF 的收盘价为 1.915 元,该情形对应的套保策略盈亏也列示于表 3.26 中。

表 3.26 备兑看涨期权策略在期权交割日的盈亏分析 (单位:万元人民币)

50ETF 价格(元)	1 张看涨期权合约到期支付	不套保时资产价值变动	套保组合盈亏额	套保策略有效性
2.500	0.1	10.4	11.32	1.004
2.400	0	0.4	11.32	1.046
2.396	0	0	10.92	1.046
2.287	0	−10.9	0.02	1.000

---

① 这是因为,套期保值对象的期末价格围绕期初价格小幅波动时,保护性看跌期权策略只会带来损失,无法带来收益,详见图 3.9。

续 表

50ETF 价格(元)	1张看涨期权 合约到期支付	不套保时 资产价值变动	套保组合 盈亏额	套保策略 有效性
2.100	0	−29.6	−18.68	0.922
1.915	0	−48.1	−37.18	0.845

注：1) 1张看涨期权合约到期支付＝max(50ETF 价格−2.4, 0)×10 000；
2) 套保组合盈亏额＝看涨期权费用(10.92万元)−1张看涨期权合约到期支付×100＋不套保时资产价值变动；
3) 套保策略有效性的计算方法详见(3.1.15)式。

由表 3.26 可知，当上证 50ETF 价格高于 2.4 元时，套保组合的盈亏额固定在 11.32 万元，不会随 50ETF 价格升高而进一步升高；当上证 50ETF 价格低于 2.287 时，套保组合面临亏损，虽然此时看涨期权费能一定程度上弥补套保对象带来的损失，但与保护性看跌期权策略相比，备兑看涨期权策略损失时并没有一个下限，会给套期保值者带来极大风险。

4. 套期保值策略的有效性及影响因素分析

(1) 套期保值策略的有效性分析。

类比于保护性看跌期权策略的有效性指标，备兑看涨期权策略的有效性指标可构建为

$$HE = \frac{\min(S_T, K) + F_0^c}{\max(S_T, S_0)} \tag{3.5.15}$$

其中，分母为套期保值所要达到的目标价值，分子为套保结束日备兑看涨期权策略的组合价值。在本案例中，K 为 2.40，S_0 为 2.396，$K > S_0$，因而有效性指标可以改写为

$$HE = \begin{cases} K/S_T + F_0^c/S_T & S_T > K \\ 1 + F_0^c/S_T & S_0 < S_T \leqslant K \\ S_T/S_0 + F_0^c/S_0 & S_T \leqslant S_0 \end{cases} \tag{3.5.16}$$

根据上述公式，可计算出表 3.26 中备兑看涨期权策略的有效性。从表中可以看出：当 $S_T > 2.4$ 时，套保策略的有效性随着 S_T 的增大而不断减小，这是因为 S_T 超过执行价格后，套保组合的收益便不再增加，与套保目标产生偏离；当 $2.396 < S_T < 2.4$ 时，套保组合的有效性大于1，即套保组合不仅能捕捉到套保对象价格上涨带来的收益，还有额外的期权费作为收益，此时备兑看涨期权策略获利性有效；当 $S_T < 2.396$ 时，随着上证 50ETF 价格的下降，套保策略的有效性不断下降，甚至当 $S_T < 2.287$ 时，有效性降至1以下，因为此时套保组合并没有避开套保对象带来的损失。

(2) 影响套期保值策略有效性的因素分析。

影响备兑看涨期权策略有效性的因素主要有以下三个方面：

第一，看涨期权的卖出时间。期权的时间价值会随着到期日的临近而逐渐减少，卖出次月交割的期权可以提高期权时间价值，获得更多的期权费。因而看涨期权卖出时间的选择会对有效性产生影响。

第二,期权的执行价格。若执行价格过高,套期保值者得到的期权费就会过低,套保策略获得收益的概率也会降低;若执行价格过低,备兑看涨期权策略的最大获利会很有限,这制约了套期保值者的投资收益目标。

第三,套期保值对象价格的波动幅度。若套保对象价格的波动幅度较小,则备兑看涨期权策略有效性很高;但若套保对象大幅下跌或大幅上涨,则套保策略有效性均会降低,且价格大幅下跌时,套保策略有效性相对而言下降更快。

5. 案例总结

由上述案例分析不难看出,利用备兑看涨期权进行套期保值,策略的有效性主要取决于未来标的资产的价格是否会在一定区间内窄幅波动。若会窄幅波动,则策略能在标的资产价格小幅上升时增加收益、小幅下降时抵补损失;若波动幅度较大,则策略的收益要么达到最大值、不会再继续增大,要么会给套期保值者带来较大损失,此时的策略有效性较差。

实务中,信息冲击随时可能使标的资产的价格运动趋势发生根本性改变。风险管理者备兑开仓后,要随时根据新的预期对仓位进行调整,调整具体可分为"平仓旧合约调高新合约执行价格"的向上转仓,和"平仓旧合约调低新合约执行价格"的向下转仓。实际上,不管是向上转仓还是向下转仓,最终调整的是盈亏平衡点;根据前文的案例分析可知,这本质上是策略最大盈利与标的资产价格下跌保护之间的一种交换。

三、以双向风险对冲为目标的期权套期保值策略案例分析

奇异期权、结构化理财产品[①]因条款设定灵活、成本低廉而广受市场欢迎。金融机构为迎合市场需求,会充当这类风险产品的设计者、做市商,以获取大量手续费。不过,由于奇异期权、结构化产品多是场外交易的非标准化产品,即使与大量投资者交易,金融机构仍很难轧平在这些风险资产上的头寸,因而不得不承担一定的风险。为尽量降低这部分风险给业务经营带来的影响,多数金融机构选择套期保值。

考虑到奇异期权、结构化产品的价格受到风险因子非线性影响,标准期权合约成了实现风险中性套期保值目标的首选工具。此时,常用的套期保值策略构建方法有两类,一是敏感性因子方法,二是二叉树复制方法。下面将分别对这两种方法的基本原理及案例分析加以介绍。

(一) 基于敏感性因子的期权套期保值策略基本原理

基于敏感性因子的期权套期保值策略实施步骤与本章第一节的分析基本一致:首先,识别风险因子,并据此构建套保对象与风险因子、套保工具与风险因子的价值函数;其次,确定套保对象和套保工具的风险水平,即产品价格对风险因子的敏感性;再次,根据风险中性目标构建套期保值组合,关键是确定套保工具的持有数量;最后,对套期保值过程进行监控和效果评估。

除了上述的一般化步骤,在具体的期权套期保值策略执行过程中,还存在两方面问

---

① 实际上,大多数结构化理财产品本质上是二元期权,属于奇异期权中的一类。这里将结构化理财产品单独列出,是因为该产品在中国市场中规模巨大,有必要单独分析针对该产品的套期保值方法。

题：一是如何选择用于构建套保策略的目标风险因子，二是如何选择具体的标准期权合约。

1. 目标风险因子的选择

为了实现对套保对象的完全风险对冲，最理想的办法是找到所有影响套保对象价格的风险因子，并基于此构建套期保值策略。但根据本章第一节的分析可知，要想完全对冲 n 个不完全相关的风险因子对套保对象的影响，至少需要 n 项套期保值工具。对奇异期权、结构化产品这样的套保对象，市场上可交易的套期保值工具品种有限，因而风险管理者很难对所有风险因子都进行对冲，只能对冲其中最重要、最有影响的风险因子。

具体而言，对奇异期权或结构化产品套期保值时，套期保值者应着重关注三个风险因子：标的资产的价格变化 ΔS、标的资产价格变化的平方 ΔS^2 以及标的资产收益率的波动率变化 $\Delta \sigma$。ΔS 是套保对象价格变动的主要来源，应作为奇异期权和结构化产品套期保值的首选因子；由于套保对象价格和标的资产价格呈非线性关系，且长期来看标的资产价格很可能发生较大变化，因而对较长期限的套期保值，风险管理者还应尽量实现套期保值组合对 ΔS^2 中性①；除标的资产价格外，$\Delta \sigma$ 也是影响奇异期权价格变化的重要因子，而该因子很容易受市场情绪变化的影响，因而在市场情绪变化较大时，风险管理者还应尽量保证套期保值组合实现 Vega 中性。

除上述三类重要因子，套期保值者也可以根据自身发展战略、风险偏好以及风险控制能力，结合市场环境以及套期保值对象的特征，选择针对更多，或是更少的风险因子进行套期保值。

2. 标准期权合约的选择

为保证套期保值策略的有效性，标准期权合约的选择要尽量满足套期保值的基本原则，即标准期权标的资产和套保对象标的资产要相同或相近，标准期权和套保对象交割日期要相同或相近。

除此之外，期权合约的选择还与目标风险因子的选择有关。套期保值过程中，利用标准期权可以对冲目标风险因子的风险，但也可能引入新的风险因子，例如对冲套保对象的 ΔS 因子时，标准期权会给套保组合带来 ΔS^2、$\Delta \sigma$ 等其他风险因子。对此，风险管理者应尽量选择合适的标准期权合约，使期权给套保组合带来的新风险因子能尽可能产生正收益。

下面以对冲 ΔS 因子②为例，具体说明期权合约选择方法。假设标准期权与套保对象的标的资产相同，且套保对象价格对 ΔS 的敏感性（即 Delta 值）为 $-\delta<0$，根据标准期权的 Delta 特性，套期保值者可以通过买入 $\delta/N(d_1)$ 份标准欧式看涨期权实现套保组合的 Delta 中性，亦可以通过卖出 $\delta/N(-d_1)$ 份标准欧式看跌期权实现 Delta 中性。

进一步，假设套期保值策略开始于 t_1 时刻，并在 t_2 时刻结束，且 t_i 时刻看涨期权的价格为 c_i、看跌期权的价格为 p_i，则利用看涨期权、看跌期权构建的套保组合价值变动分

---

① 即套期保值组合的价值变动对 ΔS^2 的敏感性为 0，此时亦称为套期保值组合实现了 Gamma 中性。同理，套保组合对 ΔS 敏感性为 0 称为 Delta 中性、对 $\Delta \sigma$ 敏感性为 0 称为 Vega 中性。

② 对应的套期保值策略称为"Delta 中性套期保值策略"。

别为

$$R_c = \frac{\delta}{N(d_1)}(c_2 - c_1) - \delta \Delta S, \quad R_p = \frac{\delta}{N(-d_1)}(p_1 - p_2) - \delta \Delta S \quad (3.5.17)$$

令 $\Delta t = t_2 - t_1$，并利用 Taylor 公式和希腊字母表示期权价格变化，可得

$$R_c = \frac{\delta}{N(d_1)}(Gamma_{t_1}^c \Delta S^2 + Vega_{t_1}^c \Delta \sigma + Theta_{t_1}^c \Delta t),$$

$$R_p = \frac{\delta}{N(-d_1)}(-Gamma_{t_1}^p \Delta S^2 - Vega_{t_1}^p \Delta \sigma - Theta_{t_1}^p \Delta t) \quad (3.5.18)$$

可见，在对冲套保对象 ΔS 因子的同时，标准期权向套保组合中引入了 ΔS^2、$\Delta \sigma$ 以及 Δt 三个因子。

深入考察上式中 Gamma、Vega 和 Theta 的特性可知，能够最小化套期保值组合价值变动的期权合约选择标准如下：若套期保值期限较长但这段时间内标的资产价格波动不大，则 Δt 相对较大而 ΔS^2 和 $\Delta \sigma$ 取值不大，考虑到 $Theta_{t_1}^c$ 为负数，此时 R_c 很可能小于 0，应考虑利用卖出看跌期权进行套期保值，并选择次月交割的轻度虚值合约进行交易[①]；同理，若套期保值期限较短，且短期内标的资产价格可能会产生较大波动，ΔS^2 和 $\Delta \sigma$ 取值较大而 Δt 会比较小，此时应选择买入看涨期权进行套期保值，并选择当月交割轻度实值的合约进行交易。

需注意的是，上述分析体现出，期权合约的选择还依赖于套期保值者对套保对象标的资产价格运动趋势的判断。

（二）基于敏感性因子的期权套期保值策略案例分析

1. 案例描述

某商业银行 M 推出了一款结构化理财产品，发行规模 1 000 万元，存续期自 20×5 年 4 月 1—21 日，期限为 21 天。产品收益与上证 50 指数挂钩：若指数期末点数高于或等于期初点数，则产品年化收益率为 6.72%；若指数期末价格低于期初价，则产品年化收益率为 3.10%。已知 3 月 31 日当天，上证 50 收盘价为 2 754.66 点，年化历史波动率为 34.41%，市场的年化无风险利率为 4.9%。

上述产品推出后被市场全部认购，M 银行以该方式短期内吸收产品购买款一千万元，但并不想承担上证 50 指数上涨带来的利息支付风险，因而计划进行套期保值对冲这部分风险。

2. 解决方案设计

（1）套期保值目标确定与目标风险因子选择。

本案例中，M 银行持有类似于看涨期权的结构化理财产品空头头寸，拟对产品的利息支付风险进行套期保值，实际上就是要对利息支付贴现得到的产品价格进行套期保值，使得自 3 月 31 日收盘起的 21 天后，套期保值组合的价值与现在相比基本不发生改变，此即为 M 银行的套期保值目标。

[①] 这是因为相比于其他看跌期权合约，次月交割的轻度虚值合约 Theta 更大，而 Gamma 和 Vega 更小。

另外,与普通的套保对象不同,该结构化产品的价格受标的指数的影响是非线性的:4月21日当天,上证50指数收盘价高于2 754.66时,M银行需要以6.72%的年利率支付1千万元的利息,而指数收盘价低于2 754.66时,M银行则以3.1%的年利率支付利息,即最终支付的利息数额与上证50指数并不是线性相关的。

正是由于套期保值对象价格受标的指数变化 ΔS 的非线性影响,M银行很难通过本章前几节中介绍的套期保值策略或工具完成风险管理目标,因而需要利用标准期权进行套期保值,并基于敏感性因子确定最优的套期保值策略。通过分析结构化理财产品的特性,M银行选定 ΔS 以及 ΔS^2 作为目标风险因子,构建Delta-Gamma中性套期保值策略。同时,为了比较不同风险因子给套期保值结果带来的影响,本案例还对比分析了仅以 ΔS 为目标风险因子的套期保值策略。

(2) 套期保值工具的选择。

首先,套期保值工具的标的资产要与上证50指数相同或相近,且交割日期要在4月21日附近并略长于4月21日。由于我国尚未推出以上证50指数为标的的期权合约,M银行计划选择当月或下月交割的上证50ETF期权作为套期保值工具。

其次,对期权合约的具体选择,要尽量保证新引入的风险因子能带来收益,因而具体选择过程如下。

第一,考虑Delta中性。结合前文分析,此时 $\Delta t = 21/356$①,相对较小,而M银行判断未来上证50指数很可能大幅上涨,即 ΔS^2 很大。因此,在保证了Delta中性的同时,看涨期权价值的变化主要由Gamma影响,M银行应选择Gamma较大的期权构建套保组合,以获得Gamma带来的收益。据此,M银行选择了当月到期的轻度实值看涨期权进行套期保值,即"上证50ETF购4月2.750",记为 F_1。

第二,同时考虑Delta和Gamma中性。由于要满足两个因子的风险中性目标,套期保值工具要包含两个期权合约,假定已经选择了前文的 F_1,那么还要选择另外一个合约。类似于前文的分析,在保证了Delta和Gamma中性的同时,套期保值组合中标准期权的净收益主要由Vega和Theta决定,考虑到波动率的集聚效应,即波动率短期内变化不大,结合Vega和Theta的特性,M银行应选择卖出次月到期的轻度虚值看跌期权进行套期保值,即"上证50ETF沽5月2.750",记为 F_2。

综上,M银行在Delta中性套期保值策略中,选用 F_1 构建套保组合;在Delta-Gamma中性套期保值策略中,选用 F_1、F_2 达到套期保值目标。

(3) 套期保值组合的建立和再调整。

基于前文的分析,要构建套期保值策略,首先要计算出结构化产品以及两个套期保值工具的Delta和Gamma值,进而通过方程组求解得到最终的套期保值组合构成比率。

另外,随着标的资产价格的变化以及交割期日的临近,结构化产品及标准期权的希腊字母,尤其是Delta会不断发生变化,这使得套期保值组合的Delta中性只能维持在一个相当短的时间内。为改进这一问题,本案例给出的套期保值策略依据动态变化的Delta和Gamma值,对套期保值组合中的标准期权头寸进行动态调整,并与静态套保策略进行

---

① 时间计数规则选择实际天数/实际天数。

了对比。

a) Delta 和 Gamma 的计算。

为了获得结构化产品的 Delta 和 Gamma 值,首先需要借助期权定价方法确定理论价格,t 时刻价格具体为

$$F_t = e^{-r(T-t)}[G_1 \times (1 - P(S_T > S_0)) + G_2 \times P(S_T > S_0)] \quad (3.5.19)$$

其中,r 为无风险利率,T 为结构化产品交割日;S_0 为初始时刻上证 50 指数值,即 $S_0 = 2\,754.66$,S_t 为 t 时刻上证 50 指数值;$P(S_T > S_0)$ 表示风险中性概率测度下,上证 50 指数期末价值高于期初价值的概率;G_1 表示上证 50 指数期末值低于期初值时结构化产品的支付额度,G_2 表示期末价值高于期初价值时的支付额度。由此,G_1 应为 1 000 万元以 3.1% 计息的 21 天利息额,G_2 应为 1 000 万元以 6.72% 计息的 21 天利息额。

进一步,假设上证 50 指数值服从几何布朗运动,则 t 时刻 S_t 已知的情况下,$P(S_T > S_0) = N(d)$①,其中 $N(\cdot)$ 为标准正态分布的累积概率分布函数,且

$$d = \frac{\ln(S_t/S_0) + (r - \sigma^2/2)(T-t)}{\sigma\sqrt{T-t}} \quad (3.5.20)$$

σ 为上证 50 指数对数收益率的标准差。由此可得结构化产品的价格为 $F_t = e^{-r(T-t)}[G_1 + (G_2 - G_1)N(d)]$,于是可得

$$Delta_t^F = \frac{\partial F_t}{\partial S_t} = e^{-r(T-t)}(G_2 - G_1) \times N'(d) \times \frac{1}{\sigma\sqrt{T-t}} \times \frac{1}{S_t} \quad (3.5.21)$$

$$Gamma_t^F = \frac{\partial^2 F_t}{\partial S_t^2} = e^{-r(T-t)}(G_2 - G_1) \times N'(d) \times \frac{1}{\sigma\sqrt{T-t}} \times \frac{1}{S_t^2}\left[-\frac{d}{\sigma\sqrt{T-t}} - 1\right] \quad (3.5.22)$$

对于标准化期权合约,可以直接利用(3.5.3)和(3.5.4)计算 Delta 和 Gamma。需注意的是,上证 50ETF 期权的标的资产是上证 50ETF,而非上证 50 指数,因而还需要对计算出的 Delta 和 Gamma 进行调整,以确保和(3.5.21)、(3.5.22)可比,可反映期权合约对上证 50 指数的敏感性。具体而言,一份期权合约包含 10 000 份上证 50ETF,每份上证 50ETF 价格为上证 50 指数的千分之一,因此,调整后可得标准期权对目标风险因子(上证 50 指数)的敏感性为

$$Delta_t^{F1} = \frac{\partial C_t}{\partial S_t} = \frac{\partial c_t}{\partial S_t^{ETF}} \times \frac{10^4}{10^3}, \quad Delta_t^{F2} = \frac{\partial P_t}{\partial S_t} = \frac{\partial p_t}{\partial S_t^{ETF}} \times \frac{10^4}{10^3} \quad (3.5.23)$$

$$Gamma_t^{F1} = \frac{\partial^2 C_t}{\partial S_t^2} = \frac{\partial^2 c_t}{\partial (S_t^{ETF})^2} \times \frac{10^4}{(10^3)^2}, \quad Gamma_t^{F2} = \frac{\partial^2 P_t}{\partial S_t^2} = \frac{\partial^2 p_t}{\partial (S_t^{ETF})^2} \times \frac{10^4}{(10^3)^2} \quad (3.5.24)$$

---

① 上证 50 指数值服从几何布朗运动时,风险中性概率测度下,S_T 满足
$$S_T = S_t \exp((r - \sigma^2/2)(T-t) + \sigma\sqrt{T-t}\varepsilon),$$
其中,ε 服从标准正态分布。利用这一结论可计算出 $P(S_T > S_0)$ 的具体值。

其中，C_t、P_t 分别为 1 份看涨期权合约 F_1、看跌期权合约 F_2 的价格；c_t、p_t 分别为标的资产为 1 份上证 50ETF 的看涨期权、看跌期权价格；S_t^{ETF} 为上证 50ETF 价格；$\partial c_t / \partial S_t^{ETF}$ 和 $\partial p_t / \partial S_t^{ETF}$ 可由(3.5.3)计算得到，$\partial^2 c_t / \partial (S_t^{ETF})^2$ 和 $\partial^2 p_t / \partial (S_t^{ETF})^2$ 可由(3.5.4)计算得到。

b) 套期保值组合的构建与动态调整。

为充分对比不同套期保值策略的套期保值结果，本案例构建了三种套期保值策略：Delta 中性静态套期保值策略、Delta 中性动态套期保值策略以及 Delta-Gamma 中性动态套期保值策略。下面分别给出三种策略的具体构建结果。

首先，根据(3.5.21)～(3.5.24)及已知条件，可求出 3 月 31 日收盘时，结构化产品及两种期权套期保值工具敏感性指标，具体如表 3.27 所示。

表 3.27 期初结构化产品与标准期权合约的敏感性指标

	结构化产品	看涨期权 F_1	看跌期权 F_2
Delta	36.441	4.576	−5.000
Gamma	−0.012	0.016	0.010

其次，对于 Delta 中性策略，初始构建套保组合时，根据本章第一节的相关内容，标准期权的最优头寸可以通过求解如下方程得到

$$Delta_0^F = N_1 \times Delta_0^{F_1} \tag{3.5.25}$$

其中，N_1 表示套期保值组合中标准期权 F_1 的最优头寸。由于标准期权的买卖数额只能是整数份，可得 Delta 中性套期保值策略中 M 银行应建立 8 份看涨期权 F_1 多头头寸。

对于 Delta-Gamma 中性策略，初始建仓时的套期保值工具头寸，可利用如下方程组得到

$$\begin{cases} Delta_0^F = N_1 \times Delta_0^{F_1} + N_2 \times Delta_0^{F_2} \\ Gamma_0^F = N_1 \times Gamma_0^{F_1} + N_2 \times Gamma_0^{F_2} \end{cases}$$
$$N_1 = 2.420\,6,\ N_2 = -5.072\,9 \tag{3.5.26}$$

因而 M 银行需要在套期保值组合中配置 2 份看涨期权 F_1 多头、5 份看跌期权 F_2 空头。

再次，对于两种动态套期保值策略，风险管理者应依据结构化产品和标准期权合约时变的 Delta 和 Gamma 值，在套期保值过程中动态调整套保组合标准期权的头寸。考虑到 4 月 1—21 日，标准期权的交易日仅有 14 天，因而 M 银行设定每 3 个交易日对套期保值工具的头寸进行一次调整，以保证套期保值组合可以有效、连续地实现套期保值目标。具体而言，M 银行将动态套保策略的调仓日设定在 4 月 3、9、14 日和 17 日，每次调仓均按照当天收盘时套保对象和标准期权的 Delta 和 Gamma 值，利用(3.5.25)和(3.5.26)重新计算新的套保工具头寸，并据此进行仓位调整。具体的仓位调整结果详见表 3.28 以及表 3.29。

3. 套期保值策略的结果分析

表 3.28 展示了 Delta 中性静态套保策略、Delta 中性动态套保策略的实施结果，表 3.29 展示了 Delta-Gamma 中性动态套保策略的实施结果。

表 3.28　M 银行 Delta 中性套期保值策略的实施结果　（单位：元人民币）

日期	$Delta_t^F$	$Delta_t^{F1}$	N_1	静态期权盈亏	动态期权盈亏	套保对象价值变动	静态套保盈亏	动态套保盈亏
3/31	36.441	4.576	8	—	—	—	—	—
4/3	36.949	5.650	7	1 792	1 792	−2 418	−626	−626
4/9	27.689	7.665	4	4 278	3 743	−4 739	−462	−997
4/14	5.661	9.564	1	7 730	3 865	−3 030	4 700	835
4/17	0.003	9.998	0	14 599	1 825	−344	14 255	1 481
4/21	0.000	10.000		−3 598	0	−21	−3 619	−21
累计变动				24 801	11 225	−10 552	14 249	673

注：1) 期权盈亏，指套保组合中期权合约在两个交易日间的盈亏，例如 4 月 3 日的期权盈亏，可利用 3 月 31 日收盘—4 月 3 日收盘的期权合约价值变化，乘以 3 月 31 日收盘时的期权合约份数计算；
2) 套保对象价值变动，指结构化产品空头头寸在两个交易日间的价值变动；
3) 套保盈亏＝期权盈亏＋套保对象价值变动。

表 3.29　M 银行 Delta-Gamma 中性套期保值策略的实施结果　（单位：元人民币）

日期	$Delta_t^{F2}$	$Gamma_t^F$	$Gamma_t^{F1}$	$Gamma_t^{F2}$	N_1	N_2	期权盈亏	套保对象价值变动	套保盈亏
3/31	−5.000	−0.012	0.016	0.010	2	−5	—	—	—
4/3	−4.350	−0.062	0.018	0.010	1	−7	2 505	−2 418	87
4/9	−3.269	−0.160	0.016	0.010	−2	−13	3 900	−4 739	−840
4/14	−2.085	−0.086	0.006	0.008	−2	−10	3 219	−3 030	189
4/17	−0.925	0.000	0.000	0.004	0	0	−858	−344	−1 202
4/21	−1.030	0.000	0.000	0.005	—	—	0	−21	−21
累计变动							8 765	−10 552	−1 787

注：期权盈亏、套保对象价值变动及套保盈亏的定义同表 3.28。

由表 3.28 和表 3.29 可以发现，套期保值期间，套保对象累计价值变动高达 10 552 元，而 Delta 中性动态套保策略的套保组合累计盈亏为 673 元，Delta-Gamma 中性动态套保策略的套保组合累计盈亏为 −1 787 元，即动态套期保值策略基本对冲了套保对象价值变化的风险。相比而言，Delta 中性静态套保策略的套保组合累计盈亏达到 14 294 元，不仅没有趋于 0，反而比套保对象累计价值变动更大，未实现套期保值目标。

进一步，与 Delta 中性动态套保策略相比，Delta-Gamma 中性动态套保策略的套保组合盈亏在套保期间的波动幅度更小，这意味着该策略能更好地对冲套期保值期间套保对象的价值变动，体现出了同时对冲两个风险因子的优势。

4. 套期保值策略的有效性及影响因素分析

（1）套期保值策略的有效性分析。

M 银行的套期保值目标是，套保期间套保组合的价值变动累计额不受上证 50 指数变

动的影响。根据这一套保目标,套期保值策略的有效性可使用德尔塔比率计算为

$$\text{德尔塔比率} = \frac{\text{期权盈亏累计额}}{\text{套期保值对象价值变动累计额}} \quad (3.5.27)$$

其中,"期权盈亏累计额"与"套期保值对象价值变动累计额"由表 3.28 和表 3.29 可得,是表中期权盈亏累计变动、套期保值对象价值变动累计变动的绝对值。根据(3.5.27),三种套期保值策略的有效性如表 3.30 所示。

表 3.30 三种套期保值策略的有效性比较

	Delta 中性 静态策略	Delta 中性 动态策略	Delta-Gamma 中性 动态策略
德尔塔比率	2.350	1.064	0.831

可见,Delta 中性动态策略有效性最高,近似等于 1。Delta-Gamma 中性动态策略的有效性为 0.831,也接近于 1,但不如 Delta 中性动态策略:主要原因是套保组合必须持有整数份期权合约,这意味着 Delta-Gamma 中性策略中两个期权合约的份数均要取整,策略有效性会因此受到显著影响。若允许期权合约交易份数任意分割,则 Delta 中性动态策略的有效性为 0.934,而 Delta-Gamma 中性动态策略的有效性为 0.954,此时 Delta-Gamma 中性动态策略有效性提高,且相对 Delta 中性动态策略更有效。

另一方面,Delta 中性静态策略的有效性达到 2.350,远超过 1,策略基本无效。这是因为上证 50 指数在 4 月 1—21 日之间变动较大,导致套保对象和套保工具的 Delta 和 Gamma 值均发生较大改变,而静态策略无法进行相机调整,使得初始的风险中性组合完全暴露在价格变化的风险之中,从而导致策略基本无效。

(2) 影响套期保值策略有效性的因素分析。

第一,目标风险因子的选择。目标风险因子的选择不同,套期保值组合实现风险中性的程度就不同。以 Delta 中性为例,Gamma 值为 Delta 值关于标的资产价格的敏感系数,若该敏感系数较大,则标的资产价格的微小变化都会给套期保值对象的 Delta 值带来较大改变,从而使套期保值组合的 Delta 中性难以维持,此时可选用 Delta-Gamma 中性套期保值策略提高套期保值的有效性。当然,除了 Gamma 值对应的 ΔS^2 外,套保对象的价格还可能受其他关键因素的影响,忽略对这些关键因素的风险对冲,都可能使套保策略的有效性大幅降低,因此,在市场环境允许、交易成本可控的情况下,套期保值者应尽可能多选择一些关键风险因子进行风险对冲。

第二,市场环境的稳定程度。市场环境的不断变化,往往导致套保对象和套保工具 Delta 和 Gamma 值等的不断变化,进而使得 ΔS、ΔS^2 等风险因子对套保组合价值的影响程度也不断变化,最终导致套保策略有效性降低。仍以 Delta 中性为例,由于 Delta 只能用以衡量标的资产价格微小变动对期权价格的影响,因而在标的资产价格发生大幅变动时,Delta 中性套期保值策略的有效性无疑将大幅降低。此时,依据套保对象和套保工具时变的 Delta 构建动态的套保策略,可有效减少该因素带来的影响。

第三,动态套期保值组合的调仓频率。对套保组合动态调整仓位时,调整频率越高,

套期保值组合的有效性往往越高,但所需承担的交易成本也会越高。本案例并未考虑买卖标准期权合约的流动性冲击成本,因而这一因素的影响状况并未体现在本案例的套期保值结果中。但在实际操作中,风险管理者需要在套期保值的有效性和交易成本之间进行权衡,选择最优的套期保值策略。

5. 案例总结

Delta 中性套期保值策略计算简单、实用性强,但因为仅做到了 Delta 中性,所以只适应于短时间内标的资产价格微小变动的情况。标的资产价格变化较大时,期权价格将随着标的资产价格呈现出显著的非线性变化特征,使基于 Delta 的套期保值策略的有效性大大降低。而采用 Delta-Gamma 策略,虽然可以实现更多风险因子中性,但缺点也显而易见:首先投资者需要使用更多的套期保值工具,这一方面增加了计算的烦琐程度,另一方面也提高了套期保值所需的成本。因此,在利用期权进行套期保值时,投资者还因根据套期保值产品的具体特征以及自己的实际情况综合考虑,选择适合自身的套期保值策略。

(三) 基于二叉树复制的期权套期保值策略基本原理

基于敏感性因子的双向风险对冲策略在实际操作中面临诸多限制:一方面,受套期保值工具品种数量以及交易成本的影响,该策略只能对影响套保对象的主要风险因子加以对冲,很难完全实现风险中性的套期保值目标;另一方面,当套期保值对象的价格对标的资产价格存在路径依赖[①]时,套保对象的 Delta 和 Gamma 值等很难计算,而得不到风险因子的敏感性系数,最优的套期保值策略就很难构建,因而套保目标难以实现。

为应对上述问题,最简单的想法就是对套保对象未来收益加以复制,并通过持有与套保对象头寸相反的复制组合(replicating portfolio)构建套保组合,实现风险中性套期保值目标。在实际运用中,该复制组合常借助二叉树模型(binomial tree)构建,因而这种方法又称为二叉树复制方法。

下面以向上敲出的看涨期权[②]为套期保值对象,详细阐述基于二叉树复制的期权套期保值策略基本原理和使用方法。对于其他类型的奇异期权、结构化产品,若也可以采用二叉树模型定价,那么相应的套期保值策略依然可以类似给出,这里不再赘述。

1. 二叉树模型概述

二叉树,是用于表示期权标的资产价格变动路径的图形,这种树形结构假设标的资产价格服从随机游走(random walk):在树形上的每一步,标的资产价格以某种概率向上移动一定的比率,同时以某种概率会向下移动一定比率。相应地,与标的资产对应的期权价格变动路径也会出现这种树形结构。

以标准欧式看涨期权为例,设期权的标的资产为无红利支付的股票,t 时刻的价格为 S_t,同时期权的价格为 c_t,则一个由 N 股股票多头和 1 份期权空头构成的组合,在 t 时刻的价值为 $NS_t - c_t$。进一步,假设相比于 0 时刻,t 时刻的股票要么上涨至 S_t^U,要么下跌至 S_t^D,对应的看涨期权价格分别为 c_t^U 和 c_t^D,如图 3.11。

[①] 这是指套保对象的价格受过去一段时间内标的资产价格运动路径的影响。

[②] 向上敲出的看涨期权是障碍期权的一种,是一种奇异期权,具体含义和合约细节详见本章第六节。

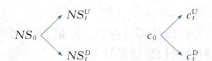

图 3.11　股票与对应看涨期权价格变动

根据风险中性定价思想可知

$$NS_t^U - c_t^U = NS_t^D - c_t^D$$
$$NS_0 - c_0 = e^{-rt}(NS_t^U - c_t^U) \tag{3.5.28}$$

即风险中性条件下,无论标的资产价格上涨还是下跌,$NS_t - c_t$ 总是一直等于 $(NS_0 - c_0)e^{rt}$,其中 r 为无风险利率,也即该组合收益率期望等于无风险利率。由此可以计算得到

$$c_0 = e^{-rt}(p \times c_t^U + (1-p) \times c_t^D), \quad p = \frac{e^{rt}S_0 - S_t^D}{S_t^U - S_t^D} \tag{3.5.29}$$

其中,p 可视为风险中性下股票价格每一期上涨的概率。另外,还可以进一步假定

$$S_t^U = S_0 u, \quad S_t^D = S_0 d \tag{3.5.30}$$

则根据股票价格服从几何布朗运动可知,上述上涨幅度 u 和下跌幅度 d 满足

$$u = e^{\sigma\sqrt{t}}, \quad d = 1/u \tag{3.5.31}$$

上述模型即称为一期二叉树模型。根据 c_t^U 和 c_t^D 的具体取值,可以计算出当期的看涨期权价格 c_0,而 c_t^U 和 c_t^D 的取值则依赖于交割日的股票价格。例如,若期权 t 时刻交割,则

$$c_t^U = \max(S_t^U - K, 0), \quad c_t^D = \max(S_t^D - K, 0) \tag{3.5.32}$$

其中 K 为交割价格,此时,上式也称为二叉树模型的边值条件(boundary-value condition)。若期权并非 t 时刻交割,则只需将一期二叉树模型拓展至多期,使得最终的二叉树模型具备边值条件即可。

2. 基于二叉树复制的套期保值策略基本原理

由前文的分析可知,期权标的资产价格变动路径具有多期二叉树结构,因而二叉树复制方法面临的首要问题是二叉树期数选择:一方面,标的资产价格变动和期权交易均是连续的,若以较少期数的二叉树模型描述价格运动过程,会出现较大的预测偏差;另一方面,二叉树模型期数增多,复制组合所需要的期权合约种类一般也会增加,而市场中期权合约的种类往往有限,且更多的期权意味着更多的交易成本。因此,套期保值在利用二叉树复制方法构建套期保值组合时,应权衡上述两方面的利弊进行二叉树期数选择。

确定期数后,利用二叉树复制套保对象价值,实质是让复制组合与套保对象的边界条件一致,这是因为不管是套保对象还是标准期权,在任意时点的价值仅由二叉树在边界点上的值确定。这里以下文案例分析中使用的向上敲出看涨期权为例,详细说明如何利用

边界条件确定复制组合。

向上敲出看涨期权的边界点由两部分组成：一是期权到期时刻位于障碍水平以下的边界点，二是期权到期日之前令期权失效的边界点[①]。对于第一类边界点，根据障碍期权的特性可知，敲出障碍期权未敲出时等同于一个标准期权，因而第一类边界点可由一个与障碍期权执行价格相同、到期时间相同的标准期权复制。对于第二类边界点，复制方法相对复杂：对处于障碍水平上的点，采取由远到近的方法加以复制，即首先复制最靠近到期日的边界点，假设此点对应的时刻为 t，那么需要引入一个 $t+1$ 时刻到期、执行价格小于并尽量接近障碍水平的标准期权，且标准期权的交易头寸要保证新的复制组合在 t 时刻边界点上的价值为 0；该点复制完成后，要通过不断向复制组合引入新的标准期权往前推进，直至将所有障碍水平上的点复制完。

通过对上述两类边界点的复制，便可得到复制组合，进而利用复制组合可以对障碍期权进行双向风险对冲套期保值。

（四）基于二叉树复制的期权套期保值策略案例分析

1. 案例描述

20×6 年 9 月 15 日，M 银行为 A 公司提供了 6 个月到期、标的为 10 000 股 T 公司股票、协议价格为 215.00 港元、敲出价格为 220.00 港元的向上敲出欧式看涨期权。该笔交易满足了 A 公司的投资需求，但给 M 银行留下了 T 公司股票的风险敞口，因此 M 银行欲使用套期保值，使自身在上述障碍期权头寸上实现风险中性。

另外，9 月 15 日 T 公司的股价为 209.80 港元，且 M 银行根据历史数据预测，接下来 6 个月 T 公司股价收益率的年化波动率为 6%，无风险收益率为 3%。

2. 解决方案设计

（1）套期保值工具的选择与确定。

M 银行拟对 6 个月后到期的向上敲出欧式看涨期权进行套期保值，令套保组合达到风险中性。由于向上敲出欧式看涨期权是路径依赖的，期权的 Delta 和 Gamma 值等很难计算，因而 M 银行无法利用基于敏感性因子的期权套期保值策略实现上述套保目标。此外，向上敲出欧式看涨期权的价值受标的资产价格的非线性影响，用期货、互换等产品也无法完成套期保值。最终，M 银行选择基于二叉树复制的标准期权套期保值策略。

根据前文的基本原理介绍可知，运用二叉树复制方法首先需要确定二叉树模型的期数。考虑到套保对象的持续期为 6 个月，本案例以 6 期二叉树模型构建套期保值策略。当然，本案例只是借此展示利用标准期权构建复制组合的方法，实务中，套期保值者可以按照这一方法分析多个期限下二叉树模型的误差与套保策略的成本，权衡误差和成本两方面的因素，进而选择一个最合理的二叉树期限。

（2）向上敲出欧式看涨期权的二叉树结构。

结合案例描述，并根据(3.5.29)—(3.5.31)计算可知，T 公司股价的二叉树结构为：每一期股价上升的幅度 $u = e^{\sigma\sqrt{\Delta t}} = 1.017$，下降的幅度 $d = 1/u = 0.983$，上升和下降的概率分别为 $p = 0.568$ 和 $1-p = 0.432$。由此可得 T 公司股价的 6 期二叉树模型，如图 3.12 所示。

[①] 根据敲出障碍期权的特性可知，第二类边界点上障碍期权的价值为 0。

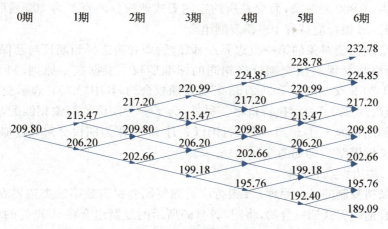

图 3.12　T 公司股价的二叉树模型

对于向上敲出欧式看涨期权，到期支付取决于期权存续期内 T 公司股价是否触及障碍水平：当触及障碍水平时，障碍期权的到期支付为 0；当没有触及障碍水平时，障碍期权的到期支付与对应的标准期权相同。因此，根据二叉树模型，在失效的节点障碍期权价值均为 0，而未失效的节点处期权价值由期权到期收益决定。依照这种方法，可计算出当标的资产为 1 股股票时二叉树模型上每个节点处的障碍期权价值，如图 3.13 所示。其中，A 点和 B 点是障碍期权存续期内触及障碍水平的边界点，虚线围成的区域是障碍期权未失效的区域。

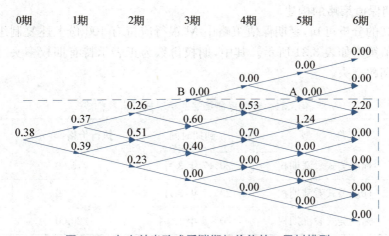

图 3.13　向上敲出欧式看涨期权价值的二叉树模型

（3）第一类边界点的复制。

目前市场上可用作套期保值工具的，只有以 T 公司股票为标的资产的美式期权，因而 M 银行决定以标准美式看涨期权合约构建复制组合。此外，需要说明的是，图 3.13 对应的是标的资产为 1 股股票的障碍期权，为了数据的可比性，下文构建复制组合时，使用的标准美式期权也都是标的资产为 1 股股票。但实际上，M 银行卖出的向上敲出看涨期权标的资产为 10 000 股股票,而交易所约定的美式期权标的资产为 100 股股票,所以实际套期保值时,M 银行应持有 100 份复制组合。

为复制套期保值对象的第一类边界点,风险管理者应选择到期日与套保对象交割日相近、执行价格与套保对象交割价格相同的标准期权。根据这一原则,M 银行选择了 20×7 年 3 月 30 日交割的"X703C215.00"美式期权合约,其中"X703"表示交割日期、"C"表示看涨期权、"215.00"表示执行价格。另外,为了与套期保值对象相匹配,虽然该美式期权合约的到期日为 3 月 30 日,M 银行仍以 3 月 15 日作为期权交割日近似构建美式期权价格的二叉树模型[①],即如图 3.14(a)所示。

(4) 第二类边界点的复制。

依据二叉树复制的基本原理,M 银行应首先复制套保对象第二类边界点中的 A 点,即通过选择合适的美式期权合约,将图 3.14(a)所示的复制组合在 A 点处的价值变为 0。为此,M 银行可以选择"X703C220.00"期权合约,因为该合约不会影响复制组合在虚线内第一类边界点的值,且价格二叉树模型在 A 点处的值为 2.75 港元,即通过卖出 $6.53/2.75 \approx 2.37$ 份该期权合约[②],可以实现复制组合在 A 点处的价值接近 0。将该美式期权合约纳入复制组合,可得图 3.14(b)。

继续沿着第二类边界点往前回溯,M 银行应复制二叉树模型中的 B 点,与上面的原理一致,M 银行可以选择"X612C220.00"期权合约,并买入 $2.26/0.99 \approx 2.30$ 份该合约,以使得复制组合在 B 点处的价值接近 0。具体如图 3.14(c)所示。根据图 3.14(c)可知,通过上述复制,最终的复制组合在两类边界点上的价值与目标障碍期权基本一致,借助该复制组合能够有效实现套期保值目标。

(5) 套期保值策略的构建。

根据前文的分析可知,套期保值策略中 M 银行应持有 100 份上述复制组合,因而最终的套期保值策略如表 3.31 所示。其中,期权份数为正表示持有期权多头,期权份数为负表示持有期权空头。

表 3.31 套期保值策略的标准期权合约构成

	类型	到期时间	执行价格(港元)	合约份数
期权 1	标准美式看涨期权	20×7 年 3 月	215.00	100
期权 2	标准美式看涨期权	20×7 年 3 月	220.00	−237
期权 3	标准美式看涨期权	20×6 年 12 月	220.00	230

---

① 为了追求套期保值策略构建的准确性,风险管理者也可以不更改美式期权的到期日,而是先用一期二叉树模型将期权合约在 3 月 30 日到期日的收益贴现到 3 月 15 日,再据此构建套期保值对象的复制组合。该方法较为复杂,这里不再赘述。

② 由于实际套期保值过程中,M 银行应持有 100 份复制组合,因而构建复制组合时,标准期权合约的份数保留到小数点后两位。

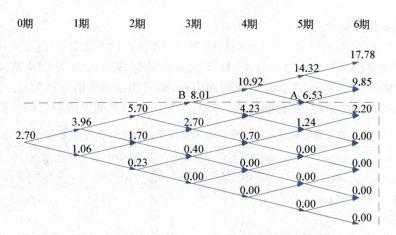

(a) 购入 1 份 20×7 年 3 月到期、执行价格为 215 港元的美式看涨期权[①]

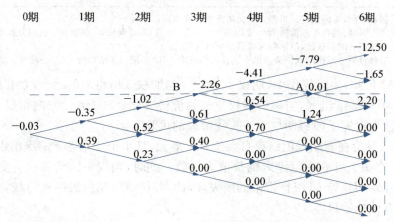

(b) 在(a)的基础上卖出 2.37 份 20×7 年 3 月到期、执行价格为 220 港元的美式看涨期权

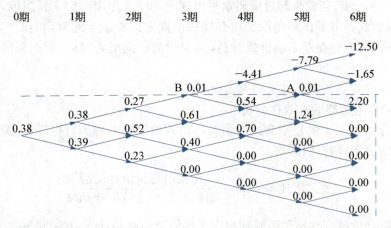

(c) 在(b)的基础上买入 2.30 份 20×6 年 12 月到期、执行价格为 220 港元的美式看涨期权

图 3.14　套期保值策略复制组合的具体构建步骤

[①] 1 份期权指的是对应标的资产为 1 股股票的期权。

3. 套期保值策略的结果分析

20×6 年 9 月 15 日—20×7 年 3 月 15 日,T 公司股价并未达到过 220.00 港元的水平,因此障碍期权未敲出,不过 3 月 15 日 T 公司的股票收盘价为 214.60 港元,而障碍期权的执行价格为 215 港元,所以套期保值结束日,障碍期权的价值依然为 0。表 3.32 展示了套期保值初始和结束时,各套期保值工具的结算价以及套期保值组合的价值。

表 3.32　套期保值期间套保工具和套保组合的价值及价值变动情况　（单位：港元）

日 期	T公司股价	期权1结算价	期权2结算价	期权3结算价	障碍期权空头价值	套保组合价值
20×6/9/15	209.80	1 675	1 375	651	−3 800	−12 445
20×7/3/15	214.60	453	251	0	0	−14 187
价值变动	4.80	−1 222	−1 124	−651	3 800	−1 742

注：1) 套保初始时刻,障碍期权的价值由二叉树模型计算得到;
　　2) 套保结束时刻,期权 3 的价格为 0,是因为 20×6 年 12 月 29 日期权 3 到期时,T 公司股价为 187.60 港元,远低于期权 3 的行权价,故该期权随后的价格一直为 0;
　　3) 套保组合价值＝障碍期权空头价值＋期权 1 结算价×100−期权 2 结算价×237＋期权 3 结算价×230。

由表 3.32 可知,实际操作中,期权 1、期权 2 与期权 3 所组成的组合,在套期保值期间的价格变化为−5 542 港元,与障碍期权空头的价格变化 3 800 港元方向相反、数额接近,即在一定程度上对冲了障碍期权空头头寸带来的风险。

若 T 公司股价在套期保值结束日大于 215 港元,且小于 220 港元的敲出水平,则障碍期权被行权,空头头寸在套保期末的价值为负数。此时,期权 1 的价格也会更高,能一定程度上抵消障碍期权给 M 银行带来的损失,因此,即使障碍期权最终被行权,套期保值策略依然可以有效控制风险。

另外,若 T 公司股价在套期保值期间超过了障碍水平,则障碍期权空头头寸在期末的价值为 0。进一步,若股价超过障碍水平出现在 20×6 年 12 月 29 日附近,则期权 3 可以行权,行权的收益可看作是期权 3 在套期保值期末的价值。此时,相比于表 3.32 的实际结果,套期保值组合在期末的价值升高,与期初的价值更为接近,套期保值策略也更为有效。

4. 套期保值策略的有效性及影响因素分析

(1) 套期保值策略的有效性分析。

本案例介绍的二叉树复制套期保值策略以双向风险对冲为目标,因而策略的有效性可采用德尔塔比率进行计算,即

$$\text{德尔塔比率} = 1 - \frac{\text{套保组合价值变动额}}{\text{障碍期权空头价值变动额}} \tag{3.5.33}$$

其中,"套保组合价值变动额""障碍期权空头价值变动额"的计算方法同表 3.32,是表中套保组合价值变动、障碍期权空头价值变动的绝对值。

根据上式,本案例分别计算了实际操作中以及理论上 M 银行使用一系列标准期权对障碍期权进行套期保值的有效性,详见表 3.33。

表 3.33　实际操作中与理论情况下套保策略有效性

	实际操作中	理论情况下	
		障碍期权未敲出	障碍期权敲出
德尔塔比率	0.542	1.000	0.974

由表 3.33 可知，实际操作中二叉树复制套保策略有效性仅为 0.542，远低于理论情况下的结果。可见，尽管实际操作中该策略能一定程度上对套保对象进行风险对冲，但并不能完全实现套期保值目标。另一方面，理论情况下，若障碍期权未敲出，则二叉树复制套保策略完全有效；但当障碍期权敲出时，由于套保策略只能持有整数份标准期权合约，这使得标准期权组合不能完全复制障碍期权损益，因而套保策略有效性有所下降，在本案例中降至 0.974。

(2) 影响套期保值策略有效性的因素分析。

根据前文的案例分析可知，影响二叉树复制套保策略有效性的因素主要在于两个方面。

第一，二叉树模型的设定。一方面，障碍期权价格的变动和标准期权的交易均连续，以较少期数的二叉树模型描述价格运动过程会带来较大的模型误差；另一方面，标的资产股价并不一定按照二叉树模型描述的运动过程变化，此时，基于二叉树模型构造出的套期保值策略很可能会偏离套保目标。

第二，标准期权合约的可得性。完全复制套保对象在二叉树每一个节点上的数值，可能需要标准期权合约的最小可交割份数足够小，但在实际中，套保者只能交易整数份期权合约；此外，复制组合一般要用到多种到期日不同的期权，但交易所提供的标准期权合约一般只有当月、下月以及下两个季月四个品种，这也使得理论上最优的复制组合难以被构建出来。

5. 案例总结

本案例根据二叉树复制的基本原理，使用了一系列到期日不同、执行价格各异的标准期权复制障碍期权，对障碍期权进行套期保值。结果显示，该方法能基本实现套期保值目标。不过，基于二叉树复制的套期保值策略有效性，依赖于二叉树模型的设定以及套期保值工具的可得性，即模型风险、市场不完善等因素均会影响该策略的套期保值结果。

四、标准期权套期保值策略的评述

(一) 单向风险对冲套保策略与双向风险对冲套保策略的比较

以单向风险对冲为目标和以双向风险对冲为目标的套保策略，都运用了期权价格的非线性特征实现套期保值目标。其中，单向风险对冲主要是权衡套期保值组合的收益和损失，而双向风险对冲则主要实现套期保值组合的风险中性。通过本节的案例分析可以发现，两种策略还存在如下差异：

第一，单向风险对冲策略一般只需要一种期权合约，而双向风险对冲策略需要多种期权合约配合实现套期保值目标，这是因为双向风险对冲一般需要对影响套保对象的多个风险因子，或者对多个时间点上的套保对象进行对冲。

第二，单向风险对冲策略有效性的关键，是准确判断未来标的资产的价格走势，这种策略也主要用于对标的资产价格风险进行对冲；而双向风险对冲策略有效性的关键，主要取决于套期保值组合构建方法的设计，即风险管理者要根据套期保值对象的具体特征，选择恰当的目标风险因子或期权二叉树模型构建套期保值策略，这种策略也主要用于对奇异期权、结构化产品的套期保值。

（二）标准期权套期保值策略的优势与不足

总的来说，基于标准期权的套期保值策略具有如下优点：

第一，相比于远期、期货等线性金融衍生产品，期权可用于非线性的套期保值，例如保留套保对象收益同时规避损失、对受风险因子非线性影响的金融产品完全套期保值等；此外，期权还可用于对波动率等特殊的风险因子进行对冲；

第二，期权是一种多样化的金融产品，看涨和看跌、不同的执行价格均使得期权合约产生差异，给套期保值者带来更多选择；另外，买入期权的一方只需要期初缴纳一定的期权费，套期保值过程中无须再追缴保证金，这使得套期保值者无须再考虑保证金变化带来的风险。

不过，依据本节的案例分析可以看出，标准期权套期保值策略实施过程中具有如下缺陷：

第一，期权品种的多样化使得期权套期保值策略的种类层出不穷，在对各种策略的适用范围不了解的情况下，风险管理者很可能会错误地使用套期保值策略，这不仅难以实现套期保值目标，还可能需要承担巨额的损失，例如在未来市场大幅震荡的情况下，以备兑看涨期权策略进行套期保值就可能发生上述情形；

第二，以期权进行套期保值，一般需要对套期保值工具带来的成本收益情况进行分析，由于影响期权价格的因素繁多，如何选择一个最优期权合约用于套期保值其实是一个很难判断的问题；

第三，标准期权的到期日、执行价格、合约规模等都受到了标准化合约的限制，往往无法满足风险管理者的特殊需求，也很难实现一些更为复杂、更个性化的套期保值目标。

第六节　基于奇异期权的套期保值策略设计与案例分析

实务中的套期保值目标千差万别，仅仅利用前文所述的标准期权、期货等工具往往无法完全实现套期保值目标，为此，金融工程师在标准期权的基础上，通过对期权标的资产种类、执行价格、交割时间、行权条件等条款的特殊安排和调整，进一步创造了奇异期权，以满足风险主体的各类套期保值需求。

对于奇异期权，学术界和实务界并没有统一定义，本书将采用 John C.Hull 的定义：奇异期权是收益支付的规则比标准期权更为复杂的一类期权[①]。按照收益支付所依赖的

---

① Hull J. Options, Futures and Other Derivatives(9th edition). Prentice Hall, 2014.

因素,奇异期权可分为三类:第一类是路径依赖性期权,该类期权的支付与期权存续期内资产价格的运动路径有关,如障碍期权(barrier options)、亚式期权(asian options)、回溯期权(lookback options)、呐喊期权(shout options)等;第二类是多因子期权,这类期权的支付取决于多个风险因子①的变动,如篮子期权(basket options)、双币期权(quanto option)等;第三类是其他奇异期权,如二元期权(binary options)、非标准美式期权(nonstandard american options)、远期开始期权(forward start options)、复合期权(compound options)等。

本节将对实务中最常用的障碍期权、亚式期权和篮子期权在套期保值策略中的应用原理和具体案例进行详细分析,并简要介绍其余常见奇异期权在套期保值策略中的使用特点②。

一、利用障碍期权进行套期保值的案例分析

(一)障碍期权套期保值策略的基本原理

20世纪90年代初期,日经225指数波动率持续超过30%,以此为标的资产的期权费用也高得惊人,这加大了风险主体对相关资产进行套期保值的成本负担。在此背景下,障碍期权应运而生,并逐步成为目前使用最为广泛的奇异期权之一。

1. 障碍期权概述

障碍期权,是指在标准欧式期权的基础上加入"敲入"或"敲出"附加条件的期权,到期支付取决于标的资产价格在期权有效期内是否达到了某个事先约定的障碍水平。达到障碍水平后生效的期权称为敲入障碍期权(knock-in options),该类期权生效后到期支付与标准期权相同;若有效期内一直未生效,则到期支付为0。达到障碍水平后失效的期权称为敲出障碍期权(knock-out options),若该类期权在有效期内一直未失效,则到期支付与标准期权相同;若期权失效则到期支付为0。此外,根据障碍水平高于或低于标的资产初始价格,障碍期权又可以分为向上障碍期权和向下障碍期权。

综合考虑期权的"敲入"和"敲出""向上"和"向下""看涨"和"看跌",可以将障碍期权分为八种具体类型,详见表3.34。其中,T 表示障碍期权的到期日,S_t 表示标的资产在 $[0, T]$ 时期内任意时刻 t 的市场价格,K 表示期权执行价格,H 表示预先确定的障碍水平。

表 3.34 障碍期权的种类及到期支付

障碍期权类型		特点	S_t 是否触及 H	期权有效性	到期支付
敲出期权	向上敲出看涨期权(up-and-out call)	$H > S_0$	是	失效	0
			否	有效	$\max(S_T - K, 0)$
	向下敲出看涨期权(down-and-out call)	$H < S_0$	是	失效	0
			否	有效	$\max(S_T - K, 0)$

---

① 风险因子不仅包括标的资产的价格,还包括一些非价格的变量,诸如地区的温度等。
② 有关奇异期权的定价问题不是本节讨论的重点,有兴趣的读者可以参阅金融工程相关的书籍。

续 表

障碍期权类型		特 点	S_t是否触及H	期权有效性	到期支付
敲出期权	向上敲出看跌期权 （up-and-out put）	$H > S_0$	是	失效	0
			否	有效	$\max(K - S_T, 0)$
	向下敲出看跌期权 （down-and-out put）	$H < S_0$	是	失效	0
			否	有效	$\max(K - S_T, 0)$
敲入期权	向上敲入看涨期权 （up-and-in call）	$H > S_0$	是	生效	$\max(S_T - K, 0)$
			否	无效	0
	向下敲入看涨期权 （down-and-in call）	$H < S_0$	是	生效	$\max(S_T - K, 0)$
			否	无效	0
	向上敲入看跌期权 （up-and-in put）	$H > S_0$	是	生效	$\max(K - S_T, 0)$
			否	无效	0
	向下敲入看跌期权 （down-and-in put）	$H < S_0$	是	生效	$\max(K - S_T, 0)$
			否	无效	0

2. 套期保值策略中障碍期权的选择

根据定义可知，障碍期权是在标准期权基础上附加了"敲入""敲出"条件的期权，能够部分地执行标准期权的功能，这意味着障碍期权的成本一般低于同等条件下的标准期权①。因此，当套期保值者资金有限时，可以考虑放弃标准期权而利用障碍期权进行套期保值。

当然，相比于标准期权，利用障碍期权进行套期保值将面临更大的风险。使用敲入期权套期保值时，若标的资产价格在套期保值过程中一直未达到障碍水平，则期权无法生效，套期保值策略有效性为0；使用敲出期权套期保值时，若标的资产价格在期权有效期内触及了障碍水平，则期权失效，套期保值策略有效性也为0。可见，风险管理者需要权衡期权的成本与风险，以判断是否使用障碍期权进行套期保值。

若风险管理者最终决定使用障碍期权，还要对具体的障碍期权合约进行选择和确定。常见的障碍期权套期保值策略包括买入看涨期权策略和买入看跌期权策略②。下面以买入看涨期权策略为例，从敲入敲出、向上向下、障碍水平等多个角度③分析套期保值策略中的障碍期权该如何选择，买入看跌期权的套期保值策略可以按照类似思路分析。

首先，障碍水平的高低直接决定了套期保值策略能否有效实施，因而应该先对敲入期

---

① 任意一个标准期权都可以由两个障碍期权组合而成，例如对一个执行价格为K的标准看涨期权，可由执行价格为K、障碍水平为H的向下敲入看涨期权和向下敲出看涨期权复制而成。根据无套利条件可知，两个障碍期权的期权费均小于标准期权。

② 上一节介绍了买入标准期权和卖出标准期权两种套期保值方法，由于卖出期权能获得期权费，障碍期权的低成本特点此时不再具有优势，因而以卖出障碍期权进行套期保值的策略并不常见。

③ 障碍期权是场外期权产品，风险管理者可以根据套期保值的需求，与对手方协商确定期权的执行价格和到期时间，因而下面选择具体的障碍期权合约时不再涉及这两个方面。

权和敲出期权的障碍水平进行设定。假设风险管理者预期标的资产未来价格在到期日前的最大波动幅度为 a，那么若利用敲入期权进行套期保值，障碍水平的设定应尽量确保期权更容易敲入，即障碍水平 H_{in} 与标的资产当前价格 S_0 的距离应在预期的波幅内，这可以表示为 $|H_{in}-S_0|<aS_0$；若利用敲出期权进行套期保值，则障碍水平的设定应尽量确保期权不易敲出，此时障碍水平 H_{out} 与 S_0 的距离应超过预期的波幅，即 $|H_{out}-S_0|>aS_0$。

在上述障碍水平的设定要求下，具体选择向上敲出、向下敲出、向上敲入还是向下敲入期权进行套期保值，则要根据每种期权的成本和风险综合判断，下面对这四种看涨障碍期权的成本风险特征逐一进行分析。

a) 对于向上敲出期权，障碍水平距离 S_0 越远，成本越高，期权失效的概率越低，但一旦失效，风险管理者将因标的资产价格上升承受巨大损失；

b) 对于向下敲出期权，标的资产价格下跌到障碍水平才能触发"敲出"机制，且障碍水平距离 S_0 越远，敲出时风险管理者在现货上获得的收益就可能越大，不过由图 3.15(a) 可以看出，此时向下敲出期权的费用也相对高昂；

c) 对于向上敲入期权，若有效期内期权始终未生效，即标的资产价格的涨幅始终未超过障碍水平，则风险管理者在现货上的损失有限、甚至可能获得收益，且障碍水平距离 S_0 越近，损失越有限，但由图 3.15(b) 可知，此时期权的费用也很高；

d) 对于向下敲入期权，障碍水平距离 S_0 越近，成本越高，期权生效的概率也越高，不过若标的资产价格在套期保值期间一直上升，期权无法生效，风险管理者将面临巨大损失。

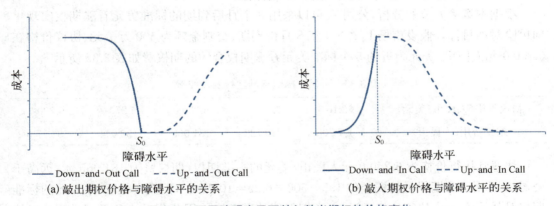

(a) 敲出期权价格与障碍水平的关系　　(b) 敲入期权价格与障碍水平的关系

图 3.15　不同障碍水平下敲入敲出期权的价格变化

由上述分析可知，障碍水平与标的资产当前价格 S_0 偏离较大时，向上敲出期权和向下敲出期权成本相近，但后者给风险管理者带来的预期损失更小；向上敲入期权与向下敲入期权成本同样接近，而前者给风险管理者带来的预期损失更小。因此，风险管理者此时应选择向下敲出看涨期权或向上敲入看涨期权进行套期保值，具体选择哪种障碍期权以及何种障碍水平，还要根据风险管理者自身的风险收益偏好决定。同理分析可得，障碍水平与标的资产当前价格 S_0 偏离很小时，应选择向上敲出看涨期权或向下敲入看涨期权。

总而言之，套期保值策略中障碍期权的选择，在于从成本和风险两个角度对敲入敲出、向上向下和障碍水平进行综合考量,并根据风险管理者自身的风险收益偏好以及对标的资产价格波动幅度的预测,选择最合适的期权合约进行套期保值。下面将用一个具体案例展示障碍期权在套期保值策略中该如何应用。

(二) 基于障碍期权进行套期保值的案例分析

1. 问题描述

假设 20×4 年 5 月 16 日,公司 A 从公司 B 购入一套价值 500 万美元的机器设备,设备的交付和货款的结算在 3 个月后,即 20×4 年 8 月 16 日完成。由于资金周转受限,公司 A 现在仅能筹得 3 135 万元人民币[①]。

目前,美元对人民币的即期汇率为 6.232 8 元人民币/美元,三个月的远期汇率为 6.250 0 元人民币/美元,公司 A 预测未来 3 个月内汇率将在 1.5% 的范围内波动。对于汇率波动,一方面,公司 A 担心美元升值使得自己无法足额结清货款、面临违约,故希望将三个月后的汇率锁定在当前的远期汇率水平上;另一方面,若三个月后美元汇率低于 6.250 0 元人民币/美元,A 又希望获得美元汇率低于远期汇率带来的额外收益。于是,公司 A 打算通过套期保值实现上述目标。

2. 解决方案设计

(1) 套期保值目标的确定。

根据案例描述,套期保值策略的目标是若三个月后的美元即期汇率高于 6.250 0 元人民币/美元,则套期保值组合可以将结算汇率锁定在 6.250 0 元人民币/美元;若三个月后的即期汇率低于 6.250 0 元人民币/美元,则套期保值组合可以保证结算汇率即为当时的即期汇率。

(2) 判断是否可以利用标准期权进行套期保值。

根据本章第五节的分析,公司 A 可以采用 3 个月后到期的标准美元看涨期权实现单向风险对冲目标。假设市场上 20×4 年 8 月份到期、交割金额为 500 万美元、协议价格在 6.250 0 元人民币/美元附近的 5 个标准美元看涨期权合约的期权费如表 3.35 所示[②]。

表 3.35 可供选择的标准期权及期权费

协议价格(人民币/美元)	6.210 0	6.230 0	6.250 0	6.270 0	6.290 0
期权费用(人民币)	307 708	239 722	181 065	132 244	93 173

注意到执行价格为 6.250 0 元人民币/美元的标准期权,期权费为 181 065 元,远高于公司 A 可用于套期保值的资金(3 135−500×6.25=10 万元),而成本低于 10 万元的标准期权对公司 A 来说执行价格又过高,套期保值效果不佳[③],因此公司 A 需要寻求更为经济的期权套期保值工具。

(3) 障碍期权合约的选择与确定。

根据前文对障碍期权的特征分析可知,障碍期权的成本较标准期权更低,且若选择的合约合适,套期保值效果与标准期权基本一致,因此公司 A 决定以场外交易的看涨障碍

---

① 公司 A 将这部分资金存于活期存款账户,利率几乎为 0,因而三个月后这笔款项仍近似为 3 135 万元。
② 本表中的期权费均采用 Black Scholes 定价公式计算得到。
③ 具体分析类似于第五节利用标准期权进行套期保值部分的内容,这里不再赘述。

期权作为套期保值工具,对美元头寸进行套期保值。

如前文所述,公司 A 预测未来 3 个月内汇率波动幅度不超过 1.5%,即 3 个月内美元对人民币的汇率不会超过 6.326 3 元人民币/美元,同时也不会低于 6.139 3 元人民币/美元,因而可以在如表 3.36 所示的障碍水平范围内选择套期保值工具。超过下述障碍水平范围的障碍期权,敲入期权不生效、敲出期权失效的概率都很大,不适合用于套期保值。

表 3.36 不同种类看涨障碍期权对应的障碍水平范围 (单位:人民币/美元)

种 类	障碍水平范围
向上敲入期权	$H_{up-in} \in (6.232\,8, 6.326\,3]$
向下敲入期权	$H_{down-in} \in [6.139\,3, 6.232\,8)$
向上敲出期权	$H_{up-out} \in (6.326\,3, +\infty)$
向下敲出期权	$H_{down-out} \in (-\infty, 6.139\,3)$

确定了各类障碍期权的障碍水平范围后,公司 A 与某投资银行接洽,要求为自己设计协议本金 500 万美元、执行价格为 6.250 0 元人民币/美元、到期时间 20×4 年 8 月 16日,并符合上述障碍水平范围要求的看涨障碍期权。该投资银行按照公司 A 的需求,提供的产品如表 3.37[①]。

表 3.37 不同障碍水平下敲出看涨期权的费用

障碍期权种类	障碍水平 (人民币/美元)	期权费 (元人民币)	满足资金限制
向下敲出看涨期权	6.070 0	115 518.00	否
向下敲出看涨期权	6.100 0	115 506.82	否
向下敲出看涨期权	6.130 0	115 294.80	否
向上敲出看涨期权	6.330 0	28 918.87	是
向上敲出看涨期权	6.360 0	58 068.82	是
向上敲出看涨期权	6.390 0	83 744.48	是
向上敲出看涨期权	6.420 0	100 627.40	否

表 3.38 不同障碍水平下敲入看涨期权的费用

障碍期权种类	障碍水平 (人民币/美元)	期权费 (元人民币)	满足资金限制
向下敲入看涨期权	6.140 0	530.66	是
向下敲入看涨期权	6.170 0	4 984.83	是
向下敲入看涨期权	6.200 0	28 475.510	是
向下敲入看涨期权	6.230 0	104 416.59	否

---

① 这里的障碍期权费用基于理论价格计算得到,障碍期权定价公式具体参见 John.C.Hull (2014)。

续 表

障碍期权种类	障碍水平 （人民币/美元）	期权费 （元人民币）	满足资金限制
向上敲入看涨期权	6.240 0	115 518.36	否
向上敲入看涨期权	6.270 0	115 156.25	否
向上敲入看涨期权	6.300 0	107 951.55	否

从表 3.37 和表 3.38 中可见：第一，表内障碍期权的费用均小于相同执行价格、相同到期时间的标准期权费用，且有 3 种向上敲出看涨期权和 3 种向下敲入看涨期权费用低于 10 万元，因此公司 A 可以在满足资金限制条件下选取障碍期权进行套期保值；第二，公司 A 对自己的预测很有信心且风险厌恶程度较高，故对 A 来说，尽管向下敲入看涨期权的费用更低，但若美元汇率在未来 3 个月内一直没有下跌，则向下敲入看涨期权无法生效，3 个月后公司 A 很可能面临损失，而向上敲出看涨期权风险较小，所以公司 A 选择向上敲出看涨期权作为套期保值工具；第三，对于满足条件的 3 种向上敲出看涨期权，随着障碍水平的提高，费用也会上升，然而期权被敲出的可能性也更小，为尽可能防止期权失效、实现套期保值目标，公司 A 在成本可接受范围内选择了最高的敲出障碍水平、即障碍水平为 6.390 0 元人民币/美元的向上敲出看涨障碍期权。

3. 套期保值策略盈亏分析

在购入上述美元对人民币向上敲出看涨期权后，套期保值组合在 3 个月后可能实现的盈亏状况如下：

（1）情形一：期权到期前美元兑人民币汇率未达到 6.390 0 元人民币/美元。

若公司 A 预测正确，3 个月内美元对人民币汇率从未触及期权敲出价格，则该敲出期权与标准期权到期支付相同，具体为

$$\max(5 \times (S_T - 6.250\ 0), 0) \text{百万元人民币} \tag{3.6.1}$$

其中 S_T 为期权到期日美元对人民币汇率。该情形下，不同到期汇率 S_T 带来的套期保值盈亏情况如下表 3.39 所示。

表 3.39　套期保值策略的盈亏分析　　　　　　　　　（单位：百万元人民币）

到期汇率 S_T （人民币/美元）	未套保时购买 设备的成本	障碍期权 费用	障碍期权 到期支付	套保后购买 设备的成本
6.10	30.50	0.08	0	30.58
6.15	30.75	0.08	0	30.83
6.20	31.00	0.08	0	31.08
6.25	31.25	0.08	0	31.33
6.30	31.50	0.08	0.25	31.33
6.35	31.75	0.08	0.50	31.33

注：1）未套保时购买设备的成本＝5×S_T；
　　2）套保后购买设备的成本＝未套保时购买设备的成本＋障碍期权费用－障碍期权到期支付。

可见，在障碍期权未敲出的情形下，公司 A 套保后购买设备的成本最高为 31.33 百万元，小于 31.35 百万元，且到期汇率高于 6.250 0 元人民币/美元时，成本固定在最高水平，不会随着美元汇率的升高而进一步升高；而到期汇率低于 6.250 0 元人民币/美元时，成本会随着汇率的降低而降低。这意味着此时套期保值策略满足了套期保值目标，也满足了成本限制的要求。

（2）情形二：期权到期前美元对人民币汇率触及 6.390 0 元人民币/美元。

若美元的市场走势超乎公司 A 预料，即 3 个月内美元对人民币汇率一度暴涨并触及敲出价格，障碍期权敲出，则该策略在不同到期汇率情况下的套保结果如下表 3.40 所示。

表 3.40　套期保值策略的盈亏分析　　　　　　（单位：百万元人民币）

到期汇率 S_T（人民币/美元）	未套保时购买设备的成本	障碍期权费用	障碍期权到期支付	套保后购买设备的成本
6.10	30.50	0.08	0	30.58
6.15	30.75	0.08	0	30.83
6.20	31.00	0.08	0	31.08
6.25	31.25	0.08	0	31.33
6.30	31.50	0.08	0	31.58
6.35	31.75	0.08	0	31.83

注：各指标的计算公式同表 3.39。

由上表可见，在障碍期权敲出的情形下，公司 A 在套期保值结束时完全暴露于外汇的风险敞口之中，总成本随着汇率 S_T 的上升而增大，且当到期汇率达到 6.254 0（＝(31.35－0.08)/5）元人民币/美元以上时，公司 A 的资金额便无法承担该笔交易。这意味着套期保值策略无法实现套期保值目标，此外，公司 A 还多付出了一笔期权费。

4. 套期保值策略有效性及影响因素分析

（1）障碍期权套期保值策略的有效性分析。

在本案例中，障碍期权未敲出时，套期保值结果与标准期权的套期保值结果一致，因而，这里仍沿用标准期权的套期保值策略有效性指标，衡量未敲出时障碍期权套期保值策略的有效性，即

$$HE = \frac{\min(S_T, F_0) \times 5 \times 10^6}{\min(S_T, K) \times 5 \times 10^6 + c_{barrier}} \quad (3.6.2)$$

其中，分子为套期保值所要达到的目标成本[①]，F_0 为套期保值期初美元兑人民币三个月远期汇率，即 $F_0 = 6.25$，另外，5×10^6 意味着 500 万美元；分母为套期保值后 A 公司的实际成本，其中障碍期权的执行价格 $K = 6.25$，$c_{barrier}$ 表示向上敲出看涨期权的期权费。

根据(3.6.2)可以计算出障碍期权未敲出情形下，不同到期汇率对应的套期保值策略

[①] 与(3.5.11)和(3.5.15)不同，(3.6.2)中分子为套期保值目标，是因为这里的目标是目标成本，而非(3.5.11)和(3.5.15)中的目标收益。

有效性,详见表 3.41。从表中可以看出,只要套期保值期间障碍期权没有敲出,基于障碍期权的套期保值策略总是高度有效的。

表 3.41 未敲出情形下套期保值策略的有效性

到期汇率 S_T(人民币/美元)	策略有效性 HE
6.10	0.997
6.15	0.997
6.20	0.997
6.25	0.997
6.30	0.997
6.35	0.997

另一方面,若障碍期权因敲出而失效,套期保值目标自然无法达到,此时套期保值策略有效性为 0。

(2) 影响障碍期权套期保值策略有效性的因素分析。

一方面,由前文可见,利用障碍期权进行套期保值的有效与否,关键在于障碍期权是否敲出,这又取决于标的资产的价格走势是否与风险主体的事先预期相一致:当标的资产的价格走势与风险主体的预期一致时,即本例中三个月内汇率上下波动幅度在 1.5% 以内时,障碍水平 6.390 0 元人民币/美元不会被触及,此时障碍期权不会敲出,保证了公司 A 购买设备的到期支付不超过 3125 万人民币,利用障碍期权套期保值的有效性接近 1。而当标的资产的价格走势与风险主体的预期不一致且触及障碍水平时,障碍期权因敲出而失效,利用障碍期权套期保值失败。

另一方面,若障碍期权一直未敲出则等价为一份标准期权,影响套期保值有效性的因素与影响标准期权套期保值策略有效性的因素相同。需要特别强调的是,障碍期权为场外期权,因而交易双方可以通过执行价格、到期时间的协商使得套期保值策略有效性最大,但同时套期保值者也面临交易对手方违约的风险:若到期时交易对手方在障碍期权上的亏损过大,则很可能违约,使得套期保值策略失效。

5. 案例总结

本案例具体阐释了如何利用障碍期权降低单向风险对冲时的成本,以及如何根据套期保值者自身的风险收益偏好、对套期保值对象的价格预期,以选择最优的障碍期权合约。根据案例分析可知,套期保值策略的有效性,主要取决于敲入期权是否生效、敲出期权是否失效,本质上依赖于套期保值者对套保对象未来价格的预测是否准确。

二、利用亚式期权进行套期保值的案例分析

现实中,很多风险主体在一定时期内面临多笔连续不断的现金流入或流出,并期望在期初以尽可能低的成本一次性规避各期现金流的不利变动,同时保留现金流的有利变动。为满足风险主体的这种特殊套期保值需求,亚式期权应运而生。

(一)亚式期权套期保值策略的基本原理

1. 亚式期权的定义和种类

亚式期权,是一种到期支付依赖于标的资产在规定期间内价格平均值的期权。其中,价格平均值是按照规定观察频率观测到的标的资产价格的平均值,既可以用算数平均方法得到,也可以用几何平均方法得到①。

进一步,按照价格平均值影响期权到期支付的路径,亚式期权可分为平均价格(average price)期权和平均执行价格(average strike price)期权。其中,平均价格期权的执行价格固定,期权到期支付由价格平均值与执行价格的差额决定;平均执行价格期权以价格平均值作为执行价格,期权到期支付由标的资产到期价格与价格平均值的差额决定。

设 S_{avg} 表示期权存续期内标的资产的价格平均值,K 表示平均价格期权的执行价格,S_T 为期权到期日标的资产价格,则亚式期权的详细分类以及每个种类的到期支付如下表 3.42 所示。

表 3.42 亚式期权的种类及到期支付

亚 式 期 权 类 型		到期支付
平均价格亚式期权	平均价格亚式看涨期权	$\max(S_{avg}-K, 0)$
	平均价格亚式看跌期权	$\max(K-S_{avg}, 0)$
平均执行价格亚式期权	平均执行价格亚式看涨期权	$\max(S_T-S_{avg}, 0)$
	平均执行价格亚式看跌期权	$\max(S_{avg}-S_T, 0)$

2. 套期保值策略中亚式期权的选择

风险主体往往需要对未来一段时间内连续的现金流流入或流出进行套期保值。以现金流入为例,若风险主体期望现金流入不受目标风险因子影响,则根据本章第四节可知,此时应利用互换进行套期保值;若风险主体期望保留风险因子有利变动带来的现金流入增加,同时规避风险因子不利变动导致的现金流入的可能损失,则可以选择若干个到期日不同的标准期权,或者选择亚式期权进行套期保值。

对于亚式期权的选择:首先,由于套保对象是未来一段时间内若干个时点的流入现金流,且风险主体最终会获得这些现金流的总额,因而应选择基于算数平均方法计算现金流平均值的亚式期权作为套保工具。其次,为了规避风险因子不利变动可能带来的损失,风险主体可以选择平均价格亚式看跌期权或者平均执行价格亚式看涨期权进行套期保值。其中,平均价格亚式期权可以将各期风险因子大小的平均值 S_{avg} 维持在固定值 K,而平均执行价格亚式期权仅能将各期风险因子的平均值 S_{avg} 维持在 S_T,虽然当各期现金流波动幅度较大时,平均价格亚式期权也无法完全消除风险带来的损失,但在套保期初

---

① 设亚式期权的存续期为 0 到 T 时刻,该时间区间内第 i 个观察时点 t_i 时刻标的资产的价格为 S_{t_i},则采用算术平均方法和几何平均方法计算的价格平均值分别为

$$S_{avg} = \frac{1}{N}\sum_{i=1}^{N}S_{t_i}, \quad S_{avg} = (\prod_{i=1}^{N}S_{t_i})^{1/N}。$$

看,采用平均执行价格亚式期权套保风险更大,因此风险主体应选择平均价格亚式看跌期权。综上可知,大部分套期保值过程中,套期保值者均应选择基于算数平均方法的平均价格亚式期权构建套保组合。

进一步,判断并确定应使用一系列标准期权还是一个基于算数平均方法的平均价格亚式期权进行套期保值。设风险主体在 $t_i (i=1,\cdots,N)$ 时刻将收到现金流 $CF_{t_i}=c_{t_i} \times S_{t_i}$,其中 S_{t_i} 为影响现金流大小的风险因子,c_{t_i} 是期初给定的乘数①。则风险主体可以利用到期时刻为 t_i、以 S_{t_i} 为标的资产价格、执行价格为 K 的 N 种标准看跌期权进行套期保值,亦可以利用价格平均值为 $S_{avg}=\sum_{i=1}^{N} S_{t_i}/N$ 的亚式看跌期权进行套期保值。从期权费的角度来看,亚式期权可看作标的资产到期价格为 S_{avg} 的标准期权,且随机变量 S_{avg} 的波动率②小于一系列随机变量 S_{t_i} 波动率的平均。根据 B-S 公式可知,期权价格随标的资产波动率的下降而下降,因此,亚式看跌期权的期权费一般小于一系列标准看跌期权的期权费之和。从套期保值组合的现金流入总额来看,当使用一系列标准期权套期保值时,只要某一期的现金流发生了不利变动,当期的期权便会被行权,从而能准确规避每一次的现金流亏损;当使用亚式期权套期保值时,即使部分时刻现金流发生了亏损,但只要各期现金流的平均值不低于目标水平,期权便不会被执行,因而套期保值者并未因为部分时刻现金流发生了亏损而得到补偿。可见,亚式期权套保组合的现金流入总额一般小于一系列标准期权的套保组合。综合上述分析可知,套期保值者应综合权衡期权费用、套保组合到期收益以及套期保值目标、自身风险厌恶程度等因素,判断到底是利用一系列标准期权还是利用亚式期权进行套期保值。

上述结论成立的前提,是每一期的 c_{t_i} 保持稳定。若该前提无法满足,亚式期权套期保值策略效果会显著降低。这是因为亚式期权的平均价格是针对风险因子 S_{t_i} 而言的,可看作是 S_{t_i} 的等权加权,但若某一期的 c_{t_i} 变化较大,该期的 S_{t_i} 对风险主体现金流入总额的影响差异也会很大,简单地把各期 S_{t_i} 取平均,并不能有效对冲该期 S_{t_i} 带来的风险。此时利用一系列标准看跌期权仍可以实现套期保值目标,只是套期保值组合中到期日为 t_i 的看跌期权的份数要随 c_{t_i} 的变化而调整,即套保组合中到期日不同的看跌期权份数差异可能会很大。

此外,上述对期权费用和套保组合现金流入总额的分析,均假设市场中存在一系列到期日为 $t_i (i=1,\cdots,N)$ 的标准期权,且亚式期权的价格平均值观察时点与现金流入发生时点一致。实际套期保值过程中,市场的不完全性使得这两条假设并不一定得到满足,因而套期保值者选择套保工具时还应根据实际情况做具体分析。

(二)案例分析

1. 问题描述

20×4 年 5 月 16 日,公司 B 与公司 A 达成协议,同意从即日起至 8 月 14 日每周向公

---

① 例如,期初约定风险主体在 t_i 期将收到 1 万美元,即 $c_{t_i}=1$ 万美元,且 t_i 期美元兑人民币的汇率为 S_{t_i},则 t_i 期风险主体收到的人民币现金流为 $c_{t_i} \times S_{t_i}$。

② 更准确地说,应该是 S_{avg} 的对数收益率的波动率,即 $\ln(S_{avg}/S_0)$ 的波动率,其中 S_0 为未来每期现金流在初始时刻期望值的算术平均。下面所指的"波动率"均是这一含义。

司 A 提供价值 300 000 美元的皮革制品,同时每周四进行货款结算,总共交易 13 周,总价款为 3 900 000 美元。由于 B 公司的原材料采购、生产等均使用人民币,因而每从 A 公司收到一笔货款都要兑换为人民币,即 B 公司在未来 3 个月内将面临美元兑人民币的汇率风险。

当前时刻美元兑人民币的即期汇率为 6.232 8 人民币/美元,B 公司期望未来各期的美元收入均能以高于此即期汇率的水平兑换成人民币收入,因此决定利用期权构造以单向风险对冲为目标的套保策略。另外,由于资金紧张,B 公司计划最多使用 5.5 万元人民币进行套期保值。

2. 解决方案设计

(1) 套期保值目标的确定。

根据案例描述,B 公司的套期保值目标为:锁定未来 13 周每周四美元兑人民币的换汇成本,若汇率水平高于 6.232 8 人民币/美元,则以该汇率水平兑换人民币;若汇率水平低于 6.232 8 人民币/美元,则以 6.232 8 人民币/美元兑换人民币。

(2) 判断是否可以利用标准期权进行套期保值。

假设市场完全,各种交割日期的标准期权均可得,则执行价格为 1 美元兑 6.232 8 人民币、协议本金为 300 000 美元、交割日期分别为 5 月 16 日—8 月 14 日之间每周周四的共 13 份美元兑人民币标准看跌期权的价格如表 3.43 所示[①]。

表 3.43　不同交割日期的标准期权费用　　　　　　(单位:元人民币)

交割日期	5 月 22 日	5 月 29 日	6 月 5 日	6 月 12 日	6 月 19 日	6 月 26 日	7 月 3 日
期权费用	2 208	3 086	3 672	4 127	4 496	4 807	5 083
交割日期	7 月 10 日	7 月 17 日	7 月 24 日	7 月 31 日	8 月 7 日	8 月 14 日	—
期权费用	5 315	5 520	5 702	5 865	6 012	6 145	—

为达成套期保值目标,B 公司需要同时购买上述 13 种不同交割日期的看跌期权,期权总费用为 62 043 人民币,超出了公司 B 的预算要求。因此,B 公司期望通过选择合适的亚式期权合约,寻求更为经济且"一劳永逸"的套期保值方法。

(3) 亚式期权合约的选择与确定。

根据前文对套期保值策略中亚式期权选择方法的分析,B 公司拟利用以算术平均方法计算价格平均值、以美元兑人民币汇率为标的资产的平均价格亚式看跌期权进行套期保值。

通过与投资银行 C 的洽谈,B 公司最终购买了 C 银行提供的以美元兑人民币汇率为标的资产、以 6.232 8 人民币/美元为执行价格、协议本金为 3 900 000 美元、期权到期日为 20×4 年 8 月 14 日、价格平均值计算方法为期权存续期内每一个交易日美元兑人民币汇率的算数平均值的平均价格亚式看跌期权,期权费为 53 146 人民币[②],这符合 B 公司的预算要求。

[①] 本表中的期权费均由 BS 公式计算得到。
[②] 本案例中亚式期权费用均利用二叉树模型计算得到。模型参数采用实际数据估计获取,其中,美元无风险利率为 0.228 6%,人民币无风险利率为 1.880 9%,美元对人民币汇率的年波动率为 2.557 5%,二叉树模型期数为 100 期。

3. 套期保值策略盈亏分析

设 $S_i(i=1,\cdots,T)$ 为5月16日—8月14日每个交易日美元兑人民币的即期汇率，$S_j^*(j=1,\cdots,13)$ 为5月16日—8月14日期间每周周四（即结算日）的美元兑人民币即期汇率。在期权到期日，平均价格亚式期权的到期支付为

$$3\,900\,000 \times \max\left(6.232\,8 - \frac{1}{T}\sum_{i=1}^{T}S_i, 0\right)（元人民币） \tag{3.6.3}$$

此外，未进行套期保值时，B公司收到的现金流总额为

$$CF_U = 300\,000 \times \sum_{j=1}^{13} S_j^*（元人民币） \tag{3.6.4}$$

利用亚式看跌期权套期保值后，B公司收到的现金流总额为

$$CF_H = CF_U + 亚式看跌期权到期支付 - 期权费 \tag{3.6.5}$$

为展示在美元兑人民币汇率不同变化路径下利用亚式期权套期保值的结果，本案例给出了即期汇率变化的三种路径：美元兑人民币汇率持续贬值（路径1）、美元兑人民币汇率持续升值（路径2）和美元兑人民币汇率大幅震荡（路径3）。因篇幅所限，表3.44仅列出了3种路径在初始时刻（5月16日）以及13个结算日的汇率水平。

表3.44 美元兑人民币即期汇率变化的3种路径 （单位：人民币/美元）

日期	路径1：汇率持续贬值	路径2：汇率持续升值	路径3：汇率大幅震荡
5月16日	6.232 8	6.232 8	6.232 8
5月22日	6.234 0	6.227 7	6.238 3
5月29日	6.237 0	6.225 2	6.230 7
6月5日	6.254 0	6.238 2	6.240 3
6月12日	6.217 5	6.236 9	6.245 1
6月19日	6.228 7	6.252 8	6.254 9
6月26日	6.224 0	6.268 5	6.248 6
7月3日	6.211 5	6.303 2	6.182 3
7月10日	6.202 8	6.329 6	6.197 1
7月17日	6.203 3	6.311 7	6.183 3
7月24日	6.194 4	6.316 3	6.191 8
7月31日	6.173 7	6.329 4	6.182 5
8月7日	6.162 1	6.301 5	6.183 3
8月14日	6.151 8	6.323 4	6.189 1
交易日均值	6.210 3	6.291 2	6.216 8

注：交易日均值 $=\sum_{i=1}^{T}S_i/T$。

根据表 3.44 不同的汇率变化路径,基于亚式期权的套期保值策略盈亏情况如表 3.45 所示。从表 3.45 中可以看出,在路径 1 和路径 3 的情形下,不套保时 B 公司的现金流入总额较低,通过亚式期权可以一定程度弥补 B 公司现金流上的亏损。不过两种路径下,B 公司套保后现金流入总额仍低于 3 900 000×6.232 8,这是因为亚式期权平均价格是基于套期保值期间每个交易日的价格计算得到的,而 B 公司仅在每周四有现金流入,平均价格并不能完全对冲 B 公司面临的汇率波动。

表 3.45　基于亚式期权的套期保值策略盈亏情况分析　　　　　（单位:元人民币）

路　径	未套保时现金流入总额 CF_U	期权费	亚式期权到期支付	套保后现金流入总额 CF_H
路径 1	24 208 440	53 146	87 750	24 296 190
路径 2	24 499 319	53 146	0	24 499 319
路径 3	24 230 152	53 146	62 262	24 292 414

4. 套期保值策略的有效性及影响因素分析

(1) 亚式期权套期保值策略的有效性分析。

本案例仍沿用保护性看跌期权策略的思想,用下式衡量亚式期权套保策略的有效性,即

$$HE = \frac{\max(S_{avg}, K) \times 3.9 \times 10^6 - p_{\text{Asian}}}{\max(S_{avg}^*, S_0) \times 3.9 \times 10^6} \tag{3.6.6}$$

其中,S_{avg} 为套期保值期间每个交易日美元兑人民币实际汇率的算数平均值,$K=6.232\,8$ 为亚式期权的执行价格,p_{Asian} 是亚式期权的期权费。可见,有效性指标的分子即为"亚式看跌期权到期支付-期权费";S_{avg}^* 表示套期保值期间每个现金流结算日美元兑人民币实际汇率的算术平均值,S_0 为即期汇率水平,即有效性的分母为套期保值者的现金流收入目标额。需要强调的是,正是由于 B 公司每个结算日都收到 30 万元等额货款,因而 B 公司的现金流收入目标额可以如上设定。

根据(3.6.6),本案例中三种路径下亚式期权套期保值策略的有效性详见表 3.46。由表可见,三种路径下亚式期权套保策略均有效地实现了套期保值目标,即将 B 公司 3 个月内每一期的现金流收入都基本锁定在 6.232 8×300 000 元人民币。

表 3.46　三种路径下亚式期权套保策略的有效性

	路径 1	路径 2	路径 3
有效性 HE	0.998	0.999	0.998

(2) 影响亚式期权套期保值策略有效性的因素分析。

第一,实际现金流的频率与亚式期权计算平均价格的日期频率是否一致。例如,本案例中的亚式期权选取期权存续期内所有交易日的标的资产价格数据进行算术平均,而对风险管理者来说,现金流入的频率为每周一次,两者的时间频率并不匹配,这导致亚式期权合约计算出的平均价格 S_{avg} 与公司 B 实际的现金流平均价格 S_{avg}^* 有一定差异,影响了

亚式期权套期保值策略的有效性。

第二，实际现金流的稳定性。本案例中，B公司在每个结算日会收到等额的30万美元，因而通过亚式期权对每个交易日的实际汇率水平取平均，该平均值可以较好地反映B公司各期面临的汇率风险之和。若B公司每个结算日收到的现金流不相等且变化很大，则上述算数平均值并不能很好地反映B公司面临的各期风险的加总，因为此时收到现金流较多的结算日的汇率水平对B公司的风险总额贡献也较大，而简单的算数平均并不能反映这种贡献的差异情况。此时，亚式期权套保策略无法有效实现风险管理目标。

第三，亚式期权作为场外期权，面临的交易对手违约风险也将影响套期保值策略的有效性。之前章节已经详细介绍，这里不再赘述。

5. 案例总结

本案例具体阐释了亚式期权在套期保值策略中的应用方法及效果。一般来说，亚式期权主要用于对未来一段时期内的连续现金流进行套期保值。与用一系列不同到期日的标准期权组合进行套期保值相比，亚式期权可以降低期权费用支出，同时也能弥补不同到期日的标准期权种类不足的问题，在实际操作中是非常行之有效的套期保值方式。

三、利用篮子期权进行套期保值的案例分析

前文介绍过的套期保值策略主要是针对某一种资产价格的风险。但现实中，风险主体往往同时面临多种资产价格风险。此时，风险主体可以利用多种标准期权分别对多个资产进行套期保值，也可以利用篮子期权一次性对多个资产进行套期保值。下文将详细介绍篮子期权的特点及应用实例。

（一）篮子期权套期保值策略的基本原理

1. 篮子期权定义

篮子期权，是以一篮子资产为标的资产的期权。篮子期权的种类、到期支付、行权条件等与标准期权类似，唯一的差别是篮子期权以一篮子资产为标的资产，因而标的资产到期价格由篮子中每项资产的到期价格加总得到。

2. 篮子期权套期保值策略的特点

与平均价格亚式期权类似，相比于一系列标准期权的套保策略，基于篮子期权的套期保值策略具有以下两个特点。

（1）篮子期权套保策略承担的期权费更低，但也部分损失了收益的可能性。

根据Markowitz资产组合理论可知，由于分散化效应的存在，一篮子资产总价格的波动率 σ_{basket} 一定小于或等于篮子中各资产价格波动率的线性组合，因而篮子期权的期权费一般小于篮子中各项资产对应的标准期权期权费总和，且篮子内风险资产的种类越多，分散化效应越明显。相比于一系列标准期权，篮子期权的期权费降低幅度也会越大。

然而，篮子期权的到期支付也将小于一系列标准期权的到期支付总和。这是因为利用一系列标准期权进行套期保值时，只有价格发生不利变动的风险资产对应的期权才会被行权；而利用篮子期权进行套期保值时，到期支付相当于对所有风险资产对应的标准期权同时行权或同时不行权，无法更为精细地保留部分资产价格有利变动带来的收益、规避部分资产价格不利变动导致的可能损失。由此，相比于一系列标准期权的套保策略，篮子

期权套保策略的到期支付多数情况下会更小。

(2) 篮子期权是非标准化的场外合约,可以为风险管理者量身定制。

篮子期权是场外期权,可以通过协商确定合约具体内容,因而能够更好地满足风险管理者的套期保值需求。例如,风险管理者的套保目标是将 T 时刻购买一篮子资产的支付上限锁定在 K,则每项资产对应的标准期权执行价格的加总可能无法等于这个值,且部分资产可能不存在 T 时刻到期的期权。此时,通过购买一系列标准期权进行套期保值无法较好地满足套保目标,而借助于篮子期权,风险管理者可以直接将期权到期期限设定为 T、执行价格设定为 K。

但另一方面,由于篮子期权是场外合约,流动性欠佳,因而风险管理者一般会面临更大的交易对手信用风险,且一旦交易对手违约,套期保值策略将彻底失效。此外,市场中是否可以找到交易对手签订篮子期权合约,也是套期保值策略能否成功的关键。

下面将用一个具体案例说明篮子期权在套期保值策略中的应用。

(二) 案例分析

1. 问题描述

20×1 年 6 月,某德国跨国公司 D 根据与客户签订的交易协议,将在 6 个月后同时获得 1 215 万美元、13.25 亿日元以及 669 万英镑的现金,且因为生产需要,公司 D 需要将这笔现金兑换为欧元。当前,美元、日元和英镑兑欧元的 6 个月远期汇率分别为 0.820 0 欧元/美元、0.007 5 欧元/日元、1.499 9 欧元/英镑。若 6 个月后欧元相对上述远期汇率升值,公司 D 期望能够规避升值导致的欧元收入减少;若欧元相对上述远期汇率贬值,公司 D 期望获得贬值带来的欧元收入增加。同时,公司 D 期望以最低的成本实现上述目标。

2. 解决方案设计

(1) 套期保值目标的确定。

6 个月后公司 D 将收到美元、日元、英镑三种外汇,按当前的远期汇率计算,公司 D 兑换后可得到的欧元总额为

$$1\ 215 \times 0.82 + 132\ 500 \times 0.007\ 5 + 669 \times 1.499\ 9 = 2\ 993.48\ 万欧元 \quad (3.6.7)$$

根据案例描述可知,公司 D 的套期保值目标为:若 6 个月后欧元至少相对一种货币升值,使得兑换后的欧元总额低于(3.6.7)中的目标,公司 D 期望能对冲掉这部分损失;若 6 个月后欧元至少相对一种货币贬值,使得兑换后欧元总额高于(3.6.7)的目标,公司 D 期望保留这部分收益。

(2) 套期保值策略的选择。

为实现上述套期保值目标,公司 D 有两种套期保值方案。

方案 1:分别购买三种外汇兑欧元的标准看跌期权进行套期保值。

由下表 3.47 可计算得到,同时买入表中三份看跌期权恰好能够满足风险管理者在 6 个月后将收入下限锁定在 2 993.48 万欧元的目标,公司 D 为此总共需要支付 53.4 万欧元的期权费[①]。

---

① 本表中的期权费均由 BS 公式计算得到。

表 3.47 各标准期权的基本条款

标的资产	USD	JPY	GBP
名义本金	1 215 万	132 500 万	669 万
执行价格	\$1=€0.820 0	¥1=€0.007 5	£1=€1.499 9
期权费用	€18 万	€15 万	€20.4 万

注:"\$"表示美元,"¥"表示日元,"£"表示英镑,"€"表示欧元。

方案 2:购买基于三种外汇资产的篮子看跌期权进行套期保值。

经协商,公司 D 能够找到合适的场外交易对手签订篮子看跌期权合约。具体而言,篮子看跌期权合约的标的资产为 1 215 万美元、13.25 亿日元以及 669 万英镑,执行价格为 2 993.48 万欧元,到期日为 6 个月后,对于该篮子期权,交易对手方给定的期权费为 42.2 万欧元[①]。

两种套期保值方案均能实现套保目标,且相比于方案 1,方案 2 可以节约 11.2 万欧元的套期保值成本。考虑到公司 D 期望在保证得到最低欧元收入的前提下,付出的期权成本最小,公司 D 最终选择使用篮子期权进行套期保值。另外,为充分比较两种方案的差异,下文也给出了方案 1 的套保结果以及分析。

3. 套期保值策略盈亏分析

为展示三种外汇兑欧元汇率的不同结果对套期保值策略盈亏的影响,本案例给出了四种汇率情形:欧元相对三种外汇均贬值(情形 1)、欧元相对三种外汇均升值(情形 2)、欧元仅对美元小幅贬值(情形 3)、欧元相对美元和日元均贬值(情形 4)。表 3.48 给出了四种情形下具体的汇率水平以及两种套期保值方案的盈亏情况。

表 3.48 四种情形下套期保值策略的盈亏情况 (单位:欧元)

		情形 1	情形 2	情形 3	情形 4
到期日各外汇兑欧元实际汇率	f_{USD}	0.850 0	0.814 5	0.839 0	0.850 0
	f_{JPY}	0.007 6	0.007 2	0.007 3	0.007 6
	f_{GBP}	1.505 0	1.482 5	1.490 0	1.490 0
方案 2:篮子期权套期保值	未套保时欧元总收入	3 046.60	2 935.41	2 983.445	3 036.56
	期权是否行权	否	是	是	否
	套保后欧元总收入	3 046.60	2 993.48	2 993.48	3 036.56
	扣除期权费后欧元净收入	3 004.40	2 951.28	2 951.28	2 994.36
方案 1:标准期权套期保值	套保后欧元总收入	3 046.60	2 993.48	3 016.57	3 043.18
	扣除期权费后欧元净收入	2 993.20	2 940.08	2 963.17	2 989.78

---

① 本案例中篮子期权费采用 Monte Carlo 方法计算得到,计算所使用的参数均为实际数据。其中,美元无风险利率为 0.23%,日元无风险利率为 0.01%,英镑无风险利率为 0.25%,欧元无风险利率为 0.26%,Monte Carlo 循环次数为 100 000 次,均方误差为 591.70 欧元。

续表

		情形 1	情形 2	情形 3	情形 4
两种方案收益对比	套保后欧元总收入对比(方案2—方案1)	0	0	−23.09	−6.62
	套保后欧元净收入对比(方案2—方案1)	11.21	11.20	−11.89	4.58

注：1) 未套保时欧元总收入 $= f_{USD} \times 1\,215 + f_{JPY} \times 132\,500 + f_{GBP} \times 669$(万欧元)；
　　2) 套保后欧元总收入 = 未套保时欧元总收入 + 期权到期支付，其中
　　　篮子期权到期支付 $= \max(2\,993.48 - f_{USD} \times 1\,215 + f_{JPY} \times 132\,500 + f_{GBP} \times 669, 0)$
　　　标准期权到期支付 $= \max(0.82 - f_{USD}, 0) \times 1\,215 + \max(0.007\,5 - f_{JPY}, 0) \times 132\,500 + \max(1.499\,9 - f_{GBP}, 0) \times 669$

由表3.48可知：

(1) 当汇率全部朝向对公司D有利的方向变动时(情形1)，美元、日元和英镑均相对欧元升值，此时篮子期权不会被行权，3个标准期权也均不会被行权，两种套期保值方案给公司D带来的欧元总收入相同，都保留了欧元相对贬值带来的收益。当汇率均朝向对公司D不利的方向变动时(情形2)，美元、日元和英镑都相对欧元贬值，此时篮子期权以及3个标准期权都会被执行，两种套期保值方案给公司D带来的欧元总收入依然相同，都规避了欧元相对升值导致的损失。不过，上述两种情形下，考虑期权费后，方案2的净收益明显高于方案1。

(2) 当部分汇率朝向有利方向变动、部分汇率朝向不利方向变动时(情形3和情形4)，方案1中朝向不利方向变动的汇率对应的标准期权均会被行权，但方案2中只有朝向不利方向变动的汇率达到一定程度(情形4)篮子期权才会被行权。这类情况下，由于方案2只有当损失达到一定程度时才可以规避部分损失，而方案1可以规避任意外汇资产带来的损失，因而方案1给公司D带来的欧元总收入总是高于方案2。不过，当损失达到一定程度时(情形4)，扣除期权费后，方案2依然能带来更高的欧元净收入。

4. 套期保值策略的有效性及影响因素分析

(1) 篮子期权套期保值策略的有效性分析。

本案例中，篮子期权的使用方法与保护性看跌期权策略基本一致，因而可以用(3.5.11)衡量篮子期权套期保值策略的有效性为

$$HE = \frac{\max(R_T, K) - p_{basket}}{\max(R_T, F_0)} \qquad (3.6.8)$$

其中，R_T为D公司未套保时欧元总收入，具体计算方法见表3.6.15；$K = 2\,993.48$(万欧元)为篮子期权的执行价格，$F_0 = 2\,993.48$(万欧元)为公司D期望锁定的未来欧元收入下限；p_{basket}为篮子期权的期权费。可见，上述有效性指标中的分子即为套期保值策略"扣除期权费后欧元净收入"。

根据上述有效性指标计算公式，本案例的四种情形下，篮子期权套期保值策略(方案2)和标准期权套保策略(方案1)[①]的有效性具体如下表3.49。

---

① 将(3.6.8)中的分子改为标准期权套保策略"扣除期权费后欧元净收入"，结合表3.48，即可计算出标准期权套保策略的有效性。

表 3.49　四种情形下套期保值策略的有效性

	情形 1	情形 2	情形 3	情形 4
篮子期权策略 HE	0.986	0.986	0.986	0.986
标准期权策略 HE	0.982	0.982	0.990	0.985

由上表可以看出，篮子期权套保策略的有效性稳定在 0.986，基本能够实现 D 公司的风险管理目标；相比而言，标准期权策略在情形 3 下最为有效，且有效性 0.990 超过了篮子期权策略的有效性，但不同情形下，标准期权策略发挥不稳定，有效性时高时低。因此，篮子期权套期保值策略是一种有效性较高、且能在各种情形下稳定发挥风险管理能力的策略。

（2）影响套期保值策略有效性的因素分析。

一方面，篮子期权的基本结构类似于标准期权，影响套期保值有效性的因素与影响标准期权套期保值有效性的因素基本相同，包括到期时间、执行价格等。此外，与前面提到的奇异期权类似，篮子期权一般为场外期权，所以一些导致标准期权无法满足完全有效的因素可以由障碍期权交易双方在场外进行协商确定，进而保证这些因素提高套期保值的有效性。需要注意的是，并非所有利用篮子期权进行套期保值的策略都能如同本例一样有效性接近 1，特别是当需要进行套保的一篮子资产的到期时间不同的情形，此时需要谨慎选择到期时间以保证有效性。

另一方面，尽管理论上篮子期权可以达到对一篮子标的资产的套保目标，但由于篮子期权是在场外交易的金融衍生品，所以存在着由场外金融衍生品交易所引致的流动性风险和交易对手信用风险，一旦场外交易所流动性紧张或者交易对手违约，这里的套期保值有效性便不复存在。

5. 案例总结

本节通过具体的案例对标准期权和篮子期权的套期保值策略盈亏情况进行了比较，结果发现两者均能够实现风险管理者的套保目标。此外，利用篮子期权进行套期保值需要承担的期权费更小，但同时也放弃了部分未来收益的可能性。当然，在实际套保中，风险管理者可能无法恰好找到合适的标准期权同时满足到期时间、执行价格等要求；同样地，套保者可能也找不到合适的交易对手与之签订篮子期权合约，且即使签订了也需要面临场外交易对手信用风险。因此在实际运用中，套保者应综合评估两种方案的可行性、收益性以及风险大小，选择最合适的套保策略。

四、其他奇异期权在套期保值策略中的应用简介

除了上述三种奇异期权，套期保值策略常用到的奇异期权还有很多，因篇幅所限，下面仅对另外几种常用的奇异期权做简要介绍。

（一）回溯期权在套期保值策略中的应用

回溯期权，是一种到期支付取决于存续期内标的资产最高或最低价格的期权。具体而言，若标的资产的最高或最低价格影响期权的执行价格，则称为浮动执行价格（floating strike)回溯期权,此时看涨期权的到期支付为 $\max(S_T - S_{\min}, 0)$,看跌期权的到期支付为 $\max(S_{\max} - S_T, 0)$[①];若标的资产的最高或最低价格不影响期权的执行价格,则称为固定执行价格(fixed strike)回溯期权,此时看涨期权的到期支付为 $\max(S_{\max} - K, 0)$,看跌期权的到期支付为 $\max(K - S_{\min}, 0)$,其中 K 为期权的执行价格。

与亚式期权类似,回溯期权也是路径依赖的,因而可用于对一段时间内连续的现金流进行套期保值。以固定执行价格回溯看涨期权为例,该期权到期支付为 $\max(S_{\max} - K, 0)$,这类似于平均价格亚式期权的到期支付 $\max(S_{avg} - K, 0)$,且 $S_{\max} \geqslant S_{avg}$ 说明回溯期权给套保组合带来的收益补偿要高于亚式期权,即利用回溯期权套期保值能更好地实现套期保值目标,尤其当标的资产的未来价格大幅波动之时。但是,由于回溯期权具备上述有利条件,因而期权费也更为高昂,若期权有效期内标的资产价格的实际波动幅度并不大,则回溯期权套保策略的有效性反而比亚式期权更差。

(二) 呐喊期权在套期保值策略中的应用

呐喊期权,是一种赋予持有人一次机会在合约有效期内以某一时刻合约的内在价值锁定最终期权支付的最低收益的期权。以呐喊看涨期权为例,若期权持有者是 t 时刻"呐喊"的,且此时标的资产价格为 S_t,则期权的到期支付为 $\max(\max(S_t, S_T) - K, 0)$,其中 S_T 为期权到期时刻的价格、K 为期权的执行价格。上述到期支付亦可以写为 $S_t - K + \max(S_T - S_t, 0)$,即呐喊期权到期日的收益为 $S_t - K$ 的确定收益加上执行价格为 S_t 的标准看涨期权收益。

呐喊期权适用的套期保值情形与回溯期权相同,差异仅在于呐喊期权一般有更低的期权费。这是因为,呐喊期权持有者通常只有一次"呐喊"机会,且何时"呐喊"需要持有者自己判断,因而呐喊时标的资产的价格 S_t 不一定是期权存续期内标的资产的最高或最低价格。相应地,呐喊期权的到期支付也就很可能小于回溯期权,所以期权费比回溯期权更低。正因如此,呐喊期权适用于对标的资产价格的判断更有信心,且不愿承担回溯期权的过高期权费的套期保值者。

(三) 二元期权在套期保值策略中的应用

二元期权是一种到期支付额不连续的期权。以二元看涨期权为例,若到期日标的资产价格高于执行价格,则期权购买方可以获得事先约定的现金或资产,且该笔现金或资产的价值与到期日标的资产的价格水平无关;若到期日标的资产价格低于执行价格,则二元期权的支付为 0。其中,事先约定支付现金的二元期权称为"现金或无价值看涨期权(cash-or-nothing call)",事先约定支付资产的二元期权称为"资产或无价值看涨期权(asset-or-nothing call)"。

二元期权一般适用于风险管理者只关心风险因子变化方向,而不关心风险因子变化幅度的情况,如期限较短的套期保值。在美国,芝加哥期权交易所(CBOE)提供标的资产

[①] S_T 为期权到期日 T 时标的资产的价格,$S_{\max}$ 为期权存续期内标的资产价格的最高值,$S_{\min}$ 为期权存续期内标的资产价格的最低值。另外,这里给出的期权到期支付均为欧式回溯期权的到期支付,美式回溯期权的到期支付可以类似得到,此处不再赘述。

为标普500指数和VIX指数[①]的二元期权交易,美国证券交易所(AMEX)则提供ETF以及一些高流动性证券,如花旗银行或谷歌公司股票的二元期权交易。而在我国,二元期权主要标的资产为外汇,并依托于互联网平台进行交易,尚未纳入监管当局的统一监管,交易风险较高[②]。

(四)非标准美式期权在套期保值策略中的应用

非标准美式期权是加入了一些非标准条款的美式期权。常见的非标准条款有:

(1)对提前执行的日期进行规定,这一类非标准美式期权称为百慕大期权(bermudan options);

(2)对提前执行的具体日期段进行规定,如某些公司认股权证(warrants)在"锁定期"内不能执行;

(3)期权的执行价格在有效期内可发生变化。

非标准美式期权可以对公司股票面临的道德风险进行套期保值。例如,在对公司管理层发放认股权证时,往往对认股权证设定一定期限的锁定期,这可以激励管理层在较长时间内服务于公司股东。再例如,某7年期的认股权证的执行价格在第三年与第四年之间为30美元,在随后两年升至32美元,最后一年继续升至34美元,这样不断提高执行价格有助于激励管理层努力提升公司的业绩以拉升股价。因此,非标准美式期权可以有效克服代理成本对公司经营带来的损害,从而对股票面临的道德风险进行套期保值。

(五)远期开始期权在套期保值策略中的应用

远期开始期权是现在支付期权费而在未来某时刻才生效的期权,即持有者在期初支付期权费,但是期权的实际生效日期是约定的未来某一时点,且期权执行价格等于该时点标的资产的价格。

与标准期权相比,远期开始期权最大的特点是期权执行价格在合约约定的期权生效日才能确定,因而若风险管理者预期标的资产未来的价格会先发生有利变动,可以通过远期开始期权提高套期保值策略有效性。以看涨期权为例,若风险管理者期望利用看涨期权对风险资产空头头寸进行套期保值,则最简单的是利用标准看涨期权合约构建套期保值组合;但若风险管理者预测标的资产价格未来会先下降一定程度而后上涨,则利用远期开始期权套期保值可以确保看涨期权有更低的执行价格,进而有更好的套期保值效果。

(六)双币期权在套期保值策略中的应用

双币期权,是一种执行价格以本币计价而标的资产为外国资产的期权[③]。具体而言,双币看涨期权赋予期权购买者在到期日以固定数量本币购入一定数量以外币标价的标的资产的权利,期权到期支付为 $\max(f_T S_T^* - K, 0)$,其中,K 为本币计的期权执行价格,f_T 为到期日外币兑本币的即期汇率,S_T^* 为到期日以外币计的标的资产价格;同理,双币看跌期权赋予购买者在到期日以固定数量本币卖出一定数量以外币标价的标的资产的权

[①] VIX(Volatility Index)指数是由芝加哥期权交易所在1993年推出的波动率指数,计算方法是对股指期权的隐含波动率进行加权平均。

[②] 万国华,李铭. 我国二元期权交易的法律规制路径研究[J]. 金融监管研究,2016,(12):34-50.

[③] 此处外币与本币仅表示标的资产标价与期权损益标价货币的不同,并非针对某一国货币。

利,到期支付为 $\max(K - f_T S_T^*, 0)$。

相比于标准期权,双币期权最大的特点在于可以同时对标的资产价格风险和标的计价货币汇率风险进行套期保值,且由于考虑了上述两种风险之间的相关性,双币期权的费用通常比分别针对两类风险的标准期权费用之和要低,这使得套期保值策略可以获得更高的净收益。

(七)复合期权在套期保值策略中的应用

复合期权是以期权合约为标的资产的期权。按照看涨看跌分类,复合期权有四种类型,分别是看涨期权的看涨期权(call on call)、看涨期权的看跌期权(put on call)、看跌期权的看涨期权(call on put)、看跌期权的看跌期权(put on put)。

下面以看涨期权的看涨期权为例,详细介绍复合期权的行权机制:当复合期权是标的期权的看涨期权时,复合期权多头方有权在复合期权到期日 T_1 以一定的期权价格 X_1 购买标的看涨期权,但只有当标的期权的价格高于 X_1 时,复合期权多头方才会行权;若行权,那么标的看涨期权的持有者(即复合期权的多头方)有权在标的期权的到期日 T_2 以特定的执行价格 X_2 买入约定数量的标的资产。

不同类型的复合期权在套期保值策略中有不同的应用,但主要的应用特点都是控制期权费给套期保值组合带来的损益。以看跌期权的看涨期权为例,若风险管理者计划未来构建保护性看跌期权策略进行风险管理,但担心标的资产价格下降使得未来买入看跌期权时要承担较高的期权费,则风险管理者可以买入看跌期权的看涨期权,将未来购入看跌期权的价格锁定到一定水平,提高套期保值组合的收益。

五、基于奇异期权的套期保值策略评述

(一)基于奇异期权的套期保值策略比较

现实中奇异期权的形式变化多样,特征和用途也不尽相同,为使读者对基于奇异期权的套期保值策略有更清晰的认识,本节将不同奇异期权用于套期保值的适用范围、期权费、套保效果、面临风险等情况比较如表 3.50①。

表 3.50 基于奇异期权的套期保值策略比较

类型	适用范围	期权费	套期保值效果	主要风险
障碍期权	套期保值者对标的资产未来价格波动范围有明确预期	低	取决于预期准确程度,即标的资产价格的实际波动情况是否与预期一致	标的资产实际价格走势与预期相悖可能导致套期保值策略完全失效
亚式期权	对未来一段时间内连续平稳可预测的小额交易的价格风险进行套期保值	低	具体效果取决于未来标的资产价格实际变化的振荡幅度、实际现金流的平稳程度等因素	—
篮子期权	对由多种风险资产组成的资产组合的总体价值进行套期保值	低	具体效果取决于各风险资产价格变化的相关性	—

---

① 奇异期权均为场外期权,因此都存在交易对手违约风险,表格中不再强调。

续 表

类型	适用范围	期权费	套期保值效果	主 要 风 险
回溯期权	对未来不定期或每期金额不稳定的现金流进行套期保值	过高	标的资产价格未来波动幅度越大,套保效果越好	—
呐喊期权	与回溯期权适用范围基本相同,不过需要套保者对标的资产价格预期更有信心	比回溯期权低	具体效果取决于实际发出呐喊时标的资产价格的有利程度	难以保证在最有利的时刻"呐喊"
二元期权	仅关心风险因子变化方向,但不关心变化幅度	取决于到期固定支付额大小	取决于资产价格实际变化幅度与固定支付额之间的差距	—
非标准美式期权	期权卖出方希望限制执行的时间区间,常用于企业的期权激励政策	取决于非标准条款具体形式	取决于非标准条款对交割时间、交割价格限制的具体形式,能克服公司面临的委托-代理成本	—
远期开始期权	预期期权有效期内标的资产价格先发生有利变动,借此设定期权执行价格,增大套保收益	低	取决于购入合约日至标的期权生效日之间期权标的资产价格变化的实际情况	若标的资产价格变化与预期不一致,则会大大降低套期保值的实际收益
双币期权	对跨国资产组合的本币价格风险进行套期保值	低	取决于标的资产外币价格变化与外币汇率变化的相关系数,相关系数越小套保效果越好	—
复合期权	希望规避标的期权的期权费用发生不利变动的风险,提高套保组合收益	低	能将标的期权的期权费有效控制在一定水平,但多付出的复合期权费用会降低套保组合收益	—

(二) 基于奇异期权的套期保值策略评述

奇异期权的内涵和外延无时无刻不在拓展之中,它的产生、运用和流行依赖于交易者的实际需求。目前市场上已有的奇异期权种类已经数不胜数,远远超过了本节所介绍的这些基本种类,交易也相当活跃,不仅被广泛应用于特定金融风险的管理,本身也开始成为投资者的投资对象。

对风险管理者来说,运用奇异期权进行套期保值可以满足任意特定的风险管理需求、解决多种标准金融工具无法处理的风险问题,这也是奇异期权快速发展的重要原因。但与此同时,基于奇异期权的套期保值策略也存在着一些缺陷:

(1) 奇异期权的合约设计风险较大。奇异期权的结构一般比较复杂,定价需要应用复杂的金融工程技术和数学模型,一旦定价发生错误,则可能给风险管理者带来额外的损失,即奇异期权面临着较大的模型风险。另外,有些奇异期权的条款过于复杂,风险管理者很难完全理解,草率使用可能带来不可估量的损失。

(2) 奇异期权在场外交易,流动性受到一定限制,交易过程中可能面临交易成本较高、交易对手违约等各种类型的风险。

事实上,现实中因滥用奇异期权而蒙受损失的案例已经屡见不鲜。因此,风险管理者在使用奇异期权进行金融风险管理时,不仅要充分分析自身风险境况是否适于用该奇异期权进行套期保值,还要对拟使用的奇异期权有充分理解和把握,若抱有投机心理则可能遭受巨额损失。

对金融机构来说,奇异期权合约的设计与出售带来了新的利润增长点,但同时也引发了新的风险。虽然金融机构可以通过交易大量不同类型、不同方向的奇异期权在一定程度上实现风险间的相互抵消,但由于奇异期权的非标准化,金融机构通常不能轧平在奇异期权上的风险头寸。为了对冲自身的风险敞口,金融机构需要对奇异期权进行套期保值。然而,根据本章第五节的分析可知,不论是基于敏感性因子还是基于二叉树复制,对奇异期权的套期保值效果并不尽如人意。此外,市场上交易工具的可得性将直接影响套期保值策略是否可行。因此,金融机构作为做市商需要严格监控奇异期权交易中存在的风险,并制定相应的预防措施。

第七节 不同类型套期保值策略的比较

根据套期保值者选择的金融衍生工具的差异,可以将套期保值策略分为基于远期、期货、互换、标准期权和奇异期权的套期保值。通过整章的分析可知,五类套期保值策略的差异主要集中在以下几个方面:

(1) 套期保值工具交易类型。远期、互换和奇异期权均在场外交易,因而套期保值者可以就该类衍生品的标的资产类型、交易期限和交易规模等与交易对手协商确定;但这类衍生产品没有二级市场可供流通转让,所以套期保值者面临较高的交易对手违约风险,且一旦开始套期保值便不能再随意更改套保工具。相比而言,期货和标准期权一般是交易所内交易的标准化合约,产品的流动性更好、交易对手违约风险更低,不过由于市场中标准化合约品种有限,期货和标准期权并不一定能满足套期保值者的风险管理需求。

(2) 套保策略适用的风险类型。理论上,当市场完全时,任何一种套保工具都可以对利率风险、汇率风险、股票市场风险、信用风险等金融风险加以管理;但实际中,不同套保工具适合管理的风险类型并不相同:远期、互换以及奇异期权可用于对冲基本上所有金融风险,而期货和标准期权主要用于对冲利率风险、汇率风险和股票市场风险,一般无法对冲信用风险。

(3) 套期保值效果。对于场外交易的套期保值工具,风险管理者均可以通过对交易条款的灵活协商,使得套保策略较好地实现套期保值目标,因而基于远期、互换和奇异期权的套期保值策略有效性均较高。当然,需要强调的是,部分奇异期权蕴含了较大风险,若风险管理者签订协议时判断错误,很可能导致基于奇异期权的套保策略失效,例如利用向上敲出看涨期权进行风险管理时就容易发生。另一方面,对于场内交易的期货和期权,套保工具标的资产的种类可能与风险资产不符、交割日期可能与套保结束日不同,这些因素都会降低套保策略的有效性。

此外，相比于远期、期货和互换，标准期权和奇异期权可用于实现非线性风险管理需求，即实现单向风险对冲或双向对冲风险因子可能带来的非线性影响。

(4) 套期保值工具的成本。在基于远期、期货和互换的套期保值策略中，除佣金和税费外，套期保值者不需要向交易对手支付初始成本，而对基于期权的套期保值策略，在合约签订时，期权多方需要向空方支付一笔期权费。

由于期货合约的逐日盯市和保证金制度，当运用期货合约进行套期保值时，套期保值者需支付一定数额的初始保证金并有一定数额的闲置资金囤积，以满足最低保证金需要，防止强制平仓事件的发生；另外，基于期权的套期保值策略是否交纳初始保证金，取决于风险管理者所持期权合约的头寸方向。

为方便和清楚起见，将上述五类套期保值策略的基本特征总结在表 3.51 中。

表 3.51 不同类型套期保值策略的比较

套期保值工具	远期	期货	互换	标准期权	奇异期权
套保工具交易类型	场外交易 品种多样 流动性低、违约风险高	场内交易 标准化合约 品种少	场外交易 品种多样 流动性低、违约风险高	场内交易 标准化合约 品种少	场外交易 品种多样 流动性低、违约风险高
套保适用风险类型	市场风险 信用风险	市场风险	市场风险 信用风险	市场风险	市场风险 信用风险
套期保值效果	基本有效 仅双向对冲	不完全有效 仅双向对冲	基本有效 仅双向对冲	不完全有效 依赖预判 非线性对冲	基本有效 依赖预判 非线性对冲
套期保值工具成本	佣金和税费	佣金和税费 保证金	佣金和税费	佣金和税费 保证金 期权费	佣金和税费 期权费

【专栏】 第八节 基于两个典型案例的套期保值策略应用分析

案例 3.1：股指期货套期保值——光大证券"乌龙指"事件后的对冲行为

历史上曾出现过多起重大"乌龙指"事件[1]，而在中国市场上，影响最大的一次当属发生在 2013 年 8 月 16 日的"光大证券乌龙指"事件[2]。当天上午 9 点 41 分，光大证券策略投

---

[1] 即交易员、操盘手等在交易的时候，不小心敲错价格、数量或买卖方向，最终引起资产价格的巨大波动。例如 2005 年日本瑞穗证券交易员将以 61 万日元卖出 1 股股票的订单错误输成以每股 1 日元的价格卖出 61 万股，最终导致该股票股价暴跌；又如 2010 年美国一位交易员在卖出股票时将百万误打成十亿，导致道琼斯指数出现千点暴跌。

[2] 本案例数据来源于 8 月 18 日光大证券重大事件公告、《光大证券股份有限公司关于收到中国证监会行政处罚决定书的公告》以及 Wind 资讯金融终端。

资部交易员判断出 180ETF 存在套利机会,因此系统陆续生成买入 180ETF 成分股的订单,一切正常运行。但到 11 点 05 分时,由于订单生成系统出现故障,意外发出了 26 082 笔市价委托订单,下单金额高达 234 亿元,使得沪指在不到一分钟的时间内,涨幅超过 5%,其中中国石油、中国石化、工商银行、中国银行等市值靠前的 71 只超级大盘蓝筹股瞬间涨停。截至午间收盘时间 11 点 30 分,光大证券累计购入价值约 72.7 亿元的 180ETF 成分股。

事件发生后,公司相关人员召开紧急会议,由于当天意外增持了 72.7 亿元股票,为最大限度减少风险暴露和可能的损失,策略投资部采取了降低持仓量以及做空股指期货的补救措施:一方面,策略投资部将已买入的 180ETF 成分股合并成 180ETF 和 50ETF 卖出[①];另一方面,不断在期货市场上卖出股指期货来对冲新增持仓的风险。截至下午收盘时,策略投资部总共卖出了金额约 18.9 亿的 50ETF、180ETF,同时当天用于对冲股票风险而新增的股指期货空头合约总计 7 130 张,其中 IF1309 合约、IF1312 合约[②]分别为 6 980 张和 150 张。

订单生成系统出现故障,使光大证券意外增持 72.7 亿元的股票,从操作上来说,卖出股票头寸以及做空股指期货的补救行为是正确的。然而,直到当天 14 时 23 分,光大证券才发布公告承认系统出现问题,因此利用该消息在股市和期货市场大量做空的交易属于内幕信息交易,违反了《证券法》和《期货交易管理条例》的相关规定。最终,证监会将此次事件定性为内幕交易,对有关人员进行了处罚,并将光大证券利用内幕消息在股市和期货市场上做空而获得的 8 721 万元非法所得全部没收,同时处以 5 倍罚款,总计约 5.23 亿元。当然,本部分案例介绍重点不在于讨论该事件所涉及的法律问题,而是期望借助本章介绍过的股指期货套期保值策略,判断光大证券当天做空股指期货的风险管理操作是否恰当,尤其是做空的期货头寸数量是否合理。

为简便见,本案例仅采用 $H^* = -\beta_s P_s / P_f$ 来计算最优的股指期货套期保值份数,暂不考虑基差风险带来的影响:首先,β_s 可以利用过去一个月 180ETF[③] 收益率对沪深 300 指数收益率回归得到,即 $\beta_s = 0.9428$。其次,假设光大证券计划以 IF1309 构建套保策略,则 P_f 应为做空 IF1309 时 1 份期货合约的报价,考虑到光大证券下午持续做空期货会导致 IF1309 报价迅速下跌,这里保守地选择 11 点 05 分"乌龙指"出现之前 IF1309 的报价 2 316.8,作为光大证券下午做空股指期货的平均价[④],即 $P_f = 2316.8 \times 300/10000 = 69.5$ 万元。最后,对于需要对冲的股票组合规模 P_s,午间收盘时光大证券持有股票组合 72.7 亿元,下午持续将股票合并成 ETF 共卖出了 18.9 亿元,假设光大证券中午便预计到了下午能够卖出的 ETF 总额度,则仍需对 $P_s = 72.7 - 18.9 = 53.8$ 亿元规模[⑤]的股票组合

---

① 因我国股市目前采取 T+1 的交易制度,即当日买进的股票,要到下一个交易日才能卖出,因此光大证券只能将股票申购成 180ETF 和 50ETF 后再卖出,以实现当天的减仓。

② 此次事件发生在 2013 年 8 月 16 日,当天恰好为 8 月到期的沪深 300 指数合约 IF1308 的交割日,因此为了套期保值,策略投资部选择了做空下月合约及当季合约。

③ 因光大证券生成的是 180ETF 成分股订单,即同时购入 180ETF 中所有股票,其中有少数几只股票因停牌而未被购入,基本可以忽略不计,因此此时新增股票仓位的收益率就近似等于 180ETF 的收益率。

④ 这里隐含的假设是:随着光大证券的做空,股指期货报价会从午间收盘的 2 399.8 不断下降,直至下降到 11 点 05 分的 2 316.8 附近,并稳定在这一水平。因而,光大证券可选用 2 316.8 来判断最终应买入多少份股指期货合约。

⑤ 实际上,由于光大证券下午会不断卖出 180ETF,因而股票组合的规模会随着 180ETF 价格的下降而不断缩水,即这里的 53.8 亿元是股票组合规模的上限。所以,下面计算出的最优套期保值份数应为光大证券最多做空股指期货的份数。

进行套期保值。综上所述,光大证券应最多做空 $H^* \approx 7\,298$ 份 IF1309 合约来实现套期保值目标。

8月16日收盘时,光大证券共持有 IF1309、IF1312 合约空头头寸 7 130 份,略小于上述计算出的最大做空份数 7 298 份。因此可以判断,基于上述假设条件和估算方法,光大证券持有的期货空头头寸数基本合理,套期保值策略基本有效。只不过,光大证券应该在事件发生第一时间及时向外界发布准确信息,否则,利用该消息进行现货抛售和期货做空的行为在法律层面上就形成了内幕交易。

案例 3.2:奇异期权套期保值——中信泰富澳元套期保值事件

中信泰富有限公司(以下简称"中信泰富")是香港证券市场久负盛名的老牌蓝筹公司。2006 年 3 月,中信泰富收购了一处位于西澳大利亚的世界级磁铁矿的开采加工项目。为了维持项目的运营,中信泰富需要在 2008 年 10 月—2010 年 9 月共 24 个月内投入 26 亿澳元。为防止澳元兑美元汇率大幅升值导致购买澳元成本过高,中信泰富与花旗、汇丰等多家跨国商业银行共签订了 15 份为期 2 年的澳元累计目标可赎回远期合约[①]进行套期保值,其中每一份合约分为 24 期(每月交割一次),每一期均由一个向上敲出的看涨期权多头和 2.5 个向上敲出的看跌期权空头构成,一份合约的敲出条件为合约在 24 期内累计盈利达 350 万美元,具体的合约见表 3.52。

表 3.52 澳元累计目标可赎回远期合约

合约存续期	2008 年 10 月—2010 年 9 月,共 24 个月
协议本金(万澳元)	260 000
执行价格(美元/澳元)	0.87
即期汇率(美元/澳元)	0.97
障碍条件(万美元)	350
有利条件每月需购买(万澳元)	1 000
不利条件每月需购买(万澳元)	2 500
初始总成本	0

2008 年 7 月以后,受美国金融危机影响,澳元兑美元汇率一路下跌,8 月下旬已经跌破 0.87 美元/澳元。中信泰富被迫以澳元兑美元 0.87 的汇率每个月购买 2 500 万澳元。据 2008 年 10 月 20 日中信泰富的公告称,若合约不终止,中信泰富最多需要接收 2 500 万×15×24=90 亿澳元,远高于所需的 26 亿,同时考虑到澳元兑美元汇率的大幅贬值,中信泰富在本次套期保值活动中亏损了约 20 亿美元。

为套期保值 26 亿澳元,中信泰富付出了近 20 亿美元的代价,套期保值无疑是失败的。中信泰富在本次外汇套期保值中犯了两个主要错误:第一,违反了套期保值交易头寸最优

---

① 中信泰富签订的合约主要有四种:澳元累计目标可赎回远期合约、每日累计澳元远期合约、双币累计目标可赎回远期合约以及人民币累积目标可赎回远期合约。实际中,中信泰富的套期保值亏损主要源于按月结算的澳元累积目标可赎回远期合约,故本案例以澳元累积目标可赎回远期合约为例。

原则。根据上述合约,最不利情况下中信泰富需要以 0.87 美元/澳元的汇率购买 90 亿澳元,这远远超过 26 亿澳元的需求量,在汇率下跌的极端情况下就可能造成巨大损失。第二,合约中障碍期权的设计不合理,中信泰富希望能对冲澳元兑美元汇率大幅上涨的风险。根据障碍期权一节的分析,中信泰富应买入向上敲入看涨期权而不是向上敲出看涨期权。

基于以上分析,下面为中信泰富设计基于障碍期权的更合理的套期保值方案。为同时对未来 24 个月的澳元支出进行套期保值,中信泰富可以签订 24 份不同到期月份的障碍期权组合,每份合约的协议本金为 1.08 亿澳元,且具体设计方法如下:首先,选定障碍期权的执行价格。中信泰富的套期保值目标应为锁定即期汇率,因此将障碍期权的执行价格 K 定为 0.97。其次,由于中信泰富预期汇率将大幅上涨,为节约套保成本,可以购买一个障碍水平较小(例如 $H_c=0.9991$)的向上敲入看涨期权来替代标准看涨期权。再次,中信泰富需卖出看跌期权来对冲购买看涨期权的成本。若汇率大幅下跌,看跌期权空头将遭受巨大损失,因此可以选择卖出一个向下敲出看跌期权,并在保证套期保值组合总成本为 0 的前提下,尽可能为看跌期权选取更高的障碍水平,这里选取 $H_p=0.9312$。综合上述分析,本案例给中信泰富设计的新的套保方案见表 3.53。

表 3.53 新套保方案的具体内容

	向上敲入看涨期权	向下敲出看跌期权
方　　向	多头	空头
合约交割日	2008 年 10 月—2010 年 9 月,共 24 期	
协议本金总计(万澳元)	10 800×24	10 800×24
执行价格(美元/澳元)	0.97	0.97
障碍条件(美元/澳元)	0.999 1	0.931 2
初始成本(万美元)	1 469	−1 498
初始总成本(万美元)	−29	

与原先的澳元累计目标可赎回远期合约相比,新的套期保值方案在规避澳元兑美元汇率大幅升值的同时,也可有效避免汇率大幅贬值带来的套期保值损失,构建该套期保值组合初始时刻不仅不需付出成本,还略有盈余(29 万美元),可以较好地实现中信泰富的套期保值目标。在实际中,由于汇率在 2008 年 10 月 1 日已大幅贬值到 0.793 7 美元/澳元,且在 2 年内从未超过 0.999 1 美元/澳元,因此所有的 24 份向下敲出看跌期权均失效,向上敲入看涨期权均未生效,中信泰富在新的套期保值方案中没有盈亏,同时享受了汇率贬值带来的实际现金流收益。可见,新的套保方案明显优于澳元累计目标可赎回远期合约。

本 章 小 结

本章系统地介绍了套期保值策略的基本思想和具体方法。套期保值策略的核心是通过使用金融衍生工具实现套期保值目标,具体方法即通过套期保值对象和套期保值工具在种类、期限和头寸上的匹配使得套期保值组合的收益符合风险管理主体的套期保值目标。套期保值策略以较好的精确性、灵活性和有效性在金融风险管理实务中得到了广泛应用,但由于现实金融市场的复杂性不断加深,风险主体所面临的具体风险情景也日益复杂和多样,基于传统金融衍生品的套期保值策略越来越难以满足一些风险主体的特定需求,因此,可以根据风险主体特定需求"量身定制"风险解决方案的搭配策略开始受到越来越多的关注,这便是我们下一章要介绍的内容。

重 要 概 念

套期保值目标　多头套期保值　套期保值策略有效性　套期保值策略效率　远期合约　远期利率协议　期货合约　基差风险　最便宜可交割债券　股指期货　动态套期保值　滚动套期保值　货币互换　信用违约互换　单向风险对冲　非线性套期保值　保护性买入看跌期权策略　备兑卖出看涨期权策略　虚值期权　Gamma　Theta　二叉树模型　障碍期权　亚式期权　篮子期权

思 考 题

1. 简述套期保值策略的一般原则及具体实现方法。
2. 用灵敏度方法度量风险的情况下,试给出以风险中性为目标的套期保值策略一般实施方法。
3. 结合期货套期保值的案例,简述基差风险是如何影响套期保值策略有效性的。
4. 请选择一只证券投资基金并查找其当前的股票持仓情况,假设未来半年该基金的投资仓位不发生改变,试运用股指期货对该基金投资组合进行为期半年的套期保值。
5. 分别阐述信用违约互换和总收益互换在套期保值中的应用,并对比两者在应用背景和套期保值效果等方面的异同。
6. 试比较单边终止型外汇远期、货币互换和亚式期权在多期外汇套期保值中的使用方法和有效性。
7. 试根据看跌期权价格影响因素,分析保护性买入看跌期权策略构建中看跌期权合约该如何选择。
8. 试阐述敏感性因子方法与二叉树复制方法在期权套期保值策略中的应用,并对比两者在适用范围、使用注意事项上的异同。
9. 与标准欧式期权相比,利用障碍期权、亚式期权和篮子期权进行套期保值分别在哪些情况下效果更优?
10. 结合本章内容,简述基于不同工具的套期保值策略应用特点及适用范围,并就此进一步分析套期保值策略未来可能的发展方向。

第四章

搭配策略的设计与案例分析

引 言

随着金融工程技术的日臻成熟,金融风险管理策略的内容得以不断扩充与丰富。在实际操作中,仅运用前面章节所介绍的基础性金融风险管理工具与策略往往无法满足风险管理者多样化、差异化与特殊化的需求。金融市场交易者正尝试将不同类型的基础策略进行组合,创造出一系列品种丰富、内容多变的金融工具与金融交易策略。金融风险搭配策略就在这样的背景下应运而生。

金融风险搭配策略,是风险管理者为有效管理一种或多种金融风险,搭配使用两种或两种以上风险管理工具或策略的风险管理活动。理论上,搭配策略包含无穷种类型:既有模拟基本金融工具损益[1]的搭配策略,也有实现特殊损益目标的搭配策略,还包括对几种风险交织而成的集成风险进行管理的搭配策略。丰富的内容与广阔的创新空间,正是这一策略乃至金融工程技术发挥作用的魅力所在。

本章将对模拟基本金融工具损益的搭配策略和实现特殊损益目标的搭配策略进行全面、详细的介绍[2]。

学习目标

通过本章学习,您可以了解或掌握:
◆ 搭配策略的核心内涵与主要类型;
◆ 模拟基本金融工具损益的搭配策略的主要方法,包括合成期货策略、合成期权策略、组合保险策略等;
◆ 实现特殊损益目标的搭配策略的主要方法,包括领子期权策略、蝶式期权策略、跨式期权策略、分享式远期策略、比率式远期策略等。

---

[1] 本书所言的基本金融工具指在金融市场中可交易的金融资产或金融合约。
[2] 由于学术界与实务界的相关研究尚未成熟,本书暂不涉及对集成风险管理策略的介绍。

第一节　搭配策略概述

一、搭配策略的主要类型

根据搭配策略构成元素的不同，可以将搭配策略分为两类，即工具搭配与策略搭配。

工具搭配，是指在同一种风险管理策略中运用多种风险管理工具进行风险管理。根据搭配策略要实现的目标，还可以将工具搭配策略进一步细分为两种类型：一是模拟基本金融工具损益的搭配策略，即通过不同金融工具的搭配模拟基本金融工具损益状态，从而降低风险管理成本[①]、弥补现有市场工具的不足、增加风险管理的灵活性。这类搭配策略主要包括合成期货、合成期权、组合保险等，对这些策略的介绍详见本章第二节。二是实现特殊损益目标的搭配策略，即针对风险管理者特殊的风险管理目标，借助于金融工具的组合，灵活开发出能实现特定损益状态的搭配策略。其中，领子期权、蝶式期权、跨式期权、分享式远期、比率式远期等是最常见的组合形式，本章第三节将对上述策略展开详细阐释。

策略搭配，是指采用多种不同的风险管理策略进行风险管理。与工具搭配相比，策略搭配的组成成分具有更大的跨度和差异，也能够实现更加复杂的风险管理目标。由于策略搭配运用与工具搭配运用的方法、步骤类似，限于篇幅本章将不再单独介绍。事实上，本书第一章所介绍的商业银行搭配采用预防策略、留存策略、转移策略、补救策略对信贷风险进行管理的方法，就是典型的策略搭配。另外，本书第五章第二节还会给出上述案例的具体分析。

二、搭配策略实施的一般步骤

一般而言，搭配策略的实施可以分为以下几个步骤。

1. 确定风险管理目标

相比于套期保值策略，搭配策略的风险管理目标更为丰富，除了传统的风险中性目标，还包括损失控制、盈利要求及风险管理成本控制等特殊目标。因此，明确风险管理的具体目标，是设计、实施搭配策略的首要前提。

2. 选择合适的金融风险管理工具或策略进行搭配

根据风险管理目标，利用金融工程的复制、组合、分解技术，选择合适的风险管理工具或策略进行搭配。这里的"合适"指的是搭配得到的新工具或新策略与所要管理的风险资产共同构成的组合（下文简称"搭配策略组合"），能够尽可能地实现风险管理者的特定收益和风险目标。此外，为了构建具体的搭配策略组合，风险主体不仅需要选择风险管理工具或策略的种类，还要选择使用的期限、规模等。

3. 风险管理的效果及成本评估

在搭配策略的设计与实施中，对风险管理效果与成本的评估主要出现在以下三个环节：

[①] 在现实世界中，由于金融市场不完全有效以及套利空间的存在，实现同一风险管理目标的不同策略在构造方式与成本上可能存在不同。

第一,在搭配策略的设计过程中,根据策略的实施效果、实施成本及可能的影响因素,设计出最有效率的风险管理策略;第二,在搭配策略的实施过程中,根据实施结果的具体情况对搭配策略进行调整,使策略能够保持在最有效率的状态;第三,在完成整个风险管理过程之后,需要对风险管理的效果和成本进行评估,从而为以后的风险管理策略设计与实施提供参考。

第二节 模拟基本金融工具损益的搭配策略设计与案例分析

理论上,市场完全时任何基本金融工具的损益特征都可以通过其他金融产品的组合搭配复制得到。但在风险管理中最常见、应用最广泛的搭配策略,是对期货、期权的损益进行模拟。其中,对期货损益进行模拟的搭配策略主要是合成期货策略,对期权损益进行模拟的搭配策略主要包括合成期权策略以及组合保险策略。本节将对上述三种策略及相应的案例进行详细介绍。

一、合成期货策略与案例分析

(一) 合成期货策略简介

合成期货策略(synthetic futures),是指通过具有相同标的资产、相同到期日期以及相同执行价格的欧式看涨和看跌期权合约的组合,间接达到模拟期货损益的策略。通常而言,风险管理者采用合成期货策略的主要原因,是市场上缺乏相应的期货合约,或是合成期货相比于市场上已有的期货合约具有更低的成本。

1. 构建合成期货的一般方法

由于期货交易具有两种基本形式,即买入期货和卖出期货,因而合成期货策略可以分为合成买入期货策略和合成卖出期货策略两类。下面以合成买入期货(synthetic long futures)为例,详细介绍构建方式及盈亏特征。构建一份合成买入期货需要使用的金融工具包括:

(1) 一份以 A 为标的资产、T 时刻到期、执行价格为 K 的看涨期权多头;

(2) 一份以 A 为标的资产、T 时刻到期、执行价格为 K 的看跌期权空头。

假设标的资产 A 期初价格为 S_0,在期权合约到期时的价格为 S_T;看涨期权的初始价格为 C_0,看跌期权的初始价格为 P_0。合成买入期货策略的盈亏特征如表4.1与图4.1所示。

表 4.1 合成买入期货策略的到期盈亏特征

	期末不同价格区间内总盈亏		期初盈亏	期末净盈亏
	$S_T \geqslant K$	$S_T < K$		
看涨期权多头	$S_T - K$	0	$-C_0$	$\max(S_T - K, 0) - C_0 e^{rT}$
看跌期权空头	0	$S_T - K$	P_0	$P_0 e^{rT} - \max(K - S_T, 0)$
合成买入期货策略	$S_T - K$	$S_T - K$	$P_0 - C_0$	$S_T - K + (P_0 - C_0)e^{rT}$

注:1) e^{rT} 为期权到期时期权费用的时间价值,其中 r 为无风险利率;
  2) 期末净盈亏 = 期末不同价格区间内总盈亏 + 期初盈亏 × e^{rT}。

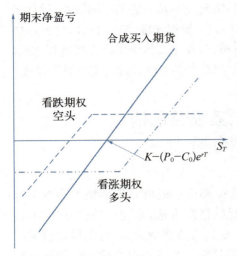

图 4.1 合成买入期货策略的构建

从表 4.1 与图 4.1 中容易看出,期权到期时,当标的资产价格 S_T 超过期权执行价格 K 时,合成期货持有者将执行看涨期权,而看跌期权不会被执行;当标的资产价格 S_T 低于 K 时,合成期货持有者将放弃执行看涨期权,同时看跌期权被执行。进一步,合成买入期货策略期初会收到看跌期权费 P_0,同时需要支付看涨期权费 C_0,考虑货币的时间价值后,策略在到期日的净盈亏为 $S_T - K + (P_0 - C_0)e^{rT}$,这可以看成是标的资产到期日的市场价格 S_T 与"交割价格" $K - (P_0 - C_0)e^{rT}$ 的差额,因而合成买入期货策略的损益特征与标准期货多头头寸相似,差异仅在于期货交割价格不同[①]。

同样地,如果风险管理者买入一份执行价格为 K 的看跌期权、同时卖出一份执行价格为 K 的看涨期权,则可以构建出合成卖出期货策略。合成卖出期货策略的到期损益与合成买入期货策略相反,为 $(C_0 - P_0)e^{rT} + K - S_T$,因此损益特征与持有标准期货空头头寸相似。

2. 利用合成期货策略进行风险管理的特点

第一,合成期货策略能更有效地实现风险管理目标。一方面,若市场中不存在风险管理所需的标准期货合约,风险管理者可以考虑利用市场中已有的期权合约构建合成期货,尽可能地实现风险管理目标。另一方面,市场无套利时,合成期货策略的"期货交割价格"与期权执行价格无关,但大部分情况下,由于一些交易限制(例如市场限制卖空标的资产),套利空间持续存在,此时期权执行价格的选择会影响合成期货策略的"期货交割价格",因而能够满足风险管理者更为多样的期货交割价格需求,进而更有效地实现风险管理目标。

第二,利用合成期货策略进行风险管理的成本与标准期货合约存在差异[②]。一方面,合成期货由两种期权构成,因而策略的构建主要受期权合约流动性的影响,若当前市场环境下期权合约的流动性明显高于期货合约,则可以考虑利用合成期货策略进行风险管理。另一方面,风险管理活动还需要考虑保证金带来的机会成本。具体而言,期货合约的交易双方都需要支付保证金,期权合约则只有卖方支付保证金,当合成期货所需支付的保证金低于标准期货合约时,应考虑利用合成期货管理风险。

(二)合成期货策略的案例分析

1. 案例描述

20×5 年 2 月 16 日,某金融机构 B 期望利用一笔将于 6 月 15 日回收、总值约 2 500

---

① 当市场不存在套利机会时,期权平价公式成立,简单改写平价公式可得 $K - (P_0 - C_0)e^{rT} = S_0 e^{rT}$,即合成买入期货策略的"期货交割价格"为 $S_0 e^{rT}$,与期权的执行价格选择无关。此时,合成期货与标准期货合约的交割价格相同。然而,实际市场并不是完全没有套利机会的,此时期权平价公式不一定成立,标准期货合约的交割价格也可能不是 $S_0 e^{rT}$,因而两者的交割价格存在一定差异。

② 这里假设市场中存在风险管理所需的标准期货合约。

万元人民币的贷款资金,对 A 股市场中市值规模较大、流动性较好的股票进行投资。根据上述投资需求,B 公司计划于 6 月 16 日购买 1 000 万份上证 50ETF 基金。

2 月 16 日,50ETF 基金价格为 2.394 元/份,无风险利率为三个月国债利率 3.324 8%。B 公司认为 A 股市场在未来半年内存在较大不确定性,若 6 月 16 日前上证 50 指数出现较大涨幅,则 B 公司购买 50ETF 基金将面临更高的成本。

因此,B 公司期望提前将 6 月 16 日购入上证 50ETF 基金所需资金成本锁定到尽可能低的水平,即在实现风险中性目标的条件下尽可能获利。

2. 解决方案设计

首先,根据本书第三章的分析可知,B 公司可以利用期货实现风险管理目标,但目前市场上并不存在以上证 50 指数或上证 50ETF 为标的的期货合约,仅存在以上证 50ETF 为标的的期权合约,因此,B 公司可以使用看涨期权和看跌期权构建合成期货,以实现风险中性风险管理目标。

其次,在确定使用合成期货策略后,B 公司还需要根据期权的交割日期和执行价格选择合适的期权合约构成合成期货。

一方面,对于交割日期,当前可交易的上证 50ETF 期权合约有四个交割月份,分别是 3 月、4 月、6 月和 9 月。根据套期保值的基本原则,套期保值工具交割日期应与套期保值结束日尽量接近并略晚于结束日,由于 6 月份交割的期权合约具体交割日为 6 月 24 日,晚于套期保值结束日 6 月 16 日。因此,B 公司应选择 6 月交割的上证 50ETF 期权合约构建合成期货。目前市场上可交易的 6 月交割期权合约具体信息如表 4.2 所示。

表 4.2 6 月交割上证 50ETF 期权合约具体信息   (单位: 元人民币)

合 约 名 称	执行价格	期权费用	合 约 名 称	执行价格	期权费用
50ETF 购 6 月 2.20	2.20	2 618	50ETF 沽 6 月 2.20	2.20	485
50ETF 购 6 月 2.25	2.25	2 257	50ETF 沽 6 月 2.25	2.25	634
50ETF 购 6 月 2.30	2.30	1 952	50ETF 沽 6 月 2.30	2.30	804
50ETF 购 6 月 2.35	2.35	1 654	50ETF 沽 6 月 2.35	2.35	1 007
50ETF 购 6 月 2.40	2.40	1 390	50ETF 沽 6 月 2.40	2.40	1 237
50ETF 购 6 月 2.45	2.45	1 166	50ETF 沽 6 月 2.45	2.45	1 529
50ETF 购 6 月 2.50	2.50	975	50ETF 沽 6 月 2.50	2.50	1 837

注: 1 份期权合约以 10 000 份上证 50ETF 基金为标的,上表中"执行价格"是交割 1 份上证 50ETF 对应的价格,"期权费用"是买入 1 份期权合约需付出的费用。

另一方面,对于执行价格,构成合成期货的看涨期权和看跌期权应具有相同的执行价格,而根据前文的理论分析可知,当市场不存在套利机会时,任意执行价格的看涨和看跌期权构成的"期货"都具有相同的"交割价格" $S_0 e^{rT}$。不过在实际市场中,由于市场摩擦等因素,不同执行价格的期权构成的"期货"往往具有不同的"交割价格",因而可以通过对不同合成期货交割价格的比较确定最优的期权执行价格[①]。具体而言,利用表 4.2 中的 14 种期权合约可构建出 7 种合成期货策略,假设持有期权合约到期,则可以令 $K-(P_0-C_0)e^{rT}$ 表示合成期货的交割价格[②],7 种策略的具体构成及交割价格详见表 4.3。

表 4.3 7 种合成期货策略的构成及基本信息　　　　　　　　　　（单位:元人民币）

策略种类	买入的看涨期权合约	卖出的看跌期权合约	期货交割价格
1	50ETF 购 6 月 2.20	50ETF 沽 6 月 2.20	2.415 6
2	50ETF 购 6 月 2.25	50ETF 沽 6 月 2.25	2.414 2
3	50ETF 购 6 月 2.30	50ETF 沽 6 月 2.30	2.416 2
4	50ETF 购 6 月 2.35	50ETF 沽 6 月 2.35	2.415 5
5	50ETF 购 6 月 2.40	50ETF 沽 6 月 2.40	2.415 5
6	50ETF 购 6 月 2.45	50ETF 沽 6 月 2.45	2.413 3
7	50ETF 购 6 月 2.50	50ETF 沽 6 月 2.50	2.412 8

注:期货交割价格是交割 1 份上证 50ETF 的价格,因而计算交割价格使用的 P_0 和 C_0 均为 1 份上证 50ETF 对应的期权费用。

表 4.3 中,很明显策略 7 具有较低的交割价格,这意味着利用策略 7 进行风险管理时,B 公司可以在期权交割日以更低的价格买入上证 50ETF 基金。当然,本案例中期权交割日晚于套期保值结束日,构成合成期货的看涨期权和看跌期权需要提前平仓,因而在套保结束日策略 7 并不一定优于其他策略。对此,本案例给出了 7 种策略的实施结果,以便对不同策略进行对比。

最后,确定合成期货策略中应包含的看涨期权和看跌期权的合约份数。由于 1 份期权合约的标的资产是 1 万份上证 50ETF 基金,而 B 公司计划购买 1 000 万份上证 50ETF 基金,因此,B 公司需要买入的看涨期权合约份数,以及需要卖出的看跌期权合约份数均为 1 000 份。

3. 合成期货策略的实施结果分析

6 月 16 日上证 50ETF 收盘价为 3.148 元/份。在该交易日,B 公司将期权头寸平仓,并买入 1 000 万份 50ETF 基金,从而完成整个套期保值过程。整个过程中,合成期货给 B 公司带来的盈亏为

合成期货盈亏 =(看涨期权期末费用 - 看跌期权期末费用)×1 000
　　　　　　 -(看涨期权期初费用 - 看跌期权期初费用)×1 000×e^{rT}

(4.2.1)

其中,看涨期权费用和看跌期权费用均为 1 份期权合约的费用,且期初费用为 2 月 16 日期权费,期末费用为 6 月 16 日期权费;另外,2 月 16 日—6 月 16 日共约 120 天,因而 $T=$

[①] 需要说明的是,这里的交割价格已经扣除了策略构建承担的期权费,因而风险管理者可以仅利用交割价格的高低来判断最优策略。一般而言,交割价格越低越好。

[②] 这里 P_0 和 C_0 分别为对应看跌期权合约和看涨期权合约期权费的万分之一,具体期权费详见表 4.2。

120/360。进一步可得

$$\text{基于合成期货策略的购买成本} = 3.148 \times 10\,000\,000 - \text{合成期货盈亏} \quad (4.2.2)$$

根据(4.2.1)和(4.2.2)可计算出各种合成期货搭配策略的实施结果,详见表4.4。

表4.4 基于合成期货策略的风险管理实施结果

策略种类	看涨期权期末费用（元）	看跌期权期末费用（元）	合成期货盈亏（万元）	基于合成期货策略的50ETF购买成本（万元）	策略有效性
1	9 488	1	733.0	2 415.0	1.008
2	9 125	1	748.3	2 399.7	1.029
3	8 654	1	749.2	2 398.8	1.030
4	8 381	2	772.5	2 375.5	1.062
5	7 647	1	749.1	2 398.9	1.030
6	6 992	1	735.8	2 412.2	1.012
7	6 446	4	731.4	2 416.6	1.006

注:策略有效性的计算公式详见(4.3)。

可见,无论采用何种合成期货策略,B公司为购买1 000万份50ETF所需支付的资金均锁定在2 400万元左右。事实上,不管未来市场走势如何,B公司的实际支付均接近于表4.4第五列对应金额。而若不进行风险管理,B公司则需支付3 148万元人民币购买1 000万份50ETF基金,购买成本大大增加,且超过了2 500万人民币的预算约束。

此外,综合各合成期货策略结果可以看出,策略4所需支付的金额最少,为2 375.5万元。因此,从事后的角度来看策略4最优,不同于在构建阶段所选择的策略7。这主要是由于期权接近到期日时市场流动性水平较低,导致定价偏误程度较大。但总体而言,各策略间期权费用的差异对套期保值结果并不会造成显著影响,上述任意策略均可以实现B公司的套期保值目标。

4. 合成期货策略的有效性及影响因素分析

(1) 合成期货策略的有效性分析。

由于B公司的套期保值目标为风险中性,本案例采用德尔塔比率度量合成期货策略的有效性为

$$\text{德尔塔比率} = \frac{\text{合成期货盈亏额}}{\text{风险资产公允价值变动额}} \quad (4.2.3)$$

其中,"风险资产公允价值变动额"为1 000万份上证50ETF期末价格与期初价格的差额,即 $3\,148 - 2\,394 \times e^{rT} \approx 727.3$ 万元。

通过表4.4可以发现,与直接利用期货进行套期保值类似,无论选择何种执行价格对应的合成期货策略,风险管理策略有效性指标始终在1附近,即套期保值对象的价格波动大部分被套期保值工具的价格波动所覆盖,因而风险管理者基本实现了风险中性的套期

保值目标。

(2) 影响合成期货策略有效性的因素分析。

第一,期权的可得性。构建合成期货的关键,在于能否在市场中找到两个有相同标的资产、相同到期日和相同执行价格的看涨期权和看跌期权。如果市场上不存在所需的期权合约类型时,则无法利用合成期货策略对风险资产进行风险管理。

第二,基差风险。与标准期货合约类似,在利用合成期货进行套期保值时,合成期货的标的资产、期限等是否与风险资产一致,同样会对套期保值的效果产生影响[①]。例如在本案例中,构成合成期货的50ETF期权的到期日稍晚于套期保值结束日,且期权在到期日前的市场价格可能偏离理论价值,这将导致风险管理策略不能实现完全风险对冲。

第三,构成期权的性质和种类。首先,如果用于构造合成期货的期权合约是美式期权,则美式看跌期权提前行权的潜在可能性会使得构建的合成期货合约"坍塌于中途";其次,如果用于构造合成期货的期权合约是场外期权,那么当到期日标的资产实际价格偏离协议价格的幅度较大时,承受较大损失的一方可能会出现无力或者不愿履约的情况,进而使得风险管理者无法实现预期的风险管理目标。

5. 案例总结

本案例介绍了利用合成买入期货进行风险管理的具体方法,说明了风险管理者实施该策略时的盈亏状况,并对这一策略的有效性及影响因素进行了深入分析。由于合成卖出期货与合成买入期货具有类似的特点,因此在实际操作中,读者可将本节内容类推到合成卖出期货。

二、合成期权策略的设计

合成期权策略(synthetic options),是指将具有相同标的资产、相同到期日的期权合约与期货合约进行组合,模拟出目标期权合约损益特征的策略。风险管理中合成期权策略的使用特点、实施方法与合成期货策略相似。为简便起见,本章不再给出利用合成期权策略进行风险管理的案例分析,下面仅对合成期权策略的构建方法进行介绍。

(一) 构建合成期权的一般方法

对应于标准期权的四种交易方式,合成期权策略可分为合成买入看涨期权、合成买入看跌期权、合成卖出看涨期权以及合成卖出看跌期权四种策略。下面以构建合成买入看跌期权策略(synthetic long put)为例,详细阐述构建方法及盈亏特征。构建合成买入看跌期权需要使用的工具包括:

(1) 一份标的资产为 A、T 时刻到期、执行价格为 K 的标准看涨期权多头;

(2) 一份标的资产为 A、T 时刻到期的期货合约空头。

假设标的资产 A 期初价格为 S_0,到期日 T 时刻的价格为 S_T;看涨期权的初始价格为 C_0,期货合约在期初报价(即合约交割价格)为 F_0。则合成买入看跌期权策略的盈亏特征如表4.5与图4.2所示。

[①] 具体的影响分析可参见第三章第三节相关内容。

表 4.5　合成买入看跌期权策略到期日盈亏特征

	期末不同价格区间内总盈亏		期　末　净　盈　亏
	$S_T \geqslant K$	$S_T < K$	
看涨期权多头	$S_T - K$	0	$\max(S_T - K, 0) - C_0 e^{rT}$
期货空头	$F_0 - S_T$	$F_0 - S_T$	$F_0 - S_T$
合成买入看跌期权策略	$F_0 - K$	$F_0 - S_T$	$F_0 - K - C_0 e^{rT} + \max(K - S_T, 0)$

注：e^{rT} 的含义及期末净盈亏的计算方法与表 4.1 相同。

由表 4.5 和图 4.2 可知，期权和期货到期时，若标的资产价格 S_T 超过期权执行价格 K，则合成买入看跌期权策略将执行看涨期权，而若 S_T 小于 K，则策略将不执行看涨期权；对于期货空头，不论到期时标的资产价格如何变化，总盈亏始终为 $F_0 - S_T$。因而，合成买入看跌期权策略在期末的净盈亏，由与看跌期权盈亏相同的 $\max(K - S_T, 0)$ 以及常数 $F_0 - K - C_0 e^{rT}$ 组成，这说明合成买入看跌期权策略能基本模仿标准看跌期权合约的损益。进一步，当市场不存在套利机会时，$F_0 = S_0 e^{rT}$ 且期权平价公式成立，此时常数项为

$$F_0 - K - C_0 e^{rT} = (S_0 - K e^{-rT} - C_0) e^{rT} = -P_0 e^{rT} \tag{4.2.4}$$

其中 P_0 为理论上标准看跌期权的价格。可见，当市场定价有效时，合成买入看跌期权策略的期末净盈亏与标准看跌期权的期末净盈亏相同；而当市场定价失效时，风险管理者可以通过在期初比较 $F_0 e^{-rT} - K e^{-rT} - C_0$ 和 $-P_0$ 的大小，选择合成买入看跌期权策略或标准期权合约进行套期保值。

同样地，风险管理者可以通过买入一份期货合约同时买入一份看跌期权，构造出合成买入看涨期权策略。将合成买入看涨期权策略与合成买入看跌期权策略做反向交易，便得到了合成卖出看涨期权策略以及合成卖出看跌期权策略。

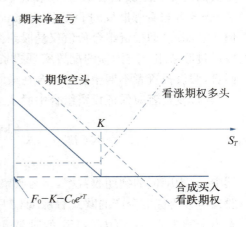

图 4.2　合成买入看跌期权的构建

（二）利用合成期权策略进行风险管理的特点

利用合成期权策略进行风险管理主要适用于如下情形：

第一，目标期权在市场上流动性差。例如，风险管理者需要买入 100 份看跌期权进行套期保值，而目前市场上能买到的仅有 50 份，则风险管理者可以通过买入 50 份看涨期权同时卖出 50 份期货合约，构建合成买入看跌期权策略完整地实现套期保值目标。

第二，目标期权因投资者情绪、市场摩擦等因素价格过高，且高于合成买入看跌期权策略。根据上述分析可知，市场无套利时，合成期权策略等价于对目标期权进行交易，此时标准期权策略即可以满足风险管理需求，采用较复杂的合成期权策略无疑是没必要的。

三、组合保险策略的设计与案例分析

(一) 组合保险策略简介

组合保险策略,是指令投资组合的价值始终不低于某一阈值、同时能从风险因子的有利变动中获取部分收益的策略。实际上,本书第三章第五节介绍的保护性看跌期权策略也能实现上述风险管理目标。相比而言,组合保险策略,是指利用风险资产现货和无风险资产构建投资组合,并不断对组合中风险资产和无风险资产的头寸进行动态调整,从而模拟出看涨期权多头的盈亏。下面将对组合保险策略的构建方法和使用特点展开具体介绍。

1. 构建组合保险策略的一般方法

假设投资者持有某个股票组合,该组合在 t 时刻的价值为 S_t,投资者期望对冲股票组合未来可能带来的损失,但又想保留组合价值发生有利变动带来的收益。由于市场中不存在以上述股票组合为标的资产的看跌期权,因而投资者无法构建保护性看跌期权策略,仅能使用上述股票组合与国债构建组合保险策略。下面给出上述组合保险策略的具体构建方法。

首先,为了使最终的投资组合尽可能模拟出以股票组合为标的资产的欧式看涨期权多头的盈亏,根据本书第三章第五节的相关知识,投资者应保证投资组合的 Delta、Gamma 等与看涨期权的 Delta、Gamma 等基本相等。考虑到投资组合仅由股票组合和国债构建而成,即投资组合价值仅受股票组合价值一个风险因子的线性影响,因而投资者可以通过股票组合与国债的配置实现投资组合的 Delta 值等于看涨期权的 Delta 值。具体而言,假设投资者不期望股票组合在最终时刻 T 的价值低于 K,则期初 0 时刻构建投资组合时,投资者应保证投资组合中股票组合所占比例为

$$N(d_1^{(0)}) = N\left[\frac{\ln(S_0/K) + (r + \sigma^2/2)T}{\sigma\sqrt{T}}\right] \qquad (4.2.5)$$

其中,r 为国债的到期收益率,σ 为股票组合对数收益率的波动率。上述 $N(d_1^{(0)})$ 也是以股票组合为标的资产的欧式看涨期权 Delta 值。为实现上述构建目标,投资者应在期初卖出金额为 $(1 - N(d_1^{(0)}))S_0$ 的股票组合,并用这部分资金购买国债[①]。

其次,欧式看涨期权价值受股票组合价值的非线性影响,即看涨期权的 Delta 值 $N(d_1^{(t)})$ 会随着 S_t 的变化而变化。为了模拟这种盈亏特征,投资者应动态调整投资组合中股票组合所占比例,以使得投资组合价值也可以受股票组合价值的非线性影响。具体而言,假设 $t-1$ 时刻原始股票组合的价值为 S_{t-1},投资组合总价值 V_{t-1} 中股票组合所占比例为 $N(d_1^{(t-1)})$,则 t 时刻投资组合总价值变为

---

① 需注意的是,这里之所以是将部分股票组合卖出并购买国债,而不是直接购买一定额度 $(S_0/N(d_1^{(0)}) - S_0)$ 的国债使股票组合在投资组合中的配置比率降至 $N(d_1^{(0)})$,是因为直接购买一定额度的国债构建出的投资组合,复制的就不再是 1 份看涨期权的盈亏,而是 $1/N(d_1^{(0)})$ 份看涨期权的盈亏,这并不符合投资者的风险管理目标。另外,相比于卖出股票购买国债,直接购买一定额度的国债还需要多余的资金,这在实际操作中很难满足。

$$V_t = N(d_1^{(t-1)})V_{t-1} \times \frac{S_t}{S_{t-1}} + (1 - N(d_1^{(t-1)}))V_{t-1} \times (1+r) \qquad (4.2.6)$$

其中，S_t 为股票组合 t 时刻的价值。此时，投资组合中股票组合所占比例为 $N(d_1^{(t-1)})V_{t-1}S_t/(S_{t-1}V_t)$，与看涨期权的 Delta 值 $N(d_1^{(t)})$ 存在一定差异，且 S_t 相比于 S_{t-1} 变化越大两者之间的差异越大。为此，风险管理者需要将投资组合中股票组合所占比例调至 $N(d_1^{(t)})$，以便更准确地模拟看涨期权的盈亏特征。例如，当 $N(d_1^{(t-1)})V_{t-1}S_t/(S_{t-1}V_t)$ 大于 $N(d_1^{(t)})$ 时，应卖出 $(N(d_1^{(t-1)})V_{t-1}S_t/(S_{t-1}V_t) - N(d_1^{(t)}))V_t$ 额度的股票组合，并将这笔资金投资于国债。

2. 利用组合保险策略进行风险管理的特点

第一，组合保险策略在期权类型不完善时可以代替期权套期保值策略，实现单向风险对冲目标。市场上存在的标准期权的合约类型通常比较有限，若投资者对于标的资产、执行价格、存续期限等方面存在特殊要求，利用标准期权进行风险管理往往并不有效。此时，风险管理者可以考虑组合保险策略，即用风险资产和无风险资产构造出任意执行价格、任意存续期的期权损益特征。

第二，对于大额资产管理者，组合保险的实施成本较低。投资公司、基金等投资主体的特点是持有资产头寸较大，如果想通过直接买入看跌期权进行套期保值，则所需的期权头寸量会相当巨大，而期权市场不一定具有足够的存量吸收如此大的数额，并且会因市场流动性等因素造成期权价格的波动，导致套保组合净收益降低。相比之下，组合保险策略仅需投资者调整所持资产的头寸，并买卖流动性较好的国债即可实现。此外，对于大额资产管理者来说，还可以利用程序化交易等手段降低风险资产买卖带来的流动性冲击成本，实施的可行性比保护性看跌期权策略大得多。

第三，组合保险策略在极端情况下可能会失效。正常情况下，当股票组合价值小幅下跌时，一方面，组合保险策略中股票组合的比例不高，因而承担的损失较小；另一方面，组合保险策略可以通过动态调整组合 Delta 值，降低股票组合价值进一步下跌可能带来的损失。但若股票组合价值暴跌，组合保险策略不仅当前会承担较大亏损，还会因为市场上多数投资者同时抛售该股票组合，而无法及时卖出股票调整组合 Delta 值，在未来承担更大的潜在损失。相比而言，保护性看跌期权策略并不会出现上述问题。

(二) 组合保险策略的案例分析

1. 案例描述

20×6 年 6 月 30 日，某一基金经理持有一份价值为 10 亿人民币、高度分散的中小市值股票组合，并计划 9 月 30 日将该股票组合卖出。该经理预测中国宏观经济在三季度可能会出现下滑，从而拖累股市的整体表现，使得所持股票组合价值大幅下挫；但另一方面，中小盘市场也有可能因为政府推出刺激计划而突然走强，因此该基金经理所持股票组合价值的变化具有较大的不确定性。

该基金经理能接受的投资组合最低价值为 9.5 亿元，并期望能在一定程度上保留所持股票的上涨收益。此外，股票组合的历史波动率 $\sigma = 34\%$。同时，市场上还有 3 个月后到期的 5 年期国债，目前票面利率和到期收益率均为 3%，假设未来 3 个月中该国债的到期收益率保持不变。那么该基金经理应当如何利用市场现有工具，实现风险管理目标呢？

2. 解决方案设计

（1）风险管理目标的确定。

由于该基金经理无法确定股票组合价值未来的变动方向，并期望利用风险管理策略锁定股市下跌可能带来的最大损失，同时保留股票组合价值上涨的收益。因此，不同于传统的风险中性目标，该基金经理希望实现单向风险对冲目标。

（2）风险管理策略的选择。

为实现上述风险管理目标，最简单的就是利用保护性看跌期权策略进行风险管理。然而，目前市场上仅有上证50ETF期权，而上证50ETF的成分股为大市值股票，与中小市值股票组合的相关性较弱，不利于对股票组合进行风险管理。因此，该基金经理计划利用组合保险策略，使得所持股票组合的盈亏状况类似于一个看涨期权，从而实现单向风险对冲目标。

（3）具体组合保险策略的构建。

根据前文的理论分析可知，在期初 $t=0$ 时，由于基金经理不期望股票组合在最终时刻 $T=92/360$ 年的价值低于 $K=9.5$ 亿元，因而应保证最终投资组合中原始股票组合所占比例为

$$N(d_1^{(0)}) = N\left[\frac{\ln(10/9.5) + (0.03 + 0.34^2/2) \times 92/360}{0.34 \times \sqrt{92/360}}\right] \approx 0.666 \quad (4.2.7)$$

即期初基金经理应卖出 $S_0(1-N(d_1^{(0)})) \approx 3.34$ 亿元的股票组合，并用所得资金购入5年期国债。

为了使组合保险策略可以更准确地模拟期权损益特征，基金经理需要定期调整投资组合中股票组合仓位，以使得投资组合的Delta与期权Delta一致。假设该基金经理计划每周调整一次仓位，即两次调仓日之间的时间跨度为7天。那么，$t=7/360$ 时（即第一次调仓时）股票组合价值相比初始时刻上涨了5.1%，这意味着此时投资组合价值变为

$$V_t = N(d_1^{(t-7/360)})V_{t-7/360} \times \frac{S_t}{S_{t-7/360}} + (1-N(d_1^{(t-7/360)}))V_{t-7/360} \times \left(1+r \times \frac{7}{360}\right)$$

$$= 0.666 \times 10 \times (1+5.1\%) + 0.334 \times 10 \times \left(1+\frac{7}{360} \times 3\%\right)$$

$$\approx 10.34 \text{ 亿元} \quad (4.2.8)$$

同时，由于 $S_t = 10 \times (1+5.1\%) = 10.51$ 亿元，$T-t=85/360$，因而看涨期权Delta值变为

$$N(d_1^{(t)}) = N\left[\frac{\ln(10.51/9.5) + (0.03 + 0.34^2/2) \times 85/360}{0.34\sqrt{85/360}}\right] \approx 0.769 \quad (4.2.9)$$

因此，为了使投资组合Delta与看涨期权Delta保持一致，基金经理应将投资组合中股票组合所占比例调整至76.9%，即卖出国债为

$$N(d_1^{(t)})V_t - N(d_1^{(t-7/360)})V_{t-7/360} \times \frac{S_t}{S_{t-7/360}} \approx 0.95 \text{ 亿元} \qquad (4.2.10)$$

并利用该笔资金购买股票组合。对于 $t > 7/360$ 的每一个调仓日,基金经理均可按照上述步骤动态调整投资组合中股票组合仓位,令投资组合损益与看涨期权尽量接近。由于操作步骤类似,这里不再赘述。

3. 组合保险策略的实施结果分析

根据上述组合保险策略构建的基本步骤,可以得到组合保险策略最终的实施结果,详见表4.6。

表4.6 基于组合保险策略的实施结果 （单位：亿元）

到期时间（日）	股票组合涨跌幅	股票组合价值 S_t	看涨期权 Delta $N(d_1^{(t)})$	投资组合价值 V_t	买卖股票组合额度
92	—	10.00	0.666	10.00	−3.34
85	5.10%	10.51	0.769	10.34	0.95
78	2.66%	10.79	0.822	10.55	0.51
71	−11.77%	9.52	0.551	9.53	−2.40
64	−12.08%	8.37	0.219	8.90	−2.67
57	−24.73%	6.30	0.002	8.42	−1.45
50	15.71%	7.29	0.023	8.43	0.17
43	4.25%	7.60	0.035	8.44	0.09
36	−7.37%	7.04	0.003	8.42	−0.25
29	3.55%	7.29	0.004	8.43	0.01
22	6.04%	7.73	0.008	8.44	0.03
15	−3.62%	7.45	0.000	8.44	−0.07
8	−21.34%	5.86	0.000	8.44	0.00
0	−5.29%	5.55	—	8.44	—

注:"买卖股票组合额度"由(4.2.10)计算可得。

从上表中可以发现:

第一,当股票组合价值下跌时,组合保险策略会减少股票的持有量,增加国债的持有量;而当股票组合价值上涨时,策略会增加股票的持有量而减少国债的持有量。可见,组合保险策略由此实现了对股票组合价值变动风险的管理。

第二,基金经理通过该组合保险策略减少了投资组合价值的下跌,在一定程度上满足了风险管理要求。如果基金经理不实施该策略,那么在20×5年三季度末,该项投资组合的市场价值为5.55亿元,低于所要求的9.5亿元;而实施该策略后,在到期日投资组合的市场价值为8.44亿元,虽然也低于目标要求,但已显著高于未实施此策略时组合的市场价值,因此上述策略在一定程度上起到了组合价值保险的作用。

第三,本案例中之所以投资组合的期末价值低于 9.5 亿元的目标水平,主要是因为在整个策略实施期间,股票组合价值出现大幅下挫,跌幅高达 40%,大大超出了基金经理期初 5% 跌幅的预测。这说明,如果股票价格持续大幅下跌,组合保险策略虽然能够减少投资者的损失,但并不能像标准期权一样将损失锁定在目标范围之内。

4. 组合保险策略的有效性分析

由于基金经理的风险管理目标是保留股票组合价值上涨带来的收益,同时规避股票组合价值下跌带来的可能损失,那么根据本书第三章第一节的(3.1.9),组合保险策略的有效性指标可以设定为

$$HE = \frac{V_T}{\max(S_T, K)} \qquad (4.2.11)$$

其中,$K = 9.5$ 亿元为基金经理设定的风险管理目标价值。

根据(4.2.11)可以计算出,本案例中组合保险策略的有效性为 0.888,基本能够实现基金经理的风险管理目标。尤其是后半段时间内,投资组合内股票组合所占比例已经小于 1%,因而即使股票组合价值仍持续下跌,投资组合的价值基本稳定在 8.44 亿元,虽然低于目标价值 9.5 亿元,但仍远远高于不进行风险管理时 5.55 亿元的价值。这也印证了组合保险策略一定程度上是有效的。

需要特别指出的是,上述案例中,若调仓频率由 1 周 1 次改为 1 天 1 次,那么组合保险策略的有效性会进一步提高,可达到 0.980。但频繁调整投资组合仓位、大规模买卖股票组合,会使得组合保险策略承担不菲的交易成本。因此,风险管理者应在权衡策略有效性和成本的基础上,确定合适的策略调仓频率,尽可能保证风险管理的效率最大。

5. 案例总结

本案例介绍了在市场缺乏相应期权产品时,如何使用组合保险策略模拟期权的盈亏状态,从而实现风险管理目标。虽然构建组合保险策略可以节省期权费用,但由于需要频繁调整仓位,风险管理效率可能会不如标准期权;而且当遇到极端情形时,组合保险策略的有效性会大幅降低。因此,一般而言,风险管理者只有在确定使用标准期权产品的弊端过大,或者市场上没有合适的期权工具时,才应该考虑使用组合保险策略进行风险管理。

第三节 实现特殊损益目标的搭配策略设计与案例分析

期权是搭配策略最常用的金融工具之一。理论上来说,当期权执行价格可以任意设定时,风险管理者可以通过不同执行价格期权的搭配,构造出任意损益形态的投资组合,进而满足各种特殊的风险管理需求。在实务中,常见的用于实现特殊损益目标的搭配策略包括领子期权策略、蝶式期权策略和跨式期权策略,下文主要介绍这三种策略的构建方法,并对分享式远期策略和比率式远期策略等其他常见策略做简单介绍。

一、领子期权策略的设计与案例分析

(一) 领子期权策略简介

领子期权(collar)策略,是一种可以同时锁定投资组合最大损失与最大收益,从而将投资组合的盈亏控制在一定范围内的策略。与保护性看跌期权策略相比,领子期权策略的构建成本很低,但也损失了一部分风险因子发生有利变动时可能带来的收益。下面具体对领子期权的构建方法与特点展开介绍。

1. 构建领子期权策略的一般方法

假设风险管理者持有即期价格为 S_0 的风险资产 A,那么可以通过以下操作构建[①]领子期权策略:

(1) 买入一份标的为 A、执行价格为 K_1、T 时刻到期的虚值看跌期权 F_p;

(2) 卖出一份标的为 A、执行价格为 K_2、T 时刻到期的虚值看涨期权 F_c。

假设在期初 0 时刻,$K_1 < S_0 < K_2$;设看涨期权的价格为 C_0,看跌期权的价格为 P_0,无风险利率为 r,则上述领子期权策略在期末 T 时刻的盈亏情况如表 4.7 和图 4.3 所示。

表 4.7 领子期权策略的到期日盈亏情况

	期末不同价格区间内总盈亏情况			期末净盈亏
	$S_T < K_1$	$K_1 \leqslant S_T < K_2$	$S_T \geqslant K_2$	
风险资产 A	$S_T - S_0 e^{rT}$	$S_T - S_0 e^{rT}$	$S_T - S_0 e^{rT}$	$S_T - S_0 e^{rT}$
看跌期权 F_p 多头	$K_1 - S_T$	0	0	$\max(K_1 - S_T, 0) - P_0 e^{rT}$
看涨期权 F_c 空头	0	0	$K_2 - S_T$	$C_0 e^{rT} - \max(S_T - K_2, 0)$
领子期权策略	$K_1 - S_0 e^{rT}$	$S_T - S_0 e^{rT}$	$K_2 - S_0 e^{rT}$	上述三项相加

由表 4.7 和图 4.3 可知,期末风险资产价格 S_T 小于 K_1 时,看跌期权可以行权,即领子期权策略的最大损失额为 $S_0 e^{rT} - K_1$;期末风险资产价格 S_T 大于 K_2 时,看涨期权被行权,因而领子期权的最大收益锁定在 $K_2 - S_0 e^{rT}$。总之,通过领子期权策略,风险管理者可以将投资组合到期日盈亏控制在 $[K_1 - S_0 e^{rT}, K_2 - S_0 e^{rT}]$ 范围内。进一步,考察期权费带来的盈亏:若风险管理者期望期初获得正的期权费收入,即 $C_0 > P_0$,则应对看涨期权设置更低的执行价格 K_2,这意味着投资组合期末的最大收益水平需下降;若风险管理者期望投资组合在期末时的最大损失尽量小,即 K_1 尽量接近 $S_0 e^{rT}$,则看跌期权费用 P_0 会增大,致使风险管理者在期初可能需承担一笔较高的期权费。

2. 利用领子期权策略进行风险管理的特点

第一,领子期权策略是一种低成本的风险管理策略。相比于保护性看跌期权策略,领子期权策略多卖出了一份虚值看涨期权,从而利用卖出看涨期权的期权费,一定程度上抵

[①] 事实上,领子期权的构建方法远不止本文列举的这两种,构建原则和其他构建方法可以参见 John. Hull (2014)。

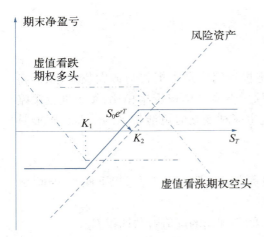

图 4.3 领子期权策略的期末净盈亏情况

消了买入看跌期权承担的费用。但降低策略构建成本的同时,也使得领子期权策略的收益具有上限。具体而言,风险资产期末价格超过一定水平时看涨期权会被行权,风险资产价格上涨带来的收益将由看涨期权的买方获得。因而,领子期权策略实际上是减少未来可能获得的收益,以换取当前策略构建成本的下降。

第二,领子期权策略并不以风险中性为风险管理目标,而是要将投资组合的风险控制在一定范围内。利用领子期权策略进行风险管理时,风险管理者所承担的风险大小取决于策略中看涨期权和看跌期权的执行价格:若两种期权的执行价格相等,则领子期权策略能够实现风险中性,此时看涨期权和看跌期权的组合构成了合成期货策略。

3. "三相"领子期权策略简介

上文所介绍的标准领子期权策略在构建过程中的一个重要特点,是卖出的虚值看涨期权的标的资产规模要与风险资产头寸一致,从而在获得期权费以节省风险管理成本的同时,避免资产价格上涨带来过度损失。然而,在实际操作中,一些风险管理者为了进一步节省风险管理成本,常在标准领子期权组合的基础上再卖出若干份执行价格为 $K_3(K_3 > K_2)$ 的虚值看涨期权,形成所谓的"三相"领子期权策略。这种策略卖出的看涨期权对应的标的资产总规模超过了风险资产头寸,因而一旦风险资产价格大幅上涨,风险管理者将可能面临巨额损失。关于"三相"领子期权策略的详细分析,请参见本书的教学案例《东航期权套期保值巨亏案例分析》。

(二)领子期权策略的案例分析

1. 案例描述

20×1 年 5 月 20 日,美国出口商 A 公司与德国进口商 B 公司签订了进出口货物的协议,规定 B 公司应在 9 个月后,即 20×2 年 2 月 20 日支付 6 500 万欧元的货款给 A 公司。由于受欧债危机的影响,欧美各国普遍面临经济增长乏力、经济不确定性较大的困境,在此背景下,A 公司认为欧元对美元的汇率存在大幅波动的风险,但对于汇率变动的方向并不确定。A 公司担心未来欧元可能会大幅贬值,从而导致未来欧元收入的美元价值大幅下降,但同时又不愿意完全规避风险而放弃汇率波动可能带来的收益。因此,A 公司希望利用一定的风险管理策略,锁定欧元对美元贬值可能带来的最大损失,并部分保留欧元升值可以带来的收益。

假设欧元对美元的即期汇率为 1.349 1 美元/欧元,历史年化波动率为 15%,欧元与美元的无风险利率分别为 1.57% 与 0.93%。A 公司对自身的财务情况进行了分析和预测,发现在该笔交易中可接受的最大损失额为 200 万美元,即在期末收到货款的美元价值不得低于 8 569.15 万美元,对应的欧元兑美元汇率则不能低于 1.318 3 美元/欧元。那么,A 公司应当如何利用现有的金融工具,实现风险管理目标呢?

2. 解决方案设计与实施

(1) 套期保值目标的确定。

从案例描述中可见,A 公司进行套期保值的主要目的是锁定汇率风险可能给出口交易带来的最大损失,同时从汇率的有利变动中获得一定收益,因此 A 公司具有单向风险对冲目标。需要注意的是,由于财务预算的约束,A 公司希望在满足套期保值目标的前提下,套期保值策略期初支付的期权费越低越好。

(2) 套期保值工具的选择与确定。

一般而言,买入标准的欧元对美元看跌期权就可以实现 A 公司的单向风险对冲目标。但考虑到 A 公司的财务约束状况,若仅使用单一的期权合约将需支付高额的期权费,可能无法满足财务预算约束的要求。由于领子期权可以将投资组合的损益控制在一定范围内,并且是一种成本较低、甚至是零成本的风险管理策略,因此 A 公司选择构造领子期权组合实现风险管理目标。

(3) 具体领子期权策略的构建。

在本案例中,A 公司实质上持有受汇率风险影响的风险资产多头,因此应当构造基于风险资产多头的领子期权组合。具体而言,由于 A 公司可以承担的最大损失为 200 万美元,即在到期日欧元对美元的汇率不得低于 1.318 3 美元/欧元。因此,A 公司向合作银行 M 银行买入了执行价格为 1.32 美元/欧元①、到期日为 20×2 年 2 月 20 日、规模为 6 500 万欧元的欧式看跌期权 F_p,并且期权费约为 375.77 万美元②。

为了最大限度地减少风险管理策略期初支付的费用,在上述策略的基础上,A 公司同时卖出期权费与看跌期权相当的看涨期权 F_c,从而完成领子期权组合的构建。该看涨期权的执行价格为 1.37 美元/欧元、到期日为 20×2 年 2 月 20 日、规模为 6 500 万欧元、期权费为 370.54 万美元。因此,A 公司构建该领子期权付出的总期权费为 5.23 万美元。

3. 参与方盈亏分析

在构建领子期权组合以后,风险管理者的盈亏可以由所持资产的盈亏加总得到,具体分析如下:

在到期日 20×2 年 2 月 20 日,欧元收入以美元计价的盈亏为到期日该笔货款的美元价值与按照即期汇率计算得到美元价值之差③,即

$$\text{风险资产多头盈亏} = (S_T - 1.349\ 1) \times 6\ 500 \tag{4.3.1}$$

其中,S_T 为到期日欧元对美元的汇率。

利用看跌期权期末净盈亏的一般公式可知,A 公司持有看跌期权 F_p 多头的期末净盈亏为

$$\text{看跌期权多头盈亏} = \max(1.32 - S_T, 0) \times 6\ 500 - 375.77 e^{0.75 \times 0.93\%} \tag{4.3.2}$$

---

① 更精确的策略应是购买协议价格为 1.318 3 美元/欧元的期权,但是考虑到现实世界中期权的执行价格最小变动单位为 0.01 美元,根据近似原则,这里选择协议价格为 1.32 美元/欧元的期权。
② 本案例中期权费均采用 B-S 公式计算。
③ 与理论部分不同,这里没有考虑 S_0 的时间价值,是因为 A 公司期初并不持有 6 500 万欧元资产。

类似地,持有看涨期权 F_c 空头的期末净盈亏为

$$\text{看涨期权空头盈亏} = 370.54 e^{0.75 \times 0.93\%} - \max(S_T - 1.37, 0) \times 6\,500 \quad (4.3.3)$$

因此,该领子期权组合的到期日净盈亏为组合中各合约净盈亏的加总,即

$$\text{套期保值总盈亏} = [S_T - 1.349\,1 e^{0.75 \times 0.93\%} + \max(1.32 - S_T, 0)$$
$$- \max(S_T - 1.37, 0) - 5.23 e^{0.75 \times 0.93\%}] \times 6\,500 \quad (4.3.4)$$

当到期日欧元对美元的汇率处于不同水平时,该领子期权搭配策略的实施结果如表 4.8 所示。同时,为了更好地分析领子期权在风险管理中的作用,我们还将其与直接利用看跌期权进行套期保值的结果进行对比分析,结果见表 4.9。

表 4.8　领子期权搭配策略结果分析　　　　　　　　　　　　　　　(单位:万美元)

到期日汇率 (美元/欧元)	风险资产 多头盈亏	看跌期权 多头盈亏	看涨期权 空头盈亏	套期保值 总盈亏
1.304	−293.15	−274.40	373.13	−194.42
1.312	−241.15	−326.40	373.13	−194.42
1.335	−91.65	−378.40	373.13	−96.92
1.357	51.35	−378.40	373.13	−46.08
1.374	161.85	−378.40	347.13	130.58
1.389	259.35	−378.40	249.63	130.58
1.450	655.85	−378.40	−146.87	130.58

表 4.9　基于领子期权的搭配策略与基于看跌期权的套期保值策略结果比较

(单位:万美元)

价格	未进行风险 管理的结果	领子期权风险管理结果		看跌期权风险管理的结果	
		套期保值总盈亏	有效性	套期保值总盈亏	有效性
1.304	−293.15	−194.42	1.000 7	−567.55	0.957 1
1.312	−241.15	−194.42	1.000 7	−567.55	0.957 1
1.335	−91.65	−96.92	1.012 0	−470.05	0.968 5
1.357	51.35	−46.08	1.018 0	−327.05	0.985 2
1.374	161.85	130.58	1.038 6	−216.55	0.998 1
1.389	259.35	130.58	1.038 6	−119.05	1.009 4
1.450	655.85	130.58	1.038 6	277.45	1.055 7

注:1) 看跌期权风险管理策略中,套期保值总盈亏为表 4.8 中风险资产多头盈亏与看跌期权多头盈亏之和;
　　2) 有效性的具体计算公式见(4.3.5)。

从表 4.8 与表 4.9 中可以发现以下几点:

(1) 从具体情景来看,当欧元大幅贬值使得到期日汇率跌至 1.32 美元/欧元以下时,

领子期权组合中的看跌期权多头将被行权,使 A 公司的损失最大不超过 194.42 万美元;而当欧元大幅升值使得到期日汇率高于 1.37 美元/欧元时,领子期权组合中的看涨期权空头将被行权,将 A 公司的盈利锁定在 130.58 万美元;而当汇率仅发生小幅波动使得到期日汇率维持在 1.32 美元/欧元至 1.37 美元/欧元时,领子期权组合的盈亏在 −194.42 与 130.58 万美元之间变动,即 A 将承担欧元汇率小幅变动的风险。

(2) 可以看出,只有利用领子期权策略才能确保更好地完成 A 公司的套期保值目标。利用领子期权策略期初仅付出 5.23 万美元的期权费,即可以将 A 公司可能遭受的最大损失锁定在 194.42 万美元,低于 200 万美元的最大损失承受额;而利用看跌期权组合,由于需要付出高额的期权费,在欧元币值下跌时将无法完成套期保值目标。

4. 领子期权策略的有效性及影响因素分析

(1) 领子期权策略的有效性分析。

为了更好地比较基于领子期权的搭配策略与基于标准欧式期权的风险管理策略的结果,根据 A 公司单向风险对冲目标,我们使用以下指标衡量上述两种套期保值策略的有效性为

$$HE = \frac{T_{act}}{T_{tgt}} \tag{4.3.5}$$

其中,T_{act} 为套期保值组合实际财务结果,在本案例中为领子期权组合的总价值①,T_{tgt} 为目标财务结果,在本案例中为 A 公司所能接受的最低到期货款美元价值 8 569.15 万美元。

上述有效性指标的含义为:当 A 公司利用领子期权策略后的实际财务结果高于 8 569.15 万美元时,可以认为实现了套期保值目标,达到获利性有效;而当 A 公司的实际财务结果低于可接受的最低值 8 569.15 万美元时,则用实际收入与目标收入的比率,即 T_{act}/T_{tgt} 度量 A 公司实现套期保值目标的程度,进而作为有效性度量指标的取值。

从表 4.9 中可以看出,利用领子期权进行套期保值的有效性均超过 1,即均将汇率风险可能带来的损失锁定在目标范围。然而,利用保护性看跌策略,即简单采用欧式看跌期权进行套期保值则无法保证有效性一定达到 1。可见,领子期权相较于直接利用标准欧式期权进行套保,由于期权费用的下降,除标的资产价格发生大幅有利变动的情况外均更为有效。然而,领子期权在实务中并非一定完全有效,下文将从实际情况出发分析领子期权策略有效性的影响因素。

(2) 影响领子期权策略有效性的因素分析。

由于买入和卖出期权合约的期权费可以相互抵消,因此相对于构建标准欧式期权进行套期保值而言,构建领子期权组合的期初付出的期权费大幅下降,因此有效性较高,也更为适用于存在资金约束的风险管理主体。然而,领子期权的有效性在实务中还受到其他多种因素的影响:

---

① 即 8 769.15 加上套期保值总盈亏。

第一,领子期权策略套期保值可能存在基差风险。领子期权的构建要求看涨期权和看跌期权的标的资产均为风险管理者所持有的风险资产,且在期限、数量上也必须与所持资产相吻合。但在实际中,满足上述条件的期权在市场上可能并不存在,因此风险管理者将被迫选择标的资产品种、期限、数额等方面与风险资产并不完全相同的期权进行风险管理,由此将带来一定的基差风险。而基差风险的存在无疑将使得风险管理的效果大打折扣。

第二,领子期权策略套期保值的有效性依赖于预测的准确性。是否利用领子期权还取决于风险管理者对未来价格的预期是否准确。在本案例中,A公司预测汇率可能发生大幅波动,并且可以承受汇率发生小幅波动的风险,因而在综合考虑财务成本约束的情形下,领子期权策略是一种适合A公司套期保值目标的选择。然而,若事实上汇率在套期保值期限内不会发生大幅波动,那么则应该选择回廊式期权等策略,从而在汇率仅发生小幅波动时实现风险中性的套期保值目标。

5. 案例总结

通过本案例可以发现,基于领子期权的搭配策略使风险管理者能在花费很少的情况下,锁定最大可能资产损失,并享受到一部分由风险资产价格有利变动所带来的好处。选择、运用领子期权搭配策略时,需要综合考虑风险管理目标、期权存在的可能、价格预测可靠性等现实情况,并结合领子期权的相应特点设计实施领子期权策略,以实现特定的风险管理目标。

二、蝶式期权策略的设计与案例分析

(一) 蝶式期权策略简介

蝶式期权(butterfly spreads)策略,是一种风险因子变动幅度满足一定条件时产生收益、其他情况下尽量控制损失的策略。按适用情景的差异可将蝶式期权策略分为正向蝶式期权策略和反向蝶式期权策略。其中,正向蝶式期权策略可以确保在风险因子发生小幅波动时获利,而当风险因子发生较大波动时需要承担损失;反向蝶式期权策略则可以在风险因子发生较大波动时获利,而在风险因子发生小幅波动时需要承担一定损失。下面以正向蝶式期权策略为例对蝶式期权策略的构建方法和使用特点展开具体介绍。

1. 构建蝶式期权策略的一般方法

假设风险管理者持有即期价格为 S_0 的风险资产 A,资产在期末 T 时的价格为 S_T,则风险管理者可以通过以下操作构建正向蝶式期权策略:

(1) 买入一份标的为 A、执行价格为 K_1、T 时刻到期的实值看涨期权 $F_{c,1}$;

(2) 卖出两份标的为 A、执行价格为 K_2、T 时刻到期的平值看涨期权 $F_{c,2}$;

(3) 买入一份标的为 A、执行价格为 K_3、T 时刻到期的实值看跌期权 F_p。

上述构建方式意味着,$K_1 < S_0 = K_2 < K_3$。进一步,设看涨期权 $F_{c,1}$ 的价格为 $C_0^{(1)}$、看涨期权 $F_{c,2}$ 的价格为 $C_0^{(2)}$、看跌期权 F_p 的价格为 P_0,此外无风险利率为 r,则上述正向蝶式期权策略在期末 T 时刻的盈亏情况如表4.10和图4.4所示。

表 4.10 蝶式期权策略的到期日盈亏情况

	期末不同价格区间内总盈亏情况				期末净盈亏情况
	$S_T < K_1$	$K_1 \leqslant S_T < K_2$	$K_2 \leqslant S_T < K_3$	$S_T \geqslant K_3$	
风险资产 A	$S_T - S_0 e^{rT}$	$S_T - S_0 e^{rT}$	$S_T - S_0 e^{rT}$	$S_T - S_0 e^{rT}$	$S_T - S_0 e^{rT}$
期权 $F_{c,1}$ 多头	0	$S_T - K_1$	$S_T - K_1$	$S_T - K_1$	$\max(S_T - K_1, 0) - C_0^{(1)} e^{rT}$
期权 $F_{c,2}$ 空头	0	0	$2(K_2 - S_T)$	$2(K_2 - S_T)$	$2C_0^{(2)} e^{rT} - 2\max(S_T - K_2, 0)$
期权 F_p 多头	$K_3 - S_T$	$K_3 - S_T$	$K_3 - S_T$	0	$\max(K_3 - S_T, 0) - P_0 e^{rT}$
蝶式期权策略	$K_3 - S_0 e^{rT}$	$K_3 - K_1 + S_T - S_0 e^{rT}$	$K_3 + 2K_2 - K_1 - S_T - S_0 e^{rT}$	$2K_2 - K_1 - S_0 e^{rT}$	上述四项之和

根据表 4.10 易知,当到期日风险资产价格 S_T 小于 K_1 时,蝶式期权策略的总盈亏固定在 $K_3 - S_0 e^{rT}$;而当 S_T 大于 K_3 时,蝶式期权策略的总盈亏固定在 $2K_2 - K_1 - S_0 e^{rT}$。由三个期权的执行价格与标的资产初始价格 S_0 的关系可知,上述两种固定盈亏值均大于 0,表示不考虑期权费时蝶式期权策略的最低可能收益。

当 S_T 大于 K_1 且小于 K_2 时,策略的总盈亏为 $S_T + K_3 - K_1 - S_0 e^{rT}$。$S_T = K_1$ 时该盈亏值最小,为 $K_3 - S_0 e^{rT}$,与 $S_T < K_1$ 时的最低盈亏水平相等;$S_T = K_2$ 时该盈亏值最大,为 $S_T + K_3 - K_1 - S_0 e^{rT}$,结合图 4.3.2 可知,该盈亏值为蝶式期权策略的最大盈亏值。同理,当 S_T 位于 K_2 和 K_3 之间时,策略的总盈亏随风险资产价格的升高而下降,且最低降到 $2K_2 - K_1 - S_0 e^{rT}$,此时 $S_T = K_3$。

进一步,扣除构建蝶式期权策略付出的期权费 $(C_0^{(1)} + P_0 - 2C_0^{(2)}) e^{rT}$ 后,策略的净盈亏如图 4.4 所示。可以看到,在风险资产价格小幅波动时,蝶式期权策略可以获利,且风险资产波动幅度越小获利越高;当风险资产价格大幅变化时,蝶式期权策略需承担一定损失,但不论 S_T 是大涨还是大跌,策略的损失都有一个上限。总的来看,蝶式期权策略的期末净盈亏图如同一只向下扇动翅膀的蝴蝶,于是称为"蝶式"期权。

2. 利用蝶式期权策略进行风险管理的特点

(1) 蝶式期权策略主要用于无法确定风险资产价格具体运动方向、仅能判断价格运动幅度时的风险管理。以正向蝶式期权策略为例,当资产价格小幅变动时,策略获利,且变动幅度越小获利越高;而当资产价格大幅变动时,策略的净盈亏为负值,但不随资产价格的变动而变动,即

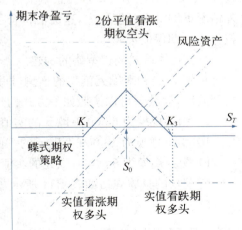

图 4.4 正向蝶式期权策略的到期日盈亏情况

策略的损失有上限。蝶式期权策略的上述损益特征较为特殊,是应用基本的金融工具无法实现的。

(2) 与领子期权策略相同,蝶式期权策略也通过卖出一定份额的期权获得期权费,以降低策略构建成本。与领子期权策略不同的是,蝶式期权策略买入了两个实值期权,同时卖出了两个平值期权。由于平值期权的期权费低于实值期权,因而蝶式期权策略仍然要承担一定的期权费用。

(二) 蝶式期权策略的案例分析

1. 案例描述

仍然考虑前面的案例,假设 A 公司在对欧元汇率走势进行研究后认为,由于欧美经济相关性较强,欧元对美元的汇率在 9 个月后将在 1.32 美元/欧元至 1.38 美元/欧元之间波动,但 A 公司无法判断欧元汇率的变动方向。此外,A 公司在对自身的财务状况进行分析后,发现自己所能承受的最大损失为 60 万美元,即到期收入换算为美元的金额至少为 8 709.15 万美元。若 A 公司希望基于上述判断,在控制汇率大幅波动所带来的可能损失的基础上从汇率的小幅波动中获利,那么 A 公司应该如何设计风险管理策略呢?

2. 解决方案设计

(1) 套期保值目标的确定。

根据案例描述,A 公司的套期保值目标可以概括为:在锁定风险因子大幅波动带来的最大损失的同时从风险因子的小幅波动中获利。可见,A 公司进行套期保值的目的并不局限于通常的风险控制,而需要对风险与收益进行权衡。

(2) 套期保值工具的选择与确定。

根据 A 公司的套期保值目标,若选择标准欧式看跌期权进行套期保值,虽然可以控制最大可能损失、并可能从欧元升值中获利,但需要支付一笔高昂的期权费用,而且无法从汇率的小幅贬值中获得收益,不适用于本案例中 A 公司对汇率变动的判断。而蝶式期权在 A 公司对汇率波动预测正确的前提下,可以给 A 公司带来一定收益,并可以锁定意外情况下的最大可能损失,这恰恰符合了 A 公司的套期保值目标,故 A 公司选择蝶式期权作为套期保值策略。

(3) 具体蝶式期权策略的构建。

根据 A 公司对欧元汇率的预测,即欧元汇率将在 1.32 美元/欧元至 1.38 美元/欧元之间波动,A 公司可以按照如下方式构建蝶式期权:

a) 购买规模为 6 500 万欧元的实值看涨期权 $F_{c,1}$;
b) 卖出规模为 13 000 万欧元的平值看涨期权 $F_{c,2}$;
c) 购买规模为 6 500 万欧元的实值看跌期权 F_p。

各期权的具体规格如表 4.11 所示[①]。

[①] 由于现实世界中期权的执行价格最小变动单位为 0.01 美元,因此根据近似原则,$F_{c,2}$ 的执行价格设为 1.35 美元/欧元,F_p 的执行价格设为 1.38 美元/欧元。

表 4.11　蝶式期权构成期权的具体规格

期　　权	$F_{c,1}$	$F_{c,2}$	F_p
执行价格	1.32 美元/欧元	1.35 美元/欧元	1.38 美元/欧元
类　　型	欧式看涨	欧式看涨	欧式看跌
单位合约交割数量	6 500 万欧元	13 000 万欧元	6 500 万欧元
期权市场价格①	521.90 万美元	853.38 万美元	585.74 万美元
即期汇率	1.349 1 美元/欧元		
汇率波动率	15%		
美元无风险利率	0.93%		
欧元无风险利率	1.57%		
到期时间	20×2 年 2 月 20 日（剩余期限：0.75 年）		

3. 参与方盈亏分析

根据表 4.11 可以计算得到蝶式期权组合到期日的盈亏情况，具体如下：风险资产的到期日盈亏 C_F 为

$$C_F = 6\ 500 \times (S_T - 1.349 e^{0.93\% \times 0.75}) \tag{4.3.6}$$

买入看涨期权 $F_{c,1}$ 的到期日盈亏 $C_{Fc,1}$ 为

$$C_{Fc,1} = \max[6\ 500 \times (S_T - 1.32), 0] - 521.9 e^{0.93\% \times 0.75} \tag{4.3.7}$$

卖出 2 份看涨期权 $F_{c,2}$ 的到期日盈亏 $C_{Fc,2}$ 为

$$C_{Fc,2} = 853.38 e^{0.93\% \times 0.75} - \max[13\ 000 \times (S_T - 1.35), 0] \tag{4.3.8}$$

买入看跌期权 F_p 的到期日盈亏 C_{Fp} 为

$$C_{Fp} = \max[6\ 500 \times (1.38 - S_T), 0] - 585.74 e^{0.93\% \times 0.75} \tag{4.3.9}$$

蝶式期权的到期日盈亏 C_B 为上述四种资产盈亏的总和，即

$$C_B = C_F + C_{Fc,1} + C_{Fc,2} + C_{Fp} \tag{4.3.10}$$

在到期日欧元对美元的汇率处于不同水平时，该蝶式期权搭配策略的实施结果如表 4.12 所示。

表 4.12　蝶式期权搭配策略实施结果　　　　（单位：万美元）

到期日汇率（美元/欧元）	C_F	$C_{Fc,1}$	$C_{Fc,2}$	C_{Fp}	C_B	策略有效性
1.304 0	−293.15	−525.55	859.35	−95.84	−55.19	1.000 6
1.312 0	−241.15	−525.55	859.35	−147.84	−55.19	1.000 6

---

① 本案例中标准期权价格均采用 B-S 公式计算得到。

续 表

到期日汇率（美元/欧元）	C_F	$C_{Fc,1}$	$C_{Fc,2}$	C_{Fp}	C_B	策略有效性
1.335 0	−91.65	−428.05	859.35	−297.34	42.31	1.011 7
1.350 0	5.85	−330.55	859.35	−394.84	139.81	1.022 9
1.367 0	116.35	−220.05	638.35	−505.34	29.31	1.010 3
1.384 0	226.85	−109.55	417.35	−589.84	−55.19	1.000 6
1.399 0	324.35	−12.05	222.35	−589.84	−55.19	1.000 6

注：策略有效性计算公式详见(4.3.11)。

从表 4.12 中可见，通过实施蝶式期权策略，A 公司成功地将组合的到期日收益控制在 −55.19 万美元—139.81 万美元之间。其中，若汇率波动幅度超过 A 公司的预期范围，即到期日汇率高于 1.38 美元/欧元或低于 1.32 美元/欧元时，A 公司将遭受最大可能损失 55.19 万/美元；若到期日汇率为 1.35 美元/欧元时，A 公司则将实现最大收益 139.81 万美元。

4. 蝶式期权策略的有效性分析

由于在本案例中，A 公司的套期保值目标是在控制组合最大可能损失的情形下从资产价格的小幅波动中获得一定收益，因此，这里仍参照上一节领子期权套期保值策略的有效性评估方法，构建蝶式期权策略的有效性度量公式如下

$$HE = \frac{T_{act}}{T_{tgt}} \tag{4.3.11}$$

其中，T_{act} 为套期保值组合实际财务结果，在本案例中为蝶式期权组合的总价值[①]；T_{tgt} 为目标财务结果，在本案例中为 A 公司所能接受的最低到期货款美元价值 8 709.15 万美元。

上述有效性指标的含义为：当 A 公司利用蝶式期权策略后的实际财务结果高于 8 709.15 万美元时，可以认为实现了套期保值目标；而当 A 公司的实际财务结果低于可接受的最低值 8 709.15 万美元时，则认为套期保值目标未完全实现。从而可以用实际收入与目标收入的比率，即 T_{act}/T_{tgt} 度量 A 公司实现套期保值目标的有效性程度。

从(4.3.11)的含义中不难发现，当 T_{act}/T_{tgt} 大于 1 时，蝶式期权组合相对于原投资组合更能符合该风险管理者的套期保值目标，从而可以认为该策略实现了获利性有效。若 A 公司对汇率变动范围的估计准确，这里不妨假定到期日欧元对美元的汇率均匀分布于区间 1.32 美元/欧元—1.38 美元/欧元，那么通过计算可得蝶式期权策略的 T_{act}/T_{tgt} 值约为 1.015。因此，从事前的角度来看，利用蝶式期权进行套期保值完全符合 A 公司的套期保值目标，是一种有效的风险管理策略。

表 4.12 中给出了在到期日欧元对美元汇率处于不同水平下时，利用蝶式期权进行套期保值的有效性。可见，无论到期日汇率取值如何，在 A 公司的套期保值目标下，蝶式期权策略均有效。在实务中，蝶式期权组合套期保值有效性的影响因素与领子期权类似，主

---

① 即 8 769.15 加上到期日盈亏 C_B。

要分为基差风险和预测的有效性两方面,这里不再赘述。

5. 案例总结

通过本案例可以发现,借助蝶式期权,风险管理者可以在控制最大损失的前提下,从风险资产的小幅波动中获得一定收益。因此,蝶式期权搭配策略的实施往往适用于风险管理者对风险资产价格波动率有着较为准确判断的情况。需要注意的是,类似于领子期权,蝶式期权风险管理策略的有效性,还受到基差风险、预测准确程度等因素的影响。

此外,在蝶式期权的具体构建中,风险管理者希望获得收益的价格区间越大,蝶式期权的构建成本就越高,可能带来的最大损失额也越大。因此,风险厌恶程度较高的风险管理者往往选择执行价格较为接近的期权构成蝶式期权,而风险厌恶程度较低的风险管理者则往往选择执行价格差距较大的期权。

综上所述,在实际运用蝶式期权搭配策略时,需要综合考虑风险主体的风险管理目标与现实状况,以实现风险管理策略的有效性。

三、跨式期权策略的设计

标准跨式期权(straddle)策略,是一种策略盈亏受风险因子变动幅度因素影响、并呈现"V"型或倒"V"型特征的策略。与蝶式期权策略不同,当风险因子变动幅度足够大时,跨式期权策略有无限获利(收益特征为"V"型的跨式期权策略)或无限损失(收益特征为倒"V"型的跨式期权策略)的可能。进一步,当风险管理者对风险因子变动的范围、方向等因素有可靠预测时,可以将标准跨式期权策略转变为宽跨式期权(strangle)策略、条式期权组合(strip)策略或带式期权组合(strap)策略,以实现风险管理目标。下面将对上述四类跨式期权策略的构建方法、盈亏情况以及在风险管理中的使用特点进行详细介绍[①]。

(一)各类跨式期权策略的构建方法与盈亏分析

1. 标准跨式期权策略

假设风险管理者持有即期价格为 S_0 的风险资产 A,该资产在期末 T 时刻的价格为 S_T。那么,风险管理者可以通过买入两份以 A 为标的资产、执行价格为 K、T 时刻到期的看跌期权,构建标准跨式期权策略。假设看跌期权的价格为 P_0,无风险利率为 r,则标准跨式期权策略的到期日盈亏情况如表 4.13 和图 4.5 所示。

表 4.13 标准跨式期权策略的到期日盈亏情况

	期末不同价格区间内总盈亏情况		期末净盈亏情况
	$S_T \leqslant K$	$S_T > K$	
风险资产	$S_T - S_0 e^{rT}$	$S_T - S_0 e^{rT}$	$S_T - S_0 e^{rT}$
看跌期权多头	$2(K - S_T)$	0	$2\max(K - S_T, 0) - 2P_0 e^{rT}$
标准跨式期权	$2K - S_T - S_0 e^{rT}$	$S_T - S_0 e^{rT}$	上述两项之和

---

① 跨式期权策略在风险管理中的具体使用方法与蝶式期权类似,因篇幅所限,这里不再进行案例分析。另外,下文均以风险管理者持有风险资产多头为前提构建跨式期权策略,当风险管理者持有风险资产空头寸时,跨式期权策略也可以类似构建。

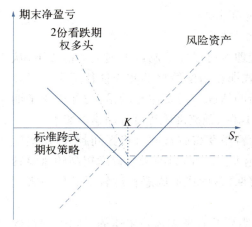

图 4.5　标准跨式期权策略的到期日盈亏情况

由表 4.13 和图 4.5 不难看出,当风险资产的期末价格 S_T 小于期权执行价格 K 时,两份期权均可以执行。此时,标准跨式期权策略的总盈亏为 $-S_T+2K-S_0e^{rT}$,随 S_T 的下降而不断上升,且在 $S_T=K$ 时取得最小值 $K-S_0e^{rT}$。当 $S_T>K$ 时,两份看跌期权不满足行权条件,此时标准跨式期权策略的总盈亏即为风险资产的盈亏,最小值为 $K-S_0e^{rT}$,同样在 $S_T=K$ 处达到。总之,标准跨式期权策略的期末盈亏呈"V"型,且最低点的盈亏结果在风险资产价格等于期权执行价格时出现。

进一步,考虑看跌期权的期权费后,标准跨式期权策略的净盈亏最小值为 $K-S_0e^{rT}-2P_0e^{rT}$。可见,若选择实值看跌期权构建标准跨式期权策略,虽然 K 较 S_0 更大,但 P_0 也很大,策略的净盈亏最小值仍然无法大于 0。因此,利用标准跨式期权策略管理风险时,若风险资产价格大幅上涨或大幅下跌,策略可以带来较高利润;若风险资产价格围绕 K 小幅波动,风险管理者则可能要承担一定损失。

2. 宽跨式期权策略

同样假设风险管理者持有风险资产 A,则风险管理者可以通过以下方式构建宽跨式期权策略:

(1) 买入一份标的为 A、执行价格为 K_1、T 时刻到期的看跌期权 $F_{p,1}$;

(2) 买入一份标的为 A、执行价格为 $K_2(>K_1)$、T 时刻到期的看跌期权 $F_{p,2}$。

依据上述构建方法,假设看跌期权 $F_{p,1}$ 的初始价格为 $P_0^{(1)}$,看跌期权 $F_{p,2}$ 的初始价格为 $P_0^{(2)}$,无风险利率为 r,则宽跨式期权策略在期末 T 时刻的盈亏情况见表 4.14 和图 4.6。

表 4.14　宽跨式期权策略在到期日的盈亏情况

	期末不同价格区间内总盈亏情况			期末净盈亏情况
	$S_T<K_1$	$K_1 \leqslant S_T<K_2$	$K_2 \leqslant S_T$	
风险资产	$S_T-S_0e^{rT}$	$S_T-S_0e^{rT}$	$S_T-S_0e^{rT}$	$S_T-S_0e^{rT}$
看跌期权 $F_{p,1}$	K_1-S_T	0	0	$\max(K_1-S_T,0)-P_0^{(1)}e^{rT}$
看跌期权 $F_{p,2}$	K_2-S_T	K_2-S_T	0	$\max(K_2-S_T,0)-P_0^{(2)}e^{rT}$
宽跨式期权	$K_2+K_1-S_T-S_0e^{rT}$	$K_2-S_0e^{rT}$	$S_T-S_0e^{rT}$	上述三项之和

由表 4.14 可知,与标准跨式期权策略相比,宽跨式期权策略采用了两个执行价格不同的看跌期权,因而看跌期权的行权条件不会同时满足:当风险资产期末价格 $S_T<K_1$ 或 $S_T \geqslant K_2$ 时,宽跨式期权策略的盈亏情况与标准跨式期权策略类似,总盈亏最小值为

$K_2 - S_0 e^{rT}$；当 S_T 位于 K_1 和 K_2 之间时，宽跨式期权策略的总盈亏不变，始终为 $K_2 - S_0 e^{rT}$，即不同于标准跨式期权策略的最小盈亏仅出现在 $S_T = K$ 这一个点，宽跨式期权策略的最小盈亏出现在 K_1 到 K_2 的整个区间上。"宽"跨式期权策略也因此而得名。

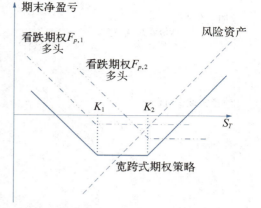

图 4.6　宽跨式期权策略的到期日盈亏情况

进一步，考虑策略的净盈亏：与宽跨式期权策略相比，标准跨式期权策略可以看成是由风险资产和两份执行价格为 K_2 的看跌期权构成，因而期权费相比宽跨式期权策略要更高，即 $2P_0^{(2)} > P_0^{(1)} + P_0^{(2)}$；宽跨式期权策略期权费虽然更低，进而净盈亏的损失更小，但风险资产价格需要下跌更大的幅度才能给策略带来收益。因此，风险管理者应综合判断期初的期权费与期末的可能收益，选择最恰当的策略进行风险管理。

3. 条式期权组合策略

依然假设风险管理者持有风险资产 A，则风险管理者可以通过买入 N 份（$N \geqslant 3$）标的资产为 A、执行价格为 K、T 时刻到期的看跌期权构建条式期权组合策略。设看跌期权的价格为 P_0，无风险利率为 r，则条式期权组合策略在期末 T 时刻的盈亏情况见表 4.15 和图 4.7。

表 4.15　条式期权组合策略的到期日盈亏情况

	期末不同价格区间内总盈亏情况		期末净盈亏
	$S_T < K$	$S_T \geqslant K$	
风险资产	$S_T - S_0 e^{rT}$	$S_T - S_0 e^{rT}$	$S_T - S_0 e^{rT}$
看跌期权多头	$N(K - S_T)$	0	$N \max(K - S_T, 0) - N P_0 e^{rT}$
条式期权组合	$(K - S_0 e^{rT}) + (N-1)(K - S_T)$	$S_T - S_0 e^{rT}$	上述两项之和

由表 4.15 和图 4.7 可知，与标准跨式期权策略相比，条式期权组合策略使用了超过两份的看跌期权，使得当风险资产期末价格 S_T 小于期权执行价格 K 时，策略总盈亏的变化不再随 S_T 变化，而是随 $(N-1) \times S_T$ 的变化而变化，即 $S_T < K$ 时，随着风险资产价格的下跌，条式期权组合策略的获利会增长得更快。当然，由于持有的看跌期权份数增多，策略所需承担的期权费也相应增加，即策略的净盈亏最小值由标准跨式期权策略的 $K - S_0 e^{rT} - 2P_0 e^{rT}$ 降低至 $K - S_0 e^{rT} - N P_0 e^{rT}$。

4. 带式期权组合策略

对持有风险资产 A 的风险管理者，可以通过如下方法构建带式期权组合策略：
（1）买入 N（$\geqslant 1$）份标的为 A、执行价格为 K、T 时刻到期的看涨期权 F_c；
（2）买入两份标的为 A、执行价格为 K、T 时刻到期的看跌期权 F_p。

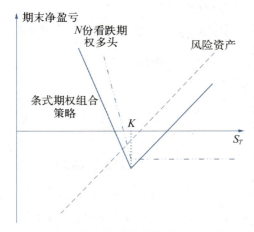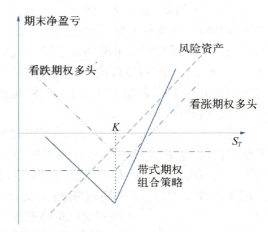

图 4.7 条式期权组合策略的到期日盈亏情况　　图 4.8 带式期权组合策略的到期日盈亏情况

设看涨期权 F_c 的初始价格为 C_0，看跌期权 F_p 的初始价格为 P_0，无风险利率为 r，则带式期权组合策略在期末 T 时刻的盈亏情况如表 4.16 和图 4.8 所示。

表 4.16　带式期权组合策略的到期日盈亏情况

	期末不同价格区间内总盈亏情况		期末净盈亏
	$S_T < K$	$S_T \geq K$	
风险资产	$S_T - S_0 e^{rT}$	$S_T - S_0 e^{rT}$	$S_T - S_0 e^{rT}$
看涨期权多头	0	$N(S_T - K)$	$N \max(S_T - K, 0) - NC_0 e^{rT}$
看跌期权多头	$2(K - S_T)$	0	$2\max(K - S_T, 0) - 2P_0 e^{rT}$
带式期权组合	$2K - S_T - S_0 e^{rT}$	$(N+1)(S_T - K) + K - S_0 e^{rT}$	上述三项之和

与条式期权组合策略类似，带式期权组合策略在风险资产期末价格 S_T 大于期权执行价格 K 时，策略总盈亏的变化与 $(N+1) \times S_T$ 的变化相同，即相比于标准跨式期权策略，带式期权组合策略的获利随 S_T 增长得更快。同样，由于持有看跌期权的同时还持有多份看涨期权，带式期权组合策略所需承担的期权费也更为高昂，这使得策略的净盈亏最小值由标准跨式期权策略的 $K - S_0 e^{rT} - 2P_0 e^{rT}$ 下降至 $K - S_0 e^{rT} - 2P_0 e^{rT} - NC_0 e^{rT}$。

（二）跨式期权策略在风险管理中的应用

基于上文对不同类型跨式期权策略的介绍可知，跨式期权策略主要适用于风险管理者预测未来风险资产价格将发生剧烈变动的情况。进一步，若风险管理者不能准确预测风险因子的运动方向，则应选择标准跨式期权策略进行风险管理；若风险管理者还希望能尽量降低风险管理策略的最大可能损失，则应采取宽跨式期权策略；若风险管理者能较为准确判断风险因子未来的运动方向，则可以采用条式期权组合策略或带式期权组合策略。

实际上，跨式期权策略远不止本书中介绍的这四种。随着金融工程技术的日新月异，跨式期权策略的种类与运用也愈发丰富，可以满足风险管理者独特的风险管理目标与不同的市场预期，这体现出跨式期权策略在实际应用中的多样性与灵活性。

四、其他常见策略的简要介绍

(一) 分享式远期策略

分享式远期(participating forwards)策略,是指在控制最大损失的前提下,允许风险管理者按一定比例"分享"风险资产价格有利变动带来的收益的策略。

1. 分享式远期策略的构建方法及盈亏分析

假设风险资产 A 的即期价格为 S_0,期末 T 时刻的价格为 S_T,则持有该风险资产的风险管理者可以通过以下方式构建分享式远期策略:

(1) 买入一份标的为 A、执行价格为 K、T 时刻到期的虚值看跌期权 F_p;

(2) 卖出 $\alpha(0<\alpha<1$[①]$)$ 份标的为 A、执行价格为 K、T 时刻到期的实值看涨期权 F_c。

设看涨期权 F_c 的初始价格为 C_0,看跌期权 F_p 的初始价格为 P_0,无风险利率为 r,则分享式远期策略在期末 T 时刻的盈亏情况如表 4.17 和图 4.9 所示。

表 4.17 分享式远期策略的期末盈亏情况

	期末不同价格区间内总盈亏情况		期末净盈亏
	$S_T < K$	$S_T \geqslant K$	
风险资产	$S_T - S_0 e^{rT}$	$S_T - S_0 e^{rT}$	$S_T - S_0 e^{rT}$
看跌期权 F_p 多头	$K - S_T$	0	$\max(K - S_T, 0) - P_0 e^{rT}$
看涨期权 F_c 空头	0	$\alpha(K - S_T)$	$\alpha C_0 e^{rT} - \alpha \max(S_T - K, 0)$
分享式远期策略	$K - S_0 e^{rT}$	$\alpha K + (1-\alpha)S_T - S_0 e^{rT}$	上述三项之和

从表 4.17 和图 4.9 中可以看出,相比于领子期权策略,由于分享式远期策略卖出的看涨期权执行价格与买入的看跌期权执行价格相同,且仅卖出了看涨期权的 α 份,因而当风险资产期末价格 S_T 大于执行价格 K 时,分享式远期策略的总盈亏为 $(1-\alpha)S_T + \alpha K - S_0 e^{rT}$,即随着 S_T 的增大,策略的获利会不断增大,只是策略获利的增速会慢于 S_T 增加的速度。

考虑分享式远期策略的构建成本:正是由于策略选择的看涨期权为实值期权,而选择的看跌期权为虚值期权,所以 C_0 较大而 P_0 较小,这使得分享式远期策略可以仅卖出 α 份看涨期权,便可大幅降低买入看跌期权

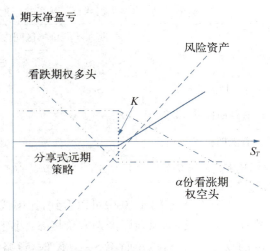

图 4.9 分享式远期策略的期末盈亏情况

[①] 多数市场环境下,投资者可能无法购买非整数份标准期权。此时,可以把风险资产拆成 N 份,并购买 N 个以每一份风险资产为标的资产的看跌期权合约,同时卖出 $N \times \alpha$(四舍五入取整数)个相应的看涨期权合约。

承担的期权费,实现了与领子期权策略同样的节省期权费的效果。

2. 分享式远期策略在风险管理中的应用

(1) 与领子期权策略相比,分享式远期策略卖出的看涨期权份额低于买入的看跌期权份额,使得策略在控制了最大损失的前提下风险管理者可以部分地获得风险因子有利变动带来的收益,并且可能获得的收益在理论上并不存在上限,与风险资产的收益保持固定比率。

(2) 与保护性看跌期权策略相比,分享式远期策略通过卖出一定份额的看涨期权降低策略承担的期权费,提升了策略整体获利水平。这本质上是因为分享式远期策略买入的是虚值看跌期权,因而可以通过卖出小于1份的实值看涨期权降低策略的期权费。

(二) 比率式远期策略

比率式远期(ratio forwards)策略,可以通过买入少量实值期权、同时卖出大量虚值期权构建。该策略可以在风险因子朝不利方向变动时获得稳定的收益,但需承担风险因子朝有利方向变动时带来的可能损失。

1. 比率式远期策略的构建方法及盈亏分析

假设风险管理者持有风险资产 A,该资产期初价格为 S_0、期末 T 时刻的价格为 S_T,则风险管理者可以通过以下操作构建比率式远期策略:

(1) 买入一份标的为 A、执行价格为 K、T 时刻到期的实值看跌期权 F_p;

(2) 卖出 $\beta(\beta>1)$ 份标的为 A、执行价格为 K、T 时刻到期的虚值看涨期权 F_c。

设看涨期权的价格为 C_0、看跌期权的价格为 P_0,无风险利率为 r,则上述比率式远期策略在期末 T 时刻的盈亏情况如表 4.18 和图 4.10 所示。

表 4.18 比率式远期策略的期末盈亏情况

	期末不同价格区间内总盈亏情况		期末净盈亏
	$S_T < K$	$S_T \geqslant K$	
风险资产	$S_T - S_0 e^{rT}$	$S_T - S_0 e^{rT}$	$S_T - S_0 e^{rT}$
看跌期权 F_p 多头	$K - S_T$	0	$\max(K - S_T, 0) - P_0 e^{rT}$
看涨期权 F_c 空头	0	$\beta(K - S_T)$	$\beta C_0 e^{rT} - \beta \max(S_T - K, 0)$
比率式远期策略	$K - S_0 e^{rT}$	$\beta K - (\beta-1) S_T - S_0 e^{rT}$	上述三项之和

从表 4.18 和图 4.10 中可以看到,比率式远期策略的盈亏情况与备兑看涨期权策略的盈亏情况相反,即风险资产期末价格 S_T 小于期权执行价格 K 时,比率式远期策略获得稳定的收益 $K - S_0 e^{rT}$;而当 $S_T > K$ 时,策略盈亏中包含 $-(\beta-1)S_T$,即策略的盈亏会随着 S_T 的上升而下降。当然,若 $\beta < 2$,比率式远期策略的盈亏下降的速度会慢于 S_T 增加的速度;而 $\beta > 2$ 时,策略盈亏下降的速度会快于 S_T 上升的速度。

2. 比率式远期策略在风险管理中的应用

(1) 与分享式远期策略相比,比率式远期策略通过买入1份实值看跌期权,同时卖出

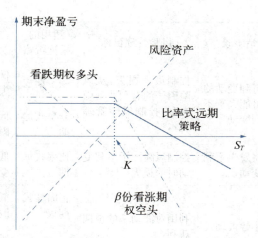

图 4.10　比率式远期策略的期末盈亏情况

多份虚值看涨期权,使得风险因子发生不利变动时策略不但不会承担损失,还会获得稳定的收益,但获利的代价是:当风险因子发生有利变动时,策略可能会面临无限的损失。需注意的是,策略发生损失的速度与卖出的看涨期权份数有关。

(2) 比率式远期策略本质上可看作是在备兑看涨期权策略基础上增加了一个看跌期权,以避免风险资产价格下跌带来的可能损失,但同时为了降低买入看跌期权需承担的费用,比率式远期策略又卖出了 $\beta-1$ 份的看涨期权,进而使得策略承担的期权费最终变为 $P_0-\beta C_0$。

第四节　不同类型搭配策略的比较

根据本章对不同搭配策略的具体分析可知,搭配策略主要可以分为以下两种类型:一是在市场缺乏或需要付出高昂成本才能获得相应产品时,运用搭配策略模拟基本金融工具损益,例如合成期货、合成期权、领子期权、分享式远期、比率式远期等,以较低成本满足风险管理需求;二是运用搭配策略实现特殊的损益目标,例如利用领子期权、分享式远期等在控制风险因子不利变动造成的损失的同时从有利变动中获利,以及利用蝶式期权、跨式期权等在控制风险的同时从对风险因子波幅的预测中获利。各种搭配策略在风险管理中的主要适用情景如表 4.19 所示。

表 4.19　各搭配策略在风险管理中的应用对比

搭配策略类型	风险情景	风险管理目标	适用的搭配策略	特点
模拟基本金融工具损益	市场上缺乏所需的期货或期权合约	风险中性	合成期货	成本低
		控制最大损失,从风险因子的有利变动中获利	合成期权	灵活性;可以实现动态风险管理

续表

搭配策略类型	风险情景		风险管理目标	适用的搭配策略	特点
实现特殊的损益目标	预测风险因子变动方向	有利变动的可能大于不利变动	控制最大损失,从风险因子的有利变动中获利;控制风险管理成本	领子期权	低成本;同时锁定了最大损失及最大收益
				分享式远期	低成本;一定程度上分享风险因子有利变动带来的好处
		将发生不利变动	控制风险因子不利变动时的损失	比率式远期	低成本;风险因子发生有利变动时遭受损失
	预测风险因子波动幅度	小幅波动	利用对波动率的预期获利	正向蝶式期权	低成本;风险因子发生大幅波动时遭受轻微损失
				跨式期权	风险因子发生大幅波动时存在无限损失的可能
		大幅波动	利用对波动率的预期获利	跨式期权反向蝶式期权	风险因子发生小幅波动时将遭受损失;最大损失额固定

【专栏】 第五节 深南电期权合约巨亏事件解析

深圳南山热电股份有限公司(以下简称深南电)的主营业务为供电、供热,是深圳市电力能源行业的骨干企业。自 2003 年起,国际原油价格的持续上升,给以燃料油购买为主要经营成本的深南电带来了巨大负担。为了规避油价上升的风险,深南电于 2008 年与杰润公司[①]签订了两份期权合约。由于两份合约在结构上较为类似,主要区别仅体现在执行价格以及存续期上,因此这里仅以第一份合约确认书为例,分析该合约能否帮助深南电实现风险管理目标。

第一份合约的续存期为 2008 年 3 月—2008 年 12 月。合约规定交易双方每月交易一次:每次交易时,若浮动价(纽约商品交易所当月轻质原油期货合约每日结算价的算术平均值)高于 63.5 美元/桶,深南电可获得每桶 1.5 美元、总计 30 万美元(20 万桶)的收益;若浮动价低于 63.5 美元/桶、高于 62 美元/桶,深南电可获得(浮动价-62 美元/桶)×20 万桶的收益;若浮动价低于 62 美元/桶,深南电需向杰润支付(62 美元/桶-浮动价)×40 万桶等额的美元。

深南电与杰润签订的合约看似复杂,但结合本章第三节的知识可知,深南电买入上述期权合约,加之目前有燃料油空头寸(即未来有购置燃料油的计划),使得深南电每月的套期保值损益等价于宽跨式期权策略空头头寸的损益[②],损益图类似于图 4.3.4 中策略净

---

① 杰润(新加坡)公司是美国高盛集团有限公司的全资子公司。
② 需注意的是,宽跨式期权策略中两个看跌期权的标的资产均为风险资产。而对深南电来说,期权合约的标的资产是纽约商品交易所的轻质原油期货,公司每月购买的则是燃料油现货,两者之间并不相同,但为分析简便起见,本案例假设两者的价格相等。

盈亏曲线相对 X 轴的对称线。具体而言,当燃料油浮动价在 62 美元/桶—63.5 美元/桶之间时,借助于上述期权合约,深南电可以获得恒定的收益;但当燃料油浮动价大幅高于 63.5 美元/桶时,深南电需承担现货价格上涨带来的可能损失,而当浮动价大幅低于 62 美元/桶时,深南电需支付给杰润一笔高额费用,总之,浮动价大幅波动时深南电面临的潜在损失都是无限的。可见,套保策略的这一损益特征已经明显偏离了深南电的套保目标,深南电买入上述期权合约更接近一种投机行为。

假设合约签订时的油价为 101.78 美元/桶,对深南电公司的实际盈亏状况进行估计,得到结果如表 4.20 所示。可见,由于深南电公司对于油价变动的错误估计以及采取的交易策略风险极大,使得该公司不仅因与杰润公司签订的合约遭受了近 800 万美元的亏损,这一亏损甚至大大超出了油价下降使得经营成本下降所带来的盈利。正是在这样的背景下,在 2008 年 10 月 17 日,深圳证监局下发《关于责令深圳南山热电股份有限公司限期整改的通知》,指出深南电公司与杰润公司签订的期权合约未按规定履行决策程序、未按规定及时履行信息披露义务及涉嫌违反国家法律、法规的强制性规定,并要求深南电限期整改。

表 4.20　深南电公司盈亏状况估计　　　　　　　　　　(单位:万美元)

	期权一	期权二	燃油成本	总结果
损益状况	−270.8	−510.8	225.8	−555.8

那么,深南电应当采取怎样的策略以实现风险管理目标呢?从本案例的背景介绍中可以推断,深南电在签订合约时预测油价在未来一年内不太可能发生大幅波动,因而期望基于这一预测获得一定盈利,并控制可能遭受的最大损失以确保公司的正常经营。

根据本章所述内容可知,深南电应使用蝶式期权策略实现上述风险管理目标。具体而言,在持有风险资产多头 F 的基础上,深南电公司可以通过如下交易构建蝶式期权组合:买入一份执行价格为 63.5 美元/桶、标的资产为 20 万桶原油的欧式看涨期权,同时卖出两份执行价格为 62.75 美元/桶的欧式看涨期权,并买入一份执行价格为 62 美元/桶的欧式看跌期权,且以上期权合约的标的资产均为 20 万桶原油。上述蝶式期权策略的运用,可以使得深南电公司在控制最大亏损的情形下从油价的小幅波动中获取一定收益,这才符合当时深南电公司的风险管理目标。

本 章 小 结

根据搭配策略构成元素的不同,本章首先将搭配策略分为工具搭配策略和策略搭配策略,并对搭配策略实施的一般步骤进行了介绍。在此基础上,本章借助于案例分析,着重对工具搭配策略中模拟基本金融工具损益的搭配策略,如合成期货策略、组合保险策略等,以及实现特殊损益目标的搭配策略,如领子期权策略、蝶式期权策略等,进行了详细介绍。同时,本章还对其他常见搭配策略的构建方法与盈亏特点做了简要分析,以期全面展现搭配策略的使用特点、实施方法、作用效果。

重 要 概 念

搭配策略　合成期货策略　合成期权策略　组合保险策略　领子期权策略　蝶式期权策略　分享式远期策略　比率式远期策略　宽跨式期权策略　条式期权组合策略　带式期权组合策略

思 考 题

1. 简述金融风险管理搭配策略的内涵与基本特征。
2. 简述搭配策略的主要类型及在风险管理中的应用。
3. 简述影响本章介绍的搭配策略有效性的主要因素。
4. 试对模拟基本金融工具损益的搭配策略与直接运用基本金融工具管理风险的策略进行比较，并对上述两种方法的适用情景进行辨析。
5. 试选择我国某家基金公司所持有的投资组合及相关数据，利用组合保险策略进行套期保值，并分析策略的盈亏状况和有效性。
6. 试分析领子期权策略的主要特点，并辨析该策略与传统的期权策略的区别及相对优势。
7. 请列举基于风险资产空头的蝶式期权策略的一种构建方法，并详细阐述根据组合损益寻找组合期权构建方法的一般原理及思路。
8. 试辨析标准跨式期权策略、宽跨式期权策略、条式期权组合策略、带式期权组合策略的异同，并分析四种策略的适用情景。
9. 试选择我国某家上市公司套期保值发生巨额亏损的事例及相关数据，详细阐述该公司采用的套期保值策略及发生亏损的原因，并设计符合该公司风险管理目标的搭配策略。

第五章

金融风险管理策略的实施与绩效评估

引 言

尽管前四章通过相应的应用案例全面、详细地介绍了各类金融风险管理策略及其基本特点、作用和操作方法,但不可否认,各个策略在应用过程中的金融工具选择与设计、实现方式、适用范围、优缺点等等都存在着极大的差异。那么,面对金融风险管理实践中更为复杂的现实问题,如何在上述差异的基础上进行融合、提升,顺利完成金融风险管理策略的选择、设计、实施与绩效评估呢?本章将提供一般性的解决原则、思路和方法。这将涉及金融风险管理策略选择、设计与实施程序中的三个具体环节:策略选择、基于策略选择的方案设计、方案执行,以及绩效评估的两类方法:风险调整的绝对绩效评估方法与相对绩效评估方法。本章将对上述内容进行详细介绍和讨论。

此处需要特别指出的是,本书在前言中将金融风险管理过程分为七个程序,金融风险管理策略的选择、设计与实施是其中之一,此处又将该程序进一步分为策略选择、基于策略选择的方案设计和方案执行三个环节。上述环节中的策略和方案的内涵与关系容易混淆,这里需要进一步厘清:此处的策略是具体方案设计的理论基础和依据;而方案是以现实问题为载体对策略的具体实现,是策略用以解决现实问题的具体形式。策略选择的可靠性,是确保方案设计和执行有效性的前提保证。

学习目标

通过本章学习,您可以了解或掌握:
◆ 金融风险管理策略选择的基本原则与详细步骤;
◆ 金融风险管理策略具体方案设计的基本原则与详细步骤;
◆ 金融风险管理策略具体方案执行的主要内容;
◆ 金融风险管理策略实施绩效的主流评估方法及不同方法之间的比较。

第一节 金融风险管理策略的选择

策略选择是金融风险管理策略选择、设计与实施程序中的第一环节,目的在于根据风险主体所面临的具体风险情景及风险—收益要求,从众多可供选择的金融风险管理策略中,挑选出与风险管理目标[①]相一致的最优策略。

由于现实中风险主体所面临的具体风险情景及风险管理目标千差万别,本书不可能一一列举和分析,在此仅给出金融风险管理策略选择的基本原则和一般步骤。

一、金融风险管理策略选择的基本原则

金融风险管理策略的选择通常需要遵循如下三条基本原则。

(一) 程序最简化原则

程序最简化原则是指在可以实现金融风险管理目标的不同风险管理策略中,选择构建程序最简单、实施步骤最少的策略。例如,为管理对外贸易活动中面临的汇率风险,出口企业既可以选择回避策略中的"收硬付软"风险管理方法,通过直接规定对外贸易的结算货币,达到规避汇率风险的目的;也可以选择套期保值策略,通过在金融衍生品市场买卖外汇期货或者外汇远期,达到同样目的。不难发现,后者还需要在金融衍生品市场上进行额外交易,而前者程序更简单,因此"收硬付软"常被出口企业选择作为汇率风险管理的基本策略。

(二) 成本最小化原则

金融风险管理策略的实施需要付出成本。成本最小化原则表明,在可将金融风险降低同等程度的不同风险管理策略中,应选择综合成本最小的策略。具体而言,风险管理策略的实施通常涉及以下几类成本。

1. 交易成本

指风险管理者为获得某种金融风险管理工具,或达成某项涉及风险管理的协议而支付的费用,如手续费、谈判费、经纪人佣金、直接税费等等[②]。

2. 实施成本

指风险主体为建立特定风险管理制度或获得特定风险管理工具所需支付的直接成本,如风险管理部门或机构的设立成本、人员配备成本、金融工具的购入成本[③]等。

3. 机会成本

指风险管理者为实现特定的风险管理目标,在实施某种风险管理策略时必须放弃的其他策略所能带来的最大收益。在金融风险管理中,机会成本主要有两种:一种是在某些金融交易中,因缴纳保证金而必须放弃将该笔资金用于其他用途可能获得的收益;另一

---

① 风险管理者的风险管理目标会受风险偏好的影响,比如极端风险厌恶者的目标是风险最小。
② 这里的交易成本主要指直接的交易成本,不包括流动性冲击等间接交易成本,间接交易成本由于反映在金融工具的交易价格中,因此计入实施成本。
③ 买入期货或期权等金融衍生工具所支付的金额通常不计入实施成本,而是计入收益的扣减项。

种则是在降低或消除可能的风险损失的同时,必须要放弃可能的风险收益。

4. 风险成本

主要指由金融风险管理策略本身的风险所引致的成本。在金融风险管理中,衍生金融工具的运用越来越广泛,但是衍生金融工具都是"双刃剑",既可以用来有效管理风险,同时也可能引发新的、更为严重的风险。例如,在利用信用衍生产品进行套期保值时,衍生品交易对手方有违约的可能,这会给套期保值者带来额外的信用风险。

5. 后续管理成本

在选定风险管理策略之后,风险管理者必须对该策略的有效性进行定期审核和验证,并根据结果对风险管理策略进行调整或变更。这些后续的审核、验证和调整也需要风险管理者付出成本。由于各种策略的复杂程度不同,因而后续管理的难易程度不同,所产生的成本也就存在差异。若在后续管理过程中出现错误,还可能进一步增加风险管理的成本。例如,在组合保险策略中进行动态调整将会产生后续管理成本。

具体选择金融风险管理策略时,风险管理者必须准确估计、比较不同策略的综合成本,在保证风险管理目标得以有效实现的前提下,尽可能将金融风险管理的成本降到最低水平。

(三) 有效性最大化原则

在考虑了程序最简化和成本最小化原则后,风险管理者还必须选择能最大限度实现既定风险管理目标的策略,此即为有效性最大化原则。例如,在具有相近程序简便程度和成本的策略中,当风险管理目标是风险最小时,风险管理者应选择能够最大限度降低风险的策略;而当风险管理目标是权衡风险与收益时,风险管理者应选择承担单位风险能够获得最大预期收益的策略[①]。

(四) 在三大原则下对各类金融风险管理策略的比较分析

总体而言,根据上述三大原则,可以将前文所介绍的各种金融风险管理策略进行横向比较,结果如表5.1所示。

表5.1 各类金融风险管理策略的横向比较[②]

策略种类	程 序	成 本					风险管理特征
		交易成本	实施成本	机会成本	风险成本	后续管理成本	
预防策略	较复杂,需专门的制度、相关的执行部门与一系列流程	无	根据制度复杂程度及规模的不同而有较大差别	较高,资源投入较多	制度执行中的道德风险和操作风险	很高	减少风险的程度取决于制度设置的严密性和实施的规范性

[①] 金融风险与预期收益往往成正比,因而在兼顾风险与收益的风险管理目标下,风险主体必须通过适当承担风险来获得目标水平的预期收益。

[②] 本表在相同风险管理目标下进行比较。很多情况下,风险主体的特定风险管理目标只能采用某种特定策略得以实现,此时便不再需要进行策略选择。

续 表

策略种类		程 序	成 本					风险管理特征
			交易成本	实施成本	机会成本	风险成本	后续管理成本	
回避策略		简单	无	无	因回避风险而失去获利机会	无	无	完全消除风险
留存策略		准备金留存策略简单，附属保险公司较复杂	无	设立附属保险公司的成本	需要流动资金应对损失发生	风险度量不够准确的风险	较低	风险较高
分散化策略		需构建有效资产组合，较为复杂	较高	主要含流动性冲击成本	放弃资产组合中个别资产可能产生的超额收益	部分风险资产的市场流动性风险①	随资产组合复杂程度的变化而变化	只分散了非系统性风险，未消除系统性风险
转移策略	套期保值	往往需进行衍生工具交易，所以最为复杂	较高	与金融衍生工具市场流动性有关	衍生工具保证金的资金成本及双向套期保值中失去的获利机会	基差风险、交易对手违约风险、复杂衍生工具的定价风险等	很高	可以通过调整衍生工具的种类和头寸灵活安排
	保险策略	直接从外部购入保险合约，所以简便易行	可能产生一定的协商费用	与保险合约种类及市场流动性有关	较低	交易对手违约风险以及定价风险等	较低	风险转移程度很高
	担保抵押	涉及担保抵押协议的签订，所以较为复杂	可能产生一定的协商费用和法律费用	较低	很低	抵押品的贬值风险与再抵押产生的法律风险、担保方违约风险等	较高，需要跟踪担保方财务状况或抵押品市场价值变化	依担保方资信、抵押品质量的不同而不同
	资产证券化	非常复杂	较高	涉及特殊目的机构的设立等，实施成本很高	失去证券化资产的全部收益	过度证券化带来的道德风险、系统性风险，模型风险等	较高	可以完全转移风险，也可通过回购部分证券化产品保留一部分风险

① 分散化策略指的是将一定的金额分散投资于多种风险资产，当扩大风险投资的范围时风险主体可能需要购入某些市场流动性较差的风险资产，此时将会面临市场流动性风险。

续 表

策略种类	程 序	成 本					风险管理特征
		交易成本	实施成本	机会成本	风险成本	后续管理成本	
搭配策略	涉及金融工程技术及多种工具的搭配使用,所以非常复杂	很高①	根据不同衍生工具市场流动性及具体搭配策略形式的不同而不同	衍生工具保证金及因风险对冲而失去的获利机会	与套期保值策略类似	很高	可以通过搭配手段的特殊安排满足几乎任何形式的风险管理需求
不作为策略	最简单	无	无	无	无	较高	全盘接受风险
补救策略	取决于风险损失的严重程度	为获取第三方救助资金可能产生很高的协商费、律师费	主要涉及为筹集补救资金变卖资产而产生的流动性成本	调用流动资金失去投资收益、变卖资产失去获利机会等	发生巨额风险损失面临的破产重组风险等	较低	完全承担风险损失

事实上,上述三大原则并非相互独立,而是有着互相制约的关系:要有效实现风险管理目标,常常需要付出较高的成本;反过来,要降低策略实施成本,可能要以降低风险管理策略的有效性为代价;成本的降低和程序的简化往往是正相关的,但有时降低成本也需要使用更加精巧和复杂的衍生工具。因而,风险管理者在选择金融风险管理策略时,必须综合考虑上述三种原则,并根据风险管理目标和自身经济状况,做出适当的权衡和取舍,从各种可行策略中选择最优策略,必要时也可以将几种不同的策略搭配使用,以达到取长补短的目的。

二、金融风险管理策略选择的一般步骤

根据上述基本原则,金融风险管理策略选择可概括为如下过程:根据风险管理目标,风险主体在金融风险辨识和金融风险度量的基础上,针对风险暴露头寸的具体情况,综合考虑可行策略的有效性和成本,从而选择最优的金融风险管理策略。因此,金融风险管理策略的选择,大体可以分为可行策略分析和最优策略确定两个基本步骤。下文涉及有关金融风险辨识和金融风险度量的内容,请参照《金融风险管理(第二版)》(张金清,2011),此处不再重复介绍。

(一) 根据风险暴露头寸的具体情况确定可行的风险管理策略

通过金融风险辨识和度量,风险管理者已经从定性和定量两个方面,对自身面临金融风险的类型、受险部位、风险源以及风险大小等风险暴露头寸的具体情况,有了较为全面

---

① 风险主体执行搭配策略时要同时交易多种金融资产,故相比其他策略需要支付更多的交易成本。

的测度和评估。以此为依据,风险管理者结合不同金融风险管理策略的适用范围和优缺点,可以初步确定可行的风险管理策略。具体而言,确定可行策略需要综合考虑以下因素。

1. 风险暴露头寸的性质

指风险主体面临的具体金融风险类型。不同金融风险管理策略对特定类型金融风险的适用性和作用效果存在差异,因此需要根据风险暴露头寸的性质选择最恰当的风险管理策略。例如,商业银行面临的道德风险和欺诈风险主要依靠加强制度建设等预防策略加以防范;利率风险则主要通过利率缺口管理等回避策略或基于利率衍生品的转移策略进行管理;而信用风险可以通过预防策略和信用衍生品套期保值策略进行双重管理。

2. 风险暴露头寸的期限

指从建立风险暴露头寸到处置这一头寸所需要经历的时间。风险暴露头寸的期限不同,风险主体面临的金融风险的存续期也往往不同,例如投资者短期持有的股票组合会在短期内带来市场风险,而中长期贷款会令商业银行长期面临信用风险。因此,风险暴露头寸的期限不同,适用的金融风险管理策略也往往不同,如基于期货和期权的套期保值策略,一般用于管理中短期的风险暴露头寸,而基于远期和互换的套期保值策略,则一般用于管理期限较长的风险暴露头寸。

3. 风险因子变动作用于风险暴露头寸的有效时间

即指在一定的风险暴露期限内,风险因子变动对风险暴露头寸价值所产生的实际影响时间,主要包括以下两种类型:第一,在某些情况下,风险暴露头寸虽然已经建立,但具体受风险因子变动影响的时间却是不确定的。例如,商业银行的贷款承诺头寸建立后,该风险暴露头寸的有效存续时间长短取决于接受承诺方实际提取贷款的时间;在提取贷款之前,风险头寸虽然存在,但相关风险因子的变动(如信用状况的暂时恶化、市场利率的短期波动等)并未对贷款价值产生实质影响,只有在提取贷款之后,这一影响才发挥作用。第二,通常风险因子变动仅会影响当期的风险暴露头寸,而有些情况下则会影响多期的风险暴露头寸。例如,商业银行计划将信用债券持有至到期,则发行主体是否违约会同时影响商业银行多期现金流的盈亏。

需要注意的是,预防策略、回避策略、留存策略等,既适用于风险暴露头寸有效存续时间确定的场合,也适用于风险暴露头寸有效存续时间不确定的场合;而各种转移策略一般仅适用于风险暴露头寸时间确定的场合。此外,在转移策略中,基于远期、期货和标准期权的策略通常适用于风险因子仅影响当期风险暴露头寸的场合,而基于互换和某些奇异期权(如亚式期权)的策略适用于风险因子影响多期风险暴露头寸的场合。

4. 风险暴露头寸发生风险损失的频率和严重程度

一般来说,对于风险损失发生频率较高、严重程度较大的风险暴露头寸,宜采用预防、规避等策略;对于风险损失发生频率较高、但损失程度较低的风险暴露头寸,可考虑采用留存策略或不作为策略;对于风险损失发生频率较低,但损失程度较大的风险暴露头寸,适合采用留存、转移、搭配或补救等策略;而对于风险损失发生频率和严重程度均较小的风险暴露头寸,则可直接采用不作为策略。

需要注意的是,对于相同的风险暴露头寸,可用的风险管理策略往往不止一种。此时,风险主体需要考虑不同可行策略的有效性水平和成本特性,从中进一步选取最优策略。

(二)根据可行策略的有效性水平和成本状况确定最优的风险管理策略

对于上述步骤中确定的可行风险管理策略,风险管理者还需要进一步对各个可行策略的有效性和成本进行分析,即基于有效性最大化原则和成本最小化原则,选择同等有效性水平下成本最低,或同等成本水平下有效性最高的风险管理策略。具体步骤可概括如下①:

1. 根据拟实现的风险管理目标,确定需要降低的风险总额

风险主体通常并不希望将所有风险一并消除,而是将其控制在一个可接受的范围内,通过保留一部分风险的方式实现目标收益。因此,风险管理者进行最优风险管理策略选择时,首先应确定风险管理的目标以及为实现该目标所需保留的风险水平,从而得到需要降低的风险总额,作为比较各可行策略有效性水平的基础。

2. 基于需要降低的风险总额,比较与确定各可行策略实施的成本

在实际操作时,风险管理者需要在降低同等风险总额的条件下,全面分析和评估各个可行策略实施的成本,包括交易成本、实施成本、机会成本、风险成本及后续管理成本等。

3. 最优策略的确定

根据上述成本分析,风险管理者应从各种可行策略中选出成本最低的策略作为最优策略。在成本无明显差异时,应当选择程序最简便的可行策略作为最优策略。

通过以上分析不难看出,有效性和成本分析是策略选择的关键环节。在一定风险管理目标下,不同的策略有着不同的成本和有效性,风险管理者的任务即在一定的风险管理目标下权衡风险管理策略的成本和有效性,从而从众多可行的风险管理策略中,选出最恰当的风险管理策略或策略组合。

三、金融风险管理策略选择的案例分析

(一)案例描述

我国房地产行业在过去十几年间发展迅速,其融资主要依赖于银行发放的贷款。近年来我国经济受外需持续疲软和经济结构性问题的困扰,市场需求增长显著放缓,而房地产行业则首当其冲。上述现象使得商业银行对房地产开发贷款的风险管理尤为关注,本案例就以我国A银行房地产贷款信用风险管理策略的选择为例,对金融风险管理策略的选择步骤和要点进行分析。

A银行的风险管理目标,是通过使用多种策略将房地产贷款的信用风险控制在可承受范围之内,并在此前提下追求收益最大化。在此目标下,A银行的风险管理策略由两个层次构成:首先,A银行总行根据各个行业贷款的风险收益状况,确定对房地产行业的最优贷款规模。其次,在总行确定对房地产行业的贷款政策之后,分支银行再决定对特定的房地产商是否发放贷款以及贷款的额度等。本案例将分别对两个层次的风险管理策略选择进行剖析。

---

① 这里概括的具体步骤只是最优风险管理策略确定步骤中的一种,除此之外,可以先确定愿意支付的风险管理成本,然后基于该成本选择有效性水平最高的风险管理策略;也可以同时比较策略的成本与有效性,选出最优策略,本节对单个房地产商发放贷款的案例采用了同时比较成本与有效性的方法。

(二) 房地产行业贷款的风险管理策略选择

假设在 2011 年年初，A 银行根据不同行业对宏观经济的敏感程度、行业内部企业的盈利状况等因素，已经完成了对各个行业的风险收益状况的初步判断，现在需要调整当年的行业贷款结构，以实现风险管理目标。假设初始行业贷款配置结构已知，且 A 银行根据未来经济走势，对各个行业的预期收益率进行了预测[①]，见表 5.2；通过对银行内部行业贷款历史收益率的分析，还可以得到各个行业的贷款收益率的相关系数矩阵，见表 5.3。

表 5.2　2011 年 A 银行的行业贷款结构及预期行业平均收益率

行业	采矿业	制造业	电力、燃气及水的生产和供应业	交通运输、仓储和邮政业	批发和零售业	房地产业	租赁和商务服务业	其他
行业贷款初始配置比例	6.59%	31.15%	7.85%	14.48%	5.17%	12.50%	11.86%	10.40%
预期行业平均收益率	6.60%	6.20%	6.32%	6.71%	6.74%	5.32%	6.50%	6.33%
行业贷款收益率标准差	0.96%	1.28%	0.57%	1.38%	1.68%	2.56%	1.24%	1.90%

注：对行业贷款初始配置比例、预期行业平均收益率、行业贷款收益率标准差的测算，参考了房巧玲等（2013）、杨中原和许文（2010）及上市银行年报数据。

表 5.3　A 银行的行业贷款收益率相关系数矩阵

	采矿业	制造业	电力、燃气及水的生产和供应业	交通运输、仓储和邮政业	批发和零售业	房地产业	租赁和商务服务业	其他
采矿业	1.000	—	—	—	—	—	—	—
制造业	0.415	1.000	—	—	—	—	—	—
电力、燃气及水的生产和供应业	0.610	0.491	1.000	—	—	—	—	—
交通运输、仓储和邮政业	−0.197	−0.285	0.335	1.000	—	—	—	—
批发和零售业	0.441	0.535	0.846	0.582	1.000	—	—	—
房地产业	0.811	0.561	0.379	−0.681	0.071	1.000	—	—
租赁和商务服务业	0.242	−0.685	−0.100	−0.075	−0.412	0.108	1.000	—
其他行业	0.556	0.625	0.165	−0.849	−0.084	0.892	−0.062	1.000

注：由于我国商业银行并非每年都披露当年各行业贷款的平均收益率，该相关矩阵用 2004—2010 年各行业增加值增长率的相关系数矩阵来代替。

[①] 这里银行的行业贷款初始配置比例参考了四大国有银行的贷款资产行业配置状况；预期行业平均收益率和行业贷款收益率标准差参考房巧玲等（2013）、杨中原和许文（2010）的计算方式；取上市银行年报披露的各行业贷款收益率和贷款收益率标准差数据。

A银行需要根据各个行业贷款的风险收益状况,确定对房地产行业的最优贷款比例。

1. 房地产行业贷款风险管理的可行策略分析

(1) 房地产行业贷款风险暴露特征分析。

从风险暴露头寸的性质来看,商业银行房地产行业贷款主要面临信用风险。从风险暴露头寸的期限来看,我国银行房地产行业贷款[①]的期限较长,一般在3—5年。从风险暴露头寸受风险因子变动的影响来看,风险因子变动会影响贷款每个付息日产生的现金流,但影响时间自贷款发放日起就已经确定。从发生风险损失的频率及严重程度来看,我国房地产业经过多年的持续发展以及前几年政府的经济刺激,行业风险累积不容小觑,违约风险发生频率较高[②]。表5.2和表5.3显示,银行将相当部分的贷款配置给了房地产行业,占比12.5%,说明一旦房地产业贷款发生较大的风险损失,对银行的冲击较为严重。

(2) 基于风险暴露特征的房地产行业贷款风险管理可行策略分析。

基于上述分析的风险暴露特征,银行可使用预防、留存、规避、转移、不作为等多种风险管理策略及相应的工具实现自身风险管理目标。预防策略、留存策略和转移策略中的分散化策略是该商业银行进行风险管理的必选策略:根据风险暴露头寸损失发生频率较高、后果较为严重的特点,银行应采取预防策略和留存策略,前者指建立定期调查制度,及时获取各个行业和企业的经营状况、判断宏观经济走势、分析违约率随时间变化的特征等信息,后者包括设置一定比例的不良贷款拨备和风险资本等;根据风险暴露头寸性质属于信用风险暴露,银行应采取分散化策略,通过在不同地区、行业间进行贷款配置,有效降低整体信用风险。然而,转移策略中的套期保值策略则不在可行策略范围之内:根据风险暴露期限的分析,应当使用能够管理多期风险的互换类信用衍生品转移银行面临的信用风险,但由于我国不存在一个规模巨大、流动性良好的信用衍生品市场,该套期保值策略并不具备可行性。而不作为策略和回避策略的可行性是不确定的,是否选择主要依赖于银行对未来经济走势以及房地产市场发展的判断:当经济下行风险不大、各行业经营状况较为稳定时,银行可不必重新调整房地产行业贷款配置的比重,仅采取不作为策略即可;若银行预期未来经济形势可能恶化,房地产等周期性行业的风险过大,则必须减少贷款投放、降低对房地产等行业的贷款配置比重,即采取回避策略。

2. 房地产行业贷款风险管理的最优策略分析

基于前述房地产行业贷款的可行策略分析[③],可知银行选择房地产行业贷款风险管理策略的主要问题在于:根据各行业贷款的风险收益情况,应当对房地产行业贷款采取回避策略还是不作为策略[④]?

这里使用定量方法对房地产行业贷款风险管理的最优策略进行分析。本案例中,A

---

① 由于个人住房按揭贷款与企业贷款的收益率、违约率等性质不同,本案例的房地产行业贷款主要指房地产开发贷款。整理四大国有银行年报可知,房地产开发贷款的期限多为3—5年。
② 表5.2中未给出各行业贷款违约率,但给出的行业贷款收益率标准差与违约率正相关,可以看出,房地产业贷款收益率的标准差最高,意味着贷款给该行业的风险也最高。
③ 本案例对房地产行业的最优风险管理策略借鉴了 Altman(1997)。
④ 为简便起见,本案例假设回避策略和不作为策略的风险管理成本相同,因此只需要比较两者的有效性即可选出最优策略。若要考虑回避策略增加的成本,则可在要求的最低收益率 $E(r_p)$ 中加上成本率。

银行的风险管理目标为：在确保一定收益的基础上实现风险最小化[①]。因此，规划问题的约束主要为风险限额约束，该限额既可为名义资本限额，也可为 VaR 限额，本案例使用后者。该二次规划问题可用如下模型表示[②]

$$\min_{w_i} \sigma_p^2 = w^T \Sigma w \tag{5.1.1}$$

$$s.t. \quad VaR_p = \Phi^{-1}(c)\sigma_p \leqslant \overline{VaR_p},$$

$$w^T E(r) \geqslant E(r_p),$$

$$|w_i - w_i^0|/w_i^0 \leqslant \delta_i,$$

$$\sum w_i = 1, w_i \geqslant 0, i = 1, 2, \cdots, 8$$

其中，$w = (w_1, \cdots, w_8)^T$ 为各个行业贷款配置比例向量，w_6 为房地产行业贷款的配置比例，w_i^0 为银行期初对第 i 个行业的贷款配置比例；$E(r) = (E(r_1), \cdots, E(r_8))^T$，$E(r_i)$ 为银行对第 i 个行业贷款的预期行业平均收益率；σ_p 为行业贷款组合预期收益率的标准差；$\overline{VaR_p}$ 为贷款组合的相对 VaR 限额，本例设定为 5%，$E(r_p)$ 为银行在风险可控前提下贷款经营所要求的最低收益率，本例设定为 6.3%，上述两参数由银行的风险偏好、实际风险承受能力决定；δ_i 为银行对第 i 个行业的贷款配置比例与初始比率的偏离程度，本例统一设定为 15%，该参数由银行的行业偏好和贷款结构的调整成本决定。

首先，根据商业银行的实际情况设定 (5.1.1) 中针对 VaR、$E(r)$ 和 $|w_i - w_i^0|$ 的三个约束条件。假定各行业贷款收益率服从正态分布，贷款组合 VaR_p 中的置信水平 p 取为 95%；第一个约束条件保证了银行经营贷款业务所承担的风险不会失控；第二个约束条件保证银行在风险可控的前提下收益率高于 6.3%；第三个约束条件则保证了银行的行业贷款结构不会发生大幅变动。

其次，分段讨论最优解的含义。假定最优解为 $w^* = (w_1^*, w_2^*, \cdots, w_8^*)^T$ 且 $w_6^* < 12.5\%$，则银行需要收缩在房地产行业的贷款规模；若预期房地产行业相对其他行业违约风险很高，w_6^* 远低于初始配置比例 12.5%，单纯的回避策略无法达到预期目标[③]，此时银行还需积极寻求有效的风险转移策略，以规避过高的信用风险暴露头寸所可能带来的风险，当然这要求银行能够获得相关的信用风险转移工具。反之，若对未来经济的预期乐观、房地产行业违约风险降低，且有 $w_6^* > 12.5\%$，则不必采取额外的风险规避措施。

通过 Matlab 求解，可得贷款最优配置比例为 $w^* = (7.58\%, 29.02\%, 9.02\%, 16.65\%, 4.64\%, 10.63\%, 13.64\%, 8.85\%)$，因此银行需对房地产行业贷款有较大幅度的收缩，将贷款比重从 12.5% 下调到 10.63%。根据定量分析的结果来看，银行应当对房地产行业贷款采取部分的回避策略。

---

① 银行的经营目标是将风险控制在可承受范围内的收益最大化，或者一定收益条件下的风险最小化。在贷款组合优化问题中，目标函数通常设定为贷款组合 Sharpe 比率最大化、贷款组合收益最大化、风险最小化等。

② 若考虑我国银行的实际经营管理环境，约束条件还应包含贷款总量约束、存贷比约束、准备金约束等，本案例从略。

③ 为了维护与某些重要客户的合作关系，银行不会在短期内大幅削减其在房地产行业的信贷规模。

3. 不同策略的有效性比较

从最优策略选择的结果来看,在预测到未来经济下行的可能性较大时,银行下调风险较大的制造业和房地产业的贷款比重,而上调风险较低的采矿业、商务服务业贷款比重。从贷款组合的风险收益来看,在贷款结构进行调整后,各行业贷款的组合收益率的均值和标准差分别为 6.3%、0.7%。若银行采取不作为策略,即不对贷款结构进行调整,则贷款组合收益率的均值和标准差分别为 6.28%、0.78%;最优策略与不作为策略相比,收益略微上升,而风险却由 0.78%下降至 0.7%,使得夏普比率从 2.92 提高至 3.28[①]。故该策略对银行来说是有利可图的。

4. 对房地产行业风险管理策略选择的总结

本案例详述了在经济增长不确定情形下我国某商业银行的房地产行业贷款风险管理策略,得到结论为:在经济下行风险较大的情况下,商业银行根据各行业贷款风险收益的预测,最优的风险管理策略是部分回避策略。

出于篇幅考虑,本案例忽略了一些影响商业银行贷款配置的其他因素,如政府对银行贷款投向的直接干预、货币政策对银行贷款总量及结构的影响、银监会对银行贷款业务的政策限定等。此外,尽管大型国有银行、股份制商业银行、城商行在服务的客户群体、贷款所投向的区域、行业等方面都有较大区别,但这些银行都可根据本案例所示的方法对贷款结构进行"边际"调整,这样既能保证将风险控制在一定范围内,又能获得相对较高的收益,同时还能保证策略实施的成本不会太高。

(三) 对单个房地产商发放贷款的风险管理策略选择

1. 对单个房地产商发放贷款的可行策略分析

在银行确定房地产行业基本的贷款政策之后,接下来是对行业内单个房地产商的贷款决策[②]。为简化分析,假定该银行仅放贷于房地产行业[③],若有剩余资金,则将其投资于净收益率为 0 的无风险资产[④]。

由于单个房地产商贷款的风险暴露头寸的性质与前述房地产行业贷款的风险暴露头寸性质类似,这里不再赘述,直接对各类风险管理策略的可行性进行分析:由于信用风险一旦发生就会带来高额损失,所以预防策略是防范信用风险最基础和必不可少的策略;由于房地产商的信用资质良莠不齐,对每个申请贷款的房地产商均发放贷款则会导致严重的可能损失,因此需要银行甄别违约可能性较高的申请者采用回避策略;我国商业银行以贷款为主业,不可能对所有借款人都实施回避策略,于是需要银行对每个借款人的风险和预期收益进行精确的识别和测度,进而对高质量客户群体采取留存策略。因此,对单个房地产商发放贷款时,主要在回避策略和留存策略两者中进行选择。

2. 对单个房地产商授信的最优策略分析

银行对单个房地产商发放贷款时,会首先考查其财务状况,同时结合行业发展、宏观

[①] 假设资金成本按无风险利率计算,为 4%。
[②] 本案例中对单个房地产商发放贷款最优策略的分析借鉴了 Stein(2005)。
[③] 该假定不影响问题的实质,实际上本案例银行对房地产行业的贷款策略也适用于银行对其他行业的贷款策略。
[④] 如存放于央行的资金、同业间拆借、高等级金融债券、国债等,这些资产的收益率略高于同期存款利率。为简化分析,假定这些资产的收益率等于存款利率与银行营业成本之和,故净收益率为 0。

经济走势对某个房地产商的信用风险做大致判断,然后根据科学的计量方法,如内部信用评级体系、基于财务指标的信用风险度量模型等方法,对贷款风险进行较为准确的度量[1],在此基础上再决定是否发放贷款。在本案例中银行基于 ZETA 模型[2]对某个房地产企业的违约风险进行评估,并以此决定是否发放贷款,即采取回避策略还是留存策略[3]。ZETA 模型为

$$ZETA = \sum_{j=1}^{7} \beta_j X_j \tag{5.1.2}$$

其中,$X_j(j=1,2,\cdots,7)$ 是对贷款质量影响最大、最具预测或分析价值的 7 个指标。ZETA 值越高,则违约风险越低。设 $ZETA^*$ 为违约的评分临界值,若 $ZETA > ZETA^*$,则银行将发放贷款,采取留存策略;若 $ZETA < ZETA^*$,则银行将不发放贷款,采取回避策略。

运用 ZETA 模型度量信用风险的关键问题是:如何选择最优的评分临界值 $ZETA^*$。而最优评分临界值的确定标准是最大限度地减少误判损失。具体做法如下:

首先,对评分临界值的最优选择进行定性分析。根据贷款申请是否被接受(用 N 和 P 表示,即阴性和阳性)和判断贷款质量是否正确(用 T 和 F 表示),可将银行审批的贷款分为四类:TN 表示被接受的好贷款,TP 表示被拒绝的坏贷款,FN 表示被接受的坏贷款,FP 表示被拒绝的好贷款;其中 FN 和 FP 属于银行误判的情况,分别称第Ⅰ类错误和第Ⅱ类错误[4]。根据不同的评分模型以及评分临界值,误判发生的概率将有所差异。例如,若将临界值定得太高,则在排除较差贷款的同时常常也会排除一些好的贷款,即高临界值在减少第Ⅰ类错误发生概率的同时,会大幅度增加第Ⅱ类错误发生的概率。因此,评分临界值的最优选择就是,权衡两类错误所带来的可能损失,使两类错误损失之和最小。

其次,采用 ROC 曲线对最优临界值进行定量分析。在该银行有房地产企业贷款的大量历史数据的前提下,首先可根据评分模型计算得到所有借款人的信用评分 ZETA;其次,将所有借款人按照信用评分由低到高排列,ROC 曲线上的任一点 (x, y) 表示:当信用评分低于 $ZETA_x$ 的未违约个体数占全部未违约个体数的比例为 x 时,样本中信用评分低于 $ZETA_x$ 的违约个体占全部违约个体数的比例为 y,数学公式为[5]

$$y = ROC(x) = P(ZETA \leqslant ZETA_x \mid D) = P(TP_X \mid D) = 1 - P(FN_X \mid D) \tag{5.1.3}$$

$$x = P(ZETA \leqslant ZETA_x \mid ND) = P(FP_x \mid ND) = 1 - P(TN_x \mid ND) \tag{5.1.4}$$

---

[1] 其他信用风险度量模型还有基于财务指标的评分模型、内部信用评级体系、KMV 模型、CreditMetrics 模型等,基于不同模型的策略有效性评估方式与本案例相似,不再赘述。很多商业银行(如中国银行)采用了 Logit 模型等基于财务指标的评分模型并建立了内部信用评级体系。

[2] 参见 Altman 等(1977)。

[3] 这里选择最优策略的方法同时考虑了策略的成本和有效性,即考察减去成本率后的净收益率,选择最优评分临界值使预期净收益率最大。

[4] T 与 F 表示判断正确和判断错误,P 和 N 表示阳性(拒绝)与阴性(不拒绝)。

[5] D 和 ND 表示事后违约和事后不发生违约。

这样就可得到 ROC 曲线图[①],如图 5.1[②] 所示。

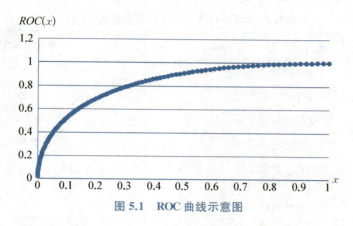

图 5.1　ROC 曲线示意图

若银行使用 ZETA 模型评估信用风险,并当评分对应的百分位数超过 $ZETA_x$ 时发放贷款,此时银行的资产预期净收益率为

$$E(AR) = P(TN_x)b_{TN} - P(FN_x)c_{FN}$$
$$= P(ND)P(TN_x \mid ND)b_{TN} - P(D)P(FN_x \mid D)c_{FN}$$
$$= P(ND)(1-x)b_{TN} - P(D)[1-ROC(x)]c_{FN} \quad (5.1.5)$$

其中,b_{TN} 是未违约贷款的期望收益率,c_{FN} 是违约贷款的期望损失率。贷款预期净收益率为

$$E(LR) = E(AR)/P(N) = P(TN_x \mid N)b_{TN} - P(FN_x \mid N)c_{FN} \quad (5.1.6)$$

其中,$P(N) = 1 - P(ZETA < ZETA_x)$。

为求解最优评分临界值水平,令 $dE(AR)/dx = 0$,可得最优临界值 $ZETA_x^*$ 在 ROC 曲线上对应点 $(x^*, ROC(x^*))$ 的斜率为

$$S(x^*) = \frac{dROC(x^*)}{dx^*} = \frac{P(ND) \cdot b_{TN}}{P(D) \cdot c_{FN}} \quad (5.1.7)$$

给定 ROC 曲线则可确定唯一的 x^* 和 $S(x^*)$。在将评分临界值设定为最优水平后,最终可得到资产预期净收益率为

$$E(AR)^* = P(ND)(1-x^*)b_{TN} - P(D)[1-ROC(x^*)]c_{FN} \quad (5.1.8)$$

3. 不同策略的有效性比较

为评估基于评分模型而采取的回避策略和留存策略的有效性,这里举一个实例进行

[①] ROC 即为 receiver operator characteristic curve,该图可用于判断各种信用评分模型以及内部评级模型之间实际应用效果的优劣。

[②] 图 5.1 为示意图。假设贷款总数量为 10 000 笔,并均分成 100 组。每组组内贷款的 ZETA 评分相同,各组的 ZETA 评分从 0 均匀递增到 10;每组组内贷款的违约率也相同,$P(D) = 1 - 0.1 \times ZETA$。

说明①。假设 A 银行行业贷款具体信息如表 5.4 所示。

表 5.4　A 银行行业贷款收益率相关系数矩阵

变　　量	基准值设定
P(D)②	10%
P(ND)	90%
年度存贷利差	3.5%
收费和佣金收入	2%
关系客户价值 （客户存款收益率）	1%
贷款清算费率	1%
LGD(违约损失率)	60%
贷款总数	3 000 笔

其中，P(D)为银行贷款的基准违约率，年度存贷利差与其他收费收入为银行发放贷款所能获得的总收益率，贷款清算费率和违约损失率之和为借款人违约时对银行造成的损失率。关系客户价值主要是客户存款给银行带来的价值③，则

$$b_{TN} = 3.5\% + 2\% + 1\% = 6.5\% \tag{5.1.9}$$

$$c_{FN} = 1\% + 60\% = 61\% \tag{5.1.10}$$

在上述假定之下，最优评分分位数 x^* 对应的 ROC 曲线的斜率为

$$S(x^*) = \frac{P(ND) \cdot b_{TN}}{P(D) \cdot c_{FN}} = \frac{90\% \times 6.5\%}{10\% \times 61\%} = 0.96 \tag{5.1.11}$$

假设 ROC 曲线给定，且该斜率对应的分位数 $x^*_{(s=0.96)} = 42\%$，$ROC^*_{(s=0.96)} = 90\%$。则经过信用甄别，被银行接受的借款申请人的比例为

$$\begin{aligned} P(N) &= P(ND)P(TN_x \mid ND) + P(D)P(FN_x \mid D) \\ &= P(ND)(1-x^*) + P(D)[1-ROC(x^*)] = 53.2\% \end{aligned} \tag{5.1.12}$$

该银行贷款提供给坏借款人的概率为

$$\begin{aligned} P(FN_x \mid N) &= P(FN_x)/P(N) \\ &= P(D)P(TN_x \mid ND)/P(N) \\ &= P(D)[1-ROC(x^*)]/P(N) = 1.88\% \end{aligned} \tag{5.1.13}$$

---

① 为计算简便，作如下假定：每笔贷款的金额都相同；该银行未实行差别化定价；银行业不存在市场竞争。
② 10%的违约率相当于标准普尔 B/CCC 级债务人一年期贷款的违约率，使用该违约率作为基准是因为我国企业大多盈利能力较弱，信用等级较低。
③ 实际上，商业银行在决定是否发放贷款及贷款定价时会考虑该客户给银行带来的价值。对于我国商业银行而言，客户关系价值主要为客户存款给银行带来的收益。

由此可将贷款实际违约率控制在了 2% 以内。进一步可计算出在该评分阈值水平下银行拒绝了 270 笔坏贷款，1 134 笔好贷款；而接受了 30 笔坏贷款，1 566 笔好贷款[①]。此时银行的贷款预期净收益率[②]和资产预期净收益率分别为

$$E(LR) = 98.11\% \times 6.5\% - 1.89\% \times 61\% = 5.23\% \tag{5.1.14}$$

$$E(AR) = 5.22\% \times 53.2\% = 2.78\% \tag{5.1.15}$$

若银行不借助于任何模型评估信用风险，对所有符合基本信用条件的贷款申请人发放贷款，则资产（或贷款）预期净收益率为

$$E(LR) = E(AR) = P(ND)b_{TN} - P(D)c_{FN} = 90\% \times 6.5\% - 10\% \times 61\% = -0.25\% \tag{5.1.16}$$

当银行使用精确的信用风险评估模型以甄别不同借款人的违约可能性大小时，可很大程度上降低房地产企业的违约数量。本案例将潜在违约率从 10% 降到了 1.88%，控制在 2% 以内，同时银行能获得较高的预期净收益率。若银行没有可靠的手段识别不同风险的借款人，则银行将面临很高的违约率，从而导致经营难以持续。这就不难理解，为什么银行在识别和度量不同借款人的信用风险上不遗余力。

4. 对单个房地产商风险管理策略选择的总结

从上述银行的不同策略可知，使用精确的信用风险评估模型，可使得银行资产的预期净收益率远高于未使用信用风险评估模型时的预期净收益率。过低的预期净收益率将使得银行很难弥补非预期损失。采用准确的风险模型评估房地产商的信用风险并识别出可能违约的借款人，对银行的稳健经营尤为重要。否则，银行很容易陷入财务困境。

第二节 金融风险管理策略的方案设计

第一节的金融风险管理策略选择，只为风险主体提供了理论上的策略选择思想和方向，并未考虑风险管理策略在现实中的可行性，未给出风险主体应运用的具体工具类型、数量以及具体的行动方案。因此，要使所选择的风险管理策略转化为具体、可行、有效的实施方案，风险主体还必须进一步做好金融风险管理策略选择、设计与实施程序中的第二环节：基于策略选择的方案设计。

事实上，前几章许多内容已经涉及金融风险管理程序中的方案设计，例如在利用期货进行套期保值的案例分析一节中，本书就介绍了多种针对不同风险情景和套期保值目标的套期保值策略具体实施方案。为使读者更好地掌握金融风险管理策略方案设计的一般

[①] 拒绝好贷款的数量 $= 3\,000 \times P(FP) = 3\,000 \times x^* \times P(ND) = 1\,134$（笔），同理可求得拒绝坏贷款、接受坏贷款和接受好贷款的数量。拒绝好贷款数量较多的原因是，存在一个仅凭 ZETA 评分无法识别贷款好坏的灰色区域，在该区域中评分低于临界值的好贷款多达 1 134 笔。

[②] 这里的收益率仅扣除了银行的资金成本，而未扣除其他经营成本。同时，这里假定银行将所有的可贷资金已全部贷出。

方法,本节将对方案设计的基本原则和一般步骤进行更为系统、详细的介绍。

一、金融风险管理策略方案设计的基本原则

一般来说,风险主体对风险管理策略的具体方案设计,应遵循以下几项基本原则。

(一) 可行性原则

金融风险管理策略方案设计的可行性原则,是指方案的设计应为客观环境和条件所允许,并能够达到风险管理目标的要求。第一章中已经介绍过每种金融风险管理策略都有多种不同的实现形式,但在特定的风险情景及环境约束下,并不是每一种实现形式都是可行的。具体而言,实施方案的可行性分为方案的可操作性和结果的有效性两个方面:首先,可操作性是指金融风险管理策略具体方案在实践中能够投入使用。实际上,现实的约束条件可能使得设计出的方案根本无法执行。例如,金融监管制度、金融市场的发育程度等均会对基于转移策略的方案,特别是采用衍生工具转移风险的方案的执行造成限制。其次,有效性是指金融风险管理策略具体方案的实施能够达到预期的风险管理目标。特定的现实环境往往会造成风险管理策略的实施效果较差甚至无效,例如在 2008 年次贷危机时期运用基于 CDS 的套期保值策略,就难以管理已全面爆发的信用风险。因此,设计风险管理策略具体方案时,应针对已识别的风险源制定可操作且有效的风险管理措施,以确保方案设计的可行性。

(二) 经济性原则

金融风险管理策略方案设计的经济性原则,是指方案的设计应确保在成本一定时收益最大,或在收益一定时成本最小。在特定市场条件下,即使是同一策略,不同实施方案的成本和收益也不尽相同。例如,若金融机构计划采用股指期货对股票组合进行套期保值,在股票组合市场价格波动较小、套期保值期限较短时,符合经济性原则的方案是静态套期保值;而当股票组合市场价格波动较大,或者套期保值期限较长时,静态套期保值方案虽然成本最小,但有效性较差且收益不高,此时,动态套期保值方案或展期套期保值方案是更为合适的选择。当然,这里仅是理论上的分析,实践中的方案设计还会涉及更具体、更复杂的成本收益分析,风险主体也往往需要花费更多精力以保证风险管理策略实施方案满足经济性原则。

(三) 系统性原则

金融风险管理策略方案设计的系统性原则,是指方案设计应考虑到对企业各部门、各项业务和各个人员等可能带来的影响,以及这种影响随着时间和环境的改变可能产生的变化。所以,金融风险管理策略的方案设计是一个系统工程,需要从整体性、层次性和动态性等三个层面去考察,具体而言:

整体性,是指方案设计要从企业整体的风险管理目标出发,明确在企业内具有普适性的基本原则和一般流程。例如,若企业的目标设定为实现风险最小化,则各部门都应将降低风险作为自身业务活动的主要原则,单个部门有盈利机会但会违背企业风险最小化原则时应主动放弃机会。

层次性,是指方案设计要积极动员各方力量,科学分配风险责任,建立层次分明的风险利益共同体和风险管理体系。如在信贷风险的管理策略方案设计上,银行应明确总行

与分行的授权范围和风险责任,划分好业务部门与风控部门在各环节、各阶段的管理职责,分层进行规划和管理。

动态性,指风险主体应根据不断变化的环境条件和不断出现的新情况、新问题,及时调整风险管理方案并付诸实施。金融风险管理策略具体方案设计的动态性要求主动、及时与全过程控制:首先,方案设计应遵循主动控制、事先控制的原则,全面考虑未来可能发生的各种风险情景,并提前制定好相应的应对措施。其次,一旦出现之前预期的某种风险情景,风险管理者要及时执行事前制定好的应对措施;而如果出现的风险情景不同于之前的预期,风险管理者要及时制定出新情景下的应对措施并及时执行。最后,方案设计必须涵盖策略实施的整个过程,明确每一步的行动指南,以使实施过程自始至终都有章可循、有法可依,便于落到实处。

二、金融风险管理策略方案设计的一般步骤

上述基本原则为金融风险管理策略的方案设计提供了一般的指导思想,而具体到特定方案的设计方法,则需要遵循四大步骤:可行方案的分析与确定、方案具体内容和执行步骤设计、方案执行的责任分配、方案执行的风险因素分析及应急预案设计。

(一) 方案可行性的影响因素分析

要对风险管理策略各种方案的可行性进行分析和确定,就必须明确方案可行性的各种影响因素[①]。由于各国金融市场的金融环境,即金融市场的发育程度、开放水平、金融机构所采用信息管理系统的完善程度以及所面临的监管制度不尽相同,可供风险管理者选择的风险管理策略实施方案也会有差异。合理的实施方案应当与本国或者本地区特定的金融环境相适应,这样才能达到预期的风险管理效果,不恰当的实施方案反而可能带来更大的风险隐患。具体而言,方案可行性的影响因素主要包括以下四个方面。

1. 金融市场发育程度

金融市场是资金从盈余部门有序流向赤字部门的重要"管道",也是投资者、企业和金融机构进行风险管理的场所[②]。金融市场包括三个维度,分别是市场本身、市场上的参与者和市场上交易的金融产品。金融市场的发育程度主要就是指上述三个维度的发育程度,而这将直接或间接影响到金融风险管理策略实施方案的可行性。

首先是金融市场本身的发育程度。金融市场越有效、越完全,微观结构越完善,那么该市场的发育程度就越高。金融市场发育程度的提高又会扩大风险管理策略实施方案的可行集,也会提高方案执行的效率,反之则反是。比如,某风险主体欲采用金融衍生品对冲手段实施套期保值策略,但市场较差的有效性导致衍生品定价存在偏误,这就可能使得该策略的实施方案实际上不可行。

其次是金融市场上参与者的非理性程度。具体来说,金融市场上参与者的非理性程度越高,资产价格的波动率就越大,资产价格波动率超过一定阈值时部分金融风险管理策

[①] 由于不同策略的可行方案种类繁多且差异较大,这里无法一一列举可行方案的分析和确定方法。本节只集中阐述这些方法的共同点和主要内容,即对方案可行性的影响因素展开全面深入分析。

[②] 该部分内容参考叶龙森和宋清华(2007)对金融市场的论述。

略的实施方案就变得不可行。比如,当期货市场上参与者门槛较低、非理性程度较高时,采用期货实施套期保值策略的方案就会由于期货价格波动率较大而引致更大的风险,因此实际上不可行。

最后是金融产品的丰富程度。较少的金融产品种类会缩小风险主体风险管理策略实施方案的可行集。比如,某指数型基金的管理者欲对冲股票市场整体的下行风险,但又想保留股票市场整体上行所带来的收益,这时采用股指期权实施套期保值策略的方案在理论上可行,但是因为市场上没有相关的衍生产品,该方案在实务中就无法施行。

2. 金融开放程度

金融开放就是指一个国家(或地区)的金融服务国际化、外国(或地区)金融服务本土化和资本实现跨境自由流动,主要包括金融服务的开放程度与资本、金融账户的开放程度两个方面[①]。在改革开放之后,我国经历了一个金融开放程度逐渐提高的过程,但就目前而言还有很大的开放空间。一国(或地区)的金融开放程度会影响风险管理策略实施方案的可行性。具体来说,包括以下三个方面。

第一,金融开放程度会直接影响分散化策略实施方案的可行性。充分的分散化要求投资者持有尽可能分散的资产组合。然而,如果一个国家的金融开放程度较低,资本和金融账户存在较多管制,那么该投资者在国际间的分散策略实施方案就会不可行。

第二,金融开放程度还会使得某些套期保值策略实施方案不可行。以我国为例,国内金融市场缺乏用于套期保值操作的金融衍生工具,同时资本和金融账户的管制也使得风险管理者在国外衍生品市场上购买金融衍生品存在限制,于是某些基于金融衍生品的套期保值策略实施方案就难以执行。

第三,金融开放程度也会间接影响风险管理策略实施方案的可行性。金融开放程度越高,国内金融市场和金融机构与国外的差距就越小,国内金融人才的质量也会因竞争和流动而提高,更多复杂的风险管理策略实施方案也会因为具备相应的制度基础和人才储备而变得可行。

3. 金融信息管理系统的完善程度

金融信息管理系统,是指金融机构为保证金融经营管理活动所需信息而建立的由一定数量的人员、设备、程序、数据等要素组成的统一体[②]。现代的金融风险管理策略体系的建立与发展,与信息技术的飞速发展息息相关。对各类风险的度量、识别与管理无不建立在海量数据的基础之上,因此,金融信息管理系统的完善程度也会影响风险管理策略实施方案的可行性。目前,我国金融机构虽然已经着手建立以数据仓库为基础的信息系统,但在数据资源的提取范围、数量和处理技术等方面皆与国际水平相差较远,尚不具备据此计量各类风险的条件,因而也无法实施相应的风险管理方案。

具体来说,金融信息管理系统的完善程度主要从两个方面制约风险管理策略实施方案的可行性:一是金融信息管理系统的不完善会直接使某些理想环境下的可行方案失效。因为相关业务数据的残缺,使得风险管理者无法度量该项业务的风险,或无法区分不

---

① 参见张金清和刘庆富(2007)。
② 参见陈浩哲(2009)。

同交易对手的风险大小。在理想环境下风险管理者的可行方案,是对处于风险承受度范围内的风险业务和交易对手尽可能多地进行风险留存以最大化收益。然而,数据信息不足的缺陷,往往会导致上述方案只能针对小部分信息可得性较好的风险业务和交易对手实施,无法达到最大化收益的风险管理目标。二是金融信息管理系统的完善程度也会使得部分可行方案的执行效果大打折扣。在这方面体现得最明显的就是依据预防策略设计的风险预警系统:当金融信息系统不完善时,风险管理者即使建立起理论上可行的风险预警系统,也无法准确地度量、跟踪和预警现存的风险大小及风险的动态变化。

4. 金融监管制度

即指为了控制系统性风险和确保金融机构安全所制定的一系列关于如何监督和控制金融体系(包括金融市场及金融机构)的制度[1]。金融监管制度一般包括金融监管的法律体系、金融监管的组织体系和金融监管制度的具体执行这三个方面。金融监管制度的完善程度会直接或间接影响到可供风险管理主体的实施方案可行集。就我国的情况来看,金融监管制度对于以下五种策略的实施方案可行性均会产生影响。

第一,依据回避策略设计出的方案,可行性可能受我国金融监管所存在的独立性较弱现状的制约。比如某一商业银行收到某地方政府融资平台的贷款申请,欲采取回避策略,但是因为当地金融监管当局的影响,完全回避的方案实际变得不可行,只能联合其他商业银行发放部分贷款以回避风险。

第二,分散化策略实施方案也会受金融监管制度的影响。例如,我国目前还没有一个跨国的金融监管合作框架,这会影响金融机构在某些国家的业务开展,难以在国际间实施分散化策略,而只能基于国内市场设计实施方案。

第三,金融监管的法律规定和金融监管当局的要求,会直接限定金融机构预防策略实施方案的具体内容。例如风险的计量方法和资本充足率的规定,会使得金融机构依据预防策略设计的某些方案因不合规而变得不可行。

第四,金融监管对于使用复杂金融衍生品的套期保值策略和搭配策略的实施方案也有影响。在我国,一方面金融衍生品交易缺乏相应的法律保障;另一方面场外金融衍生产品的使用又受到监管当局的严格限制,这就使得某些套期保值策略和搭配策略的实施方案不具有可行性。

最后,当某些金融业务存在巨大系统性风险时,金融监管制度还会限制金融机构在这些具体业务上所实施的风险管理相关方案。如近几年由于房地产价格存在下降的风险,金融监管当局就出台了一些规定,要求商业银行在预防策略的实施方案中,必须加入与房地产价格相关的压力测试以预防极端风险事件的发生。

(二) 方案具体内容和执行步骤设计

基于上述影响因素可以确定风险管理策略各种方案的可行性,进一步,风险管理者可根据风险管理目标,针对所选择的策略设计出可行方案的具体内容和执行步骤。本书前几章介绍的各类金融风险管理策略的实现形式和基本要素,均可作为方案具体内容和执行步骤设计的指导与参考。例如,对于转移策略中的套期保值策略,风险管理者需要根据

---

[1] 该部分内容参考了叶永刚和张培(2009)对金融监管指标体系的论述。

特定的风险管理目标,确定所需使用的金融衍生工具类型、交易场所、交易对手、合约条款、交易数量、动态调整方法等内容。

概括起来,方案内容和步骤的设计,主要分为主体方案与配套方案两方面。

1. 风险管理策略主体方案的具体内容与执行步骤设计

风险管理策略主体方案,是为实现风险管理目标、基于已选择的策略以及方案可行性的影响因素而设计的具体方案,包括策略的实现形式和执行步骤。

(1) 策略实现形式的确定。

风险管理策略的实现形式包括风险管理的具体手段、方法和技术的种类,采用风险管理工具的数量和参数等。在不同的风险管理目标、不同的现实条件下,同一种金融风险管理策略最佳的实现形式也可能不同。如同样是套期保值策略,在风险中性目标下,风险主体更多地采用远期、期货等衍生工具,而在风险收益兼顾目标下,风险主体则更多采用期权等工具;即使采用同类的衍生工具,不同目标下具体产品和交易数量也存在差异。

(2) 方案执行步骤及时间的规划。

在确定了风险管理策略的实现形式后,由于风险管理策略的实施往往是复杂烦琐的系统工程,难以在短期内完成,这就要求风险主体将实施过程按照关键节点划分为若干步骤,并提供步骤执行的具体方案。如基金经理持有头寸巨大的投资组合,采用分散化策略进行风险管理就难以一步到位,而应做好步骤细分与规划,分批、分时段操作,否则就可能带来高额的市场冲击成本。

2. 风险管理策略配套方案的具体内容与执行步骤设计

风险管理策略的配套方案,是为确保主体方案执行顺利、有效而设计的相关方案,按执行的时间顺序包括监督检查方法、效果评估方法、信息收集与反馈机制以及动态调整方案等。

(1) 方案执行情况的监督检查方法的确定。

由于方案的执行步骤复杂、涉及人员众多,执行过程中无法完全避免差错。风险管理者要确保策略按照既定方案执行,就必须提前设计科学的监督检查方法。

(2) 方案执行效果评估方法的确定。

在风险管理策略实施方案的执行过程中,往往会出现事先未考虑到的情况,使得风险管理效果低于预期水平。为及时发现上述现象,风险管理者应对方案的执行效果进行实时的评估。

(3) 信息收集和反馈机制的设计。

前述风险管理方案的执行情况与执行效果等信息往往来自不同的业务部门。为及时了解上述信息,进行整体判断和统一调整,风险管理者需要设计信息收集与反馈机制。

(4) 动态调整方案的制定。

为保证风险管理策略的实施方案顺利、有效执行,风险管理者应根据收集到的信息,判断方案的设计与执行是否存在问题,考察环境条件变化的即时情况和未来趋势,并适时地对方案进行调整。

(三) 方案执行的责任分配

明确风险管理策略实施方案的具体内容和执行步骤后,风险管理者还需要将各步骤的执行责任分配到具体部门和人员,便于具体执行。需要注意的是,责任分配的详细内容必须纳入策略实施方案之中,作为责任追查、绩效评估和激励政策的依据。方案执行责任分配还牵涉到授权问题,如信息的共享以及可能亏损的承担。

企业与风险事项相关的各层级、各部门的责任通常可概括如下:董事会与管理层需要知悉方案执行的情况,并对可能出现的重大风险事件予以应对;风险管理部门需要负责监控业务运行风险、执行方案并向管理层报告执行情况;相关业务部门需要配合风险管理部门的工作,及时提供业务第一线的运行情况和风险信息。

(四)方案执行的风险因素分析及应急预案设计

现实中任何企业都处于不断变化的风险环境之中,依据风险管理策略提前设计的方案随时可能因为环境的突变而面临施行受阻或失效的危险。如次贷危机的爆发,使得欧美各大投资银行、商业银行、保险公司、基金公司等金融机构的原有风险管理策略实施方案全面失效,造成了不可估量的损失。

因此,在进行风险管理策略具体方案设计的过程中,企业必须清醒地认识自身所处的风险环境,综合分析可能发生变化的风险因素,全面考虑所有可能发生的变化情形,审慎评估这些变化可能给当前风险管理策略造成的影响,并制定相应的应急预案,以保证风险管理策略的实施方案始终有效。

三、金融风险管理策略方案设计的案例分析

(一)案例描述

延续上一节的案例。之前本文仅对房地产开发贷款风险管理策略的选择进行了理论上的探讨,而 A 银行在风险管理策略的方案设计中会遇到很多现实的问题:首先,A 银行的房地产开发贷款分布在一线、二线和三四线城市,不同城市的房地产开发贷款的风险大小和动态变化趋势并不相同;其次,风险管理策略会受到很多现实条件的约束,理论上最优的策略实施方案在实践中并不一定可行;最后,在方案执行过程中 A 银行的预期可能跟实际发生的情形并不一致,这时原定风险管理策略实施的有效性就会降低。那么,A 银行在实务操作中,应该如何针对房地产开发贷款组合的风险管理策略设计实施方案呢?在该方案下策略实施的有效性又是否显著?

本案例将重点从方案设计层面,探讨 A 银行在经济下滑背景下应如何实施最优的风险管理策略,以实现房地产开发贷款在一定预期收益前提下最小化风险的风险管理目标。具体而言,本案例将从房地产开发贷款风险识别与度量、策略选择、基于策略选择的方案设计、方案的有效性评估四个方面进行论述,重点关注方案设计的部分。

(二)房地产开发贷款的风险识别与度量

1. 风险类型和受险部位分析

A 银行房地产开发贷款余额为 4 635 亿人民币,占 A 银行公司类贷款总量的 12.5%,是该银行过去几年增长最快的业务之一。房地产开发贷款给 A 银行带来的主要是信用风险,本案例也只针对该类贷款的信用风险进行管理。

从 A 银行房地产开发贷款所投向的地区和城市来看,可分为一线、二线、三四线城市

开发贷款[①]。假设 A 银行将房地产开发企业信用等级划分为 5 个等级[②],目前其持有的房地产开发贷款在不同城市和不同信用等级客户之间的初始配置情况[③]如表 5.5 所示。

表 5.5　A 银行各信用等级房地产开发贷款初始配置情况

信用等级	房地产开发贷款（百万人民币）	配置比例	AA及以上	A	BBB	BB	B及以下
一线城市	35 061	7.6%	70%	15%	10%	3%	2%
二线城市	213 777	46.1%	45%	30%	15%	6%	4%
三四线城市	214 747	46.3%	25%	30%	25%	15%	5%
贷款组合	463 585	100.0%					

注：数据来源为我国某商业银行内部信贷数据。

从表 5.5 可看出，A 银行房地产开发贷款金额在一线、二线和三四线城市的配置比例分别为 7.6%，46.1%，46.3%；一线、二线城市客户相对优质，信用等级较高，三四线房地产开发贷款客户的平均信用等级较低，信用风险较高。

2. 风险诱因分析

房地产开发贷款信用风险的大小与宏观经济、政策、房地产市场供求等因素密切相关，下面将分别对可能诱使房地产开发贷款信用风险增大的因素展开分析。

首先，A 银行房地产开发贷款的信用风险与宏观经济走势紧密相关[④]：当宏观经济处于复苏和繁荣期时，房地产的投资额、价格走势和交易活跃程度都趋于上升，房地产企业的财务状况也较为稳健，相应地房地产开发贷款的信用风险降低；当宏观经济处于衰退和萧条期时，房地产的投资额、价格走势和交易活跃程度都趋于下降，房地产企业的财务状况也会恶化，相应地房地产开发贷款的信用风险升高。

其次，房地产开发贷款的信用风险会受到经济政策的影响。在我国，除了传统的财政和货币政策会从需求和房地产企业的融资条件影响房地产市场之外，土地政策[⑤]、限购政策和保障房政策等也会对房地产市场、房地产开发商产生影响，进而影响相应房地产开发贷款的信用风险。

再次，各地房地产市场的运行状况也会影响相应地区房地产开发贷款的风险大小。其中，对房地产开发贷款风险影响最大的是未来房地产市场的供求状况。一个城市的经

---

① 此处一线、二线城市和三四线城市的确定参考了郭晔（2011）的划分方式。我国商业银行在房地产开发贷款风险管理过程中，会根据不同城市的经济发展以及房地产市场运行特征将城市种类划得更细，为简化分析，本案例仅将这些城市划分为三类。

② 在银行的实际贷款客户信用评级中，评级划分会更细，本案例为简便见，仅划分了 5 个等级。

③ 由于经济发展水平不同，在三四线城市中的房地产商整体信用等级较一线、二线城市低，而且商业银行对三四线城市产开发商设置的授信"门槛"较一线、二线城市低，故商业银行在三四线城市中的低信用等级客户比例较一线、二线城市高。

④ 宏观经济周期通过房地产周期影响房地产开发贷款的信用风险，已有研究认为宏观经济变量如利率、通胀率和收入等会在中长期决定房地产价格，具体内容参见沈悦和刘洪玉（2004）、崔光灿（2009）。

⑤ 我国政府自 2003 年后多次使用土地政策调控房地产市场，从严格控制建设用地总量、全面实行土地出让招拍挂到开发用地供应结构上的有压有保，都对房地产市场造成了影响，具体内容参见吴焕军（2011）。

济越发达、人口吸附力越强、房地产市场消化力越强,就越能支持当地房地产市场的发展[①]。若房地产开发过度发展,超越了当地经济发展状况,则房地产开发贷款的风险就会很高。此外,各城市的土地供给量、二手房供给量和人口结构等因素,也会通过影响未来房地产市场的供求状况影响房地产开发贷款的信用风险。

最后,房地产开发贷款风险与房地产开发商的经营状况密切相关,经营状况主要指房地产商的盈利能力和偿债能力。一般来说,在我国房地产开发商的规模越大、资质越高、经营状况越好,相应地信用风险也就越低。

3. 风险大小度量

A银行基于对当前风险的观测及对未来的判断,预期未来经济形势下行风险较高,政府在短期内不会推出经济刺激政策。同时,A银行发现当前房地产市场表现具有以下特征:首先,房价未来趋势不明朗,房地产交易量持续下降,房地产商资金回收较为困难;其次,三四线城市普遍出现供过于求,房地产市场消化周期远高于一线、二线城市的特征;最后,高昂的拿地成本、融资成本以及过多的土地储备,使得中小房地产商更容易陷入财务困境。基于历史经验以及对未来的判断,A银行估计了各线城市不同信用等级的房地产开发商在未来的预期违约率[②],并与历史违约率[③]进行了比较,见表5.6。

表5.6 各线城市不同信用等级房地产开发贷款的违约率情况

	城市类型	各城市不同信用等级下的违约率				
		AA及以上	A	BBB	BB	B及以下
预期违约率	一线城市	0.4%	0.8%	1.6%	2.5%	5.5%
	二线城市	0.5%	0.9%	1.6%	3.5%	5.5%
	三四线城市	0.8%	1.3%	2.0%	5.0%	6.0%
历史违约率		0.4%	0.8%	1.3%	2.0%	3.0%

注:数据来源为我国某商业银行内部数据。

从表5.6可知,原先高信用等级的房地产开发商的违约状况对未来经济走势不敏感,原先信用低等级开发商的违约风险受经济走势的影响较大;三四线城市低信用等级的房地产开发商的预期违约率上调幅度最大。

(三) 房地产开发贷款风险管理的策略选择

为了管理各线城市不同信用等级房地产开发贷款客户的信用风险,A银行可按照本章第一节所述的风险管理策略选择的一般思路,选择合适的风险管理策略或策略组合。在本案例中A银行的风险管理目标,是在保证房地产开发贷款获得一定预期收益的前提下使得该类贷款业务的风险最小。由风险识别与度量结果可知,未来我国经济增速放缓,房地产开发贷款违约率全面上升,A银行难以采用完全留存或不作为策略对信用风险的

[①] 丁祖昱,2013,中国房价收入比的城市分异研究,《华东师范大学学报》第3期第121—127页。
[②] 关于如何从风险因子的变化中估计出不同信用等级预期违约率的变化,参见张金清(2011)所著《金融风险管理》,并参见曹麟和彭建刚(2013)。
[③] 假设期初各线城市相同信用等级的房地产开发商的历史违约率相同。

恶化进行有效管理,但可使用预防、规避、转移、补救等风险管理策略构成策略组合实现自身的目标。在设计最优策略组合方案时,A 银行可选择使用夏普比率等有效性指标对策略的实施方案进行评估[①]。具体的分析过程和结果与第一节相似,这里不再赘述。

(四) 房地产开发贷款风险管理策略的方案设计

1. 可行方案的分析与确定

A 银行理论上可选择的风险管理策略组合包括：预防策略,即通过制定各种贷款政策、制度防范信用风险；分散策略,即在一线、二线和三四线城市以及不同类型的房地产开发项目中分散贷款；留存策略与回避策略,即维持现有高信用等级客户,规避低信用等级客户；转移策略,即采用贷款出售、资产证券化和购买信用衍生品等方式将房地产开发贷款的信用风险转移出去；补救策略,即在损失发生后采取各项措施将损失降低到最小。

但上述策略组合的实施方案在实践中不一定可行,A 银行面临的现实条件约束主要有：首先,金融市场的发育程度、开放程度、自身金融信息管理系统完善程度和面临的监管制度等因素使得转移策略受到限制[②]。由于目前我国商业银行主要采取信贷资产证券化转移贷款的信用风险,但低等级的资产支持证券同样面临流动性较差的问题,同时证券化成本也较高,因此,完全转移房地产贷款的风险可能得不偿失。其次,金融监管制度的约束则使得完全的回避策略不可行,如在 2014 年中银监会就制止了部分商业银行对所有房地产开发贷款采取的一刀切"停贷"措施。

由于 A 银行现阶段已建立了各地房地产市场监控体系、完备的内部信用评级体系,积累了高质量的历史数据,所以,基于不同类型城市房地产市场运行的监测信息,以及房地产开发贷款客户信用评级信息,有针对性的留存策略、回避策略、转移策略和分散化策略的实施方案皆是可行的。综上所述,A 银行实际采用的风险管理策略组合的实施方案可简述为[③]：对超过银行合意规模的部分贷款采用证券化策略将风险转移；对高质量客户和低质量客户分别采取留存和回避策略；通过调整各地区、城市之间的贷款配置比例进行风险分散；采用补救策略以应对实际损失大幅超过预期的不利情形。

2. 方案具体内容与执行步骤设计

在选择了策略组合的可行方案后,为达到最佳的风险管理效果,A 银行就策略组合的最优实施方案进行了筹划[④],具体思路如下：

首先,A 银行基于风险控制的目的,采用削减授信额度或证券化的措施将房地产开发贷款总数额缩减至合意规模。根据本章第一节案例的计算结果,A 银行在考虑各个行业贷款在当前经济形势下的风险收益后,决定将初始房地产开发贷款总额 463 585 百万人

---

① 限于实际数据可得性,这里不对 A 银行风险管理策略的效率进行评估。
② 在我国金融风险管理实践中已经存在的信用风险转移手段有：资产证券化产品和信用缓释工具(CRM)。在银行间市场交易的信贷资产支持证券自 2012—2017 年已有近万亿的市场规模,是房地产开发贷款信用风险的主要转移渠道；信用缓释工具 CRM 由于只针对单项可交易债券,且自 2010—2016 年累计发行交易额仅不到 50 亿元,不适用于规模庞大的房地产开发贷款。
③ 预防策略主要依靠银行内部的制度建设来维系,本案例未予以重点分析。
④ 本案例侧重于房地产开发贷款风险管理策略的主体方案设计,策略的配套方案非本案例的重点,故不对策略实施的监督检查、效果评估、信息反馈与动态调整方法等作详细介绍。

民币缩减 15%，为 394 047 百万人民币。

其次，A 银行根据各地区房地产开发贷款风险收益情况和违约相关性，采用分散化策略对各线城市、各信用等级的房地产开发贷款进行最优化配置，即最低收益目标下的风险最小化配置。表 5.7 和表 5.8 依次给出了未来各信用等级房地产开发贷款的净收益率标准差矩阵和各线城市房地产开发贷款的净收益率相关系数矩阵[①]。

表 5.7　各线城市各信用等级房地产开发贷款的净收益率标准差矩阵

	AA 及以上	A	BBB	BB	B 及以下
一线城市	0.038	0.053	0.075	0.094	0.137
二线城市	0.042	0.057	0.075	0.110	0.137
三四线城市	0.053	0.068	0.084	0.131	0.142

注：净收益率标准差由违约率和违约损失率数据计算得到，计算方法见本页脚注①。

表 5.8　各线城市房地产开发贷款的净收益相关系数矩阵

	一线城市	二线城市	三四线城市
一线城市	1	—	—
二线城市	0.83	1	—
三四线城市	0.80	0.56	1

注：数据来源为我国某商业银行内部数据。

由于不同城市之间各信用等级贷款的相关系数难以估计和确定，本案例分两步对房地产开发贷款组合进行优化配置：

第一步，根据各线城市各信用等级贷款的预期净收益率与标准差，先对各线城市内部的贷款组合进行优化配置，并根据计算出的最优配置比例计算出各线城市贷款组合净收益率的期望和标准差。于是，第 i 线城市内部贷款组合的最优配置问题为

$$\min_{\mathbf{w}_i} \sigma_{pi}^2 = \mathbf{w}_i^{\mathbf{T}} \mathbf{\Sigma}_i \mathbf{w}_i$$

$$s.t. \quad \mathbf{w}_i^{\mathbf{T}} E(\mathbf{r}_i) \geqslant E(r_{pi}),$$

$$\sum w_{ij} = 1, w_{ij} \geqslant 0, j = 1, 2, 3, 4, 5 \tag{5.2.1}$$

其中，σ_{pi} 为 i 线城市贷款组合预期净收益率的标准差；$\mathbf{w}_i = (w_{i1}, \cdots, w_{i5})^T$ 为第 i 线城市内部不同信用等级的房地产开发贷款配置比例向量，w_{ij} 为银行对第 i 线城市第 j 个信

---

① 为简化分析，本案例假定各线城市各信用等级贷款的违约损失率相同，参考沈沛龙和崔婕(2005)将其设为 40%。因此，在计算净收益率过程中仅违约率为随机变量，各线城市贷款违约相关系数等于贷款净收益率相关系数，各线城市各信用等级违约净收益率标准差与贷款净收益率标准差呈线性关系。假设各线城市各信用等级贷款违约事件服从伯努利分布，则净收益率标准差为

$$SD(R) = SD(Loanrate - LGD \times 1_D - cost) = LGD \sqrt{PD(1-PD)},$$

其中，$Loanrate$ 为贷款利率，1_D 为违约的示性函数，$cost$ 为贷款的资金成本和运营成本。

用等级贷款的最优配置比例;Σ_i 为第 i 线城市内部不同信用等级房地产开发贷款净收益率的协方差矩阵①;$E(\mathbf{r}_i) = (E(r_{i1}), \cdots, E(r_{i5}))^T$,$E(r_{ij})$ 为第 i 线城市第 j 个信用等级贷款净收益率的期望②;$E(r_{pi})$ 为银行在风险可控前提下对第 i 线城市贷款经营所要求的最低净收益率,本例在各线城市中统一设定为 2.5%,该参数根据银行的风险偏好与实际风险承受能力决定。求解上述最优化问题,对各线城市内部房地产开发贷款组合进行最优配置后,就可得到 A 银行各线城市房地产开发贷款的风险收益状况,见表 5.9。

第二步,对房地产开发贷款在各线城市之间的比例进行优化配置,计算出各线城市贷款组合的最优配置比例。可仿照第一步的二次规划方法求解,这里不再赘述。两步求解得到的贷款组合总的风险收益状况及各线城市各信用等级房地产开发贷款的最优配置情况见表 5.9 与表 5.10。

表 5.9　最优配置下的贷款组合风险收益状况

	预期收益率③	净收益率标准差④
一线城市	2.34%	4.39%
二线城市	2.50%	5.02%
三四线城市	2.55%	6.40%
贷款组合	2.50%	4.59%

表 5.10　各线城市各信用等级房地产开发贷款最优配置情况

	最优贷款额（百万人民币）	最优配置比例	AA 及以上	A	BBB	BB	B 及以下
一线城市	38 920	9.88%	65.50%	17.25%	11.50%	3.45%	2.30%
二线城市	236 137	59.93%	48.07%	32.18%	11.49%	5.97%	2.29%
三四线城市	118 990	30.20%	34.50%	28.75%	28.75%	7.98%	0.02%
贷款组合	394 047	100.00%	—	—	—	—	—

---

① Lucas 和 Klaassen(2006)、罗长青等(2014)的研究表明,信贷资产的净收益率相关性在经济衰退时期较大,可达 0.7 以上。为简单起见,本案例在各线城市内部,各信用等级贷款净收益率的相关系数统一设定为 0.7,贷款净收益率的标准差见表 5.7。

② 信用等级为 j 的房地产开发贷款预期净收益率计算公式为:预期净收益率 $= LoanRate_j - PD_{i,j} \times LGD - cost$。其中,$LoanRate_j$ 表示第 j 个信用等级的贷款利率。假设各信用等级的贷款利率依次为 6%、7%、8%、10%、12%;$PD_{i,j}$ 表示第 i 线城市第 j 个信用等级的预期违约率;LGD 为违约损失率,如前所述设定为 40%;cost 为资金成本及运营成本,本案例设定为 4%。

③ 第 i 线城市房地产开发贷款预期净收益率计算公式为:预期净收益率 $= \sum_{j=1}^{5}(LoanRate_j - PD_{i,j} \times LGD - cost) \times w_{i,j}$。其中,$LoanRate_j$、$PD_{i,j}$、$LGD$、$cost$ 设定与上一脚注相同;$w_{i,j}$ 为第 i 线城市的第 j 个信用等级房地产开发贷款占第 i 线城市房地产开发贷款的比例。

④ 第 i 线城市房地产开发贷款净收益率标准差计算公式为:净收益率标准差 $= \sqrt{\mathbf{w}_i^T \Sigma_i \mathbf{w}_i}$。其中,$\mathbf{w}_i$ 为一个列向量,表示第 i 线城市的各个信用等级房地产开发贷款占第 i 线城市房地产开发贷款总额的比例。Σ_i 为第 i 线城市各个信用等级房地产开发贷款的协方差矩阵。

从表5.10可知，A银行对一线城市房地产开发商的贷款发放情况与期初相比不降反增。这是由于一线城市房地产市场运行良好，房地产开发商财务状况较好；二线城市与一线城市类似；三四线城市低等级房地产开发贷款缩减规模较大。

3. 方案执行责任分配

本案例A银行房地产开发贷款管理策略的实施主要涉及两个部门：一是总行风险管理部门；二是地区或城市分行。

总行风险管理部门需要对各分行统一负责，具体职责有：信息系统建设与维护、重点城市房地产监测、房地产开发贷款内部信用评级体系构建、各分行房地产开发贷款限额分配、房地产开发贷款压力测试、房地产开发贷款重大事件处理等。

地区或城市分行属于业务部门，需要配合风险管理部门的工作，及时提供业务第一线的运行情况和风险信息，具体职责包括：信息搜集、具体策略执行与结果反馈等。

4. 方案的风险因素分析及应急预案设计

由于未来经济走势、政府政策、房地产行业运行都存在较大的不确定性，A银行可提前对未来可能发生的重大事件做应急预案。例如，假设全国GDP增长跌至6%或房价普遍下跌30%等，在此背景下需及时地对之前的策略做出调整，给出应急预案。应急预案设计实际上是防范未来发生的重大变化对A银行造成的不利影响；当未来这些重大事件真实发生时，A银行就可根据期初所设计的应急预案及时采取应对措施，即采取补救策略进行风险管理。

为考察补救策略在房地产开发贷款风险管理中的作用，本案例假设A银行在实施原有策略一段时间后，根据对经济形势和房地产行业走势的实时监测，发现实际情况比预期更差。房地产交易量在过去数月持续走低，一线、二线城市房价指数一直处于下行态势，部分三四线城市房地产市场甚至有崩盘的风险，而政府忌于通胀压力未推出房地产支持政策。此时，A银行各地分行的房地产开发贷款预期违约率呈现出上升趋势。若不对已有策略进行调整，A银行将承担过大的风险。在此背景下，A银行对各线城市的不同信用等级房地产开发商在未来的预期违约率重新进行了调整，见表5.11。

表5.11 新经济形势下各线城市不同信用等级房地产开发贷款预期违约率

	各城市不同信用等级下的预期违约率				
	AA及以上	A	BBB	BB	B及以下
一线城市	0.5%	0.7%	2%	4%	7%
二线城市	0.6%	0.8%	2%	4%	7%
三四线城市	0.7%	2%	4%	6%	8%

A银行根据实际的经济情形进一步缩减了房地产开发贷款规模，在初始贷款总额463 585百万人民币的基础上缩减30%，为324 510百万人民币。假定各线城市的净收益率相关性和标准差均保持不变，按照之前的最优化方法，可得到在新经济形势下A银行对房地产开发贷款进行重新配置后贷款组合的风险收益状况，见表5.12；新经济形势下各线城市各信用等级房地产开发商的最优贷款比例见表5.13。

表 5.12　新经济形势下最优配置的贷款组合风险收益状况

	预期净收益率	净收益率标准差
一线城市	2.30%	4.73%
二线城市	2.30%	4.82%
三四线城市	2.27%	8.34%
贷款组合	2.30%	4.78%

表 5.13　新经济形势下各线城市各信用等级房地产开发贷款最优配置

	最优贷款额（百万人民币）	最优配置比例	AA及以上	A	BBB	BB	B及以下
一线城市	41 667	12.84%	62.00%	19.84%	13.22%	3.96%	0.98%
二线城市	252 806	77.90%	52.08%	37.01%	9.73%	1.18%	0.00%
三四线城市	30 036	9.26%	24.67%	33.06%	33.06%	9.18%	0.02%
贷款组合	324 510	100.00%	—	—	—	—	—

从表 5.13 可看出，当房地产市场运行非常不乐观，各线城市的房地产开发商在一定程度上都面临财务压力，因此 A 银行将大规模削减三四线城市及低信用等级房地产开发商的贷款额度。

（五）策略实施方案的有效性分析

1. 最优策略组合实施方案的有效性分析

为评价 A 银行策略组合实施方案的有效性[①]，这里将不作为策略作为参考对象。此处的不作为策略，意味着 A 银行并不依据未来预期对之前的业务进行任何调整。此时，A 银行的风险收益状况及有效性分析见表 5.14。

表 5.14　房地产开发贷款最优策略组合实施方案的有效性分析与比较

		贷款配置比例	预期净收益率	净收益率标准差	夏普比率
不作为策略	一线城市	7.60%	2.27%	4.29%	52.95%
	二线城市	46.10%	2.54%	5.13%	49.56%
	三四线城市	46.30%	2.82%	6.17%	45.59%
	贷款组合	100.00%	2.65%	4.92%	53.81%
最优策略组合实施方案	一线城市	9.88%	2.34%	4.39%	53.39%
	二线城市	59.93%	2.50%	5.02%	49.76%
	三四线城市	30.20%	2.55%	6.40%	39.76%
	贷款组合	100.00%	2.50%	4.59%	54.41%

---

① 由于本案例侧重策略的方案设计而非策略的实施，故本案例策略有效性应理解为"事前有效性"。

从上表可看出,A银行的最优风险管理策略组合实施方案压缩了三四线城市的房地产开发贷款规模。相对于不作为策略而言,最优策略组合方案的贷款组合净收益率标准差下降0.33%,代价是预期净收益率减少了0.15%。同时,最优策略组合方案的夏普比率比不作为策略高0.6%。

2. 补救策略实施方案的有效性分析

如前文所述,假定未来经济形势发生了变化,A银行各分行的房地产开发贷款的实际违约率均高于预期,若不对最优策略组合的实施方案做出调整,A银行将可能遭受更大的损失。为比较补救策略方案的有效性,这里将银行未采取任何补救措施作为比较基准。补救策略方案的有效性分析与比较如下表5.15所示。

表 5.15 房地产开发贷款补救策略方案有效性分析与比较

		贷款配置比例	预期净收益率	净收益率标准差	夏普比率
不补救	一线城市	9.88%	2.28%	4.76%	47.98%
	二线城市	59.93%	2.48%	5.30%	46.85%
	三四线城市	30.20%	2.20%	7.80%	28.18%
	贷款组合	100.00%	2.38%	5.11%	46.54%
补救	一线城市	12.84%	2.30%	4.73%	48.64%
	二线城市	77.90%	2.30%	4.82%	47.69%
	三四线城市	9.26%	2.27%	8.34%	27.26%
	贷款组合	100.00%	2.30%	4.78%	48.04%

从表5.15可看出,A银行实施补救策略的方案进一步压缩了三四线城市的房地产开发贷款规模。相对于不实施补救策略而言,补救策略方案贷款组合标准差下降了0.33%,代价是预期净收益率减少0.08%,且该方案的夏普比率较不实施补救策略高1.5%。

(六)案例总结

本案例从策略选择和方案设计层面,展示了A银行房地产开发贷款风险管理策略的方案设计过程:首先,对房地产开发贷款进行风险识别和度量,在此基础上对策略进行选择;其次,在确定了A银行风险管理策略的可行实施方案后,设计了最优策略组合的实施方案;最后,对该实施方案的有效性进行了评价。本案例中房地产开发贷款风险管理策略的选择、设计与实施过程对其他同类型贷款的风险管理策略选择和方案设计具有借鉴意义。

第三节 金融风险管理策略的方案执行

金融风险管理策略的方案设计完成以后,具体方案应及时付诸执行。那么,相关机构或部门应如何执行并确保实现金融风险管理目标呢?金融风险管理策略的方案执行,虽然主要由风险管理部门负责,但同时也需要董事会与高级管理层的支持、各业务部门的执行与协作以及其他相关部门的协助等。在这一过程中,各层次主体职责的明确、风险管理组织的有效性、信息传递的有效性以及风险管理文化建设皆是风险管理策略顺利执行的重要保证。下面本书将对上述四个方面依次展开讨论。

一、不同层次主体的风险管理职责

建立职责清晰、权责明确的风险管理机制,是金融风险管理策略顺利执行的基础,这既包括董事会与高级管理层之间权责的明确分工,又包括风险管理部门、具体业务部门各方职责[①]的明确规定。

(一) 董事会的职责

在企业风险管理过程中,董事会及附属的风险管理委员会[②]成员的主要职责包括:

(1) 确定企业风险管理总体目标、风险偏好、风险承受度,批准风险管理策略和重大风险事件解决方案;

(2) 了解和掌握企业面临的各项重大风险及风险管理现状,做出有效控制风险的决策;

(3) 批准和审议重大决策、重大风险、重大事件和重要业务流程的判断标准或判断机制;

(4) 批准和审议重大决策的风险评估报告以及内部审计部门提交的风险管理监督评价审计报告等;

(5) 批准风险管理措施,纠正和处理任何组织或个人超越风险管理制度做出的各种行为。

(二) 高级管理层的职责

企业高级管理层主要依据董事会确定的风险管理战略和风险管理目标,组织、制定和监督执行相关的风险管理策略具体方案,并就方案实施的有效性向董事会负责。具体职责包括:按照董事会确立的风险偏好组织、制定并落实风险管理策略具体方案,加强风险环节监控,及时纠正超出风险承受度的经营活动,对风险管理组织架构、风险管理流程、风险管理技术应用等进行定期检查,使风险管理策略与企业经营活动相匹配。

(三) 风险管理部门的职责

1. 风险管理部门的总体职责

风险管理部门是风险管理策略具体方案的主要执行部门。该部门通常独立于日常交易,主要履行风险管理的职责,并对高级管理层负责。因此,该部门职责的明确和职能的发挥是风险管理策略具体方案顺利执行的重要前提。具体来看,风险管理部门主要具有以下职责:

(1) 确保信息的准确性。风险管理部门要对风险控制系统输入输出信息的准确性负

---

① 参考 COSO(2005)。
② 风险管理委员会成员中需要有熟悉企业管理及业务流程的董事,以及具备风险管理监管知识或经验、具有一定法律知识的董事。

责,并检验风险管理模型所给出的有关资产组合及业务活动风险的评估结论。为了有效履行这一职责,他们需要了解交易工具、交易策略以及外部市场环境,并对这一领域有敏锐的判断能力和丰富的实践经验。

(2) 汇报风险头寸情况,监督风险额度和风险原则的执行。风险管理部门负责向高级管理层报告风险,并将风险情况通知到相关的业务单位。该部门还负责监督风险额度和风险原则是否得到遵守,并且在风险检查期间与有关管理者保持必要的沟通。为了完成这一职责,风险管理部门需要负责收集、分析、核对从前台和后台得到的信息,并且设计、开发和维护风险度量系统。

(3) 设定、分配、管理风险额度。风险管理部门要监控风险额度,一旦风险额度超过目标水平,风险管理部门需负责监督额度的使用是否合规。

(4) 价格鉴定和模型开发。风险部门还负责检查用于复杂金融工具定价的模型,验证定价模型的准确性,并采用适当的方法识别潜在的模型风险。此外,风险管理部门还需监控定价和分析模型的变化。

(5) 新风险的鉴别与分析。风险管理部门还需鉴别"新"的风险:这些风险可能是别的公司已经发生的,或者是由风险委员会指出的,或者是因企业损益发生较大变化时被发现、而在原有风险管理系统中没有考虑到的风险。一旦确定新风险,需立即将其纳入风险管理部门使用的标准程序和模型中去。

2. 风险管理部门内部的分工合作

按照风险管理策略的实施情况,风险管理部门内部也可以划分为前台、中台和后台等几个部分:

风险管理部门的前台:主要负责金融工具的交易,分析市场风险因子的影响,以及考虑如何对冲风险。那些需要使用金融衍生工具的策略,例如转移策略、搭配策略等主要由前台实施。

风险管理部门的中台:主要是将前台各种类型的风险因子进行综合管理,从企业整体层面完成前台交易风险的集成工作,以确定企业的风险暴露情况是否在可承受的范围之内,并且监视企业的整体风险状况,以保证监管和内部风险限额的合规性。预防策略、留存策略主要由中台实施。

风险管理部门的后台:主要根据相关部门所提供的风险信息及企业的经营战略情况对企业的风险管理政策作总体决策和调控,以提高企业风险管理策略实施的有效性。回避策略、补救策略主要由后台实施。

(四) 具体业务部门的职责

在风险管理过程中,业务部门的主要职能包括两点:一是执行风险管理部门制定的风险管理策略具体方案;二是协助、支持风险管理工作,及时向风险管理部汇报、反馈有关信息。因此,风险管理部门虽然需要与业务部门保持必要的独立性,防止由于利益冲突而无法独立测算风险,但这种独立并不是绝对的,而是有相互协调的成分,即部门之间应是相辅相成的关系:风险管理部门要为业务部门服务,而来自业务部门的各种信息又为风险管理部门的正常工作提供决策依据。

二、金融风险管理策略方案执行的组织体系有效性

风险管理策略具体方案的执行效果在很大程度上取决于风险管理框架是否完善，以及包含的各个组成部分能否有效运作。下面将从三个方面对金融风险管理的组织体系展开讨论。

（一）金融风险管理体系

金融风险管理体系[①]是由决策系统、信息系统、执行系统和监督系统组成的有机整体。各个子系统的健全和有效运转是金融风险策略有效执行的重要条件，而任何一个子系统的失灵都可能导致整个风险管理框架的失效。图 5.2 为巴塞尔协议规定的金融风险管理体系。

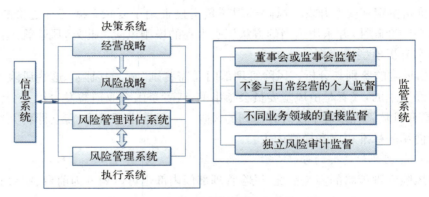

图 5.2　巴塞尔协议规定的金融风险管理体系

（二）金融风险管理的组织形式

风险管理部门主要有集中管理和分散管理两种组织方式，见图 5.3 所示。在集中管理模式中，企业设置一个与其他职能部门平行的风险管理部门，集中负责风险控制、定量分析、价格鉴定和技术支持创新等风险管理职能。而在分散化管理模式中，企业并不单独设置风险管理部门，各项风险管理职能由相应的业务部门承担。究竟采取何种方式，取决于企业的组织形式和技术条件。

（三）金融风险管理部门与其他部门之间的关系

风险管理部门虽需保持独立，但也需要和企业的其他部门沟通、协作。这些部门包括企业前台、中台、后台、控制者、法律部门和高级管理层等。同时，风险管理部门还经常需要与上级监管者、审计事务所、评级机构和投资者等外部保持联系。图 5.4 详细描述了这些关系。

三、信息流动的有效性分析

金融风险管理策略具体方案的执行过程中，风险主体需要不断检查方案实施情况，并

---

① 参考张吉光和梁晓（2006）。

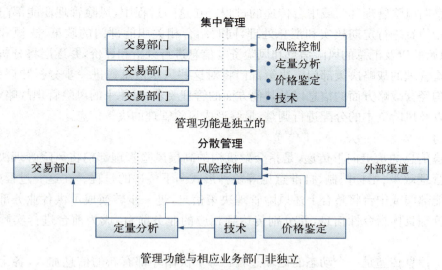

图 5.3 风险管理部门的两种组织形式[①]

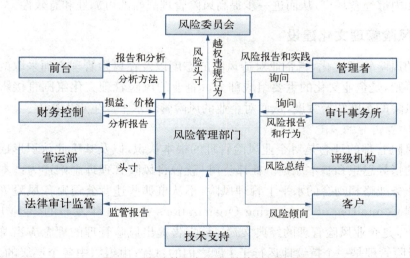

图 5.4 风险管理部门和其他部门的关系

视情形不断调整和修正具体方案的执行。这一过程的顺利实施有赖于信息流动的充分性和有效性,而信息的顺畅流通在很大程度上取决于信息系统的完善性。因此,为了保证风险管理策略具体方案的顺利执行,风险主体必须建立一个完善的信息系统,从而形成有效的信息沟通渠道[②]。风险管理的信息流动主要包括风险信息的从下向上传递和从上向下传递两种类型。

(一) 风险信息的从下向上传递

风险信息的从下向上传递,是指金融机构的各业务部门将直接搜集的交易业务相关

[①] 图 5.3 和图 5.4 均引自高盛公司等(2010)。
[②] 参考王春峰(2001)。

风险信息向风险管理部门或中台传递的过程。在这一过程中,风险管理职能部门或中台将对原始信息进行定期核实和汇总处理,同时结合相关职能部门的政策、法规和监管信息,对原始的以及汇总的风险信息和风险资本信息进行分析和评价,并逐层将分析结果传递到风险管理的战略决策部门。决策部门将对这些风险信息作进一步分析和评估,同时根据机构经营战略方面的信息以及其他方面的管理要求,对原来的风险管理战略、风险限额设置以及风险资本的分配进行调整,最终形成风险管理的决策信息。

(二) 风险信息的从上向下传递

风险信息的从上向下传递,是指金融机构的高层风险管理部门将风险管理决策信息以风险管理政策、指标限制、批准意见等多种形式向下传递的过程。在这一过程中,风险管理职能部门或中台将整合上述风险管理决策信息,进一步转换成可供各业务部门执行的风险管理具体指令性信息,并分别传达到相应的业务前台,成为前台进行实际操作的依据。

整个信息传递是一个动态的循环过程:每一次循环都有新的信息加入,各个信息传递阶段也都存在信息反馈的可能,这就使得风险管理过程能够及时适应不断变化的外部市场环境和内部经营环境,从而进一步提高风险管理战略的可靠性和有效性。

四、企业风险管理文化建设

企业的风险管理文化,指企业对待风险的态度以及在风险管理方面采取的常规性制度和指导原则,是企业文化的重要组成部分。企业的风险管理文化氛围直接影响到每一个员工对风险的态度和警觉度,从而对企业的风险管理水平产生重大影响。

(一) 树立企业的风险管理理念

企业风险管理的理念是对企业风险管理的根本认识,以及基于此认识形成的对风险管理工作的指导思想和基本原则。杜邦公司[1]就曾将风险管理理念阐述为:"本公司力图在一个与业务战略相吻合的水平上管理风险,不从事那些违背公司财务风险管理政策的活动。"美国 Committee of Sponsoring Organizations 于 2004 年发布的《企业风险管理:总体框架》[2],是企业风险管理的经典文献。该报告提出风险管理的理念应当符合以下特点:企业风险管理是一个持续地运行于主题之内的过程;由组织中各个层级的人员实施;应用于战略制定和各个层级、单元的操作;旨在识别和控制潜在风险事件;向企业的管理层提供可实现的保证;存在不同类型但相互交叉的多个目标。总的来说,企业的风险管理理念是风险管理文化的核心,是否形成一套自己的风险管理理念反映了企业管理层对风险管理的要求是否重视、对风险管理的认识是否成熟以及对风险管理的制度和流程是否有足够的经验。

(二) 加强企业的风险管理培训

企业应当定期开展面向管理人员和业务操作人员的风险管理培训。培训内容不仅包括相关法律和从业道德准则,还应包括公司的风险管理文化、管理制度和管理技术。培训

---

[1] 参考托马斯·巴顿等(2004)。
[2] 参考 COSO(2005)。

的目的是在公司各层级、各部门贯彻风险管理理念、加强风险管理意识、提高风险管理技术、培养风险管理人才,其中的关键是使企业员工真正认同企业的风险管理文化并付诸行动,否则再完美的风险管理制度和技术也可能发挥不出应有的作用。"千里之堤,溃于蚁穴",巴林银行倒闭的起因之一就是新加坡分行期货部门员工频繁出现操作失误,部门负责人为掩盖损失事实而使公司承担了过高的风险。从当事人提供的资料[1]看,该部门的风险管理培训严重缺失,并最终引发了危机。类似使金融机构遭受巨额损失的案例不胜枚举,而良好的风险管理文化能使风险管理被所有员工认同并自觉付诸行动,从而保证风险管理制度的贯彻落实和风险管理技术的正确运用。因此,加强企业员工的风险管理培训、培育企业风险管理文化对企业风险管理的成效具有至关重要的作用。

(三) 营造企业的风险管理氛围

企业应在内部各个层面营造风险管理文化氛围。董事会应高度重视风险管理文化的培育,总经理等高层管理人员则应负责培育风险管理文化的日常工作;董事和高级管理人员应在培育风险管理文化中起到表率作用;重要管理岗位及业务流程的风险控制点的员工应成为营造企业风险管理文化氛围的骨干,以点带线、以线带面,力图使风险理念具有顶层设计,并使风险意识具有群众基础。

以中航油新加坡期货子公司投机事件为例,该子公司风险的失控很大程度上源于风险管理文化氛围的严重缺失。中航油的管理层对于场外期权交易一知半解,对潜在风险熟视无睹,在大额亏损已经发生的情况下不进行止损而是采用更进一步的冒进行为,这些都是管理层风险意识淡薄的真实写照。因此,即使中航油表面上有一套完整严格的风险管理体系,在该事件中仍然形同虚设,最终酿成不可挽回的损失。

第四节　金融风险管理策略实施的绩效评估

金融机构对自身各类业务绩效的评估通常采用风险调整的绩效评估方法,对于金融风险管理策略实施效果的评估同样如此[2]。本章所言的风险调整的绩效评估是指通过经风险调整后估算的收益,对具有不同风险收益特征的金融业务的绩效所做的事前评估[3]。风险调整的绩效评估能够反映金融风险管理业务最真实的绩效,主要目的是使得风险收益特征不同的管理策略具有一定的可比性,从而有利于实现策略的最优选择、设计和实施。同时,风险调整的绩效评估也有利于对风险管理策略实施活动的经济资本[4]进行有效配置,从而实现股东价值最大化的目标。

---

[1] 参考 Leeson 和 Whitley(1996)。
[2] 本节的绩效评估主要指对于将一定风险下获取最大收益作为目标的金融风险管理策略进行的效率评估。有效性评估的方法、有效性与效率的区别在二到四章中已经有详细的论述。
[3] 风险调整的绩效评估可以是事前评估也可以是事后评估,事前评估主要用于投资决策和经济资本配置,事后评估包括出现问题后的评估以及业务周期结束后的评估,作用在于评价风险管理效果。
[4] 经济资本是由金融机构基于追求股东价值最大化的理念,对风险、收益、资本综合考虑的基础上而确定的在一定置信水平下、一定期间内保持金融机构的偿付能力以及业务的正常运作所需的最低资本数额。经济资本的最低数额为相应业务的未预期损失额。

在对金融风险管理业务进行风险调整的绩效评估时,可以采用多种不同的指标与方法衡量经风险调整后的收益。但是,并非所有经过风险调整的绩效评估方法都考虑了不同金融业务的规模。以是否考虑了金融业务的规模为标准可以将风险调整的绩效评估方法分为两类:一类没有考虑规模因素,称为绝对绩效评估方法;一类是考虑了规模因素,称为相对绩效评估方法。相较于后者,前者一般不能用于对不同部门和业务类型间绩效的横向对比,但可以用于纵向比较某一部门或业务类型自身绩效的变化。本节将对上述两类风险调整绩效评估方法中的常见方法进行介绍。

一、风险调整的绝对绩效评估方法

风险调整的绝对绩效评估方法以经过风险调整后的绝对收益或绝对收益率作为绩效衡量指标,主要包括经济增加值(EVA, economic value added)模型、Jensen 指数模型、Treynor-Mazuy 模型及 Heriksson-Merton 模型等。其中,EVA 模型在银行等金融机构的绩效评估中已得到广泛应用,而 Jensen 指数模型、Treynor-Mazuy 模型及 Heriksson-Merton 模型虽然最初主要用于证券投资活动的绩效评估,但其思想和方法对金融机构的绩效评估也可提供很好的借鉴。值得注意的是,风险调整的绝对绩效评估方法没有考虑规模因素对绩效的影响,因此该方法一般不能用于对不同部门和业务类型间绩效的横向对比,但可以用于对某一部门或业务类型的绩效变化进行纵向比较。下面就对几种主要的风险调整的绝对绩效评估方法予以介绍。

(一) EVA 模型

1. EVA 模型概述

EVA 是 1982 年美国 Stern Stewart 公司创造并推出的一种新型企业业绩衡量指标[①]。经过不断完善,在 20 世纪 90 年代,该指标逐渐开始为许多大公司采用。EVA 源于经济利润的概念,经济利润不同于会计利润之处是要减去"经济资本成本"。此处的"经济资本成本"即是所投入资源的一种机会成本。跟直接计入财务报表的成本不同,"经济资本成本"度量的是所需投入的该笔经济资本在其他用途中所能获得的最高收益,也即其在本业务活动中所要求的最低收益。在此基础上,EVA 从股东角度出发,以扣除资本成本后的资本收益(企业资本收益和资本成本之间的差)为标准,对企业经营状况的好坏和价值创造能力的高低做出判断。该指标的计算公式为

$$EVA = NOPAT - WACC \times Total\ Capital \quad (5.4.1)$$

其中,NOPAT 为税后净经营利润,等于息税后净利润加上债务资本的利息支出;WACC 为加权平均资本成本率;Total Capital 为总资本。

2. EVA 模型在金融风险管理绩效评估中的运用

当应用于金融风险管理策略实施的绩效评估时,传统的 EVA 指标需要做出如下改变:

(1) "税后净经营利润"变成了该笔金融风险管理业务的收入;

---

① 参见 Ehrbar 和 Stewart(1999)。

(2) "全部投入资本成本"转化为该笔业务的总成本,具体包括经营成本、融资成本、预期损失,以及相应投入经济资本所要求的最低收益,即经济资本成本。此时,EVA的计算公式为

$$EVA = 收入 - 成本和费用 - 预期损失 - 经济资本成本 \quad (5.4.2)$$

根据公式(5.4.2)可以看出,EVA是以经济利润为基础的一种业绩衡量方法。EVA可以直接反映金融机构在风险管理业务活动中的价值增值状态,进而帮助金融机构进行风险管理决策。具体而言:若$EVA > 0$,表示该笔金融风险管理业务的经济利润大于零,将增加金融机构的价值,风险管理的绩效为正;反之,若$EVA < 0$,则说明该笔业务的经济利润小于零,将会减少金融机构的价值,风险管理的绩效为负。

关于EVA的运用需要作几点说明:第一,EVA运用的关键是确定经济资本成本,这需要综合考虑金融机构的风险偏好、整体的经济金融环境和股东对资本的最低回报率要求等情况;第二,应用EVA方法,风险管理者并不能在众多均能增加价值的风险管理业务中有效区别出哪些业务创造价值的效率更高,因为EVA的大小受规模的影响,这也是该法的主要局限性;第三,因为EVA通常衡量的是金融风险管理业务在最近一期的经济利润,金融机构的管理者可能会放弃某些短期内EVA为负值、但长期能带来较大EVA正值的业务,这样做可能不利于金融机构的长期发展。

(二) Jensen指数模型

1. Jensen指数模型概述

Jensen指数模型是由美国经济学家Jensen于1968年提出的、建立在CAPM模型基础上的业绩衡量指标,其计算公式为

$$J_{p,t} = R_{p,t} - [R_{f,t} + \beta_{p,t}(R_{m,t} - R_{f,t})] \quad (5.4.3)$$

其中,$R_{p,t}$为投资组合P在t时期的收益率,$J_{p,t}$为在t时期的Jensen绩效指标值;$\beta_{p,t}$是该投资组合在t时期所承担的系统性风险大小;$R_{m,t}$为在t时期的市场组合收益率;$R_{f,t}$为无风险收益率。

Jensen指数模型通过比较投资组合P的收益率与由CAPM模型得出的预期收益率之差来评价投资组合的收益:若$J_{p,t} = 0$,表示投资组合的收益率与处于同等风险水平的被动组合的收益率不存在显著差异,即投资组合的绩效与市场组合不存在显著差异;若$J_{p,t} > 0$,表示投资组合的绩效优于市场组合的绩效;若$J_{p,t} < 0$,则表示投资组合的绩效劣于市场组合的绩效。

Jensen指数在理论上基于CAPM模型,因此这一指标的合理性建立在CAPM理论合乎现实的前提假设之上。如果CAPM理论与现实条件差异较大,那么Jensen指数就难以适用于业绩评估,这是基于Jensen指数的绝对绩效评估方法的最大不足。例如,由于CAPM模型假设所有投资者均会将投资组合的非系统风险充分分散化,所以基于Jensen指数的绩效评估方法更适用于有更多投资者选择分散化投资策略的金融市场。除此之外,在使用Jensen指数评估证券投资绩效时,还假定投资组合在考核期内的系统性风险大小$\beta_{p,t}$不发生变化,因而没有考虑到证券投资者的择时能力。为了弥补这一不足,

学者们随后提出了考虑择时能力的 Treynor-Mazuy 模型和 Heriksson-Merton 模型，详见后文介绍。最后，Jensen 指数仅衡量了证券投资的超额收益率，却没有考虑由于无法充分分散投资而保留的非系统性风险，为弥补这一不足 Treynor 和 Black 在 1973 年提出了估价比率（Appraisal Ratio），详见后文介绍。

2. Jensen 指数模型在金融风险管理绩效评估中的运用

借助于 Jensen 指数模型的思想，我们也可以通过比较风险管理业务的收益率与预期收益率之间的差异，以此对风险管理策略实施的绩效进行评价。假设在 t 时期，第 i 个风险管理业务的收益率为 $R_{i,t}$，风险管理绩效参照基准[①] S 的收益率为 $R_{S,t}$，该业务对绩效参照基准 S 的敏感度为 $\beta_{p,t}$。那么，参考公式(5.4.3)就可以计算出 t 时期业务 i 的 Jensen 绩效指标值为

$$J_{i,t}=R_{i,t}-[R_{f,t}+\beta_{i,t}(R_{S,t}-R_{f,t})] \qquad (5.4.4)$$

其中，敏感系数 $\beta_{i,t}$ 可以借助历史数据应用以下模型进行估计，即

$$R_{i,t}=\alpha_{i,t}+\beta_{i,t}R_{S,t}+\varepsilon_{i,t} \qquad (5.4.5)$$

类似于传统的 Jensen 指数模型，我们可以根据第 i 个业务的 Jensen 绩效指标值的大小对其绩效进行评价：如果 $J_{i,t}>0$，则表明该风险管理业务的绩效优于参照基准的绩效；相反，如果 $J_{i,t}<0$，则表明该风险管理业务的绩效劣于参照基准的绩效。

如前文所述，Jensen 指数模型更适用于在有较多投资者选择分散化策略的金融市场中评估金融机构风险管理业务的绩效。此时，使用 Jensen 指数来评估金融风险管理业务的绩效不仅有坚实的理论基础，而且计算简便。

不过，使用 Jensen 指数来衡量金融机构中不同风险管理业务的绩效也有一些不足：

首先，证券投资绩效评估中的不足依然存在：一是当金融机构的投资结构比较单一时依据 CAPM 理论计算出的预期收益率并非股东所真正预期的收益率；二是 Jensen 指数假定策略实施期内对参照基准的敏感度不发生变化，这往往不符合现实，为了克服这一不足可以借鉴考虑了择时能力的 Treynor-Mazuy 模型或 Heriksson-Merton 模型来评估不同风险管理业务的绩效；三是 Jensen 指数衡量的超额收益率中仅包含着金融风险管理策略实施所承担的非系统性风险，当金融机构的股东需要获得系统性风险的风险补偿时，该绩效评估方法并不适用。

其次，使用 Jensen 指数来衡量不同金融风险管理策略实施业务的绩效时还有一些新的不足：一是参照基准的选取没有客观标准，而在不同的参照基准下 Jensen 指数也会不同，所以使用该绩效评估方法评估绩效时并不十分客观。二是在选取参照基准之后难以准确度量不同风险管理业务对参照基准的敏感度 $\beta_{i,t}$。这是因为估计敏感系数 $\beta_{i,t}$ 需要借助风险管理业务收益率与参照基准收益率的历史数据，但另一方面又可能因为业务开展时间比较短或数据保存不完善而导致样本数量较少，从而无法通过回归分析准确估计出 $\beta_{i,t}$。

---

① 金融机构依据具体的风险收益偏好、该笔经济业务的风险收益特征及金融机构对收益需求等因素决定相应的绩效参照基准。绩效参考基准可以是该笔经济业务所属业务类型的整体平均收益率、市场组合的平均收益率等等。

以上这些不足制约了 Jensen 指数在评估不同金融风险管理策略实施业务绩效时的使用效果,这也激励着学者和实务界人士提出适用性更强的绩效评估方法。

(三) Treynor-Mazuy 模型

1. Treynor-Mazuy 模型概述

Treynor 和 Mazuy(1966)首次对基金经理的择时能力做了计量分析,他们认为如果基金经理能够预测市场行情,就会在牛市①时提高投资组合的系统性风险即 β_p 值,而在熊市时降低系统性风险。因此,可以假设组合的 β_p 值是市场因素的线性函数,即

$$\beta_p = \beta_1 + \beta_2(R_{m,t} - R_{f,t}) \tag{5.4.6}$$

将上式代入单因素模型,就得到 Treynor-Mazuy 模型为

$$\begin{aligned} R_{p,t} - R_{f,t} &= \alpha_{p,t} + \beta_p(R_{m,t} - R_{f,t}) + \varepsilon_{p,t} \\ &= \alpha_{p,t} + [\beta_1 + \beta_2(R_{m,t} - R_{f,t})](R_{m,t} - R_{f,t}) + \varepsilon_{p,t} \\ &= \alpha_{p,t} + \beta_1(R_{m,t} - R_{f,t}) + \beta_2(R_{m,t} - R_{f,t})^2 + \varepsilon_{p,t} \end{aligned} \tag{5.4.7}$$

其中,$\beta_p = \beta_1 + \beta_2(R_{m,t} - R_{f,t})$ 为模型估计所得到的可变 β_p 值,$\alpha_{p,t}$ 为选股能力指标,β_2 为择时能力指标,$R_{p,t}$ 为证券组合 P 在 t 时期的收益率,$R_{f,t}$、$R_{m,t}$ 分别为 t 时期的无风险收益率和市场组合收益率,$\varepsilon_{i,t}$ 表示期望值为零的随机误差项。

不同于 Jensen 指数模型中 β_p 值不变的假设,Treynor-Mazuy 模型是一种能够评估投资经理选股能力与择时能力的可变 β_p 值评估模型②。

利用 Treynor-Mazuy 模型对证券投资者的绩效进行评估主要可以从以下两个方面进行:

(1) 通过对不同市场形态下证券组合 β_p 值的变化来对投资者择时能力进行判断。若 $\beta_2 > 0$,那么当市场为牛市、即 $R_{m,t} > R_{f,t}$ 时,$\beta_p > \beta_1$,这意味着证券组合 P 能较多地分享市场行情上涨的好处;而当市场为熊市、即 $R_{m,t} < R_{f,t}$ 时,$\beta_p < \beta_1$,这表明证券组合对于市场行情下跌具有一定的免疫力。可见,$\beta_2 > 0$ 说明投资者具有较好的择时能力;相反,若 $\beta_2 < 0$ 则反映出投资者的择时能力较差。

(2) 通过对 $\alpha_{p,t}$ 大小来评估投资者的选股能力。若 $\alpha_{p,t} > 0$,表示该投资者的选股能力较好,且 $\alpha_{p,t}$ 值越大,投资者选股能力就越强;相反若 $\alpha_{p,t} < 0$ 则反映出投资者选股能力较差。值得注意的是,这里的 $\alpha_{p,t}$ 是在控制了投资者的择时能力(即 β_2)后得到的,所以并不反映投资者的择时能力。

Treynor-Mazuy 模型只是在 Jensen 指数的基础上增加了对证券投资者择时能力的考核,两者的理论基础仍然同为 CAPM 理论。所以 Treynor-Mazuy 模型的适用范围与 Jensen 指数类似,如更适用于有更多投资者选择分散化投资策略的金融市场。

相应地,Treynor-Mazuy 模型考虑了证券投资者的择时能力,这是相对于 Jensen 指

---

① 此处的"牛市"与通常所说的"牛市"有所差别。通常所说的"牛市"指的是证券市场普遍看涨、延续时间较长的大升市,此处"牛市"则指的是市场组合的收益率高于无风险收益率的情形。反之,"熊市"指的是市场组合的收益率低于无风险收益率的情形。

② Treynor-Mazuy 模型又称为二次项回归模型。

数模型的优点；同时 Treynor-Mazuy 模型也具有 Jensen 指数模型的其他优点,有坚实的理论基础且计算客观、方便。就其缺点而言,Treynor-Mazuy 模型仍然包含 Jensen 指数模型中除去没有考虑择时能力之外的所有缺点。另外,根据经典回归分析的理论,加入与解释变量 $(R_{m,t}-R_{f,t})$ 相关的 $(R_{m,t}-R_{f,t})^2$ 会增加参数 β_1 估计值的标准误差,不过在样本量较大时这一缺点的影响可以被显著降低。

2. Treynor-Mazuy 模型在金融风险管理绩效评估中的运用

类似地,风险管理者也可以将 Treynor-Mazuy 模型运用于对金融机构风险管理策略实施业务的绩效评估。假设在 t 时期,第 i 个风险管理业务的收益率为 $R_{i,t}$,金融风险管理策略绩效参照基准 S[①] 的收益率为 $R_{S,t}$,那么根据式(5.4.8)可估计出该风险管理策略实施过程中的策略选择能力指标 $\alpha_{i,t}$ 和调整能力[②]指标 $\beta_{i,2}$ 为

$$R_{i,t}-R_{f,t}=\alpha_{i,t}+\beta_{i,1}(R_{S,t}-R_{f,t})+\beta_{i,2}(R_{S,t}-R_{f,t})^2+\varepsilon_{i,t} \quad (5.4.8)$$

类似于传统的 Treynor-Mazuy 模型,也可以根据第 i 个风险管理业务 $\alpha_{i,t}$ 和 $\beta_{i,2}$ 的大小对其绩效进行评价：若 $\alpha_{i,t}$ 和 $\beta_{i,2}$ 都显著大于零,则表明该风险管理策略实施者对第 i 个风险业务的管理具备策略选择能力和调整能力,可认为该业务具有较高的效率;若 $\alpha_{i,t}$ 和 $\beta_{i,2}$ 不全大于零,则说明该风险管理策略实施者要么具备策略选择能力,要么具备调整能力,因此在考虑实施该策略时,风险管理部门的决策者需要进行权衡;而若两者全小于零,则说明该风险管理策略实施者不具备策略选择能力,也不具备调整能力,故不应批准该业务投入实施。

与上文提到的证券投资类似,Treynor-Mazuy 模型也更适用于评估在有较多投资者选择分散化策略的金融市场中评估金融机构风险管理业务的绩效。此时使用 Treynor-Mazuy 模型来评估的绩效不仅有坚实的理论基础、计算简便,而且还考虑了实务中普遍存在的调整能力。

不过,使用 Treynor-Mazuy 模型来衡量金融机构中金融风险管理业务实施的绩效也有缺点：首先,该绩效评估方法与 Jensen 指数均基于 CAPM 理论,故当金融机构的投资结构比较单一时,依据 Treynor-Mazuy 模型算出的策略选择能力还包含着金融风险管理部门所承担的非系统性风险,衡量调整能力时所选用的参照基准也并不恰当,这时基于该绩效评估方法做出的风险管理决策可能不利于股东价值最大化的实现。而且,同 Jensen 指数一样,该绩效评估方法也存在着参照基准选取不客观和回归系数 $\beta_{i,1}$ 和 $\beta_{i,2}$ 估计不准确的问题;另一方面,历史数据的不足再加上回归因子之间的近似共线性问题会使得估计值的标准误差较 Jensen 指数模型更大,这就使得基于 Treynor-Mazuy 模型的绩效评估方法无法准确估计金融风险管理策略实施业务的选择能力和调整能力。

---

① 参见前文绩效参照基准的定义。
② 调整能力类似于股票投资中的择时能力,当金融风险管理策略 i 的收益率在金融机构参照基准的收益率高于无风险收益率时对基准的敏感度上升,在参照基准的收益率低于无风险收益率时对基准的敏感度下降,我们称该策略的实施计划具备调整能力,反之,则称该策略的实施计划不具备调整能力。这里之所以改称"调整能力"是因为金融机构的风险管理部门没法像证券投资者通过选择合适的时机加仓和减仓来增加超额收益,只能通过灵活调整自身业务对参照基准的敏感度来增加超额收益。

(四) Heriksson-Merton 模型

1. Heriksson-Merton 模型概述

Heriksson 和 Merton 在 1981 年提出了一种可以更简单地评估证券投资绩效中选股能力和择时能力的新模型。与 Treynor-Mazuy 模型不同，该模型对市场择时能力的估计主要是通过在一般回归方程中加入一个虚拟变量来实现。该模型为

$$R_{p,t} - R_{f,t} = \alpha_{p,t} + \beta_1(R_{m,t} - R_{f,t}) + \beta_2(R_{m,t} - R_{f,t})D + \varepsilon_{p,t} \tag{5.4.9}$$

其中，$\alpha_{p,t}$ 为选股能力指标，β_1 为证券组合 P 所承担的系统风险，β_2 为择时能力指标，$R_{p,t}$ 为证券组合 P 在 t 时期的收益率，$R_{m,t}$ 为 t 时期的市场收益率，$R_{f,t}$ 为 t 时期的无风险收益率，$\varepsilon_{p,t}$ 为期望值为零的误差项。D 是一个虚拟变量，当市场处于牛市，即 $R_{m,t} > R_{f,t}$ 时，$D=1$；当市场处于熊市，即 $R_{m,t} \leqslant R_{f,t}$ 时，$D=0$。

根据式(5.4.8)可知：(1) 在 Heriksson-Merton 模型中，证券组合的系统性风险 $\beta = \beta_1 + \beta_2 \times D$，因此，若 $\beta_2 > 0$，那么在市场处于牛市即 $D=1$ 时，$\beta = \beta_1 + \beta_2$，大于市场处于熊市即 $D=0$ 时的 β 值 β_1，从而说明投资者具有一定择时能力；(2) 类似于 Treynor-Mazuy 模型，Heriksson-Merton 模型中的 $\alpha_{p,t}$ 也反映了投资者的选股能力：$\alpha_{p,t} > 0$ 反映出较好的选股能力，而 $\alpha_{p,t} < 0$ 则反映出较差的择股能力。

Heriksson-Merton 模型本质上与 Treynor-Mazuy 模型并无不同，只是采用了不同的方法来衡量证券投资者的择时能力，所以基于 Heriksson-Merton 模型的绩效评估方法的适用范围和优缺点与 Treynor-Mazuy 模型类似，此处不再详述。

2. Heriksson-Merton 模型在金融风险管理绩效评估中的运用

与 Treynor-Mazuy 模型在风险管理实施绩效评估中的运用相似，风险管理者可以利用 Heriksson-Merton 模型对金融机构第 i 个风险管理策略实施业务的策略选择能力和调整能力进行估计。通过下式即可以进行上述估计：

$$R_{i,t} - R_{f,t} = \alpha_{i,t} + \beta_{i,1}(R_{S,t} - R_{f,t}) + \beta_{i,2}(R_{S,t} - R_{f,t})D + \varepsilon_{i,t} \tag{5.4.10}$$

其中，$\alpha_{i,t}$ 与 $\beta_{i,2}$ 分别为该策略实施业务的策略选择能力指标和调整能力指标。

利用 Heriksson-Merton 模型对第 i 个策略实施绩效进行评价的方法也与 Treynor-Mazuy 模型相似：对于 $\alpha_{i,t}$ 与 $\beta_{i,2}$ 都显著大于零的金融风险管理业务，可以投入实施；而对于 $\alpha_{i,t}$ 与 $\beta_{i,2}$ 不全大于零的金融风险管理业务，则需要风险管理者进行权衡；而对于 $\alpha_{i,t}$ 与 $\beta_{i,2}$ 全小于零的业务部门，则不应采用该风险管理业务。

Heriksson-Merton 模型在金融风险管理策略实施绩效评估中的适用范围和优缺点也同 Treynor-Mazuy 模型相似，此处不再详述。

二、风险调整的相对绩效评估方法

与上述风险调整的绝对绩效评估方法相比，风险调整的相对绩效评估方法综合考察各类金融风险管理策略实施业务的规模大小及风险收益特征，使金融机构可对不同策略实施业务的绩效做出具有横向可比性的评估和判断。常见的风险调整的相对绩效评估方法包括经风险调整的资本收益率(risk-adjusted return on capital，RAROC)、Sharpe 比率、

风险调整资产回报(return on risk-adjusted assets,RORAA)、资产的风险调整回报(risk-adjusted return on assets,RAROA)、风险调整资本回报(return on risk-adjusted capital,RORAC)、Treynor 比率与估价比率(appraisal ratio),而其中 RAROC 和 Sharpe 比率的运用最为广泛,下面将分别予以介绍。

(一) RAROC 方法

RAROC 方法由美国信孚银行于 20 世纪 70 年代提出。该方法综合考核业务部门的盈利能力和风险管理能力,使收益与风险直接挂钩、有机结合,体现了业务发展与风险管理的内在统一,实现了经营目标与绩效考核的统一。

1. RAROC 的定义及其计算

金融风险管理策略实施的 RAROC[①] 可以定义为风险调整后的收益除以风险管理活动所需的经济资本,RAROC 方法描述了单位经济资本所获得的收益,反映了经济资本的效率,具体公式为[②]

$$RAROC = \frac{风险调整后的净收益}{经济资本} = \frac{收入-成本和费用-预期损失}{经济资本} \quad (5.4.11)$$

其中,风险调整后的净收益是收入中扣除所有成本、费用和预期损失后的净值;经济资本=信用风险经济资本+市场风险经济资本+操作风险经济资本。由于经济资本在量上与非预期损失相等,而信用风险、市场风险、操作风险的度量在本书作者所著《金融风险管理》(张金清,2011)中已经进行了详细介绍,这里不再赘述。

2. RAROC 方法在金融风险管理绩效评估中的应用

目前,RAROC 作为风险调整的相对绩效评估方法已在国际先进金融系统中得到了广泛运用。RAROC 方法不仅能帮助风险管理者对单笔业务或业务部门的风险收益匹配程度进行评判,而且在金融机构总体目标设定、业务决策、资本配置和绩效考核等方面也发挥着重要作用。具体来说,RAROC 方法在金融风险管理策略实施业务的绩效评估中的运用主要包括以下两个方面:

第一,各个金融风险管理策略实施实际取得的 RAROC 与风险管理部门设定的基准回报率的对比,可以确定其对公司利润的实际贡献能力。如果 RAROC 低于基准回报率,则说明该策略对公司利润贡献不足,应将该风险管理策略排除;相反,若 RAROC 高于基准回报率,那么则应该将该策略实际投入实施。

第二,不同金融风险管理策略实施业务的 RAROC 可以进行横向比较。对于 RAROC 较低的策略应该减少实施频率、规模或不投入实施,对于 RAROC 较高的策略应当进行推广应用,替代绩效较差的策略。

3. 对 RAROC 相对绩效评估方法的优点和缺陷的评价

从绩效考核的角度来看,RAROC 方法在业绩考核中综合考虑了风险和收益,实现了风险管理目标与业绩考核的统一。风险管理策略的评估者运用 RAROC 风险管理技术,

---

[①] RAROC 方法与 EVA 方法存在如下数学变换关系:$EVA=(RAROC-经济资本成本率)\times EC$,其中 EC 为经济资本。

[②] (5.4.11)式均为年化数据。

对各种风险管理策略实施业务的 RAROC 进行比较,可以提高绩效考核的科学性。这样,风险管理部门将自觉追求风险可接受情况下盈利最大化的目标,追求长期稳定的收益,而不是短期的高收益,从而可有效防止内部工作人员的过度投机行为。但 RAROC 方法仍然存在着一些内在的缺陷:

(1) 在某些情况下,RAROC 方法导致了对风险规避的过度激励:当 $VaR \rightarrow 0$ 时,$RAROC \rightarrow \infty$,即激励采用风险中性策略。因此,依据 RAROC 方法可能会对风险做出过度调整;

(2) 使用 RAROC 方法最大的困难在于对经济资本或风险管理策略未预期损失额的度量,该度量的准确程度会直接影响 RAROC 在实际运用中的有效性。

(二) Sharpe 比率方法

美国经济学家威廉·夏普于 1966 年提出使用回报/波动性比率来评估共同基金的业绩,后人将此比率称为 Sharpe 比率。Sharpe 比率方法是评价相对绩效的经典方法,主要用于测度资产组合单位总风险的超额收益。

1. 传统的 Sharpe 比率方法的定义及计算公式

传统 Sharpe 比率是评价资产组合相对绩效的重要方法之一,Sharpe 比率是用资产组合的长期平均超额收益率除以该时期收益率的标准差表示,即收益-风险比率。传统 Sharpe 比率把事后资本市场线[①](capital market line,CML)作为评估标准,是在对总风险进行调整基础上的资产组合绩效评估的方式,具体计算公式为

$$S_p = \frac{R_p - R_f}{\sigma_p} \text{[②]} \tag{5.4.12}$$

其中,S_p 为资产组合 P 的 Sharpe 比率,R_p 为资产组合 P 在样本期间的收益率,R_f 为无风险收益率,σ_p 为资产组合 P 样本期间的收益率的标准差,是资产组合 P 的总风险度量。

Sharpe 比率同时考虑了风险和收益,是单位总风险的超额收益。利用 Sharpe 比率进行绩效评估时,主要是将资产组合的 Sharpe 比率与市场基准组合的 Sharpe 比率相比较:S_p 值越大,表明资产组合的业绩越好,反之则业绩越差。

2. 传统的 Sharpe 比率方法在金融风险管理绩效评估中的应用

假定金融机构现有风险管理业务的收益率为 $E(R_p)$,标准差为 σ_p,根据式(5.4.12)计算得到的 Sharpe 比率为 S_{old}。该机构现考虑采用新风险管理策略实施业务 i 以提高管理效率,假设该项业务的预期收益率和标准差分别为 $E(R_i)$ 与 σ_i,那么如何利用 Sharpe 比率法[③]判断是否该采用新的金融风险管理业务呢?

根据传统的 Sharpe 比率法,若新业务 i 的 Sharpe 比率高于现有业务的 Sharpe 比率,那么就应当采用新业务;反之,则不宜采用。即采用新管理策略实施业务的约束条件为

---

① 在资本资产定价模型假设下,当市场达到均衡时,市场组合成为一个有效组合,而所有有效组合都可视为无风险资产与市场组合的再组合;这些有效组合在期望收益率和标准差的坐标系中刚好构成连接无风险资产与市场组合的射线,这条射线就称为资本市场线。

② Sharpe 比率还有先验(ex-ante)类型,此时公式中的收益率为期望收益率。后验 Sharpe 比率主要运用于事后绩效评估,先验 Sharpe 比率主要运用于事前投资决策和风险管理决策。

③ 这里采用的是先验 Sharpe 比率。

$$S_i = \frac{E(R_i) - R_f}{\sigma_i} > S_{old} \tag{5.4.13}$$

传统的 Sharpe 比率绩效评估方法的应用范围仅限于新业务与现有业务之间不存在相关关系的情况。因此，在两者之间存在较强的相关关系时，可能导致判断的错误，即如果新业务与现有业务相比具有较低的夏普比率，但新业务与现有业务负相关，会减小现有业务的整体风险，此时夏普比率绩效方法的可靠性将受到限制。

3. Sharpe 比率方法的发展及其在金融风险管理绩效评估中的应用

针对传统的 Sharpe 比率未考虑资产间相关性的缺点，在实际运用中人们对此进行了改进，从而发展出诸多的广义 Sharpe 方法，主要包括一般的广义 Sharpe 比率方法、基于 VaR 的广义 Sharpe 比率方法、基于零头寸的广义 Sharpe 比率方法和基于风险资产组合的广义 Sharpe 比率方法四种，下面分别进行介绍。

（1）一般的广义 Sharpe 比率方法及其在金融风险管理绩效评估中的应用。

仍然考虑上述情景，假设金融风险管理机构新业务组合的 Sharpe 比率为 S_{new}，广义 Sharpe 比率方法就是通过比较 S_{new} 与原业务组合的 Sharpe 比率 S_{old}，对是否采用新业务进行判断。只有在金融机构新业务组合的 Sharpe 比率大于原业务组合时，才将新的风险管理策略投入实施。该条件可用公式表达为

$$S_{new} \geqslant S_{old} \tag{5.4.14}$$

即

$$S_{new} = (R_{new} - r_f)/\sigma_{new} \geqslant (R_{old} - r_f)/\sigma_{old} = S_{old} \tag{5.4.15}$$

整理得

$$R_i \geqslant r_f + (R_{old} - r_f)[1 + (\sigma_{new}/\sigma_{old} - 1)/\alpha] \tag{5.4.16}$$

其中，α 为新业务组合中业务 i 所增加的权重。在假设业务 i 与原业务组合的相关性为 ρ 的情况下，新业务组合的收益和方差则分别可以通过式(5.4.17)和式(5.4.18)计算得到

$$R_{new} = \alpha R \text{ 或 } R_{new} = \alpha R_i + (1-\alpha) R_{old} \tag{5.4.17}$$

$$\sigma_{new} = \sqrt{\alpha^2 \sigma_A^2 + 2\alpha(1-\alpha)\rho \sigma_A \sigma_{old} + (1-\alpha)^2 \sigma_{old}^2} \tag{5.4.18}$$

根据式(5.4.16)至(5.4.18)不难发现，利用广义 Sharpe 比率进行绩效评估具有以下特点：（1）新业务对金融机构整体风险的贡献越大，即新业务与金融机构整体的相关性越大，则要求该业务的收益率就越高；（2）若新业务对金融机构整体风险有正的贡献，那么只有在其期望收益率大于原业务组合的期望收益率时，才可能采用新业务。

上述广义 Sharpe 方法很好地解决了新业务与原有业务之间存在相关关系时如何分析新业务的风险绩效问题。因此，相较于传统的 Sharpe 比率方法，其适用范围更加广泛。但是随着机构对风险度量准确度要求的不断提高，广义 Sharpe 比率方法用方差衡量风险的准确度限制了其绩效评估的效果，因此后续研究采取了不同的风险测度方法对其进行改进。

(2) 基于 VaR 的广义 Sharpe 比率方法及其在金融风险管理绩效评估中的应用。

在广义 Sharpe 比率方法中，风险通过方差来度量，但在实际中还存在诸多其他风险度量方式，VaR 就是其中应用最为广泛的一种。在正态分布假设下，有

$$VaR_{new}/VaR_{old} = \sigma_{R_P^{new}}/\sigma_{R_P^{old}} \tag{5.4.19}$$

因此，假设资产收益率服从正态分布，那么应用 VaR 方法度量风险时，根据式(5.4.16)，风险管理者采用第 i 项业务替代原风险管理策略实施业务的条件则可以转化为

$$R_i \geqslant r_f + (R_{old} - r_f)[1 + (VaR_{new}/VaR_{old} - 1)/\alpha] \tag{5.4.20}$$

其中，VaR_{new} 与 VaR_{old} 分别为该金融机构新业务组合与原业务组合的 VaR 值。

令 $\Delta VaR = VaR_{new} - VaR_{old}$，则(5.4.20)可变为

$$R_i \geqslant r_f + (R_{old} - r_f)\left(1 + \frac{\Delta VaR}{VaR_{old} \cdot \alpha}\right) = r_f + (R_{old} - r_f)[1 + \eta_i(VaR, \alpha)] \tag{5.4.21}$$

其中，$\eta_i(VaR, \alpha)$ 是由于投资新资产而导致的 VaR 的百分比变化，或相对于 α 的弹性，这一弹性是对由于 α 变化而导致组合风险变化的测量。

式(5.4.21)显示：如果 $\eta_i(VaR, \alpha) > 0$，即该业务的替换将导致金融机构总体 VaR 增加时，那么只有在该业务的期望收益高于原业务组合预期收益的情况下，风险管理者才有可能采用该业务，且 $\eta_i(VaR, \alpha)$ 越高，则所要求的业务 i 的预期收益就越大；类似地，如果 $\eta_i(VaR, \alpha) < 0$，则该业务的期望收益率可以低于原资产组合的期望收益率，且 $\eta_i(VaR, \alpha)$ 越小，则所要求的业务 i 的预期收益就越低，在 $\eta_i(VaR, \alpha) < -1$ 时，要求的预期收益率甚至可以为负。

基于 VaR 测度的广义 Sharpe 比率方法很好地解决了风险测量的精度问题，因此，更符合金融实务对风险管理的要求，但是随着金融衍生品的发展，一些具有特殊现金流和市场价值的金融衍生品的出现对 Sharpe 比率相对绩效评价方法提出了挑战。

(3) 基于零值头寸的广义 Sharpe 比率方法及其在金融风险管理绩效评估中的应用。

随着世界范围内金融衍生品的发展，实际中金融机构往往会持有一些价值为零的金融资产，如远期和传统的互换等。由于价值为零，这些资产在资产组合中的权重难以计算，因而也难以利用前述几种 Sharpe 比率方法对其绩效进行评估。那么风险管理者该如何对这些零值头寸的业务进行绩效评估呢？于是，在此引入基于零值头寸的广义 Sharpe 比率方法。

由式(5.4.16)—(5.4.18)可知，在 Sharpe 比率方法下，风险管理者采用业务 i 替换原有业务的条件为

$$R_{new} \geqslant r_f + (R_{old} - r_f)\sigma_{new}/\sigma_{old} \tag{5.4.22}$$

其中，R_{new} 为采用业务 i 后的新业务组合的预期收益率，R_{old} 为现有业务组合的预期收益率。

在正态分布假设条件[①]下，用相应的 VaR 代替标准差有

---

① 这里也可以是其他分布，比如 t 分布、均匀分布等。

$$\frac{(R_{new}-r_f)}{(R_{old}-r_f)} \geqslant \frac{VaR_{new}}{VaR_{old}} \tag{5.4.23}$$

式(5.4.23)显示了应用基于零值头寸的广义 Sharpe 比率方法进行绩效评估的一般原则：如果在增加零值头寸业务 i 后，新业务组合期望收益率超过无风险收益率部分的增加比例超过其 VaR 的增加比例，则说明采用该业务替换原有业务有利于提高整体业务组合的绩效。

(4) 基于组合基准的广义 Sharpe 比率方法及其在金融风险管理绩效评估中的应用。

上述 Sharpe 比率相对绩效评估方法均假定基准资产是无风险资产，但在实际中，却较多使用风险资产作为基准资产。当基准资产为风险资产时，基准收益率 R_b 不再是常数，Sharpe 比率分母中也应改为资产组合收益率与基准收益率之差 $R_d = R_p - R_b$ 的标准差 σ_d，并且有

$$\sigma_d = \sqrt{\sigma_{r_p}^2 + \sigma_{r_d}^2 - 2\rho_{R_p R_b}\sigma_{R_p}\sigma_{R_d}} \tag{5.4.24}$$

此时，根据广义 Sharpe 比率方法，可以得到：当满足(5.4.25)时，应进行新资产投资

$$(R_p^{new} - R_b^{new})/\sigma_d^{new} \geqslant (R_p^{old} - R_b^{old})/\sigma_d^{old} \tag{5.4.25}$$

把 $R_p^{new} = \alpha R_A + (1+\alpha)R_p^{old}$ 代入(5.4.25)式有

$$R_A \geqslant R_p^{old} + [(\sigma_d^{new}/\sigma_d^{old} - 1)(R_p^{old} - R_b^{old})]/\alpha + \Delta R_b/\alpha \tag{5.4.26}$$

其中，$\Delta R_b = R_b^{new} - R_b^{old}$。

由(5.4.26)式可知，若业务 i 的期望收益率大于或等于原业务组合的期望收益率加上风险调整收益率（决定于 R_b^{old}），再加上由于采用新业务 i 所导致的基准收益率的变化 ΔR_b，那么就应该采用该项新业务。

基于组合基准的广义 Sharpe 比率方法拓展了原有 Sharpe 比率对无风险资产作为基准资产的假设。这一方法可以在机构需要选择适当的基准评价绩效的时候，满足机构选择合意的组合为绩效评价基准的要求，但其代价是增加了运算的复杂程度。

(5) 基于下半方差的广义 Sharpe 比率方法[①]及其在金融风险管理绩效评估中的应用。

由于下半方差可以表示最低可接受收益率，因此 Frank Sortino 在 20 世纪 80 年代提出了基于下半方差的广义夏普比率方法，可以表示为

$$SR = (\tilde{r}_i - r_{market})/DD \tag{5.4.27}$$

$$DD = \left[\left(\sum_{i=1}^{N} L_i^2\right)/N\right]^{1/2} \tag{5.4.28}$$

其中，r_{market} 表示最低可接受的收益率，即进行被动投资就能获取的市场收益率，DD 是下方标准差。这里，L_t 的具体取值是：当 $r_i - r_{market} < 0$ 时，$L_t = r_i - r_{market}$；当 $r_i - r_{market} > 0$

---

① 又被称为 Sortino Ratio。

时，$L_t = 0$。此时根据(5.4.15)式可知

$$S_{new} = (R_{new} - r_f)/DD_{new} \geqslant (R_{old} - r_f)/DD_{old} = S_{old} \tag{5.4.29}$$

将 $R_{new} = \alpha R_A + (1-\alpha) R_{old}$ 代入上式可得

$$R_A \geqslant R_{old} + [(DD_{new}/DD_{old} - 1)(R_{old} - r_f)]/\alpha \tag{5.4.30}$$

式(5.4.30)同样表明，若业务 i 的期望收益率大于或等于原业务组合的期望收益率加上风险调整收益率(决定于 R_{old})，再减去由于增加业务 i 的经济资本配置限额导致的成本，那么就应该采用新业务 i。

(6) 其他基于夏普比率的改进方法简介。

a) M^2 测度及其在金融风险管理绩效评估中的应用[①]。

Sharpe 指数是一个相对值，可以比较不同组合、业务的优劣，但是其本身的数值大小却难以理解。为了解决这一问题，Franco Modigliani 和 Leah Modigliani 提出了对 Sharpe 指数数值化解释的指标，这一指标被称为 M^2 测度。该法的基本思想是构建虚拟资产组合，使得总风险等于市场组合的风险，通过比较虚拟资产组合与市场组合的平均收益率来评价业绩，具体公式如下

$$M^2 = \tilde{r}_i^* - \tilde{r}_m = \frac{\sigma_m}{\sigma_i}(\tilde{r}_i - \tilde{r}_f) + \tilde{r}_f - \tilde{r}_m \tag{5.4.31}$$

其中，$\tilde{r}_i$ 和 $\tilde{r}_i^*$ 分别表示组合 i 在 σ_i 与 σ_m 水平下的平均收益率，σ_i 与 σ_m 分别表示组合 i 和市场组合 M 的标准差，$\tilde{r}_m$ 表示市场组合 M 的平均收益率，$\tilde{r}_f$ 表示无风险收益率。

该方法的基本思想是通过无风险利率下的借贷，将被评价的组合或部门的标准差调整到与市场基准相同水平下，进而对组合或部门相对市场基准指数的表现做出考察。这一方法的排序与 Sharpe 比率是一致的，但是比传统 Sharpe 比率更容易被人们理解和接受。

b) 衰减度(decay rate)指标及其在金融风险管理绩效评估中的应用。

上述 Sharpe 比率的一个基本假设是资产的收益率服从正态分布假设，但这一假设在某些情况下并不十分符合现实。因此 Stutzer(1998)提出了衰减度指标，其突出优点在于允许组合的收益率符合任何分布。

该指标的基本思想是，假设基金超额收益率的期望 $(\tilde{r}_i - \tilde{r}_f) > 0$，且为独立同分布过程，则概率 $\text{Prob}\{(\tilde{r}_{iT} - \tilde{r}_{fT}) \leqslant 0\}$ 趋近于 0，并且随着时间的推移而呈现负指数衰减，即

$$I_i \equiv -\lim_{T \to \infty} \frac{1}{T} \log \Big[\sum_T e^{\theta(r_{iT} - r_{fT})T} \Big] > 0 \tag{5.4.32}$$

其中，T 为足够大的正整数，$\theta < 0$，I_i 是待估参数。

Stutzer(1998)认为，风险管理主体厌恶损失，即厌恶获得负的超额收益。因此，他们

[①] 该部分参考了李宪立(2009)。

将以如何使上述概率尽快衰退为目标,构造组合使得 I_i 最大,从而有

$$I_i = \max_\theta [-\log E(e^{\theta(r_i - r_f)})] \tag{5.4.33}$$

从另一个角度而言,假设风险主体厌恶风险,则上述衰减度 I_i 可以用来作为风险主体评价投资组合业绩的指标:衰减度越高,投资组合的业绩越好;反之,衰减得越慢,投资组合的业绩越差。求解上述单值规划问题,即可得到衰减度指标 I_i。

4. 对 Sharpe 比率相对绩效评估方法优缺点的评价

由于 Sharpe 比率方法不仅考虑了资产的系统性风险,还考虑了非系统性风险。因此,Sharpe 比率方法具有较大的适用性,为投资决策和风险管理决策的绩效评价提供了参考依据。但是,Sharpe 比率方法的内在缺陷也是显而易见的:

(1) Sharpe 比率的有效性依赖于可按相同的无风险利率借贷的假设;

(2) Sharpe 比率没有基准点,其大小本身没有意义,只有在与其他资产组合 Sharpe 比率的比较中才有价值[①];

(3) Sharpe 比率是线性的,但在仅有风险资产的有效前沿上,风险与收益之间的变换并不是线性的。因此,Sharpe 比率在对标准差较大的业务部门的绩效衡量上存在偏误[②]。

(三) 其他风险调整的相对绩效评估方法

前文已指出,除了上述两类方法之外,还有统称为风险调整后的绩效评估方法(risk-adjusted performance measurement,简称为 RAPM),具体为 RORAA、RAROA、RORAC 与 RAROC;以及用以评价证券投资常用的相对绩效评估方法,即为 Treynor 比率、估价比率。下面我们分别对这几种方法进行简单介绍。

1. 风险调整后的绩效评估方法(RAPM)

(1) 风险调整后的绩效评估方法的原理及其在金融风险管理绩效评估中的应用。

RAPM 方法是由美国信孚银行在 20 世纪 70 年代末最早提出的。RAPM 方法通过风险调整把金融机构不同风险业务的收益放在一个可比的基础上,更明确地考虑到风险对金融机构的巨大影响,是一种引入了风险因素的绩效评估方法。

常见的 RAPM 模型中的 RORAA 和 RAROA 以资产为基础,源于传统的资产回报率(ROA);RORAC 与 RAROC 以经济资本为基础,源于传统的资本回报率(ROC)。下面就对除 RAROC 外的其他三个指标作简要介绍。

RORAA 模型:1998 年巴塞尔委员会在资本协议中使用了这一方法。RORAA 模型采用了资产收益率比率,但不同于 ROA 不加区分地罗列所有资产,RORAA 模型依据资产的相对风险程度,在计算时乘以相应参数。其基本定义公式为:RORAA=收益÷风险调整资产。

RAROA 模型:RAROA 模型以 ROA 为基础,通过在回报中扣除风险因素来进行风险调整。因此,如果在任意一年内对公司的一笔贷款有 1% 的概率违约,则必须从产生的回报中减掉 1% 的贷款额。其基本定义公式为:RAROA=(期望收益-风险调整因

---

① 基于 M^2 测度方法的改进解决了这一缺陷。

② 在存在无风险资产的情况下,资产组合的有效前沿变为资本市场线(capital market line,CML),此时运用 Sharpe 比率的绩效衡量不存在误差。

子)÷资产。

RORAC 模型：该模型以常用的资本收益率为出发点，在分母上用内部计算的风险资本来代替监管资本，这种方法比 RORAA 涵盖范围更广泛。其基本定义公式为：RORAC＝(期望收益－风险调整因子)÷风险资本。

(2) 对风险调整后的绩效评估方法的优缺点评价。

四种不同具体形式的 RAPM 模型虽然在绩效评估方法上有所差异，但本质上都是以特定交易业务现值的潜在波动性为基础。经过风险调整后，对金融机构及各业务部门的绩效进行评估。而另一方面，标准的 RAPM 方法是一套与实际经济环境有着较大差距的理想体系，并不能直接应用于风险管理中，需要在实际运用中加以修正，例如对资本占用成本引起偏差的纠正，对风险度量置信区间设置引起偏差的修正等等。否则，会引致机构在绩效评估上的偏差和经济资本配置上的错配。

由于不断完善的 RAPM 方法能够将金融机构获得的收益与承担的风险直接挂钩，从而代表了国际风险管理发展的趋势。因此，目前 RAPM 已逐渐取代传统的主要以资本回报率为中心的绩效评估指标，成为发达国家金融机构绩效评估的常用方法。

2. Treynor 比率

Treynor 比率是 1965 年由 Treynor 提出的，主要采用系统风险评价绩效。具体而言，Treynor 比率的计算方法是用资产组合在特定时期内的收益率减去无风险资产的收益率，再除以这个资产组合的 β 系数，即

$$\text{Treynor Ratio} = \frac{R_{p,t} - R_{f,t}}{\beta_{p,t}} \tag{5.4.34}$$

其中，$R_{p,t}$ 为资产组合 P 在 t 时期的收益率，$\beta_{p,t}$ 为资产组合在该时期的系统性风险大小，$R_{f,t}$ 为无风险资产在 t 时期的收益率。

显然，Treynor 比率衡量的是单位系统性风险的超额收益水平，Treynor 比率越大，说明资产组合的绩效越优。当 Treynor 比率用于金融风险管理策略实施业务的绩效评估时，则式(5.4.34)中的 $R_{p,t}$ 表示该业务在 t 时期的收益率，$\beta_{p,t}$ 表示该业务在 t 时期面临的系统性风险，Treynor 比率则表示在 t 时期该业务每单位系统性风险的超额收益。如果该风险管理策略实施业务的 Treynor 比率高于可替代策略实施业务的平均 Treynor 比率水平，或者大于金融机构的基准 Treynor 比率，则说明该业务的绩效较优，可适当增加规模。

从适用范围上看，Treynor 比率和 Sharpe 比率都衡量了风险补偿与组合风险之间的关系。但是 Treynor 比率中只考虑了系统性风险，而 Sharpe 比率中还包括了非系统性风险。对于非系统性风险被完全分散的组合来说，两个比率是相同的。在实际应用中，Treynor 比率和 Sharpe 比率均可为资产组合的评级提供标准，均为非常重要的指标。

从 Treynor 比率方法的优缺点上看，Treynor 比率只对完全分散的组合，或者没有非系统性风险的组合(例如国库券组合)有效。对于包含非系统性风险的组合，Treynor 比率强调了其中的系统风险因素，而忽视了其中的非系统风险因素。因此，Sharpe 比率的

适用性更广,但如果需要着重评估系统性风险,Treynor 比率更为合适①。

3. 估价比率

在 Jensen 指数基础上,Treynor 和 Black(1973)提出了估价比率②。该比率用资产组合的阿尔法值除以非系统风险,测算出每单位非系统风险所带来的非常规收益,即

$$\text{Appraisal Ratio} = \frac{\alpha_{p,t}}{\sigma(e_{p,t})} \tag{5.4.35}$$

其中,$\alpha_{p,t}$ 表示资产组合 P 超过基准的超额收益,$\sigma(e_{p,t})$ 表示资产组合 P 的非系统性风险。

因此,当估价比率用于金融风险管理策略实施业务的绩效评估时,则式(5.4.35)中的 $\alpha_{p,t}$ 表示该业务在 t 时期超过基准的超额收益,$\sigma(e_{p,t})$ 表示该业务在 t 时期面临的非系统性风险大小,估价比率则表示在 t 时期该业务每单位非系统性风险的超额收益。该业务的估价比率越高,则说明该业务单位非系统性风险的超额收益越大,为金融机构创造的价值也越大;如果该业务的估价比率高于所有业务的平均估价比率水平,可适当增加其规模。

在适用范围和优点上,由于估价比率可以被视为投资者运用才智和信息所得的额外收益与积极管理成本的比率,因此该比率更多地用来解决积极组合与被动组合的最优组合问题。以基金为例,该比率可以衡量积极组合对整体组合的 Sharpe 比率的贡献。由于被动管理的投资组合估价比率应该为零,因此,该比率越大,意味着该基金与被动组合联合构成的新组合的 Sharpe 比率提高得越多。

但在实践中,估价比率的可靠性依赖于对超额收益和非系统性风险的测度的准确程度,因此估价比率往往需要配合其他指标一起使用,以便风险管理者更全面、可靠地评价机构或组合的绩效。

除了上述方法之外,随着 20 世纪 80 年代以来金融自由化和全球化进程不断推进,越来越多的绩效评估方法被相关领域学者和从业者开发出来,但是这些方法的基础仍然是上文所述的绝对绩效评估方法和相对绩效评估方法,主要包括随机占优方法(SDA),数据包络分析方法(DEA)和人工神经网络方法(ANN)等③,有兴趣的读者可以参阅相关文献和专著,这里不再赘述。

三、各种绩效评估方法的比较

表 5.16 对本节所给的各种风险调整的绩效评估方法进行了比较,分别给出了绝对绩效评估和相对绩效评估方法的特点、适用范围及优缺点。总体而言,在诸多绝对绩效评估方法中,Heriksson-Merton 要优于 Treynor-Mazuy 法和 Jensen 指数法,因此该模型具有更为广泛的适用范围。而在诸多相对绩效评估方法当中,广义 Sharpe 方法由于考虑了新

---

① 该部分参考李胜宏,鲍群芳和杨晨(2011)。
② 估价比率又被称为信息比率(Information Ratio)。
③ 随机占优方法相关文献可参考 Rothschild 和 Stiglitz(1970,1971)、Levy 和 Wiener(1998);数据包络分析方法相关文献可参考马占新(2016)和成刚(2014),人工神经网络方法可参考海金(2011)和米歇尔(2008)。

增资产与现有组合的相关性,所以在总体上优于传统 Sharpe、RAROC、RAPM 与 Treynor 比率等方法。然而,就指标评价的全面性而言,RAROC 对风险的估计最为全面。

表 5.16　各种绩效评估方法的比较

绩效评估方法		特　点	适用范围	优　缺　点
风险调整的绝对绩效评估方法	EVA	EVA 方法等于税后净经营利润与全部投入资本成本差,资产组合的 EVA 值越高,绩效越好	适用于包括金融风险管理策略实施业务在内的金融机构和企业各业务及部门的绩效评估	以经济利润和经济资本为基础,反映了企业的价值最大化目标,但缺乏横向可比性
	Jensen 指数	Jensen 指数衡量资产组合的相对于市场组合的超额收益,Jensen 值越大,绩效越好	适用于非系统风险已完全分散的资产组合的业绩评估	较为简单地评估绩效,刻画了收益和系统风险因子间的关系;但缺乏横向可比性,未考虑资产组合期望收益和风险的时变性
	Treynor-Mazuy 模型	既能衡量资产组合系统性风险,还能判断投资者的择时能力	适用于非系统风险已完全分散的资产组合业绩评估	既考虑了资产组合期望收益和风险的时变性,也考虑了投资者的择时能力,但缺乏横向可比性
	Heriksson-Merton 模型	既能衡量资产组合系统性风险,还能判断投资者的择时能力	适用于非系统风险已完全分散的资产组合业绩评估	衡量的方法比 Treynor-Mazuy 更为简单,缺乏横向可比性
风险调整的相对绩效评估方法	RAROC	RAROC 指标等于经风险调整后的资本收益除以经济资本,衡量了投入经济资本的效率	适用于包括金融风险管理策略实施业务在内的金融机构和企业各业务及部门的绩效评估	对风险进行了全面的估计,可用于金融机构各业务部门纵向与横向的绩效比较,但容易产生对风险的过度规避,且难以准确度量经济资本
	Sharpe 比率	Sharpe 比率等于单位总风险的超额收益,资产组合的 Sharpe 比率越高,绩效越好	适用于非系统性风险尚未完全分散的资产组合的绩效评估	能用于两个以上投资组合的比较,并能给出先后的选择标准,广义的 Sharpe 比率还能解决选定头寸与现有头寸之间的相关性问题,但有效性依赖于可按相同的无风险利率借贷的假设,以及 Sharpe 比率没有基准点等
	其他 RAPM	具体包括 RORAA、RAROA、RORAC,衡量风险调整后的收益水平	适用于金融机构和企业各业务部门的绩效评估,但由于资本的覆盖范围较资产更广,因此 RORAC 适用范围更广	将风险与收益挂钩,使得各资产组合的绩效衡量具有统一标准和可比性,但 RAPM 高度依赖相关性及其他统计参数的度量,且如何合理地将各类风险集成、加总仍然是个难题

续表

绩效评估方法		特　点	适用范围	优　缺　点
风险调整的相对绩效评估方法	Treynor比率	Treynor比率等于单位系统性风险的超额收益，资产组合的Treynor比率越高，绩效越好	仅用于资产组合系统性风险的绩效评估	将超额收益完全归结于资产组合所承担的系统性风险大小，未能考虑不同资产组合非系统性风险的差异可能会给超额收益带来的影响
	估价比率	估价比率等于资产组合单位非系统性风险超过基准组合的超额收益，资产组合的估价比率越高，绩效越好	仅用于资产组合非系统性风险的绩效评估	未能考虑不同资产组合系统性风险的差异可能会给超额收益带来的影响

【专栏】 第五节　海南发展银行破产事件案例分析

1998年6月21日，一则关于海南发展银行（简称为海发行）的新闻在我国社会各界引起巨大震动：鉴于海发行无力偿还到期债务，中国人民银行依法决定停止该行一切业务活动。由此，海发行成为我国改革开放以来被关闭的首家股份制商业银行。人们不禁要问：在这场席卷海南岛的金融风暴中，海发行决策层的风险管理策略存在哪些问题？又会给后人带来哪些启示？本案例将对此给予深入分析。

海发行于1995年8月完成组建之后，发展势头迅猛：到1996年年底各项贷款余额35.11亿元，同比增长达到惊人的97.8%，且无一笔呆滞贷款①。形成鲜明对比的是，受1997年年初房地产泡沫破灭冲击，海南省34家城市信用社发生严重亏损，截至同年6月不良贷款率达86%，面临大规模的破产危机②。为避免倒闭潮发生，中国人民银行1997年年底决定将其中28家信用社并入海发行。然而，该决定却在短短半年内引发了致命的挤兑风潮，最终海发行也不得不接受破产清算的悲剧命运。

即使在当时来看，海发行合并28家城市信用社的决策也具有极高的风险。短期而言，最大的隐患就是到期偿付资金的巨大缺口可能引发的流动性风险。根据相关文件记载③，合并后到1998年春节前，仅居民储蓄支付的资金缺口就超过20亿元，即使暂缓兑付企业和同业债务，仍然面临流动性匮乏的难题。长期而言，合并信贷资产严重亏损的城市信用社也可能带来难以管控的信用风险。其实，事前上述风险已经被海发行管理层与央行决策层所认识到。央行文件指出：对于流动性风险，央行将在资金和宣传上给予全力支持，再加上海发行自身对到期大额储蓄存款采取限额、延期支付和转存的办法等，应有能力应对。而对于信用风险，海发行因有政府背景和良好盈利能力似乎也能抵御和吸收。

---

① 数据来源：1997年海南年鉴。
② 数据来源：1998年海南年鉴。
③ 即银复[1997]471号文件《关于处置海南省城市信用合作社支付危机的实施方案的批复》。

然而事后表明,还有两项风险并未纳入考虑范围,也因此合并事件给了海发行致命一击:一是利率市场风险。当时海南金融市场投机交易与高利率盛行,一些投机者不满海发行所支付7%的利率而大量清空账户,转存其他高息平台[①]。二是银行内部的操作风险。海发行没有建立起严格的风险管理制度,尤其在大额资金的使用和财务的审批权方面漏洞百出。海南发展银行关闭前,央行给予的近40亿临时贷款资金,本来是严格规定用来支付到期储户存款的,但有一大半竟被拿来用于内部人贷款等其他项目[②]。上述市场风险与操作风险未能得到有效控制,进一步加剧了储户的担心,造成了流动性风险的急剧扩大。上述问题导致海发行在1998年上半年遭遇了严重的挤兑风潮,在自身的储备用尽后,央行给予的再贷款与金融债券融资也无济于事,最终被迫关闭。

海发行破产事件为我国银行业敲响了加强风险管理的警钟:没有系统的风险管理策略设计和严格的风险管理体系支持,银行等金融机构在面临外部冲击时将十分脆弱。海发行破产事件在风险管理策略实施方面给人们带来深刻的启示和教训:首先,在海发行受到挤兑冲击前,应当充分考虑到合并政策对海发行的影响,做好充足的预防措施。在依靠央行的宣传工具和权威维护自身在金融市场上的融资能力外,应当最大限度地调配准备金与再贷款额度。在可能的条件下,还应当提前建立存款保险制度,提高储户信心。其次,储户挤兑主要源于对银行流动性枯竭的恐慌,如果存在合适的风险转移工具如信贷资产证券化业务,则能够较大程度地遏制这种恐慌。最后,在挤兑冲击发生后,海发行必须及时采取补救措施。当时,海发行只是一味地寻求流动性支持,但由于内部存在管理漏洞,艰难获得的流动性被大量转移,这些措施显然还远远不够。应当大力整顿内控制度,在限制投机者转存的同时,严厉打击内部人贷款、资本金抽逃等行为。

本 章 小 结

本章将金融风险管理策略的选择、设计与实施分为策略选择、基于策略选择的方案设计以及方案执行三个环节,同时又对金融风险管理策略选择、设计与实施的绩效给出了相应的评估方法。

具体而言,本章首先详细介绍了金融风险管理策略的选择、基于策略选择的方案设计的一般原则与具体步骤;然后,从金融风险管理职责、金融风险管理组织体系、金融风险信息的传导等方面对金融风险管理策略的方案执行展开讨论;最后,梳理了风险调整的绝对绩效评估方法和相对绩效评估方法,以对不同的风险管理策略实施情况进行绩效评估。

重 要 概 念

程序最简化原则　成本最小化原则　有效性最大化原则　可行性原则　经济性原

[①] 参考林海(2014)。
[②] 参考迟福林(1998)。

则　系统性原则　风险管理职责　组织体系有效性　信息流动有效性　企业风险管理文化　风险调整的绝对绩效评估方法　风险调整的相对绩效评估方法　EVA 模型　Jensen 指数模型　Treynor-Mazuy 模型　Heriksson-Merton 模型　RAROC 方法　Sharpe 比率　Treynor 比率　估价比率

思 考 题

1. 简述金融风险管理策略选择、设计与实施的三个基本环节以及各环节之间的关系。
2. 简要介绍金融风险管理策略选择的基本原则与一般步骤。
3. 试基于金融风险管理策略选择的三大基本原则,比较不同金融风险管理策略的优缺点。
4. 简要介绍金融风险管理策略方案设计的基本原则与一般步骤。
5. 请运用金融风险管理策略方案设计的三大基本原则,查找相关资料,评价德意志银行在 2015 年发生危机前的风险管理情况。
6. 举例说明金融风险管理策略方案执行的重点与难点。
7. 试分析董事会、管理层、风险管理部门以及各业务部门在金融风险管理策略执行过程中所起到的作用。
8. 简要介绍对金融风险管理策略实施进行绩效评估的主要方法,比较各方法之间的优劣。
9. 以本章第一节中 A 银行对房地产行业贷款的风险管理策略实施为例,运用 EVA 和 RAROC 方法评估绩效。
10. 选择我国两个不同基金在当前时点上的资产组合配置方案,采用合适的绩效衡量指标评估绩效,并解释评估结果的可能原因。

附 录

东航期权套期保值巨亏案例分析

与欧美发达国家相比,套期保值业务在我国的历史还不长,但套保巨亏事件却频频发生,其中东方航空公司 2008 年的航油套期保值巨亏事件就是一个典型案例。本案例告诫人们,对价格剧烈波动的商品不进行套期保值有可能引致巨额风险,但如果进行套期保值而方法错误,则可能会招致更大损失。本文对东航案例发生的源起、过程、结果,尤其是巨亏成因进行解读、分析。通过本案例教学,引导学生了解和掌握基于期权的套期保值策略的一般原理、制定方法、实施步骤以及有效性评价等知识,进一步掌握、运用正确的套期保值策略进行金融风险管理的理论、技术和方法。

一、引言

2009 年 1 月 12 日,中国东方航空股份有限公司(以下简称东航)发布公告称[①],截至 2008 年 12 月 31 日,东航 2008 年航油套期保值业务公允价值损失已达 62 亿人民币,巨额损失导致资产负债率突破 115%,这意味着东航理论上已经破产。消息一出,舆论一片哗然,东航套期保值业务迅速成为公众热议的焦点。

企业套期保值的目的本应是规避风险,为何东航的套保业务反而造成巨额损失?围绕东航套保巨亏事件,本案例重点讨论在套期保值业务中如何设计套保策略,以及在套保过程中如何进行风险管理。

二、案例背景

作为我国三大骨干航空运输企业之一,自 1997 年上市以来,东航的营业收入从最初的 93 亿迅速增长到 2007 年的 435 亿[②],年平均增长率高达 15.64%,在国内航空公司中可谓首屈一指。然而,在业务急速扩张的过程中,东航遇到了一个棘手问题:航油成本持续上升严重侵蚀了公司利润;仅航油成本占比一项指标就从 2002 年的 21% 快速上涨到 2007 年的 40%[③],高航油成本直接"吞"掉了东航的大量利润。

[①] 信息来源:《中国东方航空股份有限公司关于航油套期保值业务的提示性公告》,上交所网站,2009 年 1 月 12 日。
[②] 数据来源:东航历年财务报表。
[③] 数据来源:东航历年财务报表。

航油成本上升主要源于国际油价的不断上涨①。2003年以来,西德克萨斯轻质低硫原油(WTI原油)②现货价格从最初的30美元/桶持续上涨至2007年12月31日的95.95美元/桶,2008年上半年更是在短短半年内上涨了45%③。此时,高盛、瑞银、摩根士丹利等著名国际投行也纷纷预测油价将继续上涨并长期保持高位,高盛甚至进一步预测④在接下来的半年到两年内每桶油价将突破200美元大关。在一片看涨的喧嚣中,似乎胸有成竹的东航摩拳擦掌,坚信未来油价只涨不跌⑤,意欲在套保业务上一显身手。

数据来源:美国能源署、东航历年财务报表

附录图1　WTI原油现货价格与东航历年航油成本

三、东航套保策略解读

（一）东航套保期权合约剖析

1.套保合约的具体内容

为了对冲油价上涨的风险,东航在2008年上半年的短时间内,与数家国际投行一口气签订了55份场外期权合约,合约涉及原油数量高达1 135万桶。东航签订的这些期权合约的具体条款至今仍不得而知,但《财经》记者曾获得其中1份合约的详细条款⑥,从中或许可以看出一些端倪。这份合约⑦包括了用于套期保值而买入的一份看涨期权,以及为抵消看涨期权的期权费而卖出的两份看跌期权,合约将于2009—2011年间到期。

除此之外,东航2008年年报对签订的期权合约有如下描述:"于2008年度,本集团签订的原油期权合约大部分为三方组合期权合约,即本集团上方买入看涨期权价差(即本集团持有一个看涨期权多头和一个看涨期权空头),下方卖出看跌期权。截至2008年12月

---

① 航空煤油(简称航油)是原油的衍生加工品之一,主要用作航空涡轮发动机的燃料。
② WTI原油交易量大,多作为国际原油价格的参考基准,很多原油衍生品以此为标的。
③ 数据来源:美国能源署。
④ 信息来源:《高盛预测油价将升至150到200美元》,新华网,2008年5月6日。
⑤ 信息来源:《第一财经日报》2008年12月1日文章《东航自解燃油套保:没有投机》。
⑥ 信息来源:《瞭望东方周刊》2009年2月5日文章《东航套期保值浮亏危机详解》。
⑦ 合约的核心内容是,当油价超过118美元时,投行将向东航支付差价。但当油价跌至82.75美元以下时,东航需要双倍赔付,且下不兜底。

31日,本集团持有的尚未交割合约相关看涨期权的执行价格的价差约为10—50美元/桶[①],看跌期权的执行价格约为45—83美元/桶。此等合约将分期交割并分别于2009年与2011年间到期。"

综合以上及其他相关信息可以推测,东航整体套保策略包含三种期权头寸[②]:低执行价看跌期权空头、中等执行价看涨期权多头以及高执行价看涨期权空头,期权结构如附录图2。

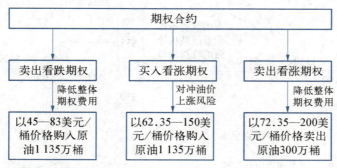

资料来源:作者根据东航2008年年报整理。

附录图2　东航套保合约的期权结构

为了便于分析,本文对东航的期权套保策略作以下简化:设卖出的看跌期权执行价$K_1=65$美元/桶,期权费P_1;买入的看涨期权执行价$K_2=120$美元/桶,期权费P_2;卖出的看涨期权执行价$K_3=180$美元/桶,期权费P_3。东航套保策略的损益情况见附录图3,该策略实质是基于三相领子期权的搭配策略[③]。

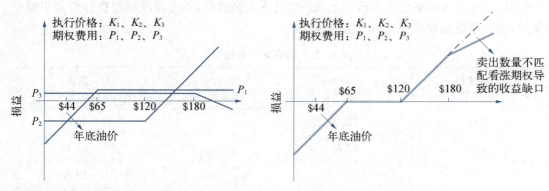

资料来源:作者根据东航2008年年报信息绘制。

附录图3　东航套保策略期权组合到期损益图

[①] 年报中执行价为区间形式,原因是东航签订的多份期权合约执行价不同。
[②] 由于我们无法得知所有55份合约的具体条款细节,所以只能基于现有信息做一个大致的推断。
[③] 三相领子期权是在领子期权的基础上,再买入或卖出一个期权所形成的期权组合。关于基于三相领子期权的搭配策略请参考本书第四章。

如附录图 4 所示,该策略对航油现货的套期保值效果良好,能将油价锁定在一定区间内,在保留油价下跌会给东航带来收益的同时,减少了油价上涨给东航带来的损失[①]。事实上,东航的三相领子期权策略是在领子期权的基础上卖出少量高执行价的看涨期权,因此可以进一步降低期权费用,但代价是当油价较高(超过 180 美元/桶)时,东航将遭受一部分附加损失。

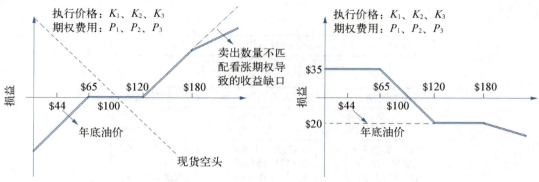

资料来源:作者根据东航 2008 年年报信息绘制。

附录图 4　考虑现货后东航套保策略到期损益图

总的来看,东航采取的期权组合搭配策略主要有两个特点:

(1) 期初不需要支付期权费。卖出期权的期权费收入可以抵消购买看涨期权的期权费支出,避免大额期权费支出给公司的现金流带来压力。

(2) 留有巨大风险敞口。如附录表 1 所示,当油价跌破看跌期权执行价时,组合期权策略将带来亏损;当油价上涨并超过看涨期权执行价时,组合期权策略将带来收入。签订合约时,东航认为未来油价大概率上涨或维持在较高区间,跌破看跌期权执行价是小概率事件,所以东航愿意承担油价下跌的风险。

附录表 1　东航套保策略的预期损益[②]

现货价格 (美元/桶)	损益 (亿元)	现货价格 (美元/桶)	损益 (亿元)
200	63.56	60	−3.99
180	47.67	50	−11.70
160	31.78	40	−19.88
140	15.89	30	−27.80

资料来源:作者根据东航年报信息计算。

---

① 但东航没有按套期保值业务进行会计记账,所以当油价下跌时,套期保值效果无法反映在财务报表中。
② 依据下文(1)期权结构上的差别中的期权结构及简化的执行价来计算,汇率取年均汇率 7 人民币/美元。当现货价格高于 120 美元/桶时,损益为(现货价格−120)×7×1.135,当现货价格低于 65 美元/桶时,损益为(现货价格−65)×7×1.135。

2. 与其他航空公司套保策略的对比

相比于东航,在世界最大的 8 家航空公司中,只有 3 家在套期保值业务和主营业务上出现亏损,且亏损幅度均仅在 10% 左右①。那么他们采取的套保策略与东航相比有何不同呢?

(1) 期权结构上的差别。

美联航采取了与东航类似的三相领子期权策略,但期权结构有所不同。其具体结构为②:以 $X_1=83$ 美元/桶的低执行价买入看跌期权,期权费 Q_1;以 $X_2=89$ 美元/桶的中等执行价卖出看跌期权,期权费 Q_2;以 $X_3=101$ 美元/桶的高执行价买入看涨期权,期权费 Q_3。美联航期权套保策略到期损益如附录图 5 所示。

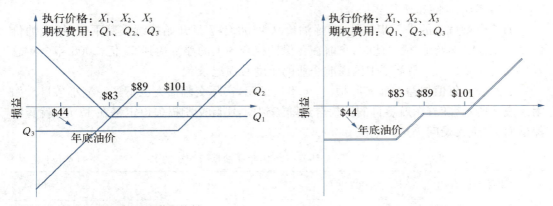

资料来源:作者根据美联航公开信息绘制。

附录图 5　美联航套保策略到期损益图

从附录图 3 和附录图 5 可以直观地看出,与美联航相比,东航卖出的看跌期权风险敞口过大:东航的期权套保策略仅能将油价锁定在 65—180 美元/桶之间,当油价跌至 65 美元/桶以下时,该策略将产生亏损。而经验更为丰富的美联航则通过买入一个看跌期权来对冲油价下跌时的敞口风险,这样当油价跌至 83 美元/桶以下时,除买入看跌期权的期权费支出,加上低执行价看跌期权与高执行价看跌期权执行价价差 6 美元外,不会再产生额外亏损。

(2) 套保期限及数量上的比较。

在套保期限上,大多数航空公司将原油期权套保期限与其财务年度保持一致③。在 2008 年上半年油价不断升高时,许多公司甚至以三个月为期限进行滚动套保,以保持应对市场突变的灵活性与及时性,防止油价突然回落带来的损失④。而东航则采取了不同的策略:基于对油价在未来 1—3 年内仍将处于高位的判断,东航选择了期限为 1—3 年的套保合约,以期一次性实现今后三年的套期保值任务。

---

① 信息来源:《中国证券期货》2009 年第 7 期文章《公司风险管理与衍生工具套保机制研究——东航套保巨亏的思考》。
② 同上。
③ 一般期限为一年。
④ 同①。

在套保数量上,美国大多数航空公司将套保数量锁定在对应时间段内用油量的20%—40%区间内,其中达美航空的套保策略堪称典范:2008年上半年油价高企时,达美航空套保数量约为每月用油量的30%;2008年下半年油价下跌时,达美航空套保比例骤降为12%。反观东航,2008年上半年签订的大额期权合约的套保比例竟高达74%[①]。

从以上不同航空公司套保策略的对比可以看出,东航的套保策略在结构、期限、数量三个维度上的激进做法导致了较大的风险暴露。"无知并不可怕,最可怕的往往是建立在一知半解基础上的管理漏洞和贸然行动"[②],正是由于东航"贸然"采取激进的套保策略,才会产生如此严重的巨额亏损。

(二)套保策略带来巨额损失

随着金融危机的进一步加剧,国际油价从2008年7月开始持续震荡下行,年底油价已暴跌至44.60美元/桶。此时,东航在套保期权合约上的浮亏达到62亿,2008年全年总亏损高达139.28亿,刷新了中国民航企业的年度亏损纪录[③]。

虽然公允价值损益并非实际损失,但事后证明,实际交割损失也不是一笔小数目。如附录表2所示,随着东航签订的期权合约陆续到期,实际交割损失也定格在17亿,就套期保值而言,毫无疑问仍是一笔巨亏。

附录表2 东航2007—2011年原油期权损益情况 (单位:亿元)

原油期权合约	2007	2008	2009	2010	2011
公允价值变动[④]	0.97	−62.56	37.44	8.00	0.67
实际交割损益	1.20	−0.09	−17.33	−1.03	0.38
合计损益	2.17	−62.64	20.11	6.97	1.05

数据来源:东航2007—2011年年报附注。

受套保期权合约公允价值巨额损失的影响,东航2008年净亏损高达140亿,负债率达到115%[⑤],股价一度跌至10元以下。由于每股净资产为负,低于股票面值,所以东航从2009年4月17日起被ST。

四、套保巨亏成因考察——来自各方的质疑

(一)各方对东航套保策略的质疑

1. 质疑焦点:卖出看跌期权是否合理

本应降低风险的套期保值反而增大了风险,给企业带来了巨额损失。一时间,社会公众、新闻媒体、实务界乃至学术界都对东航套期保值的做法提出了种种质疑,投机说、赌博

---

① 本段信息来源:《中国证券期货》2009年第7期文章《公司风险管理与衍生工具套保机制研究——东航套保巨亏的思考》。
② 此句来自作者所著《金融风险管理》一书前言。
③ 信息来源:《新京报》2009年4月23日文章《东航扭亏寄望国家增加注资》。
④ 东航2008年年报中给出了原油期权公允价值的确定方法。
⑤ 信息来源:东航2008年年报。

说、阴谋说、无知说①纷至沓来。上海财经大学期货研究中心主任朱国华教授称②："如果做套期保值,简单来讲就是航空公司怕油价上涨,成本加大,那就买入看涨期权。如果涨了,期权市场盈利可以对冲现货市场成本增加的损失。但是东航既买入看涨,又卖出看跌,就有点投机的味道了。"长城伟业期货分析师王静涛称③："很显然,东航签订的这一系列协议不是套保而是'对赌',东航'赌'的是油价不会跌破62.35美元/桶且不会高过200美元/桶。"

确实,如果要锁定航油价格,只购买看涨期权就可以达到目的,这样油价大幅下跌时东航可以不行权,仅损失一定的期权费。而东航又卖出了看跌期权,这意味着油价下跌时东航必须以较高价格从交易对手处买入原油,从而会给东航带来巨额损失。因此,质疑的焦点在于:卖出看跌期权的合理性。

2. 东航回应:卖出看跌期权是为了抵消高昂的期权费用

东航财务总监罗伟德2008年11月29日接受上海证券报采访时指出④,当初签订组合期权合约的初衷主要是为了平衡期权费损失。由于当时油价处于高位,东航买入看涨期权需要支付高昂的期权费⑤,卖出期权收取期权费可以抵消买入看涨期权的成本。

由于牛市中虚值看跌期权的价格远小于虚值看涨期权,为了构造零成本套保组合,东航需要卖出更多数量的看跌期权。这也就导致了套保浮亏会随油价的下跌呈倍数增长。

综合来看,东航通过卖出看跌期权,在期初节省了期权费用,但随后在2008年年底造成了62亿公允价值损失,导致东航濒临破产,并最终造成了17亿的实际交割损失⑥。东航此次套保巨亏的核心问题在于卖出的看跌期权风险敞口过大,也就是说,在成本与风险的权衡中,东航一味强调降低套保成本,从而过度承担了风险。

(二)巨亏显示东航风险管理能力的欠缺

一般认为,套期保值的目的是规避风险,而东航却"套而不保",航油套期保值业务反而带来了巨额损失。那么问题出在哪里?表面上看,东航此次套保巨亏是由于对油价走势判断失误所致⑦。然而,2008年世界上几乎所有进行套保的航空公司都没有料到油价会如此大跌,为何他们没有像东航一样几乎面临灭顶之灾呢?巨亏究竟暴露出东航的哪些问题?

1. 事前评估:缺乏科学的风险评估程序

根据美国部分航空公司的做法和能源风险管理咨询机构的建议,航空公司制定航油套期保值方案应分为以下几步⑧:(1)确定风险承受范围;(2)调查航油用量,量化价格波动;(3)测算风险价值(VaR);(4)确定套保方案。从短时间内敲定大额期权合约的行为来看,东航在2008年时并未完整地完成此项风险管理程序⑨。由此看出,东航在确定套

---

① 信息来源:《中国证券期货》2009年第7期文章《公司风险管理与衍生工具套保机制研究——东航套保巨亏的思考》。
② 信息来源:《瞭望东方周刊》2009年2月5日文章《东航套期保值浮亏危机详解》。
③ 同上。
④ 信息来源:《中国证券网》2008年12月1日文章《否认投机 东航详解为何航油套保浮亏18亿》。
⑤ 原油期权相当昂贵,这是因为石油价格的波动比一般大宗商品和股票都要大得多。
⑥ 数据来源:东航历年财务报表。
⑦ 信息来源:《第一财经日报》2008年12月1日文章《东航自解燃油套保:没有投机未料油价大跌》。
⑧ 同①。
⑨ 否则,此次的套保方案根本不可能获得决策层认可。

保方案时,缺乏严谨的论证、设计程序和科学的风险评估,未能正确认识到这一套期保值操作的潜在风险,因此才会草率地卖出看跌期权,甚至接受风险收益不对等的"对赌"条款。

2. 事中操作:为降低套保成本而过度承担风险

从本书第三章提出的套期保值一般原则来看,套期保值须有实际需求,并遵循"交易方向相反、交易品种相同或相近、交易日期相同或相近、交易头寸最优"的四大原则。

首先,东航此次套期保值使用的是以美国WTI原油和新加坡普式航空煤油离岸价等为基础资产的原油期权①。由于航油交易不活跃,而原油与航油价格相关性较高,因而采用原油期权进行套期保值符合交易品种相近的原则。其次,东航为规避航油价格上涨的风险而买入看涨期权、卖出看跌期权,在交易方向选择上符合套保要求。但对照其他两项原则,东航的做法均有悖套期保值的要求。

第一,合约期限选择。东航2008年签订的期权合约期限长达3年,远远超过航油使用周期,导致整体套保策略缺乏灵活性和及时性。当2008年7月油价开始下跌时,东航本应对航油套期保值头寸进行减仓,但由于签订的协议长达3年,无法根据市场行情立即对冲头寸,从而造成巨额亏损。而事实上,采用滚动套保策略可以有效降低实际交割损失,见附录表3。

附录表3 情景计算:不同合约、期限下东航2008年实际交割损益情况 (单位:亿元)

情 景 假 设		实际交割损益
合约期限	3个月②	−2.03
	3年	−126.45
合约数量	277万桶③	−6.93
	1135万桶	−126.44

数据来源:作者根据东航年报信息计算。

第二,交易头寸选择。2008年6月30日东航签署期权合约时WTI原油价格正突破140美元/桶,达到历史新高,此时按照套保原则应减小暴露的期权头寸④。而东航的套保头寸不降反升,从2007年的798万桶大幅提高到2008年的1 135万桶,对未来三年的用油量进行一次性套保。

业内人士认为⑤:"对东航而言,合适的套保头寸,应该是在一个月的采购量。国内做

---

① 信息来源:东航2008年年报。
② 假设东航签订的期权合约期限均为3个月,每次套保数量为原套保数量的1/14,即81万桶。现货价格参考WTI原油现货价格,那么只在2008年12月31日、2009年3月31日两个交割日发生实际交割损失,总损失为(44.6−65+49.6−65)×0.008 1×7=−2.03亿人民币。
③ 假设东航每份期权合约的交易数量仅为一个月的采购量,即买入的看涨期权合约标的数量为277万桶。三年中现货平均价格为40美元/桶,实际交割损益为(40−65)×0.027 7×7=−4.85亿人民币。
④ 新西兰航空公司在2009年第一季度将其套保比例从83%降低到65%;澳大利亚最大的航空公司Qantas在2009年将其套保比例从100%削减到65%;亚航基于对油价回落的预期从2008年下半年起不再套保;印度航空4年前曾经在全球市场套保10%,2008年由于油价高企终止了套保计划。
⑤ 信息来源:《瞭望东方周刊》2009年2月5日文章《东航套期保值浮亏危机详解》。

得比较成熟的大豆套保,一般情况下敞口头寸也都是在三个月或者半年采购量以内,而不应像东航那么大的量。"如附录表3所显示,在油价处于高位时减少套保期权头寸可以有效降低实际交割损失。

简而言之,东航为降低套期保值成本而承担了部分敞口风险,但这部分风险实际上已经超过了东航的风险承受能力。从资产负债率来看,由于原油期权合约的公允价值变动直接计入当期损益[1],62亿的公允价值损失足以让东航破产。从净利润来看,尽管公允价值损失并非实际现金损失,但净利润大额亏损所带来的公司股价大幅下跌,直接损害了股东利益。

3. 事后应对:未采取止损措施

据东航董秘罗祝平介绍[2],2008年下半年油价仍为100多美元时,东航曾有机会终止套保合约,但是考虑到国际上的航空公司都有相关套期保值业务,东航也就没有进行平仓。

大多业界人士认为,虽然企业无法准确预测未来的价格走势,但是要在市场上生存,管理风险和执行止损才是根本。对此,东正期货研究所副所长林慧也提出,企业对于套保要有风险防范机制。对已签订的合约不可放任不管,尤其是场外合约,应积极利用其他金融工具进行保护。如果一定要高位追保,应该做好价格出现反转的准备。一旦出现反转,要及时修正自己的套保策略进行对冲[3]。

总的来说,此次套期保值的过程中,东航的种种行为都显示其缺乏相应的风险管理能力,在这种情况下贸然承担风险极其危险。

五、昂贵的教训——企业如何进行有效的套期保值

在制定套保策略时,企业如何定位自身的套保目标,是不计成本的有效性目标,还是考虑成本的效率最大化目标?面对眼花缭乱的金融产品,企业如何选择适合自己的金融工具?进一步,如何利用已有金融工具设计有效的套保策略?对于套保策略隐含的潜在风险,如何进行后续管理?在这样一个风险无处不在的时代,中国企业究竟如何才能做到准确、及时、有效的套期保值,值得进一步探讨和研究。

案例使用说明:东航套期保值巨亏案例分析

一、教学目的与用途

随着金融工具的不断创新,套期保值日益成为企业规避风险的重要手段。企业可以通过丰富灵活的套期保值方案实现成本控制、平滑收益、规避风险等目标。但同时套期保值操作自身也存在一定的潜在风险,需要对这一部分风险加以控制,以避免不必要的损

---

[1] 东航在2007年报表附注中明确申明:"本集团的航油期权合约不适用于套期会计原则,其公允价值的变动计入当期损益"。
[2] 信息来源:《中国经营报》2009年1月17日文章《东航豪赌航油套保巨亏,审计署介人》。
[3] 本段信息来源:《瞭望东方周刊》2009年2月5日文章《东航套期保值浮亏危机详解》。

失。本案例以中国东方航空公司为研究对象,目的在于让学生了解和掌握基于期权的套期保值策略的一般原理、制定方法、实施步骤以及有效性评价等知识。

具体教学目标分为以下 4 个方面:

(1) 了解东航制定套保策略的背景;
(2) 了解东航期权套保策略的具体内容,掌握基于三相领子期权的搭配策略;
(3) 结合套期保值的一般原理,掌握基于期权的套保策略的制定方法及实施步骤;
(4) 了解东航期权套期保值巨亏的原因,体会风险管理的重要性。

二、启发思考题

(1) 深入分析东航此次原油期权套保巨亏的原因。
(2) 如果您是东航的财务总监,如何制定一套完整的航油套保方案?
(3) 东航套保巨亏事件给中国企业进行套期保值提供了怎样的启示?
(4) 航空公司航油套期保值业务常用的衍生工具与套保策略还有哪些?各自特点是什么?
(5) 如何运用期权或者期权组合进行可靠、有效的套期保值?

三、理论依据

(1) 套期保值的基本原理;
(2) 搭配式风险管理策略;
(3) 期权组合策略:三相领子期权;
(4) 套期保值业务的会计记账准则;
(5) 企业风险管理制度。

四、案例关键要点

(1) 深入分析东航此次原油期权套保巨亏的原因。

第一,东航的原油期权操作未按照套期保值业务进行会计处理①。在会计处理上,由于不符合有关套期保值的会计准则,东航只能把原油期权合约的公允价值变动计入当期损益,不能直接冲抵现货航油的成本②,导致东航资产负债表上出现巨额浮亏。这是导致东航巨亏的直接原因。

第二,东航的套保策略过于激进,并且也没有遵循套期保值的一般原则。为降低套保成本而卖出的看跌期权,使东航承担了巨大的风险。这是导致东航巨亏的主要原因。

第三,东航的风险管理能力不足。东航缺乏完善的风险管理制度,事前缺乏科学的风险评估,管理层风险意识淡薄,对于可能出现的风险意识不足,事后缺乏及时的应对止损措施。这是导致东航巨亏的根本原因。

---

① 从套期保值业务的会计准则来看,东航原油期权交易不符合套期保值高度有效的要求,而且我国会计准则并不承认领子期权属于套期保值工具,而东航采用的三相领子期权恰恰是一种领子期权。

② 东航在 2007 年报表附注中也已经明确申明:"本集团的航油期权合约不适用于套期会计原则,其公允价值的变动计入当期损益。"

(2) 航空公司航油套期保值业务常用的衍生工具与套保策略有哪些？各自特点是什么？

① 价格掉期
② 远期和期货
③ 看涨期权
④ 领子期权(collars)
⑤ 三相领子期权(3-way collars)

(3) 如果您是东航的财务总监，如何制定一套完整的航油套保方案？

参考美国部分航空公司做法和能源风险管理咨询机构的建议，航空公司航油风险管理技术工作的大致程序有以下几步①。

① 确定风险承受范围(回答以下 5 个问题)。

第一，为何套保？第二，套保的对象？第三，选取什么样的金融工具进行套保？第四，套保的数量？第五，如何度量套保的有效性：预算变动、每股收益或流动性？

② 调查燃油用量及量化价格波动。

第一，去年用量；第二，原油或燃油期货历史价格；第三，设定 95％置信区间，根据燃油价格历史波动范围，大致估计未来套保期限内油价波动范围；第四，套保期限一般为一年持有期(即持有期等于财务预算年度)。

③ 风险价值(VaR)测算。

敏感性测试、压力测试、环境测试。

④ 确定套保方案。

第一，动态套保：根据市场变化和套保工具组合对价格的敏感度(β)滚动调节持仓头寸；第二，静态套保：不同油价指数水平的固定价格与头寸；第三，投机套保：动态管理套保头寸以期获取额外利润；第四，无套保：暴露全部用油风险敞口。

(4) 东航套保巨亏事件给中国企业进行套期保值提供了怎样的启示？

① 坚持套期保值的一般原则，合理选择套保工具与套保策略。

企业应明确套期保值的目的是规避风险，避免价格波动给企业带来的收益的不确定性。在运用衍生品时要坚持套期保值的基本原则，选择自己熟悉的衍生品，在不熟悉衍生品的情况下尽量做场内交易，同时套期保值产品结构应尽量简单。

② 建立风险管控机制，实行全面风险管理。

企业应建立有效的风险评估及预警机制，严格执行风控部门的独立报告制度；定期聘请第三方进行外部审计；建立应急机制，出现极端情形要能及时止损。

③ 引进风险管理人才。

企业应拥有一支懂得企业现代风险管理理论与国际衍生品市场运作机制的风险管理队伍，这样才能对企业风险做出准确评估，有能力在与投行进行套保合约谈判时保持独立判断。

---

① 资料来源：《中国证券期货》2009 年第 7 期文章《公司风险管理与衍生工具套保机制研究——东航套保巨亏的思考》。

五、课堂计划

本案例计划安排的课堂讨论时间为 90 分钟。建议教学计划安排如下:

课前阅读 (60 分钟)	将学生们分组,课前阅读案例、搜集相关资料。
课堂安排 (90 分钟)	1. 案例回顾:简要回顾东航进行套期保值的背景,10 分钟 2. 学生报告:解读东航期权套保策略,30 分钟 3. 集体讨论:引导学生思考东航期权套保巨亏的原因,30 分钟 4. 知识梳理:总结讨论结果,回顾所涉要点,15 分钟 5. 问答与机动:提出新问题,启发学生进一步思考,5 分钟

案例参考文献

[1] 本报记者:"东航豪赌航油套保巨亏,审计署介入",《中国经营报》,2009 年 1 月 17 日。

[2] 本报记者:"高盛预测油价将升至 150 到 200 美元",新华网,2008 年 5 月 6 日。

[3] 财政部:《企业会计准则第 24 号——套期保值》,财政部网站,2006 年 2 月 15 日。

[4] 陈姗姗:"东航自解燃油套保:没有投机未料油价大跌",《第一财经日报》,2008 年 12 月 1 日。

[5] 高艳平:"东航套期保值浮亏危机详解",《瞭望东方周刊》,2009 年 2 月 5 日。

[6] 李海瑞、廖新义:"国有企业运用金融衍生品套期保值失败根源探析",《国际商务财会》,2011 年第 4 期。

[7] 李媚玲:"东航扭亏寄望国家增加注资",《新京报》,2009 年 4 月 23 日。

[8] 刘佳:"东航称不会因巨亏放弃航油套保",《中国商报》,2009 年 4 月 23 日。

[9] 罗文辉:"反思航企航油套保巨亏:是套保失策还是投机使然?",《第一财经日报》,2009 年 2 月 26 日。

[10] 潘力铭:"新套期会计准则的应用问题研究",财政部财政科学研究所,2015 年。

[11] 索佩敏:"否认投机 东航详解为何航油套保浮亏 18 亿",中国证券网,2008 年 11 月 30 日。

[12] 覃东海:"油价上涨的原因及其影响",《中国外汇》,2008 年第 14 期。

[13] 王震、肖飞、郑炯:"买方套期保值策略与风险控制研究——以东方航空燃油套保浮亏事件为例",《中国石油大学学报(社会科学版)》,2010 年第 1 期。

[14] 杨婧、池国华:"东方航空的套期保值亏损案给我们的启示",《财务与会计》,2009 年第 18 期。

[15] 余世文:"东方航空公司失手套期保值研究",《合作经济与科技》,2009 年第 14 期。

[16] 曾小青、方菲、赵倩:"中国航空公司燃油套期保值问题研究",《财政监督》,2011 年第 5 期。

[17] 翟留镜、谷长辉:"套期保值与风险管理——以深南电期权合约为例",《财务与会计》,2011 年第 2 期。

[18] 张金清,2011,《金融风险管理》,复旦大学出版社 2011 年第二版。

[19] 朱锋:"公司风险管理与衍生工具套保机制研究——东航套保巨亏的思考",《中国证券期货》,2009 年第 7 期。

参 考 文 献

[1] 安德鲁·卡萨裴,于研译:《信用衍生工具》,上海财经大学出版社 2002 年版。
[2] 安东尼·桑德斯,李秉祥译:《现代金融机构管理》(第二版),东北财经大学出版社 2002 年版。
[3] 安东尼·桑德斯、玛西娅·米伦·科尼特,王中华译:《金融风险管理》(第五版),人民邮电出版社 2012 年版。
[4] 曹麟、彭建刚:"基于 CPV 模型改进的信用风险宏观压力测试研究",《湖南大学学报》,2013 年第 12 期。
[5] 查尔斯·史密森,应惟伟译:《管理金融风险:衍生产品、金融工程和价值最大化管理》,中国人民大学出版社 2003 年版。
[6] 车坦阳、王晓航、胡雅娟:"银行资产证券化的直接动因——来自美国银行控股公司的经验证据",《财经问题研究》,2008 年第 8 期。
[7] 陈松男:《金融工程学》,复旦大学出版社 2002 年版。
[8] 陈浩哲:"试析外国金融业信息管理系统",《科技情报开发与经济》,2009 年第 17 期。
[9] 成刚:《数据包络分析方法与 MaxDEA 软件》,知识产权出版社 2014 年版。
[10] 迟福林:"海发行事件告诉了我们什么?",《资本市场》,1998 年第 8 期。
[11] COSO,方红星、王宏译:《企业风险管理——整合框架》,东北财经大学出版社 2005 年版。
[12] 崔光灿:"房地产价格与宏观经济互动关系实证研究——基于我国 31 个省份面板数据分析",《经济理论与经济管理》,2009 年第 1 期。
[13] 戴国强、徐龙炳、陆蓉:"VaR 方法对我国金融风险管理的借鉴和应用",《金融研究》,2000 年第 7 期。
[14] 邓永录:《应用概率及其理论基础》,清华大学出版社 2005 年版。
[15] 丁祖昱:"中国房价收入比的城市分异研究",《华东师范大学学报》,2013 年第 3 期。
[16] 房巧玲、崔宏、王金涛:"信贷在产行业配置与商业银行经营绩效",《金融论坛》,2013 年第 8 期。
[17] 菲利普·乔瑞,李朝气、王博译:《金融风险管理师手册》(第六版),中国人民大学出版社 2012 年版。
[18] 菲利普·乔瑞,郑伏虎等译:《风险价值 VaR:金融风险管理新标准》(第三版),中信

出版社2010年版。

[19] 付胜华、檀向球："股指期货套期保值研究及其实证分析"，《金融研究》，2009年第4期。

[20] 高见、尹小兵："风险平价策略及其在投资管理中的运用"，《证券市场导报》，2016年第12期。

[21] 高盛公司、瑞银华宝：《风险管理实务》，中国金融出版社2010年版。

[22] 郭玲、阴永晟："我国上市公司金融性套期保值决策的动机研究"，《财经科学》，2009年第8期。

[23] 郭晔："货币政策与财政政策的分区域产业效应比较"，《统计研究》，2011年第3期。

[24] 郭晔、赖章福："政策调控下的区域产业结构调整"，《中国工业经济》，2011年第4期。

[25] 海金，申富饶等译：《神经网络与机器学习》，机械工业出版社2011年版。

[26] 何威风、朱莎莎："内部控制与风险管理——来自国储铜的案例分析"，《财务与会计》，2008年第2期。

[27] 胡华锋："中国货币互换协议的动因分析"，《国际金融研究》，2012年第6期。

[28] 黄达：《金融学》（第三版），中国人民大学出版社2012年版。

[29] 蒋殿春：《现代金融理论》，上海人民出版社2001年版。

[30] 克里斯·莫里森，汤大马、李松译：《金融风险度量概论》，清华大学出版社2009年版。

[31] 李胜宏、鲍群芳、杨晨：《数理金融理论与模型》，浙江大学出版社2011年版。

[32] 李宪立：《证券投资基金业绩评价研究》，上海财经大学出版社2009年版。

[33] 梁静："个案分析：MBS第一单"，《新财经》，2006年第2期。

[34] 林海："金融机构退出与金融消费者保障——海南发展银行倒闭风波简析"，《中国商贸》，2014年第4期。

[35] 刘狄：《证券市场微观结构理论与实践》，复旦大学出版社2002年版。

[36] 刘均：《风险管理概论》，中国金融出版社2005年版。

[37] 刘姝威："美国新英格兰银行倒闭沉思"，《中国审计》，1999年第8期。

[38] 刘淑莲："衍生产品使用的目的：套期保值或套期获利？以深南电期权合约为例"，《会计研究》，2009年第11期。

[39] 卢太平："规避基差风险策略研究"，《经济管理》，2007年第8期。

[40] 陆蓉、王策，"金融学国际前沿研究二十年之变迁——历届美国金融学年会发言综述"，《财经研究》，2016年第42期。

[41] 罗伯特·C·莫顿，郭多祚等译：《连续时间金融》，中国人民大学出版社2013年版。

[42] 罗长青、欧阳资生、夏嘉璐："信用风险相关性度量的MRS Copula模型构建及实证研究"，《数学的实践与认识》，2014年第10期。

[43] 洛伦兹·格利茨，彭红枫译：《金融工程：运用衍生工具管理风险》（第三版），武汉大学出版社2016年版。

[44] 马克·洛尔、列夫·博罗多夫斯基，陈斌等译：《金融风险管理手册》，机械工业出版社2002年版。

[45] 马鸣家：《金融风险管理全书》，中国金融出版社1994年版。

[46] 马占新：《数据包络分析模型与方法》，科学出版社2016年版。

[47] 茅宁：《期权分析——理论与应用》，南京大学出版社2000年版。

[48] 梅乌奇：《风险和资产配置》，世界图书出版公司2010年版。

[49] 米歇尔，曾华军译：《机器学习》，机械工业出版社2008年版。

[50] 米歇尔·科罗赫、丹·加莱、罗伯特·马克，曾刚等译：《风险管理》，中国财政经济出版社2005年版。

[51] 尼克·李森，张友星译：《我是如何弄垮巴林银行的》，中国经济出版社1996年版。

[52] 潘慧峰、班乘炜："复杂衍生品定价是否公平——基于深南电案例的分析"，《金融研究》，2013年第9期。

[53] 钱小安、邓知毅、杨吉田：《金融期货期权大全》，中国金融出版社1994年版。

[54] 乔埃尔·贝西斯，许世清等译：《商业银行风险管理：现代理论与方法》，海天出版社2001年版。

[55] 乔治·瑞达，刘春江译：《风险管理与保险原理》（第十二版），中国人民大学出版社2015年版。

[56] 上海期货交易所：《上海期货交易所风险控制管理办法》，2016年版。

[57] 上海市征信管理办公室：《上海信用服务行业发展报告（2011）》，社会科学文献出版社2011年版。

[58] 邵宇：《微观金融学及其数学基础》（第二版），清华大学出版社2008年版。

[59] 沈沛龙、崔婕："内部评级法中违约损失率的度量方法研究"，《金融研究》，2005年第12期。

[60] 沈悦、刘洪玉："中国房地产开发投资与GDP的互动关系"，《清华大学学报》，2004年第9期。

[61] 沈悦、刘洪玉："住宅价格与经济基本面：1995—2002年中国14城市的实证研究"，《经济研究》，2004年第6期。

[62] 施兵超："衍生性金融工具与金融风险管理"，《财经研究》，1998年第5期。

[63] 施兵超、杨文泽：《金融风险管理》，上海财经大学出版社2002年版。

[64] 施光耀：《中国证券百科全书》，山西经济出版社2000年版。

[65] 斯蒂芬·A·罗斯等，吴世农等译：《公司理财》（第九版），机械工业出版社2012年版。

[66] 斯科特·梅森等，胡维熊等译：《金融工程学案例：金融创新的应用研究》，东北财经大学出版社2001年版。

[67] 斯皮格尔M.R.、L.J.斯蒂芬斯，杨纪龙等译：《统计学》（第三版），科学出版社2002年版。

[68] 谭春枝、谢云华：《金融工程学理论与实务》（第二版），北京大学出版社2012年版。

[69] 特伦斯·米尔斯，俞卓菁译：《金融时间序列的经济计量学模型》（第二版），经济科学出版社2002年版。

[70] 佟玉祥等：《国际金融产品交易技术》，中国金融出版社1997年版。

[71] 托马斯·R·比莱茨基、马雷克·卢特考斯基著,唐齐鸣等译:《信用风险——建模、估值和对冲》,格致出版社、上海人民出版社2011年版。

[72] 托马斯·巴顿,王剑锋译:《企业风险管理》,人民大学出版2004年版。

[73] 万国华、李铭:"我国二元期权交易的法律规制路径研究",《金融监管研究》,2016年第12期。

[74] 王春峰:《金融市场风险管理》,天津大学出版社2001年版。

[75] 王茂琪、陈秉正:"AIG陷入财务困境的原因及启示",《保险研究》,2009年第2期。

[76] 王秀玉、方东葵:"住友损失惨重 警钟再次鸣响",《国际金融》,1996年第7期。

[77] 王长江:《现代投资银行学》,科学出版社2007年版。

[78] 魏华林、林宝清:《保险学》(第三版),高等教育出版社2011年版。

[79] 温琪、陈敏、梁斌:"基于Black-Litterman框架的资产配置策略研究",《数理统计与管理》,2011年第4期。

[80] 沃尔特·小哈特斯莱特,郑磊、王盛译:《风险管理》,机械工业出版社2017年版。

[81] 吴焕军:"土地政策在房地产调控中的政策效果评价",《中南财经政法大学学报》,2011年第6期。

[82] 武剑:《商业银行经济资本配置与管理:全面风险管理之核心工具》,中国金融出版社2009年版。

[83] 小阿瑟·威廉姆斯等,马从辉等译:《风险管理与保险》(第八版),经济科学出版社2000年版。

[84] 杨中原、许文:"商业银行资产负债时间匹配的优化模型研究",《金融理论与实践》,2010年第9期。

[85] 叶龙森、宋清华:"风险管理和现代金融",《财贸经济》,2007年第11期。

[86] 叶永刚、张培:"中国金融监管指标体系构建研究",《金融研究》,2009年第4期。

[87] 叶中行、林建忠:《数理金融——资产定价与金融决策理论》,科学出版社2010年版。

[88] 雍炯敏、刘道百:《数学金融学》,上海人民出版社2003年版。

[89] 永道会计咨询公司等:《金融企业风险管理的通用原则》,中国金融出版社1997年版。

[90] 于研:《金融互换交易——定价、运用、衍生产品及风险管理》,上海财经大学出版社1999年版。

[91] 俞乔等:《商业银行管理学》,上海人民出版社2007年版。

[92] 约翰·B·考埃特等,石晓军、张震霞译:《演进着的信用风险管理》,机械工业出版社2001年版。

[93] 约翰·马歇尔、维普尔·班塞尔,宋逢明等译:《金融工程》,清华大学出版社1998年版。

[94] 詹姆斯·S·特里斯曼等:《风险管理与保险》(第十一版),东北财经大学出版社2002年版。

[95] 张吉光、梁晓:《商业银行全面风险管理》,立信会计出版社2006年版。

[96] 张金清:《金融风险管理》(第二版),复旦大学出版社2011年版。

[97] 张金清、刘庆富:"中国金融对外开放的测度与国际比较研究",《国际金融研究》,2007年第12期。

[98] 张强、乔海曙:《金融学》(第二版),高等教育出版社2013年版。

[99] 张亦春:《金融市场学》(第四版),高等教育出版社2013年版。

[100] 张玉喜:"金融风险管理理论和方法的演变及其借鉴意义",《管理评论》,2004年第6期。

[101] 郑小迎、陈金贤:"关于亚式期权及其定价模型的研究",《系统工程》。2002年第2期。

[102] 郑振龙、陈蓉:《金融工程》(第四版),高等教育出版社2016年版。

[103] 郑振龙、陈志英:"中国股票市场和债券市场收益率动态相关性分析",《当代财经》,2011年第2期。

[104] 中国保监会保险教材编写组:《风险管理与保险》,高等教育出版社2007年版。

[105] 中国期货业协会:《金融衍生品系列丛书:国债期货》,中国财政经济出版社2013年版。

[106] 周好文、程婵娟:《商业银行财务管理》,西安交通大学出版社2012年版。

[107] 周好文、郭洪钧:"股指期货的套期保值问题",《数量经济技术经济研究》,2008年第2期。

[108] 周立:《金融衍生工具:发展与监督》,中国发展出版社1997年版。

[109] 朱国华、褚珨海:《期货投资学:理论与实务》,上海财经大学出版社2006年版。

[110] 朱忠明:《金融风险管理学》,中国人民大学出版社2004年版。

[111] 滋维·博迪等:《投资学》(第九版),机械工业出版社2012年版。

[112] 邹宏元:《金融风险管理》,西南财经大学出版社2010年版。

[113] Alexander C., Sheedy E., The Professional Risk Managers' Handbook: A Comprehensive Guide to Current Theory and Best Practices. *The Official Handbook for the PRM Certification*, 2004.

[114] Alm J., Foreign Currency Interest Rate Swaps in Asset-Liability Management for Insurance. *European Actuarial Journal*, 2013, 3(1): 133-158.

[115] Altman E. I., Caoutte J. B., Narayanan P., Credit Risk Measurement and Management: The Ironic Challenge in the Next Decade. *Financial Analysis Journal*, 1998, 54 (1): 7-11.

[116] Altman E.I., Haldeman R.G., Narayanan P., Zeta Analysis: A New Model to Identifying Bankruptcy Risk of Corporation. *Journal of Banking and Finance*. 1977, 1 (1): 29-54.

[117] Altman EI, Saunders A., Credit Risk Measurement: Developments Over the Last 20 Years. *Journal of Banking and Finance*, 1997, 21(11): 1721-1742.

[118] Bakshi G., Cao C., Chen Z., Pricing and Hedging Long-term Options. *Journal of Econometrics*, 2000, 94(1): 277-318.

[119] Basel Committee on Banking Supervision, *Overview of the New Basel Capital*

Accord. BIS, 2003.

[120] Basel Committee on Banking Supervision, *The New Basel Capital Accord*. BIS, 2004.

[121] Bodie Z., Merton R.C., *Finance*. Harper Collins College Press, 2001.

[122] Bouchaud J.P., Potters M., *Theory of Financial Risk and Derivative Pricing: From Statistical Physics to Risk Management*. Higher Education Press, 2008.

[123] Phelim P. B., *Options and the Management of Financial Risk*. Society of Actuaries, 1992.

[124] Chang J.S.K., Shanker L., A Risk-return Measure of Hedging Effectiveness: A Comment. *Journal of Finance and Quantitative Analysis*, 1987, 22(3): 373-376.

[125] Chen S. S., Lee C. F., Shrestha K., Futures Hedge Ratios: A Review. *The Quarterly Review of Economics and Finance*, 2004, 43(3): 433-465.

[126] Chong Y.Y., *Investment Risk Management*. John Wiley & Sons, Inc., 2004.

[127] Christoffersen P. F., *Elements of Financial Risk Management*. Academic Press, 2011.

[128] Cotter J., Hanly J., Hedging: Scaling and the Investor Horizon. *Journal of Risk*, 2011, 12(2): 49-77.

[129] Culp C.L., *Risk Transfer: Derivatives in Theory and Practice*. John Wiley & Sons, Inc., 2004.

[130] Hsieh D. A., Implications of Nonlinear Dynamics for Financial Risk Management. *Journal of Financial and Quantitative Analysis*, 1993, 28(1): 41-64.

[131] Eales B.A., *Financial Risk Management*. McGraw-Hill Companies Inc., 1995.

[132] Ederington L. H., The Hedging Performance of the New Futures Market. *Finance*, 1979, 34(3): 157-170.

[133] Ehrbar A., Stewart G.B., The EVA Revolution. *Journal of Applied Corporate Finance*, 1999, 12: 18-31.

[134] Flavell R., *Swaps and Other Derivatives*. Wiley, 2010.

[135] Franckle C. T., The Hedging Performance of the New Futures Markets: Comment. *Journal of Finance*, 1979, 34(1): 157-170.

[136] Hull J., White A., The Impact of Default Risk on the Options and Other Derivatives Securities. *Journal of Banking and Finance*, 1995, 19(2): 299-322.

[137] Hull J., White A., Incorporating Volatility Updating into the Historical Simulation Method for Value-at-Risk. *Journal of Risk*, 1998, 1(1): 5-19.

[138] Hull J., White A., Optimal Delta Hedging for Options. *Journal of Banking and Finance*, 2017, 82(1): 180-190.

[139] Hull J., White A., Value at Risk When Daily Changes in Market Variables Are Not Normally Distributed. *Journal of Derivatives*, 1998, 5(3): 9-19.

[140] Hull J., *Risk Management and Financial Institutions*. Wiley, 2012.
[141] Hull J., *Options, Futures, and Other Derivatives*. Prentice Hall, 2014.
[142] Jensen M. C., The Performance of Mutual Funds in the Period 1945–1964. *Journal of Finance*, 1968, 23(2): 389-416.
[143] Berk J., DeMarzo P., *Corporate Finance: The Core*. Pearson, 2016.
[144] Katz Ian, Managing Financial Risk. *Euromoney Publication*, 1991.
[145] Klein P., Interest Rate Swaps: Reconciliation of Models. *Journal of Derivatives*, 2004, 12(1): 46-57.
[146] Knopf J. D., Nam J., Jr. J. H. T., The Volatility and Price Sensitivities of Managerial Stock Option Portfolios and Corporate Hedging. *The Journal of Finance*, 2002, 57(2): 801-813.
[147] Levy H., Wiener Z., Stochastic Dominance and Prospect Dominance with Subjective Weighting Functions. *Journal of Risk and Uncertainty*, 1998, 16(2): 147-163.
[148] Lucas A., Klaassen P., Discrete versus Continuous State Switching Models for Portfolio Credit Risk. *Journal of Banking and Finance*, 2006, 30(1): 23-35.
[149] Lyuu Y.D., *Financial Engineering and Computation: Principles, Mathematics, Algorithms*. Cambridge University Press, 2002.
[150] Markowitz H., Portfolio Selection. *The Journal of Finance*, 1952, 7(1): 77-91.
[151] Marrison C., The Fundamentals of Risk Measurement. *Mathematical Intelligence*, 2005, 27(2): 83.
[152] McMillan L.G., *Options as a Strategic Investment*. Prentice Hall, 2012.
[153] Brandimarte P., *Numerical Methods in Finance*. John Wiley & Sons, Inc., 2002.
[154] Passarelli D., *Trading Option Greeks: How Time, Volatility, and Other Factors Drive Profits*. Wiley, 2012.
[155] Petersen M. A., Thiagarajan S. R., Risk Management and Hedging: With and Without Derivatives. *Financial Management*, 2000, 29(4): 5-29.
[156] Kolm P., Ritter G., On the Bayesian Interpretation of Black-Litterman. *European Journal of Operational Research*, 2016, 258(2): 564-572.
[157] Artzner P., Coherent Measures of Risk. *Mathematical Finance*, 1999, 9(3): 203-228.
[158] Jorion P., *Financial Risk Management Handbook*. John Wiley & Sons, Inc., 2004.
[159] Rothschild M, Stiglitz J. E., Increasing Risk: I. A Definition. *Journal of Economic Theory*, 1970, 2(3): 225-243.
[160] Rothschild M, Stiglitz J. E., Increasing Risk II: Its Economic Consequences. *Journal of Economic Theory*, 1971, 3(1): 66-84.

[161] Sharpe W.F., The Sharpe Ratio. *The Journal of Portfolio Management*, 1994, 21(1): 49-58.

[162] Shin H., Reflections on Modern Bank Runs: A Case Study of Northern Rock. Princeton University Working Paper, 2008.

[163] Stein R.M., The Relationship between Default Prediction and Lending Profits: Integrating ROC Analysis and Loan Pricing. *Journal of Banking and Finance*, 2005, 29(5): 1213-1236.

[164] Arvanities S., Topaloglou N., Testing for Prospect and Markowitz Stochastic Dominance Efficiency. *Journal of Econometrics*, 2017, 198(2): 253-270.

[165] Taylor S. J., *Asset Price Dynamics, Volatility and Prediction*. Princeton University Press, 2011.

[166] Taleb N. N., *Dynamic Hedging: Managing Vanilla and Exotic Options*. Wiley, 1996.

图书在版编目(CIP)数据

金融风险管理实务/张金清编著. —上海：复旦大学出版社，2017.9(2023.4 重印)
经管类专业学位研究生主干课程系列教材
ISBN 978-7-309-13184-0

Ⅰ.金… Ⅱ.张… Ⅲ.金融风险-风险管理-研究生-教材 Ⅳ.F830.2

中国版本图书馆 CIP 数据核字(2017)第 193328 号

金融风险管理实务
张金清 编著
责任编辑/徐惠平 姜作达

复旦大学出版社有限公司出版发行
上海市国权路 579 号 邮编：200433
网址：fupnet@fudanpress.com http://www.fudanpress.com
门市零售：86-21-65102580 团体订购：86-21-65104505
出版部电话：86-21-65642845
上海四维数字图文有限公司

开本 787×1092 1/16 印张 18 字数 395 千
2017 年 9 月第 1 版
2023 年 4 月第 1 版第 3 次印刷

ISBN 978-7-309-13184-0/F·2396
定价：58.00 元

如有印装质量问题，请向复旦大学出版社有限公司出版部调换。
版权所有 侵权必究